明清中国的经济结构

明清中国の経済構造

[日]足立启二 著
杨 缨 译

江苏人民出版社

图书在版编目(CIP)数据

明清中国的经济结构 /(日)足立启二著；杨缨译
. —南京：江苏人民出版社，2024.3
（海外中国研究丛书 / 刘东主编）
ISBN 978-7-214-28564-5

Ⅰ.①明… Ⅱ.①足… ②杨… Ⅲ.①经济结构—研
究—中国—明清时代 Ⅳ.①F129.4

中国国家版本馆 CIP 数据核字(2023)第 209096 号

足立 启二
明清中国の経済構造
江苏省版权局著作权合同登记号：图字 10-2021-466 号

书 名	明清中国的经济结构	
著 者	[日]足立启二	
译 者	杨 缨	
责 任 编 辑	康海源	
特 约 编 辑	何镇喜	
装 帧 设 计	陈 婕	
责 任 监 制	王 娟	
出 版 发 行	江苏人民出版社	
地 址	南京市湖南路 1 号 A 楼，邮编：210009	
照 排	江苏凤凰制版有限公司	
印 刷	江苏凤凰扬州鑫华印刷有限公司	
开 本	652 毫米×960 毫米 1/16	
印 张	35.75 插页 4	
字 数	400 千字	
版 次	2024 年 3 月第 1 版	
印 次	2024 年 3 月第 1 次印刷	
标 准 书 号	ISBN 978-7-214-28564-5	
定 价	128.00 元	

（江苏人民出版社图书凡印装错误可向承印厂调换）

海外中国研究丛书

——

到中国之外发现中国

"海外中国研究丛书" 总序

中国曾经遗忘过世界，但世界却并未因此而遗忘中国。令人嗟讶的是，20 世纪 60 年代以后，就在中国越来越闭锁的同时，世界各国的中国研究却得到了越来越富于成果的发展。而到了中国门户重开的今天，这种发展就把国内学界逼到了如此的窘境：我们不仅必须放眼海外去认识世界，还必须放眼海外来重新认识中国；不仅必须向国内读者迻译海外的西学，还必须向他们系统地介绍海外的中学。

这个系列不可避免地会加深我们 150 年以来一直怀有的危机感和失落感，因为单是它的学术水准也足以提醒我们，中国文明在现时代所面对的绝不再是某个粗蛮不文的、很快就将被自己同化的、马背上的战胜者，而是一个高度发展了的、必将对自己的根本价值取向大大触动的文明。可正因为这样，借别人的眼光去获得自知之明，又正是摆在我们面前的紧迫历史使命，因为只要不跳出自家的文化圈子去透过强烈的反差反观自身,中华文明就找不到进入其现代形态的入口。

当然,既是本着这样的目的,我们就不能只从各家学说中筛选那些我们可以或者乐于接受的东西,否则我们的"筛子"本身就可能使读者失去选择、挑剔和批判的广阔天地。我们的译介毕竟还只是初步的尝试,而我们所努力去做的,毕竟也只是和读者一起去反复思索这些奉献给大家的东西。

刘 东

目 录

绪 论

本书是笔者治史的记录，同时也反映了我对现代中国认知的发展过程。

本书收录了笔者除《专制国家史论——从中国史到世界史》（柏书房，1998 年）之外的主要论文，一共分为五个部分。笔者曾在第二届中国史学国际会议（北京，2004 年）上作了题为《清代后期地方行政对社会的控制——与日本之比较》的报告，该报告在《文学部论丛（熊本大学）》（102，2011 年）上发表时曾进行过大幅增补和修订，作为终章收入本书时又做了一些补充。

考虑到所收文章均已发表，如果对文章的论点加以改动，会给阅读此书或将此书作为研究素材的人带来不便，因此，编辑此书时只对一些明显的错误进行了修订，并对一些参考文献做了更为详细的标注，除此之外，尽量不作改动。由于我的能力和时间有限，加之研究兴趣已转向其他领域，此书只能以论文合集的形式呈现给大家，还请各位海涵。

为了减少由此带来的不便，我撰写了这篇绪论，用来概括各章内容。收入本书的论文,有的很快颠覆了以往的学说,有的在相关领域引发了极大争论,也有一些至今仍未取得学界的共识。有鉴于此,下面我将对应本书的各个部分,把自己认知的变化、现在看来需要修正的观点、对我研究所作批判的回应、已发表论文中还需要补充的地方、没有写成论文但有史料支撑的研究展望等做一概括说明,便于读者对本书有一个总体的把握。这样做的目的,不是想为各篇论文做一些补充说明,而是想对自己过往的研究做一番梳理,我研究的起点是从反思以往的中国现代史研究开始的,希望这·梳理对于认识现在的世界能有一定的借鉴作用。

绪论分为五节,分别对应本书的五个组成部分,在各节的开头还列出了所收论文一览表。一篇论文为一章,学术展望、书评等作为附篇列在论文之后。

第一节 从封建社会论到专制国家论
——从现代史研究看前近代的历史

本书第一部"超越中国封建制论"各章所对应的论文如下:

第一章:《中国前近代史研究与封建制》(中国史研究会编《中国史像的再构成——国家与农民》,文理阁,1983 年)

第二章:《对中国封建制论的批判性考察》(《历史评论》400,1983 年)

第三章:《封建制与中国的专制国家》(《历史评论》464,1988 年)

附篇一:《中国近代史研究的发展与前近代史》(《熊本历史科学研究会会报》28,1988 年)

附篇二:《评重田德著〈清代社会经济史研究〉》(《东洋史研究》35,1976 年)

20 世纪 70 年代中期笔者投身研究领域时，正值明清封建制论最为流行之时。二战后，"世界历史发展的普遍规律"引领学术潮流，在这种思想背景下，明清史研究主要围绕封建地主制论和资本主义萌芽论两个方面展开。但到了 50 年代，资本主义萌芽研究陷入僵局，形成这一局面的原因除了在商品经济方面对个别农产品和手工业品的实证研究没有进展，和下一节中将要提到的理论混乱也有关系。

与此相反，直到 70 年代，封建制论不仅在实证方面，还在理论方面不断取得新的进展。战后初期，围绕能否将地主佃农这种个别的人与人之间的关系看作是封建的社会关系而展开了辩论。在对徭役的研究中，出现了将国家的乡村治理体系看作是地主阶级统治机构的观点，之后又在土地丈量、包揽词讼等研究的基础上，产生了所谓的"乡绅统治论"，该理论把乡绅对包括自耕农在内的各个阶层的统治看作是中国封建制确立的标志。

值得注意的是，不管是有意还是无意，这些研究都与当时中国政局的演变有密切的关系。在日本学术界，中国革命成了一场反封建的农民革命，"资本主义萌芽"问题消失不见了，民国军阀政权表面上披着专制国家的外衣，实质上是封建势力的代表，诸如此类的认识都对当时的明清史研究产生了一定影响。

然而，当这一传统理论体系建立起来时，现代史研究方面又迎来了新的理论体系的萌芽。正如第一部附篇一中所阐述的那样，中西功批评中国"大跃进"之后的政策偏离了真正的社会主义路线，[①]此后日本学者开始对中国近现代史的研究进行反思，有的学者对社会主义激进路线提出了批评，有的学者认为一战后中国原本可以走上资本主义道路，有的则对辛亥革命、清末政权的作用进行了重新审视。在此过

---

① 中西功：《中国革命と毛泽东思想》，青木书店，1969 年。

程中,对蒋介石政权在摆脱经济从属地位,争取民族自立与国家近代化方面所作的努力给予正面评价,成为当时学界的主流。

近现代史研究领域掀起的这股新潮反向启发学者们思考前近代史研究存在的问题,焦点主要集中在两个方面:一是在与近代世界接触之前,中国经济及其基础的小农经济究竟处于何种发展阶段?受到哪些社会条件的影响?这些问题都需要从前近代史的角度加以说明,这也是本书第二部所要探讨的课题;二是如何克服和超越把蒋介石政权的性质也视为封建政权的"封建制"理论的思维定式,第一部中的几篇文章便是笔者所作的一些尝试。

答案其实很简单。前近代社会是以小生产经营方式为基础的社会,为了维持小生产经营的再生产,必须从小生产者那里获取劳动的剩余价值,用以维护包括小生产者在内的整个社会的再生产。① 在封建社会里,这些剩余价值是通过地租的形式由私人收取的,维持社会再生产所必需的劝农、军事、裁判等权力也掌握在私人手中。而在中国,维持社会再生产所需的剩余价值基本上是通过税粮、徭役等形式由国家机关征收,然后再用于军事、宫廷用度、劝农等方面的支出,为此还形成了一套统一且庞大的官僚机构,各种各样的行政报告由官僚上报中央,重大事件最后由皇帝亲自裁决。

在封建社会,除了各级领主,社会的中间组织同样具有法律规范效力,而中国缺少这样的中间组织,即便有,其约束力也非常弱。② 中国没有自治城市,也没有受共有的规范制约的村落共同体。

专制国家与封建社会间之所以存在这样的差异,和他们各自早期

---

① 渡边信一郎:《中国前近代史研究的课题与小经营生产样式》,中国史研究会编《中国史像の再构成——国家と农民——》,文理阁,1983年。

② 在撰写第一部论文时,我还没有意识到问题的本质所在,指出"中国的中间组织,有的没有法律约束力,有的则很弱",经同事伊藤正彦指正,在《专制国家史论》中作了修正。

国家的形成背景有密切关系。专制国家从氏族社会[①]向国家过渡时，氏族社会已经解体，而封建社会是在一些先行建立的古代国家周边后发形成的，由于氏族社会解体得不够充分，因此保留了氏族社会的一些特质，国家形态也不成熟，这些是第一部所要探讨的内容。

第一部的论文发表后，笔者又在借鉴人类社会早期历史研究成果的基础上，对近代中国国家转型时的社会经济问题进行了考察，在此基础上出版了《专制国家史论》一书，其中收录的几篇论文对第一部的课题，也即中国史的理论叙述应"从封建社会论转向专制国家论"作了更为具体的论述，有兴趣的读者可以参考，这些论文有：

《中国专制国家的发展》（《历史评论》515，1993 年）

《中国的近代转型——以市场结构为中心》（中村哲编《东亚的专制国家与社会、经济——从比较史的视角出发》，青木书店，1993 年）

《中国近代化的政治结构》（中村哲编《东亚资本主义的形成——从比较史的视角出发》，青木书店，1994 年）

《专制国家形成的历史前提——早期人类社会史的备忘录》[《文学部论丛（熊本大学）》53，1996 年]

第二节　小生产经营与小商品生产的发展

本书第二部"小农经营的发展"各章所对应的论文如下：

第一章：《宋代两浙水稻种植的生产力水平》[《文学部论丛（熊本大学）》17，1985 年]

---

① 在撰写第一部论文时，我将氏族社会表述为"狭义的共同体"，语义暧昧不清。

第二章:《明清长江下游地区水稻种植的发展情况——以耕地和品种为中心》[《文学部论丛(熊本大学)》21,1987 年]

第三章:《明末清初农业经营个案分析——对〈沈氏农书〉的再评价》(《史林》61—1,1978 年)

第四章:《豆饼流通与清代的商业性农业》(《东洋史研究》37—3,1978 年)

第五章:《清代华北的农业经营与社会结构》(《史林》64—4,1981 年)

第六章:《清代苏州府地主土地所有制的演变》[《文学部论丛(熊本大学)》9,1982 年]

第七章:《清代至民国农业经营的发展——以长江下游地区为例》(中国史研究会编《中国史像的再构成——国家与农民》,文理阁,1983 年)

附篇一:《明清时期的商品生产与地主制研究》(《东洋史研究》36—1,1977 年)

附篇二:《评渡部忠世、樱井由躬雄编〈跨学科研究:中国江南的稻作文化〉》(《东洋史研究》43—4,1985 年)

第二部收集了我关于小生产经营发展过程的实证论文,并按历史年代顺序排列。虽然存在地域性差异,但前近代农耕社会的发展,都经历了从小生产经营方式的形成、壮大,最后到小商品生产阶段的历史,它与大规模经营占统治地位的近代社会有着本质区别。小生产经营处于何种发展阶段,不仅决定着专制国家的赋税制度,而且小生产者的独立经营及其商品化程度,还决定了该社会面对近代时的方法应对。①

---

① 中村哲:《东アジア资本主义论序说》,《东アジア资本主义の形成——比较史の视点から——》,青木书店,1994 年。

　　但是战后的一段时期里,在明清史研究方面,对小生产或小商品生产的研究存在两种偏向。首先,在分析农业经营时,特别注重人与人之间的关系、人身依附关系,忽略了更为重要的人与自然、人与物体的关系。虽然宋代以来的农业史研究在生产过程方面已经形成了一个专门的研究领域,但对于影响农业发展的诸多技术因素,如品种、中耕除草、施肥等的研究基本上是碎片式的,缺乏对农业生产力的系统性分析。不仅如此,两年三熟的种植制度以及农业的商品化被直接拿来作为社会发展的证据。研究农业生产与经营需要重视耕地的利用情况,结合品种、耕翻、施肥、收获等多种因素进行综合系统的分析,第二部所收论文正是笔者从上述视角出发,从史料相对丰富的地区入手,对宋代以来的农业生产经营所作的分析。

　　其次,是理论方面关于小商品生产阶段的问题。正如第二部附篇一中所述,以往人们对"小商品生产阶段"产生无产阶级给予了很大希望。但是所谓小商品生产阶段,是指农民为了出售产品而进行农业生产的阶段,大规模经营、劳动与资本的雇佣关系都不是其产生的必要条件,在经营者的指挥和监督下,即使在小商品生产阶段,也可进行大规模的农业生产。不过在附篇一中,笔者一方面指出"在亚洲,直至今日,农业资本家与雇佣劳动者之间的矛盾仍未成为社会的主要矛盾",一方面又把农民阶层的分化片面地理解为两极分化,但实际情况是,在农业生产的先进地区,既有最底层的农民陷入破产境地,也有中、小规模农户得到发展,这也是本书第二部所要论证的主要内容。

　　第一章综合分析了影响农业生产的诸多因素,和以往的学说相反,宋代浙西三角洲的农业生产仍颇为粗放,浙东河谷平原才是农业先进地区;第二章探讨了浙西三角洲最晚在明末已成为农业最先进地区的发展过程;在此基础上,第三章通过个案分析证明该地区已出现富农经营方式,富农使用雇佣劳动进行集约型农业生产,农业生产的商品化程度较高。虽然原论文在执笔时受"两极分化论"影响,但实证部分无须修改。作为商业性农业发展的一个标志,肥料的交易和流通在清前期有了显著扩大并在乾隆期达到高峰,这是第四章所论述的内容。不过,在第四章第四节里,笔者指出清后期长江三角洲的商业性农业出现了暂时性倒退,虽然用了"暂时"一词加以修饰,但这一表述还是有夸大之嫌。考虑到当时正值美国南北战争后棉花国际价格低迷之时,加之经济危机造成商品价格全面低落,太平天国运动后江浙地区的荒废与人口减少及其对劳动力和稻米价格的影响等,原文的分析比较片面,缺乏国际和长期视野。

以上各章是对资料比较丰富的长江下游地区所作的长时段分析。由于史料的限制,很难对其他地区展开同样细致的考察。在第五章中,笔者以农书为线索,探讨了清代华北地区的农业经营与土地所有的情况。虽然农业耕作方式与江南略有不同,但占有数百亩土地的大地产者,同样采取施肥、中耕除草等集约化管理,他们的土地有的交与半独立经营的佃农耕种,农忙时还大量雇用短工。农业商品化程度的进一步提高,为当地小规模经营的发展创造了条件,不过农村中既是土地所有者又是经营者的大地产者只占少数,其余绝大多数为半独立经营的、耕种小块零碎土地的佃农。

少数的大土地所有者和众多的佃农、自耕农兼佃农,这样一种阶层分布在第一章考察宋代浙西三角洲时就已出现,[①]而且还将在第七章分析民国农业落后地区时出现。通过第七章的分析可知,即使在农业最先进的江浙地区,清初的阶层分布仍是大土地所有者较少而自营小块零碎土地者占多数的状态。随着时间的推移,底层农民破产失去土地,生产力更高的中等规模(包括雇工经营在内)、小规模农户比例

---

① 宫泽知之:《宋代先进地带的阶层构成》,《鹰陵史学》10,1985 年。

增加,随着农业集约化程度的提高,农民的阶层分布长期呈现这样一种变化趋势。

第六章关于土地所有的分析表明,即使在农业生产最先进的苏州地区,清初地主的乡居性质还非常明显,到了清末,大批地主居住在苏州等城市里,其土地所有也呈现出跨地区和分散的特点。至少从有清一代来看,城居地主的兴起并不是在清初,随着农业集约化的发展和小、中规模农户比例的增长,与此同时,国家的税收却呈现出长期减少的趋势,跨地区的地主土地所有制正是在这样的条件下逐步发展起来的。

在日本封建社会早期,地租形态繁杂,各级官员和地方豪强都可以对土地征税,后来战国大名、国人领主、在地小领主、地主等各自征收的赋税,在日本步入近世时被统一为领主分成和农民分成两个部分,并以契约的形式加以保障。最初领主的分成较多,但农民阶层内部仍残留着“名田地主”等经营模式,随着村落共同体的形成,小生产经营方式也逐渐成长起来。由于小生产经营本身的不稳定性以及领主分成的减少,在领主制之外又滋生出地主土地所有制,不过整个日本近世,地主土地所有制一直处在村落共同体和领主制的双重制约之下。

在中国,历史悠久的豪强土地经营,以及建立在农民剩余价值和国家税收差额基础上的地主土地所有制,在其发展过程中,既没有像日本步入中世、近世时那样经过土地确权整顿,也未受到村落共同体等的制约(不过像明初那样,国家加强税收征管工作,也会造成地主收益减少或归零的情况)。正如第二部各章所述,在这样的社会结构下,华北那样用畜力牵引的大规模经营比较先进,在这种大经营的内部或周围,为大经营提供劳动力的是那些耕种小块零碎土地的农民,地主土地所有制并不占统治地位。随着农业集约化和商业化的发展,在明末清初的江南农村,出现了包括富农经营在内的中、小规模经营,这些经营方式比粗放的大规模经营更为先进,在此基础上,地主土地所有制也得到广泛发展。到了清末民初,小规模经营中那些生产力低下的零细经营被淘汰,农村中出现了中、小规模农户占地比例最多的状态。

以上便是第二部论述的土地经营与土地所有之间的关系。

第三节　财政与货币的特质

本书第三部"财政与货币的特质"各章所对应的论文如下:

第一章:《专制国家的财政与货币》(中国史研究会编《中国专制国家与社会统合——中国史像的再构成Ⅱ》,文理阁,1990年)

第二章:《白银财政初期的岁入与岁出结构》(《山根幸夫教授退休记念明代史论丛》下,汲古书院,1990年)

第三章:《明代中叶京师的钱法》[《文学部论丛(熊本大学)》29,1989年]

第四章:《明清时期铜钱经济的发展》(中国史研究会编《中国专制国家与社会统合——中国史像的再构成Ⅱ》,文理阁,1990年)

第五章:《清代前期的国家与铜钱》(《东洋史研究》49—4,1991年)

第六章:《透过中国看日本货币史二三事》(《为了新的历史学》203,1991年)

如前所述,与封建社会不同,专制国家是对庞大的劳动力与财物进行统一再分配的机构,不同的历史时期,赋税的征收比率以及财政的运行机制都会发生变化,财政问题本身也是一个重要的研究课题。

专制国家在其成立伊始就制定了统一的价值尺度,并在此基础上收取赋税,对税收进行调送和分配。过去一般把铜钱铸造和流通的时代看作是货币经济的时代,把铜钱流通不发达的时代看作是自然经济的时代,而笔者在第一章中指出,铜钱是国家一手打造的支付手段、价值尺度和价值贮藏手段,这与以往的看法截然不同,直到今天仍有许多学者对此提出不同意见。可是,即使是元代以前铜钱大量流通的时代,大多数铜钱的投放和回笼都是在国家的管理下进行的,因此铜钱不仅可以在大城市,还可以在全国(部分地区一直被指定为铁钱专行区)行使其货币职能;不论是本朝的制钱,还是前朝的古钱,都能在市面上流通,这些铜钱的成色还都维持在一定的标准范围之内;而当白银成为财政支付手段和价值尺度后,铜钱便失去了全国通用性和成色标准,甚至出现了根据钱币上的文字挑拣使用的现象;纸币本身并没有价值,它之所以能够广泛流通,是因为政府允许人民用纸币纳税,凡此种种都说明,是中国的国家财政保证了铜钱这种货币的全国统一性和一贯的品相标准。

第二章考察了明朝财政白银化的过程,正是这一重大变化,引发了铜钱体系的崩溃。一般认为,财政白银化的原因是白银的大量流入和商品经济的发展,学界有时也将笔者的认识归为后者。但是,姑且不论白银在元朝就已具有价值尺度功能,在白银大量流入中国之前,在中国全国步入小商品生产阶段之前,财政白银化就已经开始了。众所周知,税粮折银始于正统元年(1436),其时每岁所入白银除一部分给边镇发放军饷,大部分被收入内承运库,景泰时期每年大约有五十万两白银用作在京文武官员的俸禄,皇帝即位和大婚时,还会有大量白银投放于北京市场。

第三章考察了大量白银投放北京市场后,先是纸币,接着是铜钱陷入无法流通的境地。大量的私铸钱开始从江南流入北京,铜钱挑拣现象严重,质量越发低劣,有的地方甚至开始使用金属片。面对这样的情况,政府试着通过财政手段投放和回笼制钱,但由于财政领域的铜钱流通已与民间市场脱节,制钱只能在国家和卖钱钞铺户之间往来循环。在货币流通相对稳定的北京,大量白银被投放到市场后,打破了白银和铜钱之间的货币平衡,劣质的私铸钱取代了传统铜钱,城内各坊、各集市的铜钱判断标准皆不一样。

第四章首先考察了第三章中出现的铜钱危机是如何从北京蔓延到全国各地的。明初的铸钱量并不比当时市面上流通的宋钱多,与一般认识相反,明初沿海地区铜钱、纸钞并用且流通稳定,政府允许百姓用钞、钱纳税。但是到了 15、16 世纪之交,沿海地区也出现了与北京完全相同的危机情况,对此就连当时的人们也觉得不可思议。铜钱危机的原因并不是流通中的铜钱不足。元朝的铜钱铸造量极少,即使是在纸钞执行政府支付功能的时期,除了帝国北方和大都周边,其他很多地区铜钱与纸钞挂钩仍在流通。① 除了纸钞的回笼量有限,明初基本上延续了元朝的货币制度,但当钞法难以为继,铜钱不再与财政支付货币白银挂钩后,很多地方成为不行钱之地。但由于铜钱便于使用,在小商品生产有所发展的地区,铜钱在货币流通区域分异的状态下仍在流通。

第五章考察了清代铜钱流通从经济发达地区向其他地区扩展的情况。清政府大量铸造铜钱投放市场,但却不像宋元时期那样回笼,而且,此时的铜钱已失去价值尺度功能,当时的人们深信"银有一定分两,钱则价有贵贱"(第五章第三节)。铜钱的情况可能如此,但一定分两的白银具有一定价值这一认识本身就存在问题。以往的铜钱是国

---

① 市丸智子:《元代货币の贯文锭两单位の别について——黑城出土及び徽州契约文书を中心として——》,《社会经济史学》68—3,2002 年。

家指定的价值度量标准,可按固定比率与丝、粮食、劳动力进行交换,但白银成为政府支付手段后,却无法按固定比率与其他物品进行交换。汉、宋两代,大部分铜钱被贮藏在国库之中并由国家管理运用,而白银直接受国际市场影响,银价长期处于下行趋势,与市场的流通量相比,白银存于国库和用于财政领域的数量要少得多。白银的价值不能像铜钱那样稳定不变,财政之于市场的作用和地位也在不断下降,从明至清,这种倾向越来越显著。

基于对中国货币史的研究,第六章分析了日本的货币制度。原论文发表后收到很多宝贵意见,[1]有很多还来不及回应,借此机会阐述一下我的看法。与中国一样,皇朝十二钱也是由国家打造的一种财政支付手段,关于这一点似乎没有什么人反对,问题在于应该如何看待中世渡来钱的流入与停止这一问题。原论文认为,中国铜钱的流入意味着中世日本进入中国内部货币体系,对此大田由纪夫等多位学者提出了批评。确实,中世铜钱流入最多的是金朝禁止铜钱流通和南宋灭亡的那一段时期,铜钱失去了作为财政支付手段的地位,在日本铜钱流通的前提条件也不是可以回流中国财政领域,从这个角度来说,原论文使用"日本卷入中国内部货币体系"这一表述是有问题。但是,从 11 世纪开始,包括大钱在内的中国铜钱已流入日本并开始流通,[2]其后流入日本数量庞大的金朝贮藏的钱币,其实也是宋钱,是宋朝作为财政支付手段发行、回笼并贮藏于首都和其他大城市中的数量惊人的货币储备,[3]

[1] 大田由纪夫:《十二—十五世纪初头アジアにおける铜钱の流布——日本、中国を中心として——》,《社会经济史学》61-2,1995 年。同《十四、十五世纪の渡来钱流入——中世日本の场合——》,《历史の理论と教育》128,2008 年。
[2] 考古发现表明,从 11 世纪末到 12 世纪上半叶,包括大钱在内的中国钱已在博多这个贸易港一带流通,参见小畑弘己、西山绘里子《中世博多における出土钱货と流通》(《市史研究 ふくおか》2,2007 年)。
[3] 宫泽知之:《北宋の财政と货币经济》,中国史研究会编《中国专制国家と社会统合——中国史像の再构成Ⅱ——》,文理阁,1990 年,后收于《宋代中国の国家と经济》(创文社,1998 年)。

长期以来公众对其价值持有信心,在日本也开始发挥价值尺度作用并被大量带至日本。而且北宋灭亡后铜钱仍在中国国内继续流通,元朝让铜钱与纸钞这一最为纯粹的财政支付手段挂钩,在铜钱铸造量有限的情况下,大量的前朝钱继续在市面上流通,这种情况一直延续到明朝初期。此时,铜钱质量低劣、挑拣使用等明中期的现象都还没有出现,正是在这样的情况下,日本仍继续向中国进贡铜料①并从中国输入年号钱。用日本铜料换回中国铜钱并不是主要问题,重要的是,即使是日本铸造的铜钱,也必须模仿中国铜钱的形制,否则无法流通。

考察日本铜钱流通时不能仅着眼于供给来源一个方面,这是我综合第二章到第四章的内容后得出的看法。当白银取代纸钞和铜钱,成为财政的支付手段后,先是在京师,继而在沿海地区出现了铜钱危机,铜钱质量日趋低劣,挑拣现象严重,货币流通区域分异,铜钱退出流通领域,紧接着日本也出现了同样的现象。1450 年始于京师,继而发展到沿海地区的铜钱体系的崩溃,恰好与日本"选钱"现象(日本民间有选择性地挑拣铜钱使用的现象)日趋严重的时间重合。铜钱挑拣现象是随着低钱的泛滥而出现的,它不单是要将良钱和恶钱区分开来,也是对以往流通的各种铜钱开始选择使用的一种行为,同样的现象在中日两国同时出现。日本铜钱制度的演变,除了从供给面分析,还应结合中国铜钱的行使状况加以考察。

第四节　专制国家社会中的经营与流通

本书第四部"流通与经营结构"各章所对应的论文如下:

第一章:《明清社会的经济结构》(《第一届中国史学国际会议

---

①《明实录》景泰四年十一月癸丑条(参见本书第三部第三章第五节)。

研究报告集　中国的历史世界——社会整合机制与多元化发展》,东京都立大学出版会,2001 年)

第二章:《明末的流通结构——〈杜骗新书〉的世界》[《文学部论丛(熊本大学)》41,1993 年]

第三章:《阿寄与西门庆——明清小说中商业的自由与分散》[《文学部论丛(熊本大学)》45,1994 年]

第四章:《牙行经营的结构》[《文学部论丛(熊本大学)》73,2001 年]

当我们摆脱"世界历史发展的普遍规律"这一人类社会发展的单线理论,以专制国家论代替封建社会论时,必然会面对这样一个问题,即除了政治结构,专制国家的社会以及作为社会重要组成部分的经济,两者之间有着怎样的相互关系? 当初在撰写第一部论文时,我仅指出"为什么中国小生产经营的发展水平相当高,却不能自发进入资本主义? 在专制国家的研究上,还有很多问题亟待我们去解决"。①步入小商品生产阶段的专制国家,有着怎样的经营与流通结构? 第四部中所收论文,便是我对此所作的探讨。

先说结论,由于中国不存在具有群体规范效力的自律性团体,也没有建立在自律性团体基础之上的领主支配体系,这些都影响着专制国家的经营与流通结构。小生产者完全依靠自己劳动或者自己可以直接指挥的劳动进行生产,而近代的规模经营本身就属于团队经营,在企业的各个部门中,为了实现统一的经营目标,无数的劳动者自律地从事劳动,而保证这个企业正常运转的是团体社会中成员之间相互约束、意识共享的关系。缺乏这些条件的专制国家,在从外部引进劳动规范,比如通过直接投资或经营技术转移,让劳动管理逐渐规范化

---

① 本书第一部第二章第四节。

之前,经济成长并不会带来经营规模的扩大,只会导致小商品生产者数量上的增加。就如第一章第二节所考察的那样,在难以规范成员行为的社会里,扩大经营的方法,不是经营内部嵌入其他经营的模式,就是合股。

在难以规范成员行为、缺乏协同意识的社会里,流通行业中的分工也难以实现。除了依靠有限的个人信赖关系,商品流通是由各个商人—牙行关系串联而成的,商人委托哪家牙行采购和售卖,凭借的是自己一时的判断,具有很强的随意性。第二、三章从小说史料入手,揭示了流通和经营的历史面貌。第四章是对牙行的考察,牙行既是流通环节中的关键节点,也是分析经营结构时极好的素材。

按照以往的学说,专制国家的沉重税负和商业资本的剥削阻碍了中国资本主义的成长,[①]但实际上,整个明清时期,国家的税收一直在减少,甚至比日本领主的税收还要低很多,尽管随着生产力的发展,日本领主的税收已大幅度减少。和封建社会相比,中国商人缺乏垄断市场的能力,进入市场很容易,竞争极为激烈。经营内部缺乏凝聚力,对劳动者的称呼不是"员工",而是"帮""伙""搭""友"等表示合作关系的词语。以往的学说认为,商业资本的巧取豪夺阻碍了中国近代化的进程,然而事实刚好相反,商业资本无法对市场进行系统性支配,才是中国近代化的真正阻碍因素,尽管在专制体制下,政治权力通常可以为所欲为。

拙著《专制国家史论》第五章中,对中日两国在经济结构、近代转型上的差异作了更为具体的分析,有兴趣的读者可以参考。

另外,关于经营和流通,我还有三点不成熟的想法。一是"客商—

---

① 西嶋定生:《十六、十七世紀を中心とする中国農村工業の考察》,《歴史学研究》137,1949年,后收入《中国経済史研究》(东京大学出版会,1966年),并请参见本书第二部附篇一。

牙人"流通结构的历史演变问题。"客商—牙人"体制历史悠久,明朝时随着区域性特色农业的发展,人们纷纷涌入商业领域,使得"客商—牙人"体制有了更大的发展。商人去往有利的生产地,依靠当地牙人购入产品,然后安排车船运输,再去到有利的消费地,通过牙人卖掉商品,这样的流通特征,不仅在笔者使用的小说史料中,在当时的商业书中也有反映。

即使是从商书中也可发现,原有的流通模式也在逐渐变化。明代商书内容主要教导商人如何选择牙人及水路行程,清乾隆以后,正如李瑚所指出的那样,出现了专门论述坐贾、伙计的商书,①这种变化在罗仑、范金民的研究中也得到了证实。②

二是由于缺乏信赖关系,在贩运过程中需要客商或伙计亲自押运商品,但在一些流通线路比较固定的地方,商人已开始委托运输业者代为输送货物。③ 不过很多调查资料也显示,专业化程度比较低的传统流通模式一直持续到民国时期,尽管流通的基本特质没有变化,但在提高流通效率的要求下,传统的流通结构也开始缓慢变化,对这一变化过程进行实证层面的考据并非易事,但却非常必要。

关于中国商业问题,还有一点值得注意的是那些存在于大城市中、历史久远、资本巨大的经营。这些经营与本书所论及的中国型经营所具有的不稳定性、非整合性看似矛盾,但对于这些经营,还需要根据史料作进一步的分析。最早向大家介绍这方面资料的可能是邓拓,他在《清史资料》(中华书局,1980 年)上公开了距今已有数百年历史的

---

① 李瑚:《谈〈江湖必读〉和〈贸易须知〉》,《光明日报》1962 年 9 月 7 日经济学。
② 罗仑、范金民:《清抄本〈生意世事初阶〉述略》,《文献》1990 年 2 期。
③ 许涤新、吴承明:《中国资本主义发展史》,人民出版社,1985 年,第一卷第五章第七节四。

北京老字号万全堂药店的经营文书。① 从这些文书来看,虽然该店的字号一直没有改动,但创办于康熙年间,一直独资经营的万全堂,从乾隆年间开始与外姓合股经营,且股东更换频繁,后来又出现了人力股、财神股等,经营主体的构成极为复杂。资本规模大的店铺,其经营未必稳定,关于这一点,应该可以从官员籍没财产以及老字号的具体分析中得到印证。

第五节　封建社会与专制国家
——从前近代史研究再来看近现代的历史

本书终章"18 至 19 世纪中日社会组织结构的比较"对应的论文如下:

> 终章:《18 至 19 世纪中日社会组织结构的比较》[《文学部论丛(熊本大学)》102,2011 年]

综上所述,清中期之前,中国大部分地区已步入小商品生产阶段,由于缺乏社会自律组织,中国不仅在行政上,而且在经济上走上了与封建社会不同的发展道路。从 14 世纪后期开始,中日两国在政治经济结构上的差异更趋明显,这是本书终章所要阐述的内容。在日本,由于农民自律团体的存在,强化了社会管理能力,这些团体广泛联合,使得领主的管理作用逐渐下降,加之日本自下而上的决策方式,这些都在政治和经济上推动了日本近代化的发展。

而在中国,明朝初期朝廷在全国推行里甲制度,其后在步入小商品生产阶段的过程中,土地所有权流转频繁、经营内部缺乏整合、流通

---

① 刘永成、郝治清在《略论清代以来万全堂的经营形式及其特点》(《北京史苑》1,1983 年)一文中,对这些资料进行了解读。

机构极不稳定等现象日趋明显。与日本朝着团体社会发展,以自律性团体为社会活动主体的社会结构不同,在中国,社会的流动性使得依靠外力构建起来的明初以来的行政管理进一步松弛,税收业务一般由书差掌管,很多征税机构都不正规。在赋税制度上,将各种赋税统一为土地税以银两完纳,完成了向统一的赋税制度的转变,但却未能给自下而上的社会统合提供助力。

笔者在本书第四部中指出,在专制国家型社会中,要想实现经营的规模化和流通的组织化非常困难,终章也得出了同样的结论。但是,现代资本主义席卷了包括中国在内的世界各国,我们正处在一个全球化的过程里。正如我在《专制国家史论》中所言,考察一个国家的近代化转型问题,应该从两个方面加以分析,一是世界资本主义所处的发展阶段及其特质,二是被卷入国家本身的社会特质。与资本主义中心国家的位置关系,与资本主义碰撞与交汇的时间点,都不是决定外围国家与社会性质的唯一要素。

二战前,从世界范围来看,卷入资本主义市场体系的是那些有条件接受间接投资的封建制—资本主义型社会(广义上包括殖民者在殖民地建立的封建制—资本主义型社会),而东亚各国,由于小生产经营的发展在世界范围内也处于较高水平,有的成为日本帝国主义国内分工的一环,有的在接受外国资本直接投资,又或是在民族资本与外国资本的对抗中,农业商品化程度不断提升,并在一战后开启了工业化进程。① 二战后,在国际货币基金组织与关贸总协定的框架内,在跨国公司的主导下,非封建型社会的工业化也得到全面发展,而在此之前,中国的资本主义已有了一定的发展。资本主义发展要求有与之配套的社会环境,于是在清末和民国时期,政府采取各种措施,从行政上

---

① 中村哲:《东アジア资本主义の形成——比较史の视点から——》,青木书店,1994年。

强化了社会的组织化程度和控制力度。近年来,国民革命时期以来的研究取得了显著成果,不仅在国民革命史、重庆国民政府史、战后国民政府等研究上,①而且在农业、工业、政治等方面也涌现出一批具有领先水平的实证研究成果。② 发展资本主义曾是中国近代化探索的途径之一,虽然这一进程被日本的侵略打断了,但在历史上中国确实有可能走上资本主义的发展道路。

通过对前近代史的研究发现,不存在共同体,个人主义色彩浓厚,又或者主要依靠个人影响力的社会,其社会与专制国家之间的联系非常紧密。中国专制国家在其形成过程中,由于长时期军事作战的需要,自上而下建立了大规模的军事组织,原来松散的氏族共同体因此遭到破坏,于是就形成了中国这样一种社会形态。由于自律性团体的缺失,明王朝在推行里甲制度时,让地方上有名望的士绅扮演皇权与民间信息互通的角色,并通过把职役作为拥有土地的所有人户的普遍义务,克服了义役应役困难以及唐宋变革以来徭役过重的问题,专制国家因此得以延续。③

在明朝制度的确立过程中,官僚和地主阶级遭到好几次大规模清洗,明初大兴狱案,胡惟庸案牵连处死者多达数万人,就连郑氏这样的"义门"典范也遭到检举。④ 旌表和族株,就像一个硬币的两面,是专

---

① 野泽丰编:《中国国民革命史的研究》,青木书店,1974 年。石岛纪之、久保亨编:《重庆国民政府史的研究》,东京大学出版会,2004 年。姬田光义编:《战后中国国民政府史的研究1945—1949 年》,中央大学出版部,2001 年。

② 久保亨:《战间期中国"自立への摸索"》,东京大学出版会,1999 年。笹川裕史《中华民国期农村土地行政史的研究》,汲古书院,2002 年。弁纳才一:《华中农村经济与近代化》,汲古书院,2004 年。奥村哲:《中国の资本主义と社会主义》,樱井书店,2004 年。久保亨:《战间期中国の棉业と企业经营》,汲古书院,2005 年。

③ 伊藤正彦:《宋元乡村社会史论——明初里甲制体制的形成过程——》,汲古书院,2010 年。

④ 檀上宽:《明朝专制支配の史的构造》,汲古书院,1995 年。

制国家中一种很具代表性的现象。为了不被检举和族株，一些人会主动去揭发别人。在专制国家里，由于团体内部无法统一方向，形成合力，人们往往会按照对自己最有利的原则行事。为了强化国家力量，专制国家创造出专制国家型社会，专制国家型社会又为专制国家的运行提供了基础支撑。

　　放眼当今世界，在新自由主义政策的影响下，许多发达资本主义国家每经历一次经济泡沫，其社会的团体规范能力都会减弱一些，生产资料和劳动力自不必说，就连企业和穷人的债务，都被当作商品买卖而不受任何控制。另一方面，在中国重商主义倾向依旧存在，随着经济重心从农业转向工业，在科学技术及企业管理技术转移的基础上，国家采取集中投资的策略，使得国民经济持续高速增长。企业管理技术的转移、大企业经营与市场的发展，会对经济行为产生一定的规范化作用，但也无法抵挡新自由主义的影响。在中国，国家与社会的紧密联系会在什么情况下发生改变？历史上公共性比中国更加脆弱的亚洲、非洲国家，又将如何实现其社会统合？当个体社会和群体社会两种截然不同的社会相互碰撞时，又会产生怎样的结果？不管怎样，时至今日，仍有一些社会在对资本的无序扩张进行规制，从社会再生产的总成本来看，这样的社会也确实更具社会合理性。① 在各国国内贫富差距日益悬殊的同时，世界确实也在向着全球一体化的方向发展。面对瞬息万变的世界，现代史研究更应不畏困难，砥砺前行。

---

① 米歇尔·阿尔贝尔（Michel Albert）：《资本主义对资本主义》，竹内书店新社，1992 年，原书出版于 1991 年。罗纳德·多尔（Ronald Philip Dore）：《日本型资本主义与市场主义的冲突》，东洋经济新报社，2001 年，原书出版于 2000 年。此外，关于近年来的贫富差距问题，也有不少专题著作出版。

第一部

超越中国封建制论

第一章 中国前近代史研究与封建制

　　把由原始社会到社会主义、共产主义社会这一系统性的、单一的历史发展模式奉为"世界历史发展的普遍规律"，并以此为预设将中国、日本等国纳入其中，是二战后日本学界封建制论兴起的根本原因。由于中国成功地实现了"反帝、反封建"的革命纲领，旧中国的半封建性质，尤其是决定了旧中国半封建性质的地主土地所有制的封建属性，也就成了不言自明的事实。同样在"世界历史发展的普遍规律"框架下形成的奴隶制论和资本主义萌芽论因为实证方面的困难日渐式微后，尽管中国与西方封建社会在形式上有着明显的差异，封建制论不仅没有消退，还在宋代以来的研究中占据了重要地位，这与战后中日两国的历史及其认知，有着非常密切的关系。

　　首先是二战后中国社会对自身的认识发生了变化，也即强调中国革命的反"封建"性质，逐步否定了资本主义在中国的发展。1946年国共内战爆发，1953年开始社会主义改造，在此过程中，资产阶级不再被当作需要联合的对象，到了"大跃进"和"文革"时期，不仅资产阶级，就连资本主义发展要素之一的无产阶级也成为改造的对象（如把农村作风带进城市）。人们普遍认为，中国革命和社会主义建设的任务就是改变农村落后的生产力与生产关系，正因为中国是一穷二白的落后国家，才需要在中国建设社会主义。在这样的背景下，中国革命的历史叙述一面倒地偏向了农村根据地和农民斗争的历史、共产党创建和指导革命武装的历史。

对 1949 年之前中国的这种认识,也给前近代史研究带来深刻的影响。一方面它使得前近代史研究的焦点落在了封建的地主佃农关系上;另一方面,考虑到辛亥革命后中国社会和农民斗争的状况,有的学者主张将中国农奴制或封建制的下限再往后延,甚至有学者认为,辛亥革命后的军阀割据才是中国真正步入封建社会的标志。许多学者对明清时期的认识,从中国前近代社会的解体时期,转变到封建制度开始形成或确立的时期。

其次是出于回应"近代化论"的需要。"近代化论"认为,封建制的有无,决定中日两国分别走上了停滞与发展的道路,这也成为对日本近代一些行为进行合理性辩护的理论工具。为了反驳"近代化论"的主张,一些日本史研究者开始在日本封建制中找寻亚洲特质,出于相同的考虑,中国史研究者们则想找到中国历史上封建制存在的证据。有的学者将宋代以来的专制国家看作是封建的统治机构,有的学者把明代的里甲制与封建的等级制度联系起来,有的则把清代的专制国家看作是封建地主阶级的联合统治机构,这样有关封建制的论述就从个别的生产关系上升到国家层面。

但是,现实情况告诉我们,中国史研究如果继续按照封建制理论的道路走下去,只会陷入僵局,到了非改不可的时候了。[①] 中国农村实施的一系列社会主义政策,实际上是在为国家的工业化提供原始积累。既然近代中国孕育出来的资产阶级也是抗日民族统一战线的一员,那么继承这一路线方针的其后的中国革命,其所面对的就不应该是封建制或农奴制,而是前近代社会结构遭到破坏、资本主义生产关

---

① 吉田浤一:《現代中国認識と中国史研究の視角》,中国史学会编《中国史像の再构成——国家と農民——》,文理閣,1983 年。

系有所发展的半殖民地性质的社会。

　　既然我们已经清楚认识到中日两国现有社会结构及其历史发展的差异性，那么为了回应近代化论而产生的中日同质同阶段论就不再是我们研究的目标和指导思想了。封建社会从经济基础到上层建筑都有其相应的特征，我们在欧洲和日本前近代社会中很容易找到它的存在，但是，为了把封建制度这一模式套用到中国，特别给它冠上一个亚洲或中国的名目，这样的做法已经毫无意义了。

　　打破中日两国同为封建社会的思维定式，如实地将两国所代表的社会进行比较后就会发现，两种社会存在明显差异：一方是建立在官僚机构基础上的专制国家型社会，另一方则是由私人对某个地区进行统治的社会。20世纪60年代中期以来的研究，将封建制论从狭义的个别地主佃农关系论上升为国家论，如此一来，在如何处理中国封建制度的问题上，学者们又遇到了新的困难，即以前的问题出在地主佃农之间缺乏人身依附关系，而现在则需面对封建社会彻底的分封建邦与统一的专制国家这一矛盾。为了解决这一问题，将社会的公共机构看作是私人的联合统治机构这样一种观点应运而生，然而，社会的公共机构既不是私人的联合统治机构，也不是私人统治的执行机构。[①]

　　两种社会都处于前近代社会阶段，而小生产经营方式，以及通过超经济强制从小生产经营方式中获取剩余价值，是前近代社会的两个主要特征。中日两国的小生产经营都处于较高的发展阶段，小生产者通过生产活动与生产资料紧密地结合在一起。[②] 农民的经营独立性比较高，这从农民与上一级的土地所有者间的土地权属确认上也可以

---

① 渡边信一郎：《中国前近代史研究の课题と小经营生产样式》，中国史研究会编《中国史像の再构成——国家と农民——》，文理阁，1983年。

② 大泽正昭：《中国における小经营生产样式发展の诸段阶》，中国史研究会编《中国史像の再构成——国家と农民——》，文理阁，1983年。

体现出来。中国从分田制、均田制到两税法,日本则是从"班田农民"到"名主",再到近世的"百姓",农民逐渐拥有了对土地的所有权。从小生产经营方式中人与物的关系来看,中日两国都经历了相同的发展过程,在人与人的关系上,上一级的土地所有者也都在承认下一级所有者对土地的所有权后占有其劳动剩余价值(当然,在所有关系上,领主私有和国家所有、封建社会的农民所有与专制国家的农民所有是有区别的)。

两种社会的差异在于,占有社会剩余价值的一边是国家,一边是以领主为代表的个人。中国是一个体量巨大的统一的专制国家,除了地方上存在个别的私人统治(如地主制)外,国家通过中央集权的官僚机构,对全国的土地和人民进行统一管理,并以实物或劳役地租的形式占有农民创造的大部分剩余劳动,用于维持社会再生产所需的各项事务,例如以水利为代表的各项劝农事业、市场管理以及军事活动等。而在日本,从农业到军事的诸般事务都由私人来完成(所谓文官的中国、武士的封建社会)。由于公共事务由私人负责,个人才可以不通过个别的人身依附关系,占有领地内所有农民的剩余劳动。调停小生产经营之间利害冲突的民事裁判权也掌握在私人手中,这是司法权由私人掌握、私人实行人身支配的重要体现。当国家的公共事务以及统治权力被分割到私人手中时,社会也就被分割成许多由私人统治的单位,原本应该是"一种体现社会整体性的特殊的现实存在,而不只是社会各部分的总和"①的国家,也就基本上不存在了。农民对领主的人身依附关系,真正意义上的国家的消失,这些现象都是一个有机的、不可分割的整体,建立在领主制基础上的专制国家以及专制制度下的领主制,都是不可能存在的。可以说,由国家还是由私人占有社会剩余

---

① 熊野聪:《共同体と国家の历史理论》,青木书店,1976年,第91页。

劳动并负责社会公共事务这一细微的差别,造就了双方社会结构的重大差异,同时也在法律、文化、经济等各个方面,对两国产生了深远的影响。

那么,是什么导致中日两国在前近代后半期走上了不同的社会发展道路?关于农民的经营独立性与领主经营在封建社会形成中所起的作用,日本中世史研究已积累了相当可观的学术成果,下面就在这些研究的基础上,对中日两国的历史"分流"作一比较分析。首先,如上所述,中日两国的社会存在明显差异,如果不谈领主制,只把农民的经营独立性作为封建社会的判定指标,容易混淆专制国家型社会与封建社会的区别。那么,领主制对于封建社会的形成究竟有何意义?领主制确实是封建社会产生必不可少的条件,然而中国的历史也清楚地表明,仅凭日本史上一个叫作领主经营或者领主大经营的经营形态,是无法形成封建社会的。家长制奴隶制式经营方式在秦汉时就已存在,东汉至六朝时期,随着牛犁耕技术的进一步发展,豪强们或大量使用奴婢,或在农忙期请自耕农帮忙,不断扩大农业经营规模,为六朝贵族统治提供了不可或缺的经济基础,[1]可见,中国社会并不缺乏领主式的大规模经营以及家长制下的人身依附关系。根据大山乔平的研究,日本中世农村存在两种形式的支配关系,一种是"名主"阶层对"下人"与"所从"的家长制性质的支配,另一种是名主对"散田作人"的支配关系。"散田作人"与名主之间没有私人依附关系,名主对其的支配是基于村内公共权力的强制力,大山将这种支配关系称为"社会支配"。[2] 按照这一阐述,中国历史上缺乏的正是这种"社会支配",而不是家长制支配。名主阶层在多大程度上能够独立实现"社会支配",在

---

[1] 参见第 27 页注①引渡边文。
[2] 大山乔平:《中世史研究の一视角》,《新しい历史学のために》109,1965 年,后收于《日本中世农村史の研究》(岩波书店,1978 年)。

地领主又在多大程度上给予了名主以支持？关于这些问题可能会有不同的意见，因为这些问题不仅关系到日本史上是否存在农民经营不断独立而领主还未分权的时期，还涉及日本封建社会在其形成过程中是否经历过中国那样的非封建性的农奴制国家阶段。不管怎样，与中国历史上的豪强相比，日本的封建领主很早就开始负责前近代社会中劝农、诉讼裁判、军事等核心公共事务，其统治已超出了家长制能够支配的范畴。家长制支配与建立在家长制支配基础上的领主经营是封建制度形成的前提条件，为了满足经营独立性不断提高的农民的需要，必须提高公共事务的处理能力，而能够承担公共事务的只有领主的前身，也就是那些自主经营能力最高的小生产者。封建社会不得不以私人从属关系为核心，或者借助私人从属关系构建自己的社会关系。另外，封建社会并不是单纯的小国分立，而是私人对统治权力的分割。

社会公共事务由私人分割负担是封建制的本质，那么，私人分割公共事务又需要具备什么样的条件？关于这个问题不能一概而论，因为它是特定历史条件下的产物。为了更好地说明这一点，下面就来比较一下中日两国的条件有何不同。

首先，在于社会公共事务本身。在中国，维持社会再生产所需的公共事务的规模远大于日本。中国的气候条件极不稳定，幅员广阔，自然环境差异很大，加上强大的少数民族的存在，以及由此带来的全国范围的人口迁徙等，这些都使得社会公共事务很难由私人来承担。

其次，是历史条件，其中最重要的一点是早期国家对社会公共事务的管理模式。一般来说，氏族社会瓦解后取而代之的是早期国家这一特殊机构，国家通过对公共事务的管理，维持了阶级分化后的社会秩序，从而保障了统治阶级的利益。但是，由于早期国家各自的完成度和成熟度不同，它们在处理公共事物时的水平也各不相同。中国农耕文化的历史悠久,很早就实行了贡纳制度,在此基础上逐渐形成了小生产经营方式,随着氏族社会的瓦解,中国基本上依靠自身的力量完成了向国家的转化。无论是在军事方面还是在行政方面,专制国家都能在不受氏族关系的影响下组织人民,并通过官僚机构进行行政管理。而在日本,由于农业起步较晚,小生产经营的发展很不成熟,氏族社会的解体也不充分,还经常受到已步入国家阶段的中国的影响,与周边国家也处于军事紧张状态。在这样的情况下,过早形成的国家还很不成熟与完备,其军事和行政机构也即社会公共事务的管理机构保留了大量氏族制度的残余。有关日本古代军事、劝农的研究表明,这些公共事务的绝大部分实际上是由氏族或族长的后裔们把持,随着律令体制的瓦解,郡司以下的阶层成为组织地方社会再生产的主体,这些应该都与日本早期的国家形式有关。

保留了氏族社会残余的早期国家在向更为集权的"新国家"转变时就会产生封建制,这是奥托·欣策通过对欧洲史的研究而得出的结论。"因此我的论点是,一般而言,完全意义上的封建制只有在这样的地方出现:从部落到国家这一正常有序的发展过程因为某种世界历史形势而发生偏离,并被仓促地引上帝国主义方向。"[①]

就这样,自然和历史条件的不同,特别是早期国家形成时产生的差异性,对后来这些国家如何处理公共事务起了决定性作用。其中一个社会向封建社会转化,另一个以中国为代表的社会,随着农民经营独立性的发展,并没有出现公共事务的私人分割现象,为了更有效地管理国家事务,中国建立和完善了一套从自主经营的小生产者那里收取赋税的体制,换言之就是专制集权的不断加强。宋代以来,随着小

[①] 奥托·欣策(Otto Hintze)著、阿部谨也译:《封建性の本质と扩大》,未来社,1966 年,第 35 页。原著出版于 1941 年。

生产经营的发展和社会分工的不断完善,国家不得不强化其集权统治。国家在承认农民的土地所有权归属后,逐渐以占有土地多少作为赋役征收的依据,这样做也是为了适应农民经营独立性不断发展的需要。

豪强作为中国社会孕育的领主制的萌芽,不可能进行诸如公共事务管理等社会支配,它的支配自始至终都不具有社会强制性,属于私人经济关系的范畴。正因为属于经济关系范畴,所以也只能在经济层面发展。豪强最初依靠奴隶劳动进行大规模的农业生产,后来随着奴隶依附程度的减弱以及其他农民经营独立性的提高,又出现了各种各样的农业经营方式,最后发展到过渡性质的地主制。大规模经营以及处于各个发展阶段的地主经营,不过是国家赋役征收体系的组成部分,并不是专制国家的统治机构,它是由国家组织起来的进行再生产的私人经济关系之一,因此也会因为国家权力的强制干预而解体。

从古代社会开始,中日两国走上了不同的发展道路。石母田正认为,造成中日两国差异的根本原因在于领主制的形成与发展,古代社会落后于中国的日本的生产力能够在中世奋起直追并一举超越中国的原因也在于此,而中国村落和家族中残留的共同体关系却阻碍了领主制在中国的发展。虽然石母田正后来撤回了自己的这一主张,但其中一些观点并未引起学界的怀疑与批评,问题依然存在。问题之一就是认为从专制国家类型社会发展到封建社会是世界史发展的普遍规律,封建社会是比专制社会更先进的社会,封建制度更适应先进生产力发展的要求。为此,学者们还设定了"专制国家形态下的封建制"这一概念,这使他们又陷入了自身想要批判的"欧洲中心史观"的束缚。其实,通过以上的论述可知,宋代以来的中国专制体制与日本的封建制是为了适应农民经营独立性的提高而发展起来的两种统治形态,不能说封建社会比专制社会更适应生产力发展的需求。如果非要将两者作一比较,那么不管是生产力还是农民的经营独立性,封建社会都是起点落后的一方。不过,问题还在于向近代社会过渡时两种社会会如何对应。即使发展到小商品生产阶段,处于国家最高所有权支配下的农民的土地所有能否克服困难,自发完成向近代土地所有制的演变,这是一个极为重要且亟待解决的问题。

另一个问题是把狭义的共同体的残余看作是专制国家型社会形成的基础。但事实表明,和日本等国不同,中国的专制国家是在氏族共同体早已解体的情况下产生的,宋代以来中国的村落也缺乏封闭性,专制国家是在狭义的共同体解体之后,在对农民进行统一编制的基础上形成的。

今天我们阐述宋代以来的中国时,已不再使用"封建社会"一词,也不再把国家统治看作是私人统治的一种扩展与延伸。专制国家其实是对小生产经营进行支配的一种体系,是时候开始从小生产经营方式以及社会分工的视角出发,对其重新进行审视了。

第二章　对中国封建制论的批判性考察

前近代的中国并非封建社会,二战后日本中国封建制论自身的逻辑演绎最后也证明了这一点,本章即以中国封建制论中的三种学说为中心,对该理论的形成与发展作一考察。这三种学说都曾对封建制概念做过明确的定义,并因此成为学界争议的焦点,它们是:

①"世界历史发展的普遍规律"流行之初,由仁井田陞等人提出的以地主佃农制为封建制的学说;

②20世纪60年代中期以来由小山正明提出的明末清初封建制确立论,以及从小山理论中拿掉奴隶制论后的论述;

③20世纪70年代前后由重田德提出的明末清初乡绅地主封建统治确立论。

由于篇幅的限制,中国学术界主张的西周或战国封建制确立说,以及从封建制的视角出发探讨人民斗争和商品生产等论述,均不在本章的考察范围之内。另外,本章的研究视角主要基于中国史研究会编《中国史像的再构成——国家与农民》(文理阁,1983年)第一部总论"中国史研究的立场与方法"中的认识,如能参阅,则吾幸甚。

第一节

在"世界历史发展的普遍规律"构想中,中国史研究比其他外国史占据了更为重要的位置,这是因为如果中国也按照原始社会到奴隶社会、封建社会、资本主义社会这一模式发展,就可以证明中国正在走的社会主义道路也是日本今后发展的方向。在把"世界历史发展的普遍规律"应用到中国时,因为中国革命是一场"反帝、反封建"的资产阶级民主主义革命,中国革命的胜利使得旧中国的封建属性成了不言自明的存在,于是学者们就将封建制片面地理解为地主制,这种认识取向在 20 世纪 50 年代仁井田陞构建的中国封建制论中,有非常直观的表现。[1]

在这种思想背景下,以周藤吉之的地主佃户制研究[2]为基本素材,建立了宋代以来的地主制即封建制的学说。该学说认为,地主佃农关系的封建属性主要表现在以下四个方面:(1) 以"主仆之分"为代表的佃农对地主的人身依附关系;(2) 佃农不能自由迁徙,存在随土地一起买卖的"随田佃客";(3) 地主征收高额地租,可以随意役使佃农;(4) 佃权制度尚未形成;等等。围绕这些问题,日本中国史学界展开了二战后极负盛名的一场大辩论,这场辩论的过程与结果不是本章关注的焦点,和本章内容有关的主要有以下两点:其一,在这场辩论中,把主佃关系认定为封建生产关系的各项指标,果真是封建制度的

---

[1] 仁井田陞:《中国社会の"封建"とフューダリズム》,《东洋文化》5,1951 年,后收于《中国法制史研究——奴隶农奴法、家族村落法——》(东京大学出版会,1962 年)。

[2] 周藤吉之:《宋代の佃户制——奴隶耕作との关联に於いて——》,《历史学研究》143,1950 年,后收于《中国土地制度史研究》(东京大学出版会,1954 年),同《宋代の佃户、佃仆、佣人制》,同上书。

判断指标吗？先说结论，以往的中国史研究，将两种不同的"人身支配关系"混为一谈，这里姑且将之称为社会支配关系和个别支配关系。所谓社会支配，是指在行政、军事以及包括民事裁判在内的司法等公权力的支配下，某一地区的居民对其只能服从，比如中国的百姓对集权国家的服从，日本近世各藩的人民对以大名为首的武士阶层的服从等，没有这种支配关系，掌权者也就无法从辖区内的小生产经营那里收取剩余劳动。这种支配关系之所以能够形成和维持，并不是因为公权力保障了小生产经营的直接生产。因为每个小生产者即使能够独立完成直接生产过程，但却无法单独进行自己生存所必需的社会生产，而能为小生产者提供社会生产所需的公共服务，如灌溉治水等劝农事务、军事保护、社会分工体制的维持、调节小生产者之间利害冲突等的正是公权力，这是公权力能对小生产者进行社会支配的原因所在。正如马克思所言："在这里，问题在于确定这样的事实：政治统治到处都是以执行某种社会职能为基础的，而且政治统治只有在它执行了它的这种社会职能时才能持续下去。"①

而个别支配与社会支配不同，它是属于私人领域的支配关系，因而时常表现为一种对父权的依附。主人对奴仆、土地所有者对佃农与雇工的支配，都属于这类支配关系，日本中世主人对"下人""所从"的支配也可归于这一类。尽管这种支配关系的内部也存在类型差异，比如奴仆是主人小生产经营内部的成员，佃农本身就是一个小生产经营主体，但不管哪种类型，主人或多或少都直接参与生产经营过程之中，属于狭小的私人领域的支配关系。一个人有时可能同时处在社会和私人两种支配依附关系中，又或者农民通过经营上的独立摆脱私人支配关系，成为社会支配关系下的小生产者，但需要注意的是，两种支配

---

① 《反杜林论》，《马克思恩格斯全集》第 20 卷，大月书店，1960 年，第 186 页。

关系的存在基础完全不同。

封建制其实是一个与社会支配密切相关的概念。在社会支配关系的基础上,形成了私人占有农民剩余劳动的领主统治,而领主阶级通过层层分封,形成的金字塔形的结合体就是封建社会。封建制(feudalism)这个概念原来是指中世纪欧洲封君封臣关系中的法律制度,当其含义扩展到社会形态时,封建制应该是一个将封君封臣制和农奴制结合起来的概念,因为建立在社会支配基础上的私人对小生产者的支配与封君封臣制这样的上层建筑是无法切割的。从最近的研究状况来看,随着对古典庄园理论考察的深入,在欧洲史领域,越来越多的学者主张将领主拥有司法等权力,可以对领地内所有小生产经营实施有效统治作为封建制确立的标志。[①] 另外,尽管对在地领主的性质与作用存在不同的看法,但不可否认的是,在日本近世封建社会里,领主支配已经上升到社会支配层面,而在中国史研究领域,后面将会述及,对封建制概念的解读,实际上也在朝着私人进行社会支配这一方向发展。

另外,根据中村哲的研究,马克思、恩格斯也认为只有当超经济强制力以行政、民事裁判等公权力的形式表现出来时,私有农奴制才能称为封建制。[②] 中村认为,马克思、恩格斯所说的封建制,实际上已经深化到土地占有主体这一层面,与奴隶主对奴隶的私人领域的强制不同,农奴已是小生产经营的主体,具有一定的人身自由,因此,私人对农奴的支配也就意味着对社会公共领域的支配。也就是说,在封建社会里,农奴主在私人领域内对农奴的超经济强制,已经发展到可以维系整个社会秩序的层次,因此,私人拥有行政、民事裁判等公权力是封

---

① 关于欧洲方面的研究动向,请参见森本芳树译《西欧中世经济形成过程の诸问题》(木铎社,1978 年)。
② 中村哲:《奴隶制、农奴制の理论》,东京大学出版会,1977 年,第三章第四节三至四。

建制度确立的基本指标。

以往的中国史研究将两种不同的"人身依附关系"混为一谈。比如"主仆之分"最常用来论证主佃之间存在人身依附关系,但"佃客犯主,加凡人一等"不过是在国家法律体系下,基于父权伦理道德而形成的一种不平等关系,这一现象其实反而说明地主对于佃农也无法私自加以刑罚,必须借助国家的强制力量。和"主仆之分"相比,禁止逃亡、随田佃客等现象在实证方面存在的问题更多,如果说这些现象能折射出一些制度上的问题,就如同"主仆之分"一样,也只能说明公权力并未分割让渡到地主手中。

我们可以从仁井田陞的以下论述中找到造成上述错误认识的根源所在:①"问题不仅仅在于统治者之间是否存在契约关系和等级制度,如果仅从这些方面来看,中国社会几乎不存在封建性质的东西。"可见仁井田陞本人也承认,如果把上层建筑也包括进来,中国社会与一般的封建社会存在明显差异。但是,他又说,"我认为中国封建制的检验标准在于其经济基础(即农奴制)的有无","封建主义的基础之一就是地主对农民的支配,与这一支配无关的政治制度(着重号为仁井田陞本人所加)并不是封建主义,而学者们常把这种政治制度看作是封建制"。当把与封建农奴制密不可分的封君封臣制这一上层建筑部分简单地看作是一种"政治制度",并将它从对农民的支配中剥离出来时,作为封建主义结构重要环节的"人身依附关系",不得不被单纯的个别支配与家长制支配所替代,也就不足为奇了。

关于仁井田陞等人的论述,第二点需要注意的是,如果全面肯定他们的观点,就会导致地主制的性质最终可能从农奴制或封建制转变为奴隶制。早在"世界历史发展的普遍规律"盛行之时,虽然没有明确

---

① 第35页注①引仁井田文,第97—98页。

表达出来,中国前近代史研究中就已存在土地占有奴隶制这一观点。在 1950 年的历史学研究大会上,西嶋定生更明确地指出,秦汉时期的奴隶制虽以家长制奴隶制为核心,但分布在私人经营外围,受到家长制奴隶制制约的佃农也属于奴隶。[①] 这一观点是否经得起实证检验暂且不论,如此一来,中国古代的奴隶制实际上就包含了家长制奴隶制与土地占有奴隶制两方面的内容。在遭到增渊、守屋、滨口等人的批评后,西嶋撤回了他的奴隶说,随后又以个别人身支配这一概念重建了自己的理论。但是,只要仍把国家对编户农民的人身支配看作是中国古代国家的固有特性,就不可能跳出土地占有奴隶制论的窠臼,唐宋变革实际上是奴隶小生产经营向农奴制的转化。另外,堀敏一关于唐代的认识[②]也存在同样的问题。需要注意的是,用个别人身支配理论来阐释汉代到唐代的这段历史,同样犯了社会支配与个人支配混淆不清的错误,家长制支配究竟是如何转化为行政、军事、司法等国家权力对人民的支配的,上述研究并未给出答案。

　　其实,在以"世界历史发展的普遍规律"为指导思想的中国古代史研究中,土地占有奴隶制论一直占据着主导地位。按照这一理论,土地占有者既可以是奴隶,又可以是农奴,那么上述(1)至(4)的各项内容就不可能作为农奴制和封建制的判断指标了。而且,该理论并未将支配关系上升到社会公共领域层面,仍然停留在个别家长制层面。再者,第(3)项内容表明,这种支配关系具有很强的随意性,第(4)项内容尤为重要,它表明佃农连土地的使用权都没有,这样的人其身份显然不是农奴,而是奴隶。

---

① 西嶋定生:《古代国家の权力构造》,历史学研究会编《国家权力の诸阶段》,岩波书店,1950 年。
② 堀敏一:《中国における封建国家の形态》,历史学研究会编《国家权力の诸阶段》,岩波书店,1950 年。

中国封建制论从其提出伊始就有意识地切断了与上层建筑的联系,在与封建制有着本质区别的个别支配关系中寻找封建制的存在。按照封建制论的逻辑推演下去,本来是农奴的农民极有可能变为奴隶。新的封建制论便是在对这些问题的反思中产生的。

第二节

在考察 20 世纪 60 年代后半期兴起的新的封建制论之前,需要对当时的情况作一说明。

以"世界历史发展的普遍规律"为指导思想的研究,积极探讨如何把人类社会发展的一般规律运用到各国的历史之中,进入 60 年代后,就如森正夫所言,"大家关心的问题似乎从普遍性转到特殊性,从社会发展转到结构分析上",[①]当时的学者们确实对各国历史的特殊性更为重视,这一方面造成了研究课题的分散化,另一方面却昭示了战后新的实证研究的正式兴起。进入 50 年代,特别是 60 年代,之前几乎处于空白状态的关于国家层面的研究(如前所述,这方面的研究被有意地忽略掉了),诸如宋代主户客户、户等制以及明清赋役制度史等方面的研究,取得了很大进展,为 60 年代以来新的封建制论的建构提供了实证方面的素材。

当时对学者们的问题意识产生影响的主要有两方面的因素。其一是 60 年代初开始广为传播的所谓"近代化论"。它在意识形态上具有明显的攻击性,日本的中国史研究者对其展开了批判,指出该理论把中日两国近代的历史割裂开来,论述中国社会停滞时却对日本的侵

---

① 森正夫:《日本の明清时代史研究における乡绅论について》(一),《历史评论》308,1975年,后收于《森正夫明清史论集》(汲古书院,2006 年)第一卷"税粮制度、土地所有"。

略不闻不顾。① 虽然从意识形态领域对"近代化论"进行批判非常重要，但从与封建制论的关联来看，这些批判太纠结于"近代化论"的结论。批判"近代化论"，除了指出该理论在意识形态上的问题，更应注意它在方法论上的问题，因为"近代化论"的主张，确实在一定程度上反映了欧美实证研究的成果，并非只是简单地设置一个相反的命题就可以解决。不管怎样，面对来势汹汹的"近代化论"，学者们感受到了在实证层面论证中国史上同样存在封建制的必要性和迫切性。另外，学者们还认识到，对于与封建制互不相容的集权专制国家问题，不能再像 50 年代那样弃之不顾了，而应将其看作是封建制的另一种表现方式，这种认识与当时日本史研究者试图在日本的封建制中寻找其亚洲特质是互为表里的。总之，在这样的学术背景下，新一轮的中国封建制研究开始了，与此同时，专制国家也成为研究中无法忽视的一个问题。

其二是研究者们对中国社会主义的认识发生了变化。从 1958 年开始，中国加快了社会主义建设的步伐，开始实施人民公社化等一系列乡村政策，这让学者们认识到，中国旨在建设的是与苏联不同的以农村为基础的社会主义，而农村的贫困与生产力水平的低下激发了农民参与社会主义建设的积极性，苏维埃革命以来创建的农村根据地才是中国社会主义建设的雏形，应该将农村的优良作风带进城市。这样的社会主义观念也影响到学者们对中国革命史的看法，也即中国革命不再是建立在资本主义初步发展基础上的抗日民族统一战线的延伸，而是在落后的农村地区进行的反封建斗争的延续。"近年来的农民革命""作为反封建斗争的近代中国革命"——从仁井田陞的这些表述②

---

① 田中正俊：《东アジア近代史研究の课题》，岩波讲座《世界历史》30，岩波书店，1971 年。
② 第 35 页注①引仁井田文，第 97—98 页。

中可知,实际上早在"世界历史发展的普遍规律"提出伊始,就有学者认为中国革命是一场反封建的农民革命。不过尽管如此,当时还是认为1949年之前的中国社会已经发生了很大变化,不论这种变化是因为资本主义萌芽关系而自发产生的,还是因为鸦片战争被外力强制改变的。由于越来越强调1949年之前中国社会的封建性质,明清到近代的这一阶段,也从封建制的质变解体期开始转变为封建制度确立与深化的时期。1970年左右,将中国封建制论提高到一个全新高度的重田德就曾说,"毋庸置疑,清朝统治的实质就是乡绅统治(重田德将乡绅统治作为封建制确立的标志),它是清朝地方统治的基础,正因为如此,在清末王朝统治开始瓦解并走向覆灭的过程中,脱掉专制伪装的乡绅统治便赤裸裸地展现在我们面前。⋯⋯本文的主要视角在于考察曾与近代中国一决胜负的封建制度的最终完成形式"。① 可见,视1949年之前的中国为封建社会是当时学界的一般共识。

以上大致介绍了中国封建制研究的内部动因与外部环境。在当时的研究中,亲自为理论提供实证检验,有意识地推动理论研究不断走向深入的是小山正明,他的学说可以概括为以下几个方面②(注释中列出的仅为其众多研究成果的一部分):(1) 宋代至明代,包括自耕农在内的农民,尚不具备经营的独立性(论文Ⅴ),奴仆和佃户都是受家长制约束的奴隶(论文Ⅰ)。(2) 在农村,粮长是大土地所有者,执

---

① 重田德:《乡绅支配の成立と构造》,岩波讲座《世界历史》12,岩波书店,1971年。后收于《清代社会经济史研究》(岩波书店,1975年),第201页。

② 《明末清初の大土地所有——とくに江南デルタ地帯を中心にして——》(一)、(二),《史学杂志》66—12、67—1,1957至1958年〔论文Ⅰ〕。《中国社会の变容とその展开》,西嶋定生编《东洋史入门》,有斐阁,1976年〔论文Ⅱ〕。《明代の粮长——とくに前半期の江南デルタ地带を中心にして——》,《东洋史研究》27—4,1969年〔论文Ⅲ〕。《赋、役制度の变革》,岩波讲座《世界历史》12,岩波书店,1971年〔论文Ⅳ〕。《アジアの封建制——中国封建制の问题——》,《现代历史学の成果と课题》2,青木书店,1974年〔论文Ⅴ〕。其中论文Ⅰ、Ⅲ、Ⅳ、Ⅴ后收于《明清社会经济史研究》(东京大学出版会,1992年)。

掌税粮征收、徭役课派、裁判、劝农等职责,与官僚一起成为社会的统治阶级(论文Ⅲ)。(3)由于农民不能独立经营,地主也就无法形成封建等级关系,无法独自对地方实施统治,越来越需要借助国家的力量。宋代的豪族、明代的粮长都是通过承充徭役,保障了自己在当地的统治地位(论文Ⅱ)。(4)明代后期以来,随着商品生产的发展,粮食生产的不足可以通过农业以外的副业来弥补,加之乡居地主控制下的共同体解体,农民能够自主经营,从而实现了奴隶制到农奴制的过渡(论文Ⅰ)。(5)随着农民经营独立性的发展,乡村内部的等级身份关系开始瓦解,形成了乡绅对庶民这样两种简单的身份关系,赋役的征收依据也从人户变为土地(论文Ⅳ)。

至少从两方面来看,小山学说是20世纪50年代研究发展的必然结果。首先,以往的封建制论对封建的界定并不精确,那些判断指标也可能成为奴隶制的指标。其次就是被50年代所忽略的上层建筑问题。小山认为宋代以来的中国并非封君封臣制的社会,而是奴隶制社会,这样一来,就避免了把封建制概念强行套用于非封君封臣社会时所出现的问题,可以让封建制概念回归其本义。此外小山还认为,虽然农民还无法自主经营,地主阶级还不能独自对地方实施统治,但均田制瓦解后到明末清初属于"一个过渡性质的阶段",宋代的形势户、明代的粮长户虽然还没有自己的统治机构,但地方权力掌握在他们手中,都保制、里甲制是对他们不完备的权力的一种补充。小山的这一论述将自己的理论提高了一个层次,同时以地方私权力为切入点来阐释专制国家问题,弥补了以往封建制论存在的不足,此后上层建筑成为封建制研究无法回避的问题。

那么,小山学说是否解决了以往的理论难题?下面就从两个方面对其论述作一分析。首先是借由农民经营的非独立性来说明专制国家形态的方法是否可行。小山指出,从明朝后期开始,随着货币经济和商品生产的发展,农民的经营独立性得到提升,形成了以地缘为纽带的村落共同体。问题是,在这样的情况下,大土地所有者能否建立起他们独自的统治机构?小山认为,当地缘性的村落共同体形成,以村落为单位的抗租斗争被组织起来后,乡绅已不能再通过对人户的个别掌控来实现他们对小生产经营的统治了,于是改为通过参与地方政治来进行政治统治。可是他又认为,封建统治不是以个别地主的支配关系,而是以国家统一集中的形式表现出来的,中国封建制具有专制国家的特质。① 那么,此时的乡绅统治与之前里甲制下的粮长统治又有何区别?"中国封建制"依然需要继续披着专制国家的外衣,这表明,即使把农民自主经营的时间最大限度地往后移,仍无法走出石母田正以来②借由农民经营的非独立性来说明专制国家存在的理论困境。

其次,小山认为,尽管不完备,但地主在乡村有独立的统治权,宋代的都保制和明代的里甲制即是对地主权力的一种补充。这里需要明确的是,小山所说的地主权力,其行使对象究竟是个别直接依附于地主的奴仆、佃户,还是包括自耕农在内的村落全体居民?从小山认为里甲制保障了地主的赋役征收来看,他所指的权力应该是前者,例如,小山说:"奴仆与地主之间的关系,属于直接的人身依附关系,而带管户或正管户中的下层人户与地主之间的租佃关系,是通过国家编制的乡村基层组织里甲制来维系的,只要地主还是里甲制下主要职役的承充者,佃户与地主的关系也必然受到国家权力的制约。"③那么,小山所说的地主权力与身份的这一来源经得起实证检验吗?笔者认为

---

① 论文Ⅱ第53页,论文Ⅴ第135页。
② 石母田正:《中世成立史の二三の问题》,历史学研究会编《日本社会の史的究明》,岩波书店,1949年,后收于《石母田正著作集》(岩波书店,1989年)第六卷。
③ 论文Ⅱ第53页。

论文（Ⅲ）是日本明清史研究中具体分析了里甲制下存在乡村支配权力的唯一一篇论文，其主要论点如下：粮长（1）除了负责粮区内税粮的征收和解运，还兼掌徭役科派之职；（2）在乡村拥有排难解纷等裁判权；（3）还须负责各种劝农事宜；（4）在社会地位以及日常生活方面，与官僚同属一个社会阶层。根据前述的支配关系分类，这些都属于社会支配关系。在小山看来，为了论证地主权力在里甲制下得到巩固和加强，必须证明上述（1）到（4）的各项内容都具有一定的私人属性，只要证明了这一点，明代便在一定程度上步入了封建社会，这也符合明代作为"过渡性阶段"的阶段特性。

那么，（1）至（4）的各项内容是在地主私人权力的基础上，由地主私人来承担的吗？问题的关键在于，如果这些内容属于公共事务范畴，那么果真是在里甲制下由私人来承担的吗？又或者这些内容不过是国家征收的徭役。（1）从本质上看属于后者，而（3）中的水利督导，经考据也属于粮长的职责范畴，其他内容都还未经证实。比如龙骨车是由粮长私人提供的这一说法，虽然常被其他学者当作事实引用，其实也还未经证实。（3）中的劝农事务其实也只是一种职役。体现粮长私人权力最强的莫过于（2）的裁判权。不过根据宣德六年和正统十一年的史料，这些行为都是官方明文禁止的，而且马克思在"柯瓦列夫斯基笔记"中，把仲裁裁判作为领主裁判权缺失的一个依据，粮长拥有的裁判权比仲裁裁判还处于更为早期的阶段。[①]　明代的粮长，不过是国家为了进行公共管理而佥派的一种职役，（1）、（3）属于粮长的职责范围，（4）是对其工作的一种保障，这从国家为了进行公共管理而征收的农民剩余劳动的最终去向也可得到印证。农民的剩余劳动先由国家集中起来，再经官僚机构之手，一部分用于皇帝和官僚的生活与享乐，

---

①《马克思恩格斯全集》补卷四，大月书店，1977年，第222页。

另一部分用于国防、交通、水利或者行政开支,留在粮长手里的,除了一些不合法收入,都是直接依附于粮长的小生产经营或个别劳动力的剩余劳动,里甲制并不是乡居地主从一般小生产经营那里占有剩余劳动的保障体系。

第三节

下面再来看一下重田德关于封建制的论述。众所周知,重田和小山两人的学说中有很多相同之处,比如两人都主张明末清初中国封建制确立说,但两者之间也存在很大的差异,小山关注的焦点在农民经营的独立性,重田关注的则是国家权力的分割让渡问题,因此需要对重田的论述单独作一考察。重田理论较之 50 年代的封建制论更进了一步,与小山一样,他也认为封建制概念不能局限于主佃关系。"必须承认,迄今为止,对封建制的研究有其自身的缺陷。……一言以蔽之,就是对整个封建制度的结构(当然也包括国家制度)设想是不完善的。因此今后研究封建制最迫切的任务之一,就是除了地主与佃户这一基础的阶级关系,还应该有一套囊括了国家制度的新的理论论述,一个可以阐释封建统治完整结构体系的国家论即封建国家论。"[1]当重田把封建制论上升到国家论时,就明确了封建制概念不仅包含了地主对依附于自己的奴仆、佃户的支配,还包括了对当地小生产经营全体的支配关系。重田对乡绅统治这一中国模式的封建制作了如下定义:"'乡绅统治'是一个超越地主统治范畴,依靠经济和非经济的关系,尤其是依靠与国家权力密不可分的关系,不仅对佃农,而且对以自耕农为主的其他社会阶层进行所谓'不基于土地所有的统治'的社会基本

---

[1] 第 42 页注①引重田文,第 374 页。

单位。"重田一方面认为,"社会底层不断的封建分化是大土地所有制形成的主要形式",①另一方面又主张个别地主利用国家赋予的特权地位,在明末清初建立了超越主佃关系的乡绅统治体制,并将明末清初作为中国封建制的确立时期。50 年代的封建制论仅从经济基础角度对封建制进行了分析,混淆了两种支配关系的差异,小山从赋税征收和粮长职能两方面对两种支配关系单独进行了考察,到了重田这里,才第一次明确和系统性地将两种支配关系区分开来。

那么,超越地主支配的乡绅统治体制真的确立起来了吗？重田认为,在地丁银制度实施(重田认为这是封建制确立的标志)之前,乡绅统治实际上就已存在,当时缙绅横行乡里,鱼肉百姓,还成为国家监督的对象。乡绅豢养童仆等私人武装,私设公堂牢狱,发布告示,但在另一方面,他们也提供慈善、救济、调解纠纷等公共服务,明代后期这些公共事务都由乡绅私人承担。当公共事务真的由私人来承担,这种私人行为又被体制认可,不再是官方"监督"的对象时,封建制才算真正确立,当然,此时"自耕农"剩余劳动的基本部分也应归乡绅地主所有。重田学说除了需要对明代后期乡绅私人统治的有效性进行实证检验外,最大问题在于他认为当封建制确立之时,乡绅统治"不是私人统治逐步发展的结果,而是国家对私人统治扬弃后的产物"。② 也就是说,只要专制国家形态继续存在,重田只能得出这样的结论,而这恰恰表明封建统治其实并未真正形成。即便如此,为了论证专制集权国家是封建私人统治的集中表现形式,至少需要证明以下这一点,即乡绅地主不仅可以占有佃农的剩余劳动,还可以占有自耕农、自耕农兼佃农以及其他地主的大部分剩余劳动,因为正是为了保障乡绅地主的这种

---

① 第 42 页注①引重田文,第 175—176 页,第 183 页。

② 第 42 页注①引重田文,第 195 页。

权力,才需要有国家集权。但要证明这一点恐怕是不可能的,因为政治统治都是以执行某种社会职能为基础,乡绅地主不可能一边占有剩余劳动,一边却让国家承担各种社会管理职能。除此之外,重田还将需要集权的原因与佃农经营的独立性联系起来,关于这一点,这里就不展开讨论了。

最后需要说明的是,清代出现了专制国家解体的现象,如不再攒造全国统一的土地册籍、各省分裂,等等,而按照乡绅制论的论述,随着佃农经营独立性的发展,地主和佃农之间的对立也进一步加剧,因此更需要中央集权。尽管历史现象与理论逻辑之间存在这样的矛盾,但乡绅制论者将这些现象作为封建割据的证据,这和第二节中重田的主张是一致的,即辛亥革命是乡绅革命,它标志着地方分权体制的最终确立。清朝专制统治趋于瓦解是一个需要从国家论视角加以探讨的课题,它究竟是封建私人统治逐步确立的过程,还是步入小商品生产阶段后职役制度的演变过程? 这些问题还有待于进一步的实证研究。

除了上述三种学说,日本的明清史学界还存在一种有关封建制的论述,即从小山学说拿掉奴隶制论的论述。但是如此一来,专制国家又纯粹成了封建地主的统治机构,封建制论兜兜转转又回到了原点。

第四节

以上,回顾了 20 世纪 50 年代前后至 70 年代中国史研究中封建制概念的演变过程。"世界历史发展的普遍规律"提出伊始,封建制论错误地把佃农对地主的个别人身依附关系作为封建制的判断指标,这是研究者们从封建制概念中拿掉了上层建筑所致。60 年代,出于对这种情况的反思,封建制研究开始关注国家对农民的支配问题,催生出众多的实证研究成果。小山虽然没有使用封建制一词,但他认为私人权力通过劝农、裁判等公共事务管理成为地方的支配者,不过他又认为,这种支配只是保障了地主从直属于(个别依附)自己的奴仆、佃农那里占有剩余劳动。这种论述在逻辑上是有问题的,问题的根源在于里甲制实际上并不是地主用来占有所有小生产者剩余劳动的机构。和小山相比,重田对封建制的论述更为清晰,他强调封建支配不仅是对直属于自己的农民的支配,还应包括当地所有的小生产者,这大概要归功于重田晚年对欧洲和拜占庭的研究,至此,封建制作为一个概念才真正建立起来。重田应该做的,不是把这个概念硬套在中国历史上,而是运用这个概念去否定中国历史上封建制的存在。

那么,重田为什么非要坚持封建制论的观点呢?这是因为"中国封建制的内容已经通过近百年来人民斗争的历史展现在我们面前",否定近代中国的封建性质,就等于"明确提出反帝反封建为斗争目标并最终取得胜利的人民解放事业实际上从一开始就搞错了方向",[1]这也有违于"世界历史发展的普遍规律"提出之时学界对近现代中国的认知。下面我们就从三个方面来看一下这种认知是否正确。

第一,当人们说中国革命是一场"反帝、反封建"的资产阶级民主主义革命时,这里的封建并非重田所想的,是一个严谨的历史学概念。在中国农村社会性质论战中,即便是封建派中成就最高的亦如,他认为的封建制也只包括以下几个内容:地租高到侵占了佃农的必要劳动;可随意役使佃农;对于不交租的农民,地主私设公堂处罚等。[2] 但这些并不表示地主可以支配所有的小生产者。也正因为此,中国革命否定的封建制其实是地主的土地所有制,并以此为根据对地主所有的

---

① 第 42 页注①引重田文,第 371 页。
② 亦如:《支那经济问题》,田中忠夫译《支那经济论》,中央公论社,1932 年,第 607 页。

土地进行剥夺。

第二，尽管中国革命所说的封建并不是严格意义上的概念，但是为了将"世界历史发展的普遍规律"应用到各国的历史中，便对"封建"一词进行扩大解释，将其转变为表示人类历史上某一特殊发展阶段的概念。另外，"世界历史发展的普遍规律"论继承了二战前中日两国社会性质相同的观点，这些都对当时的中国史研究造成了很大的影响。但是今天我们已经知道，中国的社会主义模式并不具有普遍性，中国也未像日本、欧洲国家那样经历过封建社会。鉴于中日两国现实情况的差异，今后很长一段时间里两国所走的变革之路也会不同，也正因为这样，我们更应重视两国历史发展的路径差异。为什么中国小生产经营的发展水平相当高，却不能自发进入资本主义？ 在专制国家的研究上，还有很多问题亟待我们去解决。

第三，是把中国革命看成是农民革命的观点。如前所述，受"大跃进"后中国社会主义建设的影响，这种观点逐渐占据上风。然而，随着近年来各种研究的深入，农民革命论也在不断被检视和修正，如"大跃进"后推行的其实是生产力落后时快速实现工业化的一种政策；[1]和苏维埃革命时期相比，对于国民革命时期的运动和抗日民族统一战线的形成，应该给予更高的评价；[2]中国资本主义在南京国民政府时期取得很大发展等。[3] 在这样的学术背景下，前近代史研究也应与时俱进，跟上近现代史研究的步伐。

---

[1] 请参见上原一庆、小杉修二等人的研究。

[2] 请参见中西功《中国革命と毛泽东思想》（青木书店，1969 年）、野泽丰编《中国国民革命史の研究》（青木书店，1974 年）、《讲座中国近现代史》（东京大学出版会，1978 年）。

[3] 农业方面请参见吉田浤一，工商业金融方面请参见奥村哲、久保亨、石岛纪之等人的研究。

结　语

　　以上就是我根据中国封建制论自身的逻辑展开对其所做的批判性考察。当中国前近代史研究摆脱了封建制框架的束缚后，又应该如何来界定封建制这一概念呢？由于篇幅有限，这里简单说一下我的看法。在封建社会中，维持再生产所需的劝农等公共事务都由私人来承担，私人拥有裁判权，拥有支配社会的特权身份，也就是说，小山想要证明的那些事象真的都属于私人行为时，那样的社会就是封建社会。正如重田所认为的，在封建社会里，"地主"不仅对奴仆、佃农，而且对包括自耕农在内的所有人都有人身支配权力。作为社会的支配者，其领域内所有小生产经营的剩余劳动也归该私人所有，此时，维持社会再生产的任务就会转移到私人身上，"国家"事务也通过委任的形式来处理。

　　但在中国，社会再生产所需的各类公共事务的基础部分，如水利灌溉等劝农事宜、交通、军事、司法等，一直都是由国家来完成的，以此为交换，国家也通过赋役的形式占有农民的剩余劳动。这样的社会不会随着农民经营独立性的发展而自发地进入封建社会。明末以来，尽管中国已经步入小商品生产阶段，但专制国家并没有出现封建割据，实际上，进入小商品生产阶段后，某个地区的社会再生产由私人来组织的可能性已经不复存在了。农民经营的非独立性并不是专制国家存在的必要条件，反之，唐宋变革以后，专制国家的制度日益完善，集权化程度也越来越高，这是因为农民的经营越独立，越需要有高水平的剩余劳动的征收体系与之相匹配。封建社会与专制国家型社会，不是以农民的经营独立性为判断指标的同一历史发展过程中的两个不同阶段，而是两条完全不同的发展道路。从发展资本主义的视角来看,封建社会处于人类历史发展的更高阶段。①

封建社会的形成过程其实就是私人实现社会支配的过程。早期国家的社会支配能力各不相同,在中国,随着农民经营独立性的发展,国家对社会的支配体制日臻完善,而在日本等封建社会,从农民开始自主经营的某一个阶段开始,社会的支配权力就从国家转移到私人手中,和国家相比,私人的统治更为绵密。在封建分权还不稳定之时,私人要进行社会支配,必须具备其他小生产经营所没有的独自的剩余价值来源,就如同古希腊罗马时期,奴隶主能够参与政治与开展文化艺术活动,是因为家长制奴隶制为其提供了更多的剩余劳动。在封建化的过程中,社会支配与个别支配这两种不同的支配关系,可能就这样被整合在了同一个私人身上。

不过,个别的私人支配关系只为封建化提供了一种可能。在中国,同样有过高度发达的个别支配关系。东汉至六朝是利用畜力牵引的大规模农业模式的发展时期,战国以来的家长制奴隶制经营在掌握了先进的生产力后开始扩大经营规模,生产力水平较高的大土地所有者,通过租佃与雇佣手段,将周围的农民也吸引过来。② 但是,这些大土地所有者无法取得在地方的支配权力。反观日本的豪强阶层,很早就拥有了劝农、司法等权力,日本的在地领主还通过行政权,获得了从自己的名田之外获取剩余劳动的权力。随着农民经营独立性的发展,当领主支配的基础由个别支配彻底转为社会支配时,封建制度便正式确立起来。与专制国家型社会相比,在一个逐渐封建化的社会里,社会的支配权力掌握在私人手中这一特征非常明显。

而让封建化从可能变为现实的是社会再生产所需的公共事务在

---

① 第37页注②引中村书第三章第五节五。
② 渡边信一郎:《二世纪から七世纪に至る大土地所有と经营》,《东洋史研究》33—1、2,1974年,后收于《中国古代社会论》(青木书店,1986年)。

自然与社会中的存在形态。在一个社会中,受自然条件和社会组织形式的制约,公共事务包括哪些内容,按照法律规定这些公共事务应该如何管理执行,实际操作情况又如何,这些都是需要考虑的问题。

对照小生产经营的各个发展阶段,对国家的赋役征收体系以及公共事务管理作出历史分析,是今后专制国家研究的重要课题。在过去的专制国家研究中,不是局限于个别支配隶属关系(例如地主佃户制与明清赋役制度改革研究),就是将国家支配与个别人身支配等同起来(如汉代至唐代个别人身支配论),又或者只是把小生产经营的发展当作是个别人身支配关系演变的基础(唐宋变革中均田农民分化与地主佃户制形成论)。国家本质上确实是为统治阶级服务的,但它要保障的不是作为个体的统治阶级,当社会分裂为阶级以后,国家通过保障社会全体的再生产从而保障了统治阶级的利益。① 为了推动中国前近代史研究的发展,除了个别支配关系,还必须对专制国家支配以及小生产经营的发展进行全面系统的研究。

---

① 熊野聪:《共同体と国家の历史理论》,青木书店,1976 年,第一部Ⅰ、Ⅱ。

第三章　封建制与中国的专制国家

　　是否应该把中国历史上的某个时期,特别是宋代以来(10世纪以来)的社会认定为封建社会,一直是二战后日本中国史研究的争论焦点之一,论争主要围绕地主制这一问题展开。笔者认为宋代以来的中国并非封建社会,下面就通过与封建制度的比较,对古代中国的国家和社会特质作一简要介绍。

　　首先,在中国,维持社会再生产所必需的一般公共事务是由国家来管理与执行的。例如中国历史上的军事活动,主要是为了抵御北方游牧民族的侵袭和维持国内的治安稳定,其兵役来源有时以徭役的形式征召国民为兵,有时依靠财政支出进行募兵,有时则征调数以百万计的罪犯为兵源。统领这些军队的是一套官僚指挥体系,而军事权是封建社会统治的基础,为各个领主所世袭,和封建社会相比,在中国,特别是宋朝以来,皇帝对军队是十分忌讳的。

　　在改善农业生产条件方面,大到黄河治理,小到农田改良,以及名为"劝农"的农业技术推广,都是依靠国家财政支出或是在国家的督查和指导下进行的。以黄河治理为例,每年需要花费五百万两白银,而且还需连续支出好几年。

　　地方的行政管理也是由中央派遣的官僚来进行,官僚负责一定行政区域内、一定职权范围内的工作,他们大多是科举考试的合格者。他们的工作内容,包括地方救灾储备物资的发放等,原则上都要向中央报告，经批准后才能实行。税收数目、人口变化、地方的财政存留、兵员武器数量、送交上级机关审查的重刑案件、每月的物价、天气情况、农作物的生长状况等大量工作报告，被呈往中央并接受审查。政府还定期对官员进行考核，政绩不好的官员会被革职查办。另外，虽然官员有所谓幕僚之类的私人助手负责文书起草等工作，但官僚体系内部没有封建的庇护臣属关系，立场相同的官员之间的结党结派，也是严厉禁止的。

第二，为了完成上述各项事务，在中国形成了一套庞大的农民剩余劳动的征收体系。除了向农民征收赋税和徭役，还建立了关税、专卖税、营业税等各种税收制度，并以大规模的政府财政为基础，发行纸钞与国债。而在封建社会中，领主需要负担领地内的社会公共事务，因此，领主的私人财政和公共财政之间没有明确的界线。与这种"家产制国家"相比，中国的国家财政收入来源于国民的税收，而不是宫廷庄园等国君的私产，从这点来看，中国自古以来就是一个租税国。

第三，值得注意的是，中国缺乏具有团体规范的中间组织，即使有，其约束力也很弱。如前所述，包括地方行政在内的重要的政治决策，必须得到中央批准后才能实施。而中央的决定也是先由相关部门进行初步审议，最后由皇帝裁决。皇帝的裁决就是法令，勤奋的皇帝每天都要批阅数百份奏章，明朝开国皇帝朱元璋平均每天处理四百二十份奏章，真的是到了废寝忘食的程度。

在决策权如此集中的情况下，军事、行政、司法等各方面权力都掌握在领主手中的领主制自然也就不可能在中国存在。与此同时，中国没有村落自治或城市自治，即使有，其自治能力也极为薄弱。在中国，以村落为单位的公共事务、公共财产极少甚至完全没有，就连村落的边界范围也模糊不清。国家的行政和司法管辖范围扩大到商业习惯领域，城市棉布加工业者的工资、票据制度的运用等都要由官府来核定,商业、手工业行业发生纠纷,最后的解决方案往往要由知县发布告示、刻石立碑来增强其权威性。甚至连个别家庭内部的民事纠纷,如财产继承等问题,也要诉诸司法裁判,尽管官方的态度是这些事情不宜大量提交法庭处理。

第四,是关于大土地所有制的性质问题。中国确实也存在大土地所有制,特别是宋代以来,虽然在规模、经营方式和形成过程中存在许多差异,但租佃关系确实有很大发展,这也成为封建制存在的几乎唯一的证据。但需要注意的是,中国的地主对其佃农不仅无法行使军事权、行政权,甚至连独自惩罚佃农的权力也没有,结合上述第一和第二的特质来看,这也是很自然的事情。地主与佃农之间的纠纷最终通过司法裁判解决,只不过在国家主持的刑事审判中,出于家庭伦理道德的考虑,地主与佃农在刑罚上会有一些不平等,不过,有些时候则完全平等。地主与佃农的这种不平等关系,常常用来论证地主制的封建属性,但这反而说明地主没有封建社会那样的能够独自进行支配的权力。

相反,地主和佃农之间始终没有形成需要依靠超经济强制体系维持的等级所有关系,佃农不交租就必须离开,这与宋代以来农民与国家之间的关系形成了鲜明对比。宋代以来,农民即使不向国家交税,其土地也不会被没收,反而是逃亡的农民,因为是国家的公民,会被国家遣返回原住地。地主和佃农的关系极不稳定,在中国,没有固定不变的佃农身份一说,地主可能既是地主,又是自耕农,同时还租借别人的土地耕种。总之,在中国,大概只有国家与农民的关系可以与封建社会中领主和农奴的关系相比拟。

中国的专制制度,特别是宋代以来日益完善的专制制度,与欧洲和日本为代表的封建制度形成了鲜明对比。那么,中国为什么没有朝着封建社会的方向发展呢?

中国至少在五六千年前就开始了农耕种植,并逐渐形成了一套以手工劳动工具为基础的独自的农业技术体系。渡边信一郎的研究发现,大概在公元前4至前3世纪出现了小农经营(渡边信一郎《中国古代小农民经营的形成》,《历史评论》344,1978年,后收入《中国古代社会论》,青木书店,1986年),在其形成过程中,以共同体"邑"为基础单位建立起来的氏族联合体商、周王朝解体,后来在春秋战国时期的军事对抗中形成了国家。这种独自的、循序渐进式的农耕技术的发展与小生产经营方式的形成,以及氏族秩序的逐步解体,使得中国的前国家秩序瓦解得比较彻底,从而产生了一个社会支配权力比较集中的国家。而东亚其他地区,通过引进中国先进的农业生产技术和中国创造的国家制度,在氏族秩序还未充分瓦解,也即在广泛的氏族秩序的基础上很晚才形成国家。

另外,在中国也出现过拥有大量家内奴隶的有权有势之人,虽然这些人对早期国家的形成起到了推动作用,但由于交通运输等条件的制约,在中国,并未形成像古希腊罗马那样的,能够成为早期国家统治基础的家长制奴隶制,这就使得管理公共事务与政治决策的权力向国家层面集中。

即使早期国家的公共权力和土地掌握在国家手里,但由于使用畜力带来的生产力的发展以及小农经营方式与土地的紧密结合,从东汉到六朝,中国迎来了历史上的大开垦时代。那些被称为豪强的阶层最先掌握了新的生产力,他们中间的一些人积累了大量的生产资料和依附于他们的劳动力,有关这一过程,渡边也作过详细的考察(《二世纪至七世纪的大土地所有与经营》,《东洋史研究》33—1、2,1974年,后收入上引书)。不过,需要注意的是,即使在这一时期,中国的豪强也不像日本等国的豪强那样,拥有对社会的支配权,一旦集中到国家手中的决策权和各种公共事务的管理权,不是豪强阶层单纯依靠经济规模扩张就能据为已有的。

相反,人民的土地所有权逐渐得到巩固,土地由国家分配这一原则也被打破,国家承认了人民的土地私有,并对赋役制度进行了重大改革,按拥有土地的面积征税(780 年两税法的颁行)。此后,作为土地所有的主体,农民的力量日益增长,专制国家的行政机构也随之日益庞大,以皇权为中心的集权官僚体制也在不断加强。奥托·欣策曾说过"在较为狭小的区域内通过更为集约化的管理建设一个新的国家,这是封建制度发展的根本趋势"(阿部谨也译《封建制度的本质及扩展》,未来社,1966 年,第 23 页。原书出版于 1941 年),面对农民力量的不断增长,中国与封建社会采取了完全相反的应对方法。

专制国家中国在没有封建化的情况下不断发展。明朝末年,中国沿海发达地区已步入小商品生产阶段,从这个时候起,专制国家对农民的控制开始减弱,明代每隔十年进行一次的赋役黄册的攒造也停止了,只是此时已无可能建立封建的支配关系了。

鉴于中国社会和国家的历史发展状况,我原则上同意奥托·欣策的观点,即"只有在从部落到国家这一正常的、线性的发展过程因为某种世界历史形势而发生偏离,导致仓促形成帝国主义的地方,才会出现完整意义上的封建制度"(奥托·欣策上引书,第 35 页)。从早期国家到封建社会并非人类历史发展的普遍走向,中国这样的专制国家形态及其发展历程,才是人类历史演变的正常路径之一。将封建制这一概念套用到各个国家前近代史,只有把封建制概念的内涵无限扩大之后才有可能。

附篇一 中国近代史研究的发展与前近代史[*]

1987 年 9 月,我在熊本历史科学研究会的例会上作了题为"中国近代历史有何变化"的报告,简要介绍了日本中国近代史的研究动向。之所以作这样一个报告,是因为我想从一个前近代史研究者的视角出发,梳理一下近三四年来中国近代史是如何被改写的。笔者自知外行而仍斗胆妄陈陋见,区区私衷只是为了形诸文字,希望对今后的研究有所裨益。需要说明的是,文章内容并不涵盖日本中国近代史研究的所有动向与论点。

在 20 世纪 70 年代的某个时期之前,占据日本中国近代史研究(过去将"五四运动"作为近代史和现代史的分界线,因为从此之后,领导革命的不再是资产阶级而是无产阶级。本文不采用此分期法,而以 1949 年作为现代史的开端)主导地位的是这样一种史观,即整个中国近代史是中国逐渐沦为半殖民地半封建社会的历史。《南京条约》的签订使得中国开始沦为半殖民地半封建社会,资本主义进入帝国主义阶段后,中国的半殖民地化程度进一步加深,中国的民族工业在第一次世界大战期间迎来短暂繁荣之后很快又走向衰落。在经济史领域,民族资本的萎缩与没落,宣告了民族资产阶级已失去领导中国革命的

---

* 本文是作者对 20 世纪七八十年代日本中国近代史学界学术观点的介绍,这些观点并不代表作者本人看法,大部分已被颠覆或者抛弃。——编者注

资格,这与政治史领域将五四运动以后看作是无产阶级领导的新民主主义革命时期遥相呼应。资本主义在近代中国未能得到发展,这样一种认识不仅影响了对资产阶级的评价,还影响到对工人阶级的评价。农民阶级不得不取代工人阶级成为中国革命的领导阶级,新民主主义革命延续的不是五四运动之前的资产阶级革命,而是中国历史上的农民革命,陈胜吴广起义被当作是中国革命的历史源头,而井冈山根据地的建立则为中国革命开辟了正确道路。后来,中国又经历了反对"大资产阶级""官僚资本主义"的国共内战、"三反""五反"运动和社会主义改造、人民公社化,以及将农村的全民大办之风带入城市的"大跃进""文革"等运动,这期间实施的一系列政策进一步促成了传统近代史观的建立。

中西功著有《中国革命与毛泽东思想》(青木书店,1969 年)一书,至今仍在学术史上拥有很高的地位。他批评"大跃进"后中国的经济建设偏离了第一个五年计划原有的社会主义计划经济路线,并指出其根源在于从"联合政府"向社会主义过渡时对小资产阶级的错误认识。这一批判明确了中华人民共和国成立之初是由各个革命阶级组成的"联合专政政府",使得二战前中西功等人提出的关于中国统一和发展的两条道路理论重新回到人们的视野。在回忆录《在中国革命的风暴中》(青木书店,1974 年),他还对既坚持反帝反封建路线,实际上又否定资产阶级革命性的日本讲座派的理论展开了批评。

另外,针对社会主义、社会主义经济的集权模式,当时国际上的批评声音越来越大,由此掀起了日本中国现代史学界第二波的反思浪潮。他们经过研究认为,所谓中国模式的社会主义,其实也是一种"中央集权"体制,上原一庆、小杉修二等学者还对中西功引以为正统的第一个五年计划、社会主义改造及其背景,作了批判性的考察。

受现代史研究反思的影响,重新将中国革命与抗日民族统一战线、联合政府联系起来,从发展资本主义的视点出发,对中国近代史研究展开批判性考察的是矢泽康佑、吉田浤一、奥村哲等学者。20 世纪70 年代中期至 80 年代的许多研究成果表明,中国的资本主义在"南京十年"期间取得显著发展,中国统一的进程得到推进,在遭遇世界经济危机和日本侵略等极为困难的条件下,南京政府采取的一系列政策推进了中国政治和经济的统一以及国家的独立自主,不能只把蒋介石政权看作是封建买办势力的代表,30 年代也并非国民经济的崩溃时期。对中国资产阶级革命的重新审视,其时间一直上溯到"五四运动"时期,内容涉及工人运动、农民运动和国民革命时期的政治势力等各个方面。

对近代史的改写工作从 30 年代逐渐往前推,但在很长一段时间里并未回溯到辛亥革命时期。鸦片战争至辛亥革命这段中国"近代"的历史,长期以来保持着自己独自的研究领域和研究方法。菊池贵晴关于抵制运动和收回利权运动的研究,以及他对以立宪派为首的资产阶级的积极肯定,长期以来处于一种孤立无援的状态。

当时盛行的辛亥革命论认为,辛亥革命是一场失败的资产阶级革命,横山英对此提出了尖锐的批评。他认为,辛亥资产阶级革命论,不过是抗日民族统一战线这一特殊历史条件下的产物,由于中国的资本主义还处在工场手工业阶段,辛亥革命中的三股政治势力也即同盟会、立宪派与新洋务派,不过是传统国家向半殖民地半封建社会过渡时绝对主义变革的领导者,与立宪派相比,过去被认为领导了辛亥革命的同盟会,在政策制定上极不成熟,而新洋务派则是资本原始积累的推进者。由于今天我们已知南京政府并非帝国主义与封建势力的代表,由各种势力组成的抗日民族统一战线才体现了中国革命的本质,因此,将辛亥革命看作是绝对主义变革的学说需要进行修正。正如横山所论证的那样,立宪派才是"最先进生产力的代表,提出了最具体、最系统、最切实可行的政权变更即政治革命的构想,同时也是社会和地方上最具政治和社会影响力的势力",那么,由他们主导的各省自治等辛亥革命的进程,就不应该视为失败,而是一种"成功的资产阶级革命"的开端。

1985年黑田明伸在历史学研究会大会上的报告(《权力改革的构造及其背景——辛亥革命在经济史上的意义》,《历史学研究》547,后收入《中华帝国的结构与世界经济》,名古屋大学出版会,1994年),为辛亥革命时期的经济史研究指明了方向。19世纪90年代,世界经济的一体化与初级商品需求的增加,吸引了中国农产品对外输出,这让开埠之前形成的松散的国内市场,重组为以各个通商口岸为中心、与世界市场接轨的区域经济圈,清末地方分权主义的形成正是建立在区域经济圈发展的基础上,辛亥革命的发生可以说也是其结果之一。就这样,在20世纪80年代中期,学者们终于发现了前近代经济史与近代史之间的连接点。

中国近代史以第一次世界大战为界可分为前后两个部分,后半部分的主要内容是国内产业联系的形成、全国财政经济的统一以及在此基础上的国家政治的统一,前半部分则是中国经济通过通商口岸"从属"于世界市场的过程。值得注意的是,中国融入世界经济的过程是在1873年大萧条的恢复过程中开始的,并且依靠了鸦片战争后所签条约中的贸易与商业特权。与日本开埠前棉纺织等工业已步入工场手工业阶段(中村哲《明治维新的基础结构》,未来社,1968年)不同,中国开埠后的反应非常缓慢,在没有政策强制性要求的情况下,发生这样的变化也需要一个前提条件,那就是小商品生产已经渗透到农村,农村已步入市场经济阶段。而明清时期,特别是明代中后期的嬗变,体现的正是小商品生产的发展历程。

日本在近代化的过程中采取了地税改革、革除武士俸禄等废除封建领主土地所有制的政策,中国没有经历过封建社会,在向近代社会过渡时自然也就没有经历过土地改革等重大变化。不过,从 30 年代南京政府实施的土地改革政策来看,其内容主要是通过有限的土地清丈对原有的地籍进行整理,对税务机构进行近代化改革,清朝地丁银制度所代表的意涵,从南京政府的这些政策中也可窥见一斑。

20 世纪 70 年代,乡绅制论占据了明清史研究的主导地位,而这些研究又是建立在近代中国半殖民地半封建论的基础上。半殖民地半封建这个概念本身就极其模糊,"半封建"的问题自不必说,"半殖民地"概念也在被重新审视。就像六七十年代的传统近代史观被七八十年代的最新研究所颠覆那样,既往的乡绅制论将明末清初视为中国封建制的确立期,或者把辛亥革命前的中国社会视为封建制度与乡绅统治体制最后完成时的形式,这样的乡绅制论已陷入僵局,到了非改不可的时候了。

附篇二　评重田德著《清代社会经济史研究》

重田德著,《清代社会经济史研究》,岩波书店,1975 年。

该书收录了重田德先生所撰论文,是在 1973 年秋他去世后在小山正明先生等人的努力下编辑出版的。

此前,藤冈次郎先生已为该书撰写过书评(《史学杂志》85—4,1976年),一些前辈学者也就该书所收录的论文作过评述,特别是最近森正夫先生发表在《历史评论》上的文章(《日本明清时代史研究中的乡绅论》(1)、(2)、(3),308、312、314,1975 至 1976 年。后收入《森正夫明清史论集》第一卷"税粮制度、土地所有",汲古书院,2006 年),对重田先生最后所关心的问题,同时也是该书核心内容的乡绅统治作了系统性评述。

1970 年重田德先生受京都大学文学院之邀,来京都大学讲授"明清社会的基础结构",授课时间为下午四点至五点四十,下课时天色已晚,但他充满激情和力量的讲课情景,至今仍印在我的脑海里。在藤冈、森正夫诸位先生之后,我不揣冒昧,拟作书评,一是为了表达对重田先生的追悼之意,二是想将他未竟的事业、他的研究方法以及他对研究的热情传承下去。

岩波书店的编辑将论文分为了以下五个部分:

第一章　清初的地主制

第二章　国家权力与农民

关于各个章节的内容，在藤冈先生的书评中已有介绍，此处不再赘言。本文试对重田先生所关心的问题及其理论发展脉络作一考察，以下就将重田先生的历史研究分为三个阶段逐一进行探讨。

第一阶段出于对资本主义生产关系萌芽的关心，重田先生潜心专研商品生产和商品流通问题，随后由于认识到中国的商品生产和小生产经营无法顺利发展，从而对作为其阻碍因素的地主制展开了研究。这些内容见诸该书第四章和第一章，所有论文都是 60 年代初之前完成的。

第四章第一、二节考察了清末湖南茶业的发展情况。重田先生认为，对外贸易的发展在一定程度上增加了茶农的收入（第 259 页以下），生产者中还出现了工场手工业的经营方式（第 275 页以下），但是，由于国家权力的压榨、早期商业资本的剥削以及种植茶叶的山户（茶农）的经营过于零碎等，"佃农占主体的山户、早期商业资本载体之一的茶行（茶庄）"（第 280 页），其经营方式都不可能有所发展。另外，在第一章第一节中，他还分析了随着长江三角洲商品生产的发展，很早就实现了商品化的湖南米谷市场，指出这是佃农的自给自足经营遭到破坏后形成的地主市场。需要指出的是，这一阶段他对清代农村社会进行分析时，地主佃农关系是一个不言自明的前提存在，小生产经营方式就等于佃农经营方式。例如，他在湖南茶叶研究中指出，"我们使用的史料中往往出现的只有概念模糊的'山民'一词，史料对此并没有作进一步的说明。尽管没有直接的证据，这些'山民'极有可能是以佃农为主的耕种小块零碎土地的零细农民（第 248 页）"。另外，他在湖南米谷市场研究的注释中写道："本文在立论的过程中有意识地略去了自耕农的存在及其作用,因为想把焦点聚集在更为重要的地主佃农关系上"(第 66 页),但却在缺乏相关佃农史料的情况下,将零细农民等同于佃农,又说米谷市场"不是直接生产者的市场,而是纳税人的市场(即地主市场)",将土地所有者与地主画上等号。可是,既然研究目的是揭示市场的真实面貌,且将这一市场定性为地主市场,那就不应该忽视自耕农的存在。

开始从国家层面思考地主制问题是研究的"第二阶段",时间大概到 1968 年为止,本书第二章中所收论文即为这一阶段所作。当时学界的情况是,赋役制度史逐渐取代资本主义萌芽成为明清史研究的热点。在这些研究的基础上,重田先生指出,地丁银制度的实行标志着最能体现古代国家个别人身支配原理的以人丁为主的征税标准的废除,说明国家放弃了对佃农的人身控制,从制度上承认了地主对佃农的支配,至此,中国模式或者说亚洲模式的封建国家终于确立。在重田先生看来,第一阶段作为前提存在的地主制,在清朝的某个时期必然成为国家权力的一部分,这样一来,之前的地主制就变为还处在发展过程中的一种生产关系,因此与主佃关系一起,作为专制国家统治基础的自耕农,开始进入重田先生的视野。

提出中国封建国家论是重田先生研究的"第三阶段",本书第三章所收两篇论文即是该理论的具体表现。他将"第二阶段"的封建地主国家论进一步引向深入,提出了"乡绅统治"这一概念,指出乡绅统治"超越了地主统治的范畴,是乡绅通过经济与超经济手段,尤其是通过与国家权力的紧密联系,不仅对佃农,而且对自耕农等其他阶层实施'不基于土地所有统治'的社会基本单位(第 175—176 页)"。

重田先生认为,乡绅不能简单地等同于城居地主,乡绅统治在社会上的具体表现就是地主制。乡绅利用自己拥有的优免特权,将因受国家剥削而濒临破产的自耕农与村居地主置于自己的支配之下,形成了私人统治一方的封建关系。他们强买土地,发放高利贷,私吞税粮,还拥有司法权,自己发放告示,豢养童仆作为私人的暴力机关,横行乡里,逐渐向独霸一方的封建势力发展。但是,随着佃农经营独立性的发展以及乡居地主的城居化,乡绅统治急需一套新的权力保障体制,而地丁银制度的实行正好解决了这一问题。也就是说,国家放弃了对佃农的个别人身支配,但却把这种权力转化为地主的私人权力,与此同时,乡绅私人拥有的经济外强制机关,则被国家权力机构吸收与取代。就这样,清王朝一方面继承了传统的王朝统治体制,一方面又成为地主阶级的统治机构。

以上即是笔者对重田先生学术研究所作的一番梳理。首先值得注意的是,本书的内容可以说是二战后整个日本明清史研究的缩影。他参与了资本主义萌芽论争,认识到在中国发展资本主义面临很多困难,由此开始了对比较史的方法运用的反思,进而开始关注中国社会的结构问题。正如重田先生所言,"世界史研究的目的在于探讨人类历史共同的演变过程,揭示人类历史发展的普遍规律"(第369页),二战后明清史研究的发展方向,也体现在重田先生的研究活动之中。

当然,重田先生的研究并不是简单地跟随日本明清史研究的步伐,对亚细亚停滞论的批判、对"土豪劣绅"的研究、对所谓"近代化论"的批判等,他在不断树立新的问题意识的同时,还将理论叙述不断加以扩展与深化,使得前一阶段残留的问题在下一阶段得以解决。如前所述,第一阶段与第三阶段之间最大的变化在于他提出了"国家"这一概念,开始对主佃关系无法涵盖的包括自耕农在内的各种经济关系进行理论化分析,这一方面反映了他对中国"封建"社会的理论构建非常严密,同时也反映出他有非常敏锐的洞察力,善于发现自己研究中的问题所在。

从上述重田先生的研究轨迹可知，最能集中反映其学说的是该书第三章中阐述的以乡绅统治论为核心的封建国家论，下面就从该理论存在的问题入手展开述评。

重田理论最重要的部分在于他设定了乡绅统治体制这一概念，解决了游离在主佃关系以外的自耕农和中小地主问题，国家通过对乡绅统治的"扬弃"，确立起清朝国家的封建统治。然而，他对清朝统治体制的分析又表明，清朝的封建国家属性，并未发展到第二阶段他所设想的"地丁银制度——个别人身支配关系的放弃——承认地主对佃农的支配"这一水平。为了研究乡绅统治是如何在明末形成的，他对包括自耕农、中小地主在内的乡绅统治体制进行了综合分析，指出乡绅利用自己拥有的优免特权，将私人支配的对象扩大到中小土地所有者，拥有童仆等经济外强制机构，不仅享有政治权力，还取得了其他私人权力，其中也包括司法、税收等权力，凡此种种，都反映了中国社会封建化的趋势。

但同时他又认为，随着地丁银制度的建立，这样的乡绅统治会被国家权力所"扬弃"，"被国家权力吸收、升华"（第199页）。这就等于是说，明末乡绅们不惜与国家对抗也要实现的对中小地主和自耕农的支配，又回到了个别地主对佃农的支配关系上，从这个意义上说，"第二阶段"到"第三阶段"最大的认识飞跃，也即各种经济关系的系统性分析（自耕农支配视角），其作用并未得到充分发挥。

正因为如此，他的国家权力分割理论也出现了问题。第一章第二节《清初湖南的地主制》一文清楚地反映了他对地主佃农关系演变的认识。和许多明清史学者一样，重田先生也认为，和清代相比，明末清初之前的人身依附关系更强，佃农先是"人身依附关系极强"，"虽名为佃农，实与仆隶无异"，后来却被称为"顽佃"，佃农地位的这种变化被认为是地主制发展的主要内容。因此，即使没有加入自耕农与中小地主支配的分析视角,在没有国家权力"认可"的情况下,宋代至明代地主对佃农的私人支配应该更为强固才对。而入清以后,乡绅尽管将国家权力据为己有,却因为佃农经营独立性的提高以及地主的城居倾向,最后仍无法将国家权力尽数转化为自己的私人权力,那么从地主佃农关系的角度来看,在清代之前的朝代,地主更容易分割国家权力,中国也更容易成为地主政权的国家。

不过,正如重田先生所指出的那样,明朝末年乡绅地主将自己的私人统治往中小地主和自耕农阶层扩展,这确实也是客观存在的事实。另外,入清以后,乡绅统治不仅通过地丁银制度与国家权力相融合,实际上还通过"包揽"等制度得到延续与发展(1975年度东洋史研究大会上西村元照所作《关于明清时代的包揽》之报告),这些现象今后还会被更多的研究所证实。关于重田先生提出的乡绅统治问题(不是单纯的乡绅土地所有),除了分析国家给予的优免特权,还应对其形成的经济动因及其历史意义展开考察,为此,我想再就重田先生的乡绅统治论谈两点看法。

首先,乡绅统治的形成根源究竟在哪里? 在重田先生看来,乡绅统治形成的经济动因与推动力量主要在于国家。他一方面认为,"大土地所有制形成的根本原因不能仅仅归结于国家"(第183页),但另一方面又认为,国家压迫导致农民破产是"农民阶层分化的主要因素","在沉重的徭役负担下,有的农民破产失去土地,有的为了逃避徭役投靠富人成为佃农,还有的因为无力偿还债务而沦为奴隶,这样的例子举不胜举,是当时农民分化的主要表现形式"(第182页),"正因为国家和农民之间存在这样的矛盾,乡绅才能利用自身的徭役优免特权,对农民进行庇护,乡绅土地所有制正是在这样的情况下发展起来的"(第182页)。但是,将农民的阶层分化归因于国家对人民的剥削,并以此作为乡绅土地所有制产生的原因,这样的分析方法难免会落入非历史主义的寨臼。因为国家压迫导致自耕农破产,官僚地主大肆兼并土地,这些并不是明末才有的现象。这样做,也与他所坚持的初衷,即把"中国前近代史从同类结构的不断复制中"解放出来相违背。

那么,究竟应该从哪里去寻找乡绅统治产生的重要契机呢?这个问题其实与明代商品生产的迅猛发展以及商业性农业的不断扩大有关。重田理论中其实包含了商业性农业发展的论述,然而即使是在"第三阶段",他的论述也无外乎以下两点:一是尽管受到前近代高利贷资本与地主制的压迫,佃农被剥夺了获取剩余价值的可能性,但通过产品的商业化,佃农可以从地主的直接支配中解放出来。二是随着各种商业职能的完善,地主逐渐离开乡村,迁居城市。然而,在考察明末清初商品生产的发展时,这样的理解存在两方面的问题。其一,就如重田先生自己也认为的那样,考察中国的封建制不能忽视自耕农的存在,只把商品生产的发展与佃农经营的独立性联系起来,这样的认识非常片面。其二,商品生产对小生产经营究竟有何影响?在目前常见的论述中,有的学者认为,受前近代资本的剥削,小生产经营无法获得剩余价值,也有的学者认为,虽然无法获得剩余价值,但还能勉强维持其再生产。但是需要指出的是,这些论述在理论和实证上都还未得到充分的检验。总之,厘清商业性农业的不断扩大对剩余价值获取方式的影响,这对解决明末清初地主制的发展问题,必将大有裨益。

接着再对乡绅统治产生的历史意义作一考察。重田先生认为,乡绅统治标志着中国封建制度的确立。在他看来,乡绅统治在制度化的过程中克服了"个别人身依附"关系,而这种关系是属于古代的、奴隶制的社会关系,换言之,即"现阶段对奴隶制的界定,不应以奴隶的身份为标准,而应在国家对农民的个别人身支配中加以考察"(第104—105页)。但是,即使在某个历史阶段,国家与农民之间的关系可以比作是奴隶制,但却不能由此反证"个别人身支配"就等于国家奴隶制,因为在农奴制下,国家也可以直接对农民进行人身控制(参考岛居一康《"国家奴隶制""国家农奴制"概念在中国前近代史中的运用》,《日本史研究》163,1976年)。我认为重田先生将封建制和农奴制并为一谈,其实两者是有本质区别的。在对小生产经营的发展重新进行审视时,可以把明末清初以后的乡绅统治作为农奴制瓦解时的一个现象来考察。

以上重点对该书第三章的乡绅统治论进行了考察,这是因为第三章可以说是重田先生平生研究的一个总结。当然,书中其他部分的论述也是独到精辟,极富启迪性。尤其是"第一阶段"所作的研究,对我颇有启发,如果从"第三阶段"的视角重新对这些内容进行梳理,其理论体系就会得到进一步的丰富与发展。每当想起病魔无情,致使先生无法完成此项工作时,我就不甚唏嘘。

第一章第一节是对湖南米谷市场的分析,立论的前提是地主制,将当时的市场定性为地主市场也是因为已经有了这个前提。然而,第一节的内容又显示,由于稻米的全国性需求,农民的生产经营很早就卷入到主要粮食作物的商品化生产中,此时如果切入"第三阶段"自耕农的分析视角,应该对理解国家农民间关系有很大的助益。此外,考察执行商业职能的富人的存在形态及其形成基础,对于解决乡绅统治的形成问题也有帮助。

在第一章第三节《清律中的雇工与佃农》一文中,在佃农、雇工法律地位的提升问题上,重田先生认为不仅要看到原有佃农、雇工地位的提升,对那些没有主仆名分的、新来的佃农、雇工也应引起重视。这一主张对于我们思考清代佃农、雇工的产生过程,其实也是乡绅统治的形成过程,颇有启发作用。

以上不揣谫陋,妄提拙见,如有曲解之处,尚祈鉴谅。

最后,谨以此文献给在天国的重田德先生。

第二部

小农经营的发展

第一章 宋代两浙水稻种植的生产力水平

　　农业生产力的系统性发展是社会结构变迁的基础,但在中国史研究中,很少有人将二者联系起来。唐宋变革期研究的情况稍有不同,学者们认为,唐宋时华北地区已经普及了二年三熟制,而在水稻种植地区,农业生产力的发展更为明显。人们围长堤而筑圩,开发了大批水利田,随着水稻新品种的引进,人们以家畜粪便、油饼为肥料,插秧成列分行,每年进行二到三次中耕除草,集约化种植技术得到了很大的发展与普及。这种农业技术体系在长江下游的两浙地区尤为普及,它为宋代先进的、占主导地位的生产关系提供了生产力方面的支撑,这种生产关系即是以浙西为代表的少数地主占有大量土地并将土地租借给佃农耕种之模式。

　　唐宋变革期研究认为,从宋代开始,浙西地区就已经实现了集约化农业,形成了高度发达的大地主土地所有制。因此学界一般认为,宋代至清代甚至到1949年的很长一段时期内,中国社会经济的发展都极为缓慢、迟滞,但这一认识,无视了宋元明清各个朝代在农业集约化程度上存在的差异,忽略了明代中期以来商业化发展对生产力的促进作用。而在生产关系方面,以往的研究认为,明王朝建立在宋代高度发展的地主佃农关系之上,里甲制即是与这种地主制相匹配的上层建筑,明代中期以来,直接参与土地经营的乡居地主向城居地主和乡绅地主转变,但在进行相关论述时,这些研究忽略了宋代的大地主与明代的乡居地主间存在的巨大差异。为了正确认识推行里甲制的时代，厘清明代中叶以来商业化农业的发展及其对社会结构的影响，必须对宋代经济发达地区的生产力和生产关系展开具体分析。

为了厘清中国历史上农业生产力的发展问题，中国史研究会出版了《中国史像的再构成——国家与农民》（中国史研究会编，文理阁，1983年）一书，对于其中的研究方法，三好正喜提出了批评。他指出，农业生产力的发展，首先是土地生产力的问题，以水田为例，干田化即水旱轮作的意义尤为重大，除此之外，还应考虑水稻品种、施肥水平、耕作制度和土地利用率等问题。[1] 针对三好提出的问题，笔者对宋代至明清的农业发展进行了考察，本章即为考察的前半部分。[2]

另外，笔者还想通过本章论证我在《中国江南的稻作文化》[3]一书书评中提出的观点。在书评中，我肯定了该书从多方面论证了宋代江东圩田为粗放型农业的事实，这也是该书取得的诸多成果之一，同时，我也指出，必须厘清浙西低湿地水稻种植的真正水平。[4] 关于这一点，中国史研究者和农业研究者的意见是互相对立的，本章便是笔者为了解答这一问题所作的尝试，如能得到宋代史专家的批评指正，我将不胜感激。

---

[1] 三好正喜：《中国における小经营生产样式展开の生产力的基础の理解をめぐって——中国史研究会编『中国史像の再构成』を読んで——》，《新しい历史学のために》177，1985年。

[2] 对于这一问题，我曾在《明清时代的农业发展》（《中世史讲座》第2卷，学生社，1987年。文章写于1982年8月）一文中作过概括性论述，但对宋朝的理解还不够充分。

[3] 渡部忠世、樱井由躬雄编《跨学科研究：中国江南的稻作文化》，日本放送出版文化协会，1984年。

[4] 《东洋史研究》43—4，1985年。本书第二部附篇二。

第一节　《陈旉农书》中水稻种植技术的地域类型

《陈旉农书》最为系统地反映了宋代实际的水稻种植技术。一般认为,该书的特色在于指出了施肥可使地力再生以及中耕除草的必要,展现了宋代最为先进的农业技术水平,[①]并成为地方官劝农时极力推荐的榜样。[②] 自天野元之助以来,学者们一直认为该书反映的是长江下游三角洲地带的农业技术,该书也成为浙西三角洲先进论的依据。下面就从该书所反映的地域特点开始分析。

陈旉如何对耕地进行分类以及他对各类耕地特质的说明,可以参见"地势之宜篇第二"。

> 夫山川原隰、江湖薮泽,其高下之势既异,则寒燠肥瘠,各不同。

在书中,他首先将耕地中的山川原隰、江湖薮泽区分开来,这主要是因为它们之间有高低之差,在耕地的寒热和肥瘠等方面也各不相同。陈旉接着对二者进行对比:

> 大率高地多寒,泉冽而土冷。传所谓高山多冬,以言常风寒也,且易以旱干。下地多肥饶,易以淹浸。故治之各有宜也。

靠近河流上游的高地,水质冷且有机物稀少,水源有干涸的危险;下地为肥沃的冲积平原,富含有机物,但有水淹的风险。[③]

---

① 天野元之助:《陈旉の〈农书〉と水稻作技术の展开》(上)(下),《东方学报》京都 19、21,1950、1952 年。《中国农业史研究》增补版,御茶水书房,1979 年。

② 宫泽知之:《南宋劝农论——农民支配のイデオロギ——》,中国史研究会编《中国史像の再构成——国家と农民——》,文理阁,1983 年。

③ "高地"和"下地"中的"地"并不是指"水田旱地"中的"旱地",这从下地包含了葑田和湖田这一点也可看出。

　　"地势之宜篇"接下来更为详细地介绍了高田和下地的土地利用情况,以及这两个地区耕作方式的主要特点。书上说,在高田地区,将一部分位于高处的耕地凿为陂塘,贮存春夏之交丰富的雨水以便灌溉之用,高田种植旱稻(又或早稻①),生长期为5到6个月。值得注意的是,从将高处的稻田改为陂塘进行灌溉,耕种前借着牛的踩踏使田埂变得坚实而不漏水等描述来看,②这些耕地应该分布在有一定坡度的地区。另外,水稻自种至收,需要灌溉四五次,说明这些耕地的干田化已基本完成。

　　下地由于地势低,容易积水,应在耕地四周修筑高大的堤岸。葑田的例子比较特殊,是在深水湖泽上用木架载土而成,是一种浮在水面上的稻田。位于低湿地的湖田,栽种播种期③较晚的黄绿谷,这种水稻品种比较粗放,生长期只有六七十天。

　　接下来的"耕耨之宜篇第三"基本延续了"地势之宜篇"中耕地的两分法。之所以论述中会出现早田和晚田、山川原隰和平陂易野之分,可能是因为耕作方式随地势高低而有所不同,④当时的人们一般认为早田即高田,晚田即低田,⑤陈旉在"地势之宜篇"中也持这样的观点,上述四种类型,可以看作是高田、下地两大类别之下的小类别。

　　综上所述,《陈旉农书》把耕地分为高田和下地两大类。高田是指

---

① 旱稻不是陆稻,而是秋旱到来之前可以早种早收的旱稻。就如占城稻被误认为是旱稻一样,因为字形相似,经常被通借或误用。
② 以下《陈旉农书》的引用均出自根据《丛书集成初编》影印的中华书局1956年版。
　　"地势之宜篇第二":
　　　　若高田,视其地势高,水所会归之处,量其所用,而凿为陂塘。约十亩田,即损二三亩,以潴畜水……又田方耕时,大为塍垄,俾牛可牧其上,践踏坚实,而无渗漏。若其塍垄,地势高下适等,即并合之,使田丘阔而缓,牛犁易以转侧也。
③ 从"善其根苗篇"中的用例可知,《陈旉农书》中的"种",指的是播种而不是插秧。
④ 从词义和土地利用情况可知,山川原隰指的是山谷间的耕地,类似于日本的谷地田,平陂易野为典型的低湿地。
⑤ 参见《王祯农书》卷二《农桑通诀二》垦耕篇第四中高田与下田之区分。

分布在有一定坡度、比较靠近河流上游地区的耕地,这些耕地已经实现了干田化,但因为有干旱风险,所以采用了陂塘灌溉。在《中国江南的稻作文化》一书中,高谷浩一将这类土地定义为"支谷"地区,由于"支谷"一词语义比较狭窄,可能产生误解,在下面的论述中,我将使用河谷平原一词替代。① 下地分布在富含有机物质的冲积平原,虽然开发程度不一,但耕地四周都筑有圩岸,属于低洼易涝地区,相当于高谷所说的洼地、冲击平原。从当时的史料来看,"高田"一词,用途广泛,有时指低洼地中地势较高的地方,有时指长江沿岸的冲积平原,与陈旉所指不尽相同,但是,至少在《陈旉农书》中,高田与下地是根据上述原则来划分的。

那么,在《陈旉农书》中,这两类耕地的耕作方式有何不同?

> 高田旱稻,自种至收,不过五六月。其间旱干,不过灌溉四五
> 次。此可力致其常稔也。

高田种植旱稻,与这一地区秋季枯水的特点相吻合。值得注意的是,这种旱稻的生长期较长(即便旱稻为早稻之误,情况也是如此),"自种至收,不过五六月"中的"不过"在这里只是为了下一句对仗的需要,不能理解为生长期短,实际上,5 至 6 个月的生长期,不仅比湖田种植的品种黄绿谷长,即使和当时的其他水稻品种相比也是如此。该水稻品种还可以多次收获。此外,书中特别提到,通过灌溉可以保证水稻丰收,这说明高田的收成是相当稳定的,同时也意味着下地的收成可能没有保障。冬季作物方面,"旱田"收获后,需要抓紧时间耕治施肥,种上豆类、小麦或蔬菜,这样不仅可以帮助农民解决生计问题,而且对下一年的水稻种植也有助益,这种耕作方式可以充分发挥干田化的效

---

① "支谷"一词在日本中世史中经常出现,多指山谷间狭窄的耕地,《陈旉农书》中"高田"的含义更为广泛,除了谷地,还包括河谷平原和冲积扇等,这里姑且统称为"河谷平原"。

应。而在"山川原隰"之地,一年无法实现二熟,秋后应该对土壤进行排水、冬耕和干燥。[①] 总之,高田地区的耕地已经实现了干田化,土地得到精心管理,水稻于夏季播种,品质优良,部分地方还实现了一年二熟,农业生产比较稳定。

下地的耕作方式则较为粗放,这些地方不仅没有形成二熟制,对"晚田"也不进行秋耕,而是将其搁置一边,等待春天的到来。至于"平陂易野"之地,即使在水位最低的冬季也处于水涝状态,只等春天的潮水漫过之后才开始耕作。[②] 湖田是这种耕地的代表,其上种植黄绿谷,据《陈旉农书》记载:

> 芒种有二义。郑谓有芒之种,若今之黄绿谷是也。一谓待芒种节过乃种。今人占候,夏至小满至芒种节,则大水已过,然后以黄绿谷种之于湖田。则是有芒之种与芒种节候,二义可并用也。
>
> 黄绿谷,自下种至收刈,不过六七十日,亦以避水溢之患也。

黄绿谷还留有野生稻长芒的特征,自种至收不过六七十日,是一个粗放的水稻品种,但同时它又有播种期晚、生长期短的特性,可以与水争田,适合在低湿地上栽种。这说明,在极易被水、"常稔"困难的低湿地带,仍然是通过选择水稻品种而不是通过土地改良来应对水害的。

从上述耕作方式的对比中可知,即便在陈旉眼里,河谷平原的集约化程度也远远高于三角洲地区。最能反映其集约化程度之高的,是书中关于施肥和中耕除草的论述,下面就对其所针对的地区作一

---

① "耕耨之宜篇第三":
　　早田获刈才毕,随即耕治晒暴,加粪壅培,而种豆麦蔬茹。因以熟土壤,而肥沃之,以省来岁役功,且其收又足以助岁计也。……山川原隰多寒,经冬深耕,放水干涸,雪霜冻冱,土壤苏碎。当始春,又遍布朽薉腐草败叶,以烧治之,则土暖而苗易发作。寒泉虽冽,不能害也。
② "耕耨之宜篇第三":
　　晚田宜待春乃耕,为其稿秸柔韧,必待其朽腐,易为牛力。

分析。

关于施肥,"耕耨之宜篇"中仅提到一年二熟的旱田在种植后茬作物时应及时施肥,山川原隰之地,冬季土地闲置,应在初春时遍布朽薙腐草败叶并烧治之,这些都属于高田地区的现象。"善其根苗篇"介绍了如何使用芝麻饼、人粪尿施肥,其曰:

> 今夫种谷,必先修治秧田。于秋冬即再三深耕之,俾霜雪冻沍,土壤苏碎。又积腐稿败叶,划薙枯朽根荄,遍铺烧治,即土暖且爽。于始春又再耕耙转,以粪壅之。若用麻枯尤善。

施肥技术与"耕耨之宜篇"中山川原隰冬季时的治理方法相同,①针对的也是山川原隰或没有后茬作物的旱田。"粪田之宜篇第七"详细介绍了用家庭废弃物制作肥料的方法,是全书论述施肥的重点之所在,其中提到粪屋之上架有屋檐,下面凿出粪池并铺上瓦片以防粪汁渗漏,从粪屋的搭建方法来看,针对的不可能是易涝的低湿地带。总之,《陈旉农书》反映的是高田地区的施肥情景,这与高田的土地特性也相吻合,因为当时只有高田实现了干田化,可以促进土壤有机质的分解。另外,这也符合"地势之宜篇"中对高地泉冽土冷、土壤瘠薄的描述。

与高地形成对比的是肥饶的下地,但书中对下地施肥并无特别的描述,考虑到低湿地冬季也会积水,相关记述少也就不足为奇了。"耕耨之宜篇第三"中说:

> 平陂易野,平耕而深浸,即草不生,而水亦积肥矣。俚语有之曰,春浊不如冬清,殆谓是也。将欲播种,撒石灰,渥漉泥中,以去虫螟之害。

在低田地区,冬春的积水就是肥源,可见农业生产还处于仅凭灌溉维

---

① 参见第 80 页注①。

持地力的阶段。不仅如此,在低洼的冲积平原,土壤有机质过多,难以分解,容易发生病虫害,需要用石灰防治。除此之外,由于"下地"原本就比"高田"肥沃,加之稻田一直积水,水稻耐肥力又弱,即使不施肥也有徒长的危险。在"粪田之宜篇第七"中,陈旉将下地与施肥后可获丰收的"硗埆之土"进行比较:

> 且黑壤之地信美矣。然肥沃之过,或苗茂而实不坚。当取生新之土,以解利之,即疏爽得宜也。

实际上,即使在清代珠江三角洲的围海造田地带,没有施肥,却因肥料过多而徒长的现象比比皆是。① 可见,《陈旉农书》中描述的是高田、河谷平原才有的先进的施肥技术,在三角洲地区,施肥几乎还不构成问题。

那么,中耕除草的情况又如何呢? 陈旉写了"薅耘之宜篇第八"专门论述此问题,虽然篇幅略长,但还是引用如下:

> 且耘田之法,必先审度形势,自下及上,旋干旋耘。先于最上处,收潴水,勿致水走失,然后自下旋放,令干而旋耘。不问草之有无,必徧以手排摵,务令稻根之傍,液液然而后已。所耘之田,随于中间及四傍,为深大之沟,俾水竭涸,泥坼裂而极干,然后作起沟缺,次第灌溉。夫已干燥之泥,骤得雨即苏碎,不三五日间,稻苗蔚然,殊胜于用粪也。又次第从下放上耘之,即无卤莽灭裂之病,田干水暖,草死土肥,浸灌有渐,即水不走失。如此思患预防,何为而不得乎。今见农者,不先自上潴水自下耘上,乃顿然放

---

① 屈大均《广东新语》卷一四《谷》:

早黏一名秋分黏。秋分之黏,于诸黏为早,故曰早黏。田肥而污,下多黑壤,乃能种之。其粒长大薄皮,胜于寒露、霜降二黏。……田苦太肥,秆壮盛而谷稀不实者,常十而三四。白粃盈穗,不能一一粒米也。

令干,务令速了。及工夫不逮,恐泥干坚难耘,摱则必率略,未免灭裂。土未及干,草未及死,而水已走失矣。不幸无雨,因循干甚。欲水灌溉,已不可得,遂致旱涸焦枯,无所措手。如是失者,十常八九,终不省悟。可胜叹哉。

这是《陈旉农书》中一段非常有名的关于中耕除草的论述,值得注意的是,实施中耕除草的这些耕地的利用方式。根据书中介绍,先在最高处蓄水,然后从最低处开始排水晒田,同时进行中耕除草,如此依次向上,这种方法的好处是耘田晒田之后可以重新放水灌溉,避免了当时多发的晒田后无法灌溉而造成的水稻枯死问题。这些容易排水落干的水田,势必呈梯形分布在有一定坡度的地方,①这些耕地正是前述的高田即河谷平原,而非太湖周边地势低平的耕地。可见,《陈旉农书》中有关中耕除草的内容,针对的也是河谷平原。

综上所述,《陈旉农书》反映的不只是三角洲地区的农业技术,书中明确地将耕地分为高田和下地两种类型,论述对象包括了三角洲地区和河谷平原两个部分。另外,《陈旉农书》所描述的先进技术只适用于河谷平原,②从该书记载的内容来看,三角洲地区的农业生产在土地改良、品种、施肥、中耕除草等各个方面都比河谷平原要粗放得多。

第二节　"两浙农业"之地域类型

笔者在上一节中分析了三角洲地区和河谷平原两种不同的耕作

---

① 仅从这一描述来看,虽然这些耕地呈梯田形分布,但每块耕地还未形成独立的灌溉体系,这表明即使在相对先进的河谷平原地带,耕地质量的改良仍会受到限制。

② 值得注意的是,《陈旉农书》中没作特别说明的,一般都是指河谷平原,如"六种之宜篇第五"中主要粮食作物是以旱田种植为前提的,"善其根苗篇"中也指出需要注意播种期土壤温度是否过低。

方式,陈旉在其书中对此也作了区分。下面拟在此基础上,结合前人的研究成果,对宋代两浙的生产力水平作一探讨。

对宋代农业研究有着重大影响的当推周藤吉之,其所著《南宋稻作的地域性》、《南宋水稻种类与品种的地域性》、《南宋小麦种植的奖励与二毛作》(以上论文均收于《宋代经济史研究》一书,东京大学出版会,1962 年)、《宋代浙西地区围田的发展——及其与土地所有制的关系》(收于《宋代史研究》,东洋文库,1969 年)等一系列文章,利用大量史料,揭示了以两浙为代表的宋代农业的具体面貌。他在《南宋水稻种类与品种的地域性》一文中指出,以平江府为中心的浙西地区,主要栽种的是适合肥沃土壤的晚稻品种秔稻,给人的印象是浙西的农业比其他地区更为先进,但在《南宋稻作的地域性》等文章中,在比较全国的农业技术时,他又把浙东和浙西不作区分,合称为"两浙"。当时学界普遍认为陈旉论述的是长江三角洲的农业技术,该地区的大地主土地所有制代表了当时最先进的生产关系,明清时期的浙西是中国最先进的农业区,受这些认识的影响,人们不自觉地把两篇论文所论述的对象混为一谈,"两浙"的农业技术于是被安在了浙西三角洲的头上。在"中国江南的稻作文化"研讨会上,尽管农业研究者们对此提出了强烈质疑,但中国史研究者们还是主张浙西是宋代农业最先进地区。

关于浙西三角洲农业的集约化程度,佐竹靖彦很早就在书评[1]中指出《宋代经济史研究》一书存在很多问题。下面我将结合《陈旉农书》的相关论述,以周藤收集的史料为中心,就两浙各地的农业生产力水平作一考察。

---

[1]《东洋学报》53—2,1970 年。

一、耕地的利用形式

　　草野靖的研究表明,与宋代迅速发展起来的围田、圩田、湖田等新辟水田不同,河谷平原、冲积扇地区的耕地开发历史悠久且生产稳定,拥有大量新辟水田的两浙路的情况也是如此,[①]问题在于浙西洼地水田的利用形式。

　　据很多史料记载,浙西拥有肥沃的黑壤,这与陈旉的认识一致。但是,也有记载表明,湖州乌程县在水稻收割时还在进行排水作业;[②]有的地方十月十日收获季节还有积水,不得不将收割下来的稻子挂在竹架上,[③]这些情况说明,浙西三角洲的洼地即使到了秋天也时常会面临水淹的危险。一直到南宋,即使在冬季水位最低时,这里的耕地也会积水,人们只好弃耕闲置,因此被称为废田,[④]这与陈旉所说的平陂易野冬季积水的情况相符,表明浙西是典型的一年之中都处于浸水状态的低湿地。在这样的情况下,每年的积水状况决定了作物的种植情况。正如周藤所言,郏亶在其上疏中说,苏州地区有一易、再易的水田,称为白涂田,尽管产量是常稔之田的两倍,但租额相同,所以佃户都很希望每隔一年淹一次水。[⑤] 在地力基本靠灌溉维持的阶段,经常积水的白涂田,年景好时产量很高是极有可能的,关于这一点,陈旉在其书中也有提及。而且,这里所谓的一易、再易,不是为了除草而进行的有目的的休耕,而是每年水淹造成的不定期的弃耕或撂荒。在计算纳税面积时,郏亶以苏州存在"上中下、不易、一易、再易"等各种耕地

---

① 草野靖:《宋时代における农田の存在形态——古田と新田——》(上)(中)(下),《法文论丛(熊本大学)》31,33,《文学部论丛(熊本大学)》17,1972 至 1985 年。
② 虞俦:《尊白堂集》卷二。由于篇幅的关系,以下不再摘引周藤引用过的史料内容。
③ 彭龟年:《止堂集》卷四《乞进忠谠远邪佞奏》。
④《宋会要辑稿》食货 70—125,经界杂录,绍兴十二年十二月二日条。
⑤《吴郡志》卷一九,水利,《治田利害》上奏之二。

为由,认为应将计税面积减半,[①]这说明一易、再易不只是一种修辞表现手法,在当时的苏州,"易田"这种不稳定的耕地占据着主导地位,而据郏亶所言,实际计税的只有土地面积的大约四分之一。存在大量还未开垦的低湿地以及农业生产不稳定的耕地,这便是当时长江下游地区土地的实际利用状况。[②]

二、品种

长江下游的洼地中江东圩田种植的是占城稻,在"中国江南的稻作文化"专题研讨会上,农业专家们已经证实占城稻是一种粗放的水稻品种,但对浙西洼地的水稻品种仍然无法确定。周藤认为浙西洼地的主要品种是晚稻秔稻,秔稻适合在土壤肥沃之地种植。需要指出的是,属于早籼稻的占城稻是粗放品种,并不等于晚稻秔稻就是优良品种。

平江府是浙西最具代表性的地区,常熟县《琴川志》卷九列出了很多水稻品种,从主力品种秔稻来看,周藤认为越排在前面越重要,确实,书中对排在前面的几个秔稻品种,都加有详细的注解。那么,秔稻究竟是一种什么性质的水稻呢?秔稻中排名最前的是糯秠,"粒白,无芒,熟最早",另外有史料说"糯秠籼禾,价最贱","五月种九月熟。皮茎俱白,米色斑,粒长性硬,或以胜红莲云","糯秠、金成为下",[③]从这些记载可知,《琴川志》将糯秠列于秔稻之属,但它其实属于粒型长的籼稻,生长期短,价格便宜,正如天野元之助所言,这是唐代以来广泛

---

① 《吴郡志》卷一九,水利,《当去六失行六得》上奏之五。
② 详情请参见宫泽知之《宋代先进地带的阶层构成》,《鹰陵史学》10,1985 年。
③ 按顺序排列为《洪武苏州府志》卷四二《土产》;范成大《石湖居士诗集》卷一六《劳畲耕并序》;《嘉泰吴兴志》卷二〇《风俗物产》。

种植于低湿地的粗放型品种。①

　　排在第二的是闪西风，《琴川志》曰"八月熟"，《洪武苏州府志》称其"又名早中秋，八月半熟"，不清楚这种水稻的特性如何，只知它比穤秕成熟得更快，可能是一种成熟期很短的品种。排在第三的红莲，有"米之最佳者，芒红粒大，有早晚二种。陆龟蒙诗曰，近炊香稻识红莲"之说，可见当时苏州地区对此稻的评价很高。但是，顾名思义，红莲其实就是赤米，中世以后传入日本，主要分布在日本西南一带，在其他品种难以栽培的湿田种植，一直以来对其的评价都很低。大泽正昭的研究表明，唐代退隐苏州甫里的陆龟蒙在家乡种植赤米，他的田属于低湿田，下了一昼夜雨后江水倒灌，已经无法分辨田与田之间的界线了。在这样的耕地上，耕夫一人耕种 40 亩土地，农业经营相当粗放。② 所谓"米之最佳者"，不过是基于个人口味的一种相对评价罢了。

　　《琴川志》中评价最高的是第四种箭子稻，其曰"此品最高，晚熟。朱乐圃吴门志称之"，这一评价后被诸如《理生玉镜稻品》等明清时代的书不断引用，流传至今。但是，这种稻"长腰，米狭长，亦名箭子""米粒瘦长，尖细雪色，味香甘，九月熟"，③谷粒的形状就像箭子一样极其狭长，应该与籼稻同种，是否配得上后世如此高的评价，令人存疑。

　　一般来说，宋代对秔、籼的区分不一定就对应现在的粳稻与籼稻。秔稻中有很多品种属于籼稻，大都耐肥性弱，茎叶繁茂而产量低。另外，如舒璘所言，秔稻是一个有芒的品种，④大都留有野生稻的长芒性状，除去籼稻（故无芒），《琴川志》中的秔稻很多都是有芒品种。

---

① 天野前引书，第 117 页。相关史料，请参见加藤繁《支那に於ける稲作特にその品种の发达に就いて》，《支那经济史考证》下卷，东洋文库，1953 年。

② 大泽正昭：《唐代江南の水稲作と经营》，中国史研究会编《中国史像の再构成——国家と农民——》，文理阁，1983 年，后收于《唐宋变革期农业社会史研究》（汲古书院，1996 年）。

③ 按顺序为《石湖居士诗集》卷一六《劳畲耕并序》；《洪武苏州府志》卷四二《土产》。

④ 舒璘：《舒文靖公类稿》卷三《与陈仓论常平》。

另外,浙西洼地主要种植晚稻。这里的晚稻,指的不是生长期长,而是播种期晚,这一点非常重要。陈旉书中之所以会有黄绿谷的记载,是因为这个品种可以避开涨水期较晚播种,这也是宋代浙西种植晚稻的动机之所在。苏轼谓"勘会浙西七州军,冬春积水,不种早稻。及五六月水退,方插晚种",《吴门事类》载"夏至节后十日内种,至寒露节后刈者,为晚稻",[①]为了避开汛期,宋元时期浙西的晚稻都于农历五至六月播种,明末浙西的水稻生长期长达六个月,[②]而从《吴门事类》的记述来看,宋元时期水稻的生育期只有三四个月,这与黄绿谷没有什么区别。

虽然水稻品种的论证工作存在诸多困难,但认为浙西洼地水稻品质高的现有成说很值得商榷,一些主要水稻品种明显适宜于粗放农业。

三、施肥管理措施

施肥和中耕除草是衡量农业集约化程度的两大指标。周藤认为两浙的施肥技术水平很高,但其引述的并非浙西洼地的史料。程珌关于市井垃圾集成粪壤、家家堆积成山的描述出自衢州和婺州;吕祖谦关于水稻秸秆回田的记载来自衢州江山县;[③]《梦粱录》记述的是临安这座城市人们买卖粪尿的情景;《开庆四明续志》是明州的地方志,[④]前面两条史料属于典型的河谷平原,后两条也不是洼地,而是河谷平原的末端或三角洲的上部。周藤引述的史料中,只有《吴门田家十咏》

---

① 按顺序为苏轼《苏东坡奏议集》卷六《乞赈济浙西七州状》;嘉靖《太仓州志》所引《吴门事类》。
② 参见第 90 页注①。
③ 按顺序为程珌《程端明公洺水集》卷二一《壬申富阳劝农》;吕祖谦《东莱吕太史文集》卷一五《入闽录》。
④ 按顺序为吴自牧《梦粱录》卷一二《河舟》;《开庆四明续志》卷四《广惠院》。

中有关罱泥的内容是浙西洼地的,^①河泥无疑可以用来肥田,但其技术水平与冬季通过河水漫灌来维持地力的方法本质上是相同的。

中耕除草的情况又如何呢? 需要指出的是,周藤引用的史料同样也是关于河谷平原的,其中除了一些描述"浙间"的史料,所引楼璹的《耕织图诗》,描绘了从一耘到三耘的中耕除草的场景,但这是作者对临安府於潜县的农事活动进行观察与体验的结果;曹勋写农人伏在地上拔草,然后再将杂草埋入地里作为肥料,此事发生在浙东路台州;方一夔关于每月除草一到二次的记述,描绘的则是浙西路严州淳安县的情况,^②上述这些地方都属于典型的河谷平原地区。

目前,可供人们了解浙西洼地情况的直接史料极其缺乏,这可能和这一地区还没有真正实施中耕除草有关。制约浙西洼地单位面积上劳动力投放数量的是其经营规模。根据宫泽知之的研究,浙西洼地的平均经营面积远远大于浙东河谷平原,虽然宋代浙西经营规模的缩小速度比浙东快,但即使到南宋末年,其经营规模还是比其他地区要大得多。^③ 梁庚尧也指出,浙西和江东圩田地区的平均经营规模很大。^④ 田土总额除以户数得出浙西每户占有的田土面积在 40—50 亩之间,虽然这一数字包含了大量的未开垦地,但从《古今考》中将一个佃户小家庭的耕种面积设定为 30 亩来看,^⑤和明清时期相比,宋代浙西的经营面积确实要大很多。

制约劳动力投入的第二个因素是水稻的生长周期,为了便于比较,我们先来看一下明末的情况。《天启海盐县图经》与《沈氏农书》都

---

① 毛珝:《吾竹小藁》吴门田家十咏。
② 按顺序为楼璹《耕织图诗》;曹勋《松隐文集》卷二二《山居杂诗》;方一夔《富山懒稿》卷一〇《田家四事》。
③ 第 86 页注②引宫泽文。
④ 梁庚尧:《南宋的农村经济》,联经出版事业公司,1984 年,第二章。
⑤ 魏了翁著、方回续《古今考》卷一八《附论班固计井田百亩岁入岁出》。

记载了生育期长的品种,每年农历四月上旬至中旬播种,十月收获。①
也就是说,芒种到立夏之间插秧,②大约20天稻苗成活后开始中耕除
草,③立夏开始排水晒田,然后灌水,再根据稻苗的生长情况适时进行
追肥以待幼穗的形成,七月处暑过后幼穗开始形成之前是中耕除草的
最后时机。正如《沈氏农书》明确指出的那样,能用于中耕除草的时间
只有小暑至立秋的大约30天,这一期间,《天启海盐县图经》上说要荡
一回、耘三回,《沈氏农书》则说要锄一次、荡一次、耘二次,一亩地需要
2个劳动日。④ 这时正值水患或干旱季节,还需用水车进行排灌作业,

①《天启海盐县图经》卷四《县风土记》:
　　凡种稻,先择种。立夏粪秋田浸种,浸五日始秧,撒之秧田,又五日秧始齐。……
　　凡稻,处暑而胎,白露而秀,秋分而秀齐,寒露而尽实,霜降而黄,立冬尽刈矣。
　　另据《沈氏农书》"逐月事宜"记载,四月天晴时"做秧田,下种谷",十月天晴时
"斫稻"。
②《天启海盐县图经》卷四《县风土记》:
　　芒种后夏至前,为霉时多雨,垦田平之,又碌之,且粪之,乃拔秧栽之。无雨则斛水,为
之用桔槔。……栽秧二十日乃荡。
　　《沈氏农书》"运田地法":
　　种田之法,不在乎早。本处土薄,早种每患生虫。若其年有水种田,则芒种前后插莳
为上。若旱年,车水种田,便到夏至也无妨。……盖插下须二十日,方可下田拔草。
　　光绪《松江府续志》卷五《疆域志》:
　　既种约二十日,便当拔草,所谓做头通也。
③ 参见本页注①《天启海盐县图经》中"处暑而胎",以及《沈氏农书》"运田地法"中如下的
记载:
　　小暑后到立秋,不过三十余日,锄、荡、耘四番生活(锄二、荡一、耘一),均匀排定,总
之不可免。落得上前为愈也。立秋边,或荡干,或耘干,必要田干缝裂方好。古人云,六
月不干田,无米莫怨天。惟此一干,则根派深远,苗色苍老,结秀成实,水旱不能为患矣。
干在立秋前,便多干几日不妨。干在立秋后,才裂缝,便要车水。盖处暑正做胎,此时不
可缺水。古云,处暑根头白,农夫吃一吓。下接力须在处暑后苗做胎时,在苗色正黄之
时。如苗色不黄,断不可下接力;到底不黄,到底不可下也。
④《天启海盐县图经》卷四《县风土记》:
　　栽秧二十日乃荡,荡以木板丛钉,于上柄以长竹,以疏苗之行,令根易行也。又五六
日乃耘。耘者去草也。爬苗之肋,置所去草于下,助粪力也。耘凡三,再耘为下农,一之
多莠矣。
　　另外,根据本页注③《沈氏农书》的记载以及"运田地法"所说"做工之法,旧规每工种
田一亩,锄、荡、耘每工二亩",算出一亩地需二个劳动日。

30天内一亩地要花2个劳动日来中耕除草,这决定了一个上农可耕作的土地极限是10亩,[①]因此,必须雇用大量的短工来补充劳动力。

那么,宋代洼地的情况又如何呢? 生长期只有60—70日的黄绿谷,显然不可能花多少时间来中耕除草,前已叙及,其他品种的生长期也比明末短了2—3个月。一般来说,水稻全生育周期的长短是由营养生长周期决定的,不同品种之间生殖生长的周期相差不大,[②]也就是说,宋代洼地水稻的生长期短,意味着可供中耕除草的时期也极短。在这样短的时间内,要在大于明末三倍左右的土地上进行中耕除草,这就意味着单位面积投入的劳动量要远低于明末二日一亩、民国四日一亩[③]的水平。[④] 在中耕除草方面,采取集约化管理的只有河谷平原部分,浙西洼地的集约化程度还处于极低的水平,当然,茎叶容易繁茂的粗劣品种对中耕除草的要求可能没有那么高。

四、其他

笔者在前人研究的基础上,从耕地的利用形式、品种、施肥管理等各个方面,对两浙地区的农业技术进行了批判性的探讨,结果表明,与原有的认知相反,浙西洼地的先进性在各个方面都值得怀疑。最后,再对集约化程度较高的河谷平原作两点补充说明。

耕地方式的进步是宋代至明清农业集约化发展的具体表现之一。宋代耕地的主要方式还是牛耕,虽然由于耕牛不足和受耕地状况限制

---

① 《补农书》"总论"佃户:
　　吾里田地,上农夫一人,止能治十亩。
② 高桥成人:《イネの生物学》,大月书店,1982年,第164页。
③ 参见本书第二部第七章。
④ 值得注意的是,耘荡最早见于《王祯农书》,宋朝时耘荡等高效率的除草农具尚未普及,劳动效率应该低于后世。

等,有时也会使用锹和踏犁。最早见于文献记载的铁搭出自元代《王祯农书》,该书记述了南方农家使用铁搭耕地的情景,明代以后,在农业发达的长江三角洲地区,使用铁搭进行人力耕作的方式逐渐普遍起来。铁搭起初只有家里没有耕牛的贫农使用,后来逐渐扩展到富农,成为一种理想的耕作工具,这是因为随着明代施肥技术的普及,土地需要深耕,而犁底很长的长底犁已经无法满足这一需要。[①] 人力耕地的目的是深耕,这样的事例也见诸宋代的史料,陆九渊《象山先生全集》卷三四《语录》中有如下的记载:

> 先生曰,吾家治田,每用长大镬头,两次锄至二尺许,深一尺半许。……每一亩所收,比他处一亩,不啻数倍。盖深耕易耨之法如此。

为了达到深耕的目的,抚州金溪县的大户人家也使用镬头翻地。

另外,研究者在比较全国各地的生产力发展水平时常常会用到劝农文,劝农文在提及所推荐的先进地区时,除了"浙间""两浙之间",还会使用"闽浙""江浙闽中"等用语。[②] 福建路最具代表性的耕地,绝对不是冲积平原上新开发的耕地,而是河谷与河谷平原的耕地,把"闽"与"浙"放在一起谈论农业生产的先进性,其中的"浙"指的是两浙中的哪一部分,答案已经非常明显了。

结　语

为了了解宋代两浙水稻种植的生产力水平,本章先对《陈旉农书》所论述的地区进行了分类和考察,然后按照洼地和河谷平原的分类再

---

① 参见本书第二部第三章。
② 陈傅良《止斋先生文集》卷四四《桂阳军劝农文》,王炎《双溪文集》卷一一《上林鄂州书》。

对以往的研究成果进行检验,结果表明,二者的结论是一致的。

在两浙地区,农业集约化程度较高的是河谷平原、河谷、冲积扇等地区,这些地区耕地开发历史悠久,虽然夏秋之际比低洼地区更容易干旱,不过干田化程度较高,通过修筑陂塘,可以对水进行管理。在干田化的基础上,有条件的地方实现了稻麦二熟制,其他地方实施秋耕,冬季也对耕地进行精心养护。与冲积平原相比,这些地方的土壤肥力本来就不足,但是人们使用人粪尿、油饼以及各种废弃物等,积极给干田化的耕地施肥,维持地力。另外,这一地区农业用水比较容易管理,中耕除草的同时还会排水晒田,管理非常精细。这里种植的是一些播种期较早、生长期较长的水稻品种,农业采取的是集约化模式,所以经营面积小,每年的收成都很稳定。

另一方面,与以往的成说相反,以浙西洼地为主的三角洲地区,农业还处在极为粗放的阶段。从平江府的情况来看,这一带经常淹水,很多耕地两三年才能有一次收成。这一地区还存在很多低湿地,即使在收获的季节,甚至在冬季水位最低时,也经常处于积水的状态。这些地方不仅不能实行一年两茬种植,冬闲时对耕地的管理也非常粗疏。该地区属于河口冲积平原,土壤原本就很肥沃,基本上无需施肥,通过河水灌溉以及冬春积水带来的养分就可以维持地力,实际上,由于稻田一直处于浸水状态,即使不施肥,也会因为土壤自身的肥力而出现徒长的现象。低地上一般种植的是晚稻品种秔稻,所谓晚稻的"晚",并不一定是生育期长的意思,而是指播种期较晚,可以避开初夏时节的淹水,秔稻的生育期极短,有些品种的全生育期只有六七十日。另外,秔稻之中有很多品种属于籼稻,属粳稻的也多长芒。总的来说,该地区种植的是适合粗放农业的水稻品种。代表了两浙农业水平的中耕除草,在整个浙西洼地,几乎看不到其存在的痕迹。土地平均经营面积远远大于河谷平原,表明这一地区进行的是粗放型农业。

当然,在被归类于河谷平原的地区,也会存在一些一直浸水的农田,类似于日本的谷地田,浙西洼地也有一些低矮的山丘或沿河高地,这些局部地区实行的农耕方式自然不能像前面一样分类,但都不是所在地区主要的耕作方式。

浙西洼地的农业属于粗放型,这似乎与当时"苏湖熟,天下足"的认识不符,然而情况并非如此。明清时期又有"湖广熟,天下足"之说,但是这并不表示湖广是当时农业生产最先进的地区,实际上,农业集约化程度最高的仍是太湖流域,只不过,当时的太湖流域已成为湖广大米的重要销场。宋代浙西洼地的水稻种植技术还很粗放,每个劳动力耕作的土地面积相当大,不过,这些生产不稳定的耕地一旦遇到气候条件好的年份,其产量也是相当可观的,因此会有"苏湖熟,天下足"一说。

农业技术的发展为唐宋变革提供了生产力支撑,这些农业技术主要是在河谷平原地区发展起来的,当时浙西洼地的农业还处于非常粗放的阶段。浙西洼地的大地主土地所有制不可能是农业集约化带来的农民阶层分化的结果,它与明代中期以来长江三角洲普遍出现的、最迟在清末发展到极高程度的寄生性质的地主制①存在本质区别。如果要在明清时期找到与之相类似的土地所有制,最接近的可能是广东围垦沙田时出现的大地主,他们占有大量成片开发的土地,土地上既不施肥,也不进行中耕除草,农业生产极为粗放。

如果说宋代浙西洼地的生产力结构与明清不同,建立在这种结构基础上的地主制与明清时期的地主制也没有关联,那么,两种地主制之间经历了怎样的演变过程?政府的各种公田化、官田化政策,特别是明初大量设立官田以及里甲制编制,可以说是这一过程在政治上的

---

① 参见本书第二部第六章。

表现,我们不能简单地把元末至明中期这一段时间看作是"自然经济的暂时回归"以及经济恢复时期,其间可能发生了新的质变,厘清这一演变过程,对我们了解明朝中期以来社会变化的性质也有助益。

要想解决这些问题,就必须像本章这样,对明清时期的农业生产力及其发展过程加以考察。宋代浙西的低湿地,其土地改良过程如何,改良的成果又如何? 把宋代的生产力发展水平与明末的连接起来,这些都是今后的研究课题。

第二章　明清长江下游地区水稻种植的发展情况
——以耕地和品种为中心

一直以来，在论述社会结构时，宋史研究者习惯把浙西作为当时最发达地区，明清史研究也是建立在宋代社会高度发展的认识基础之上。笔者对此提出质疑，前一章的分析表明，与通常的看法相反，宋代浙西三角洲并不是中国农业最先进地区。这一地区属于典型的低湿地，因为时有水患，大量耕地的生产并不稳定，有些年份甚至无法进行农业生产，即使在冬季，大多数耕地也处于积水状态。受此影响，该地区主要种植赤米等水稻粗放品种，这些品种的生长期极短，可以在梅雨来临之前抢种抢收，或在淹水之后补种。施肥和中耕除草在该地区也不普及。当时农业技术最先进的当数浙西三角洲周边的河谷平原，这里利用陂塘进行灌溉，用水管理相对比较先进，实际上，这里采用的才是宋代最新式的农业技术。本章将以明代为中心，考察集约化程度原本较低的浙西三角洲如何一跃成为全国最先进的水稻生产区并刷新中国生产力水平上限，关于明清时期长江三角洲农业技术的发展问题，我在有关农业经营方式转变的研究中已对耕地翻地、施肥、中耕除草等作过详细分析，[①]本章主要考察的对象是耕地的利用形式与品种。

关于耕地和作物品种对提高农业生产力的意义，高桥昌明有过简

---

① 参见本书第二部第三、四、七章。

洁明了的论述。① 他认为,斯大林的历史唯物主义,首先排除了生产力三大要素之一的劳动对象,劳动资料中也只强调生产工具,忽略了建筑物、道路、运河等兼有劳动对象性质的物质资料,以及管道、箱槽等容纳劳动对象的器皿,如果将人类社会比作人的肌体,那么历史唯物主义只强调了它的骨骼肌肉系统,忽略了它的心血管系统。从农业生产的角度来看,其结果就是作为劳动对象的土地、农作物、牲畜以及作为劳动资料的土地、水、肥料等要素都被排除在生产力要素之外。既然农业生产是以土壤为容器的一门高度有机化学性质的科学,这些要素对农业生产的意义极大。土地尤其是一种重要的劳动资料,它不仅可提供作物生长所需的各类营养物质,而且还有保水保肥的作用,并能转化养分形态使其更利于农作物的吸收。②

第一节 耕地条件的改善

无论是被称为长三角还是太湖流域,这一地区内每一个圩区、每一块土地的情况都有很大的差异。由于该地区几乎没有什么倾斜度,每块耕地的地势高低,决定了其灌排水方式以及干田化的可否,但是,要想对这些条件各异的耕地逐一加以考察,这在史料上是不可能的。宋代的浙西三角洲经年积水,洪水泛滥频繁,为了证明这种状况在明代已有所改善,本节将从大范围兴建防洪水利设施以及排蓄兼施的圩田入手进行考察。

---

① 高桥昌明:《日本中世农业生产力水准再评价的一视点》,《新しい历史学のために》148,1977年,后收于《中世史の理论と方法——日本封建社会、身份制、社会史——》(校仓书房,1997年)。
② 三好正喜:《过渡期农业经营史の方法に关する一试论(上)——十六世纪ドイツを素材として——》,《历史评论》323,1977年。

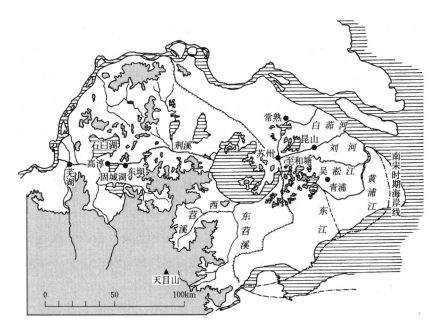

图 1 太湖水系示意图

众所周知,长江三角洲以太湖为中心,形状宛如一只碟子。① 这里虽然是泥沙冲击而成的三角洲平原,但地形从长江往钱塘江呈缓慢上升之势,这里还发现了中国最早的水稻种植遗迹。② 另一方面,太湖流域西部为丘陵,长江南岸为冲击平原,太湖以东、以南洼地的海拔高度在 3 米左右,钱塘江、长江沿岸的高度为 4—6 米,其高度差仅 2—3 米。但是,不要小看了这仅有的高度差,如果放任不管的话,流入太湖的水将无处可去,太湖周围的洼地和一部分平地也会变成一片汪洋。为了最大范围地改善这种情况,就必须对流入太湖的水量加以限制,同时建设排水系统将太湖周边洼地的水排入大海。

_____

① 以下关于太湖流域地形的论述,主要根据渡部忠世、樱井由躬雄编《跨学科研究:中国江南的稻作文化》(日本放送出版协会,1984 年)第三章高谷好一的报告。

② 有关长江三角洲形成的研究,请参见北田英人《长江三角洲的形成过程关于中国的近年の诸研究》(《北大史学》24,1984)。

　　流入太湖的水系有两支,一是发源于天目山的苕溪,经湖州汇入太湖;二是汇集了茅山、南京台地一带溪水的荆溪。其中,荆溪治理对明代太湖流域水利条件的改善产生了重大影响。荆溪上游连接胥溪河,该河据说是春秋时期吴王夫差命伍子胥开凿的一条运河,西经固城湖、丹阳湖等湖沼,在安徽省芜湖汇入长江。胥溪河古时称"中江",被认为是长江的一条分支。实际上,根据褚绍唐的调查,该河流经南京台地,即使在地势最高的东坝镇以东"中河"段,河床的高度也只有 6.7 米,而 7 月芜湖、高淳的水位则在 10 米以上。[①] 虽然枯水期时芜湖、高淳的水位比中河河床要低得多,冬季长江之水不可能涌入胥溪河,但胥溪河、荆溪本来就是连接芜湖和太湖的季节性河道,夏季长江涨水时洪水顺势涌入太湖,同时,长江水位较高时,天目山北麓的集中降雨也会沿河直逼太湖,给下游造成水患。

　　因此,胥溪河治理对太湖流域的防洪具有重要意义。胡平元等人的调查表明,由于牵扯到南京台地南部的排水以及水路运输等利益问题,胥溪河治理几经兴废。[②] 唐末,今东坝镇以东的五堰废弃后,太湖流域水患加重,尽管北宋末又修建了分水堰,但直到明代才开始对胥溪河进行全面治理。洪武二十五年(1392)和永乐元年(1403)修建的石闸和土坝仍然不够高,洪水越过堤坝下泄,正德七年(1512),又在原坝坝基上加高三丈,自此,胥溪河水被截断,长江和天目山北麓水系不复与太湖水系相连。

---

① 褚绍唐:《历史时期太湖流域主要水系的变迁》,《复旦学报(社会科学)》,1980 年增刊号。

② 有关胥溪河上水坝建设的历史演变,古有光绪《高淳县志》(卷三《水利》)的介绍,今有胡品元、萧开瀛的研究(《高淳溧阳水道及东坝调查报告》,《太湖流域水利季刊》第二卷第一期,1928 年),最近则有褚绍唐、魏嵩山(《胥溪河形成的历史过程》,《复旦学报(社会科学)》1980 年增刊号)等人的研究。

阻断胥溪河水东流对于太湖流域治水的意义之大,可从东坝决堤时造成的危害中得知。道光二十九年(1849)梅雨时节淫雨不止,湖广、江西洪水泛滥,农历五月底,位于胥溪河上游湖沼地带的高淳县金保圩的民众不堪水患,将东坝掘溃,导致芜湖一带的洪水顺着荆溪涌入太湖,各地由此爆发抢米风潮,史称"己酉大水",许多杂记、日记和地志,都不同程度地记录了这次洪灾。《一斑录·杂述》如是说:[1]

> 数十年来,大水无过道光三年。不意今二十九年之水,又因大江上流水发,为灾更重。……五月下旬,大江上流水涨,金陵等处,大不能堪,姑开东埧,以泄下流之水。于是本地水溢,因之愈甚。六月初,连日大晴,而水渐以长。余新宅在东河门口,相与加高脚楞大厅,为一方最高处。厅内水高二寸,左右邻近,皆搁行灶,以供炊爨。咸谓,较道光三年之水,更高八寸。

洪水沿胥溪河下泄,晴空之下水位仍不断上涨,造成该地前所未有的洪涝灾害。《漏网喁鱼集》也道:

> 六月初三起南风,天朗气清,水势每日暗涨三寸,皆从南京而下。各海口淤塞,不敷泄泻。询及道光三年,水势似稍逊。兼之彼时春熟已割,又有林藩司则徐,妥抚灾黎,不致一失。[2]

从南京下泄的洪水导致水位每日上升三寸之多。虽然胥溪河本身并不大,河道最窄处仅几十米,东坝坝长也只有十二丈,但考虑到来自芜湖、高淳方面水量的影响,《漏网喁鱼集》中的描述应该没有夸大其词。这说明胥溪河的水量可与太湖流域的降雨量匹敌,只要天目山北麓的洪水或长江的涨水不停,洪水就会不断通过胥溪河下泄,造成太湖流

---

[1]《一斑录·杂述》卷八《己酉水灾》。作者郑光祖居住在苏州府昭文县,该地位于太湖地区洼地和冲积平原的交汇处。

[2] 作者柯某(悟迟老人)为常熟县横泾人。

域的水害,其时间之长、程度之深,有时比太湖流域本身的降雨还严重。据当时记载,东坝改建后,高淳等地大批耕地被淹,圩田被毁,而太湖流域的耕地则不断得到开发,这些情况应当属实。

太湖流域排水系统的构建,则不像阻断胥溪河那样富有戏剧性,经常是疏浚速度赶不上淤积速度。不过,根据褚绍唐等人的调查,在排水方面明代也取得了显著成效,①那就是黄浦江正式开启了泄水功能。黄浦江的前身"东江"流经太湖东南湖沼地带后注入杭州湾,南宋初年,由于河道淤积和海塘修建,东江出口相继被堵断,太湖流域的排水压力增大。在这样的情况下,原本只是吴淞江小小支流的黄浦江,河道逐渐拓宽,明代以后,取代吴淞江成为太湖泄水的主干道,江面宽数百米至一公里,成为名副其实的"大黄浦"。此外,吴淞江、白茆江等河道也屡次整修,明代中叶之前,现在的太湖水系已基本成形。

明代中叶以前,太湖水系已经从长江水系中独立开来,天目山水系造成的水患也得到缓解,排水系统基本建成,除了个别年份由于集中降雨情况特殊,这一地区水位的平均年较差一般控制在几十厘米以内。② 以往的研究认为,太湖流域在五代时形成了纵浦横塘的渠网体系,后来水利状况不断恶化,这种看法是有问题的,③总之,明清是跨

---

① 第 99 页注①引褚绍唐文。

② 参见《太湖流域水利季刊》收录的 1928 至 1936 年各地的水位变化。不过,受长江涨水和潮位影响较大的三角洲周边地区,水位的日、年较差都非常大。

③ 以五代为顶点,从宋代到 1949 年止,中国的水利条件长期处于下降恶化趋势,这种认识在今天的中国仍然根深蒂固,如最近出版的缪启愉著《太湖塘浦圩田史研究》(农业出版社,1985 年)即持这种观点,而清代地方志中频频出现的洪水事件,常被用来作为水利条件恶化的依据。需要注意的是,各个时代的史料留存状况完全不同,而且将何种情况认定为水灾,这本身是一个需要历史看待的问题。在郏亶所说的一易、再易之田普遍存在的宋代,低地之涝恐怕不能称之为水灾,相反地,本文所引明末清初的《沈氏农书》在讲述六十年间三次无收的水患后又说,"尝见,没后复种,苗秧俱els,收获比前倍好"。认为宋代以来水利条件一路恶化的观点,将耕地与农业生产力割裂开来,与农业普遍实现了集约化的事实也不相符。

区域水利条件不断得到改善的时期。

除了上述跨区域层面,局部的水利条件也得到了改善。滨岛敦俊的研究显示,明代各地都对大型围田、圩田进行了分割与重组,[①]下面就来看一下圩田的分割与重组对改善耕地条件具有何种意义。

在以往有关明清水利的研究中,对大棚车制度的评价极高。传统观点认为,集龙骨车于某一特定的水车点,圩内乡民集体上圩踏车戽水,是佃农经营独立、佃农间团体规范形成以及地缘性共同体成立的重要表现,[②]而共同戽水从国家动员演变到以佃农为主体的大棚车制

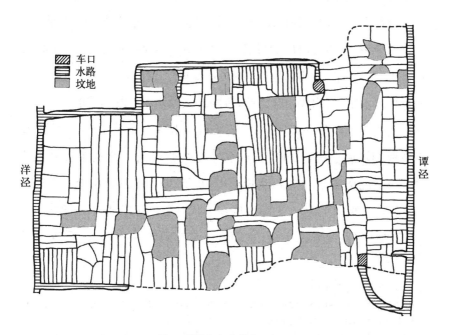

图 2　错综复杂的耕地与车口

① 滨岛敦俊:《明代江南农村社会の研究》,东京大学出版会,1982 年,第一部第二章第三节。
② 小山正明:《明末清初の大土地所有——とくに江南デルタ地帯を中心にして——》,(一)(二),《史学杂志》66—12、67—1,1957—1958 年,后收于《明清社会经济史研究》(东京大学出版会,1992 年)。

度,也为佃农的自主经营提供了最坚实的基础。① 然而,大棚车制度果真是明清时期先进的水利习惯吗?

图 2 是根据国立国会图书馆藏清末鱼鳞总图《长元吴鱼鳞册》绘制而成的北贵字圩的耕地分布示意图,②该圩区位于苏州城东北约 2 公里处,属于元和县二十三都四图。首先需要指出的是,该圩位于苏州城东北广阔的坟茔地带,圩内有大量苏州居民修建的坟地。其次,或许是受这些坟地的影响,圩内耕地分布错综复杂,③而如后文所述,清代长江三角洲地区的田块呈长条形状,每块耕地都有一面与水路相邻。第三是圩内建有车口,又叫"大棚基",也就是抽水用的水车点。苏州城东有一条水路名为至和塘(致和塘),往东经昆山,到浏河,是连接苏州和浏河最主要的河道。圩内还有洋泾、谭泾两条次要水路,与至和塘几乎呈垂直相交状,一东一西将圩区围住,洋泾、谭泾向圩心延伸,水路的尽头,就是车口。

两个车口作为圩内集体戽水的地点,意味着从外围的洋、谭二泾向圩心地势逐渐降低,车口附近最低,这一地形特点与文献记载相符,文献说筑圩时会用菑泥填高,圩区一般四周高,中间低。④ 这样一来,二泾的水流以及雨水会向圩心汇集,又通过水路再排入二泾。在这种地形条件下,灌溉时只能先将水引至最外围邻接二泾的田,然后才是中间的田,最后是圩心的田,能够自主灌溉的只有最外围的田(相反,

---

① 例如森田明所著《清代水利史研究》(亚纪书房,1974 年,第十章)。

② 关于该鱼鳞图册的攒造年代与性质,请参见本书第二部第六章。

③ 与模式化的鱼鳞册总图相比,实际的耕地情况更为复杂。

④ 孙峻《筑圩图说》中《圩形如釜图》之解说:

　　圩分或方或圆,或扁阔或狭长,或小或大,虽各别不同,然四周高中央低下,大率相类不远。

　　况钟《明况太守龙冈公治苏政绩全集》卷九《修浚田圩及江湖水利奏》:

　　一件田圩事。……递年多被圩内人民,于各处泾河,霱取淤泥,浇壅田亩,以致傍河田地,渐积高阜,旱涝不堪车戽。傍河高田数少,略得成熟,中间低田数多,全没无收。

最外围田的灌溉又会受圩心栽种的农作物的制约），圩心的灌溉则完全无法自主。虽然圩区面积不大，不到 20 公亩，但是，一旦出现强降雨，踏车戽水需要很长时间，圩心部分的排水不得不放弃。滨岛引用的《吴县圩图》中的情况也是如此，以大棚车制戽水的车口大多位于通向圩心的沟渠的尽头。①

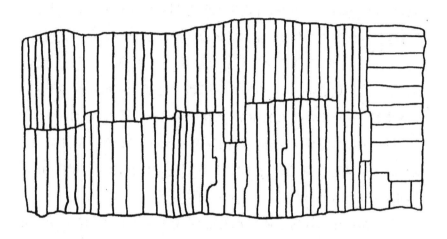

图 3　排列整齐的耕地

　　然而，正如鹤见尚弘所言，清代鱼鳞图册中长江三角洲的耕地大多呈长条状，田块的一面与水路相邻，②图 3 就是其中一例，显示的是元和县十九都十八图南鞶字圩耕地的形制。③ 明洪武二十年（1387），浙江布政司、直隶苏州等府县攒造土地登记簿册，因其状如鱼鳞，号曰鱼鳞图册，④由此可知，清代的耕地形状已于明代相去甚远，这在民国时期的航拍图中也有所反映。⑤ 孙峻根据自己在上海青浦治理圩田

① 参见第 102 页注①引滨岛书卷末地图 1。
② 鹤见尚弘：《清初，苏州府の鱼鳞册に关する一考察》，《社会经济史学》34—5，1969 年。
③ 有关图 3 的鱼鳞册，请参见本书第二部第七章。
④《明实录》洪武二十年二月戊子条。
⑤ J. L. Buck（卜凯）：*Land Utilization in China*，Atlas，1937，Shanghai，P. 143，Photo 9.

的经验,于嘉庆年间写成《筑圩图说》,书中从不同角度叙述了大圩集体戽水时各户出于私心,互相观望,不积极出力的弊端,因此,他建议按地势高低修建梯级小抢岸分圩,并开挖各种排水沟。[①] 圩区原本周高中低,形状如釜,位于圩心的农田洪涝危害极大,而在"水潦无虑图"中,实现了高、中、低分治的圩内耕地平整划一,书中所列各种圩田略图,反映了当时圩田改造的过程。

在耕地可以独立进行灌排水的圩区,集体戽水的大棚车制度既不符合耕地的形状,也不符合农民的要求。《筑围说》是明末太仓人陈瑚寓居昆山蔚村时所撰,其曰:

> 古者阡陌之世,凡圩皆有围,凡田皆有岸,即通力合作,八家而止。近世大朋车之法,牵连百家,此后世权宜之术,而非古人之制也。故围田无论大小,中间必有稍高稍低之别。若不分彼此,各立戗岸,则高低互相观望,围岸虽筑,不能全熟。法于围内,细加区分,某高某低,某稍高某稍低,某太高某太低,随其形势截断,

---

① 孙峻《筑圩图说》中《高低圩分有塘岸无抢岸论》:
　　四乡田土高低,圩形方圆,阔狭大小,原无一致。但水性之就下,人情之观望,无不同者。圩内田土,有高低尺许者,有尺四五者,甚至有二三尺不等。外潮有塘捍御,内泻低下,禾苗仍淹。欲施戽救,连塍数百亩汪洋。欲会同共举,种高塍者,必情怀观望。
　　同书《塘岸围岸抢岸宜高宜阔论》:
　　一圩之大,田土高下不齐。一圩之众,人心诚伪不齐。凡走圩淹禾,往往在高丘进水,或一阙疏防,若塘围抢岸通体高厚,即使误事,亦只一区一格。
　　同书《围岸即抢岸论》:
　　逶迤周匝,无高塍误事。阙口直同铁桶之固,名围。纵横条直,有捍格,左右不通高下之势,名抢。圩之田必有高下者,田之种必有多寡者。高低围截,大小分抢。不但水势均担,易施戽救,且免人躲乖观望,少风浪鼓荡伤禾。
　　同书《畸角田论》:
　　圩分广阔,塘矣,围矣,抢矣。然犹未为妥竟。尚有天井田、穰里低、沉煞荡三项名色,应商度,另起私沟出水。
　　孙峻的《筑圩图说》经汪家伦整理后出版(《筑圩图说及筑圩法》,农业出版社,1980年),在日本有町田隆吉的译稿(《〈筑圩图说〉译稿(1)》,《东洋史论》五,1983年),这些信息承蒙大泽正昭不吝赐教,不胜感激。

　　另筑小岸以防之。此家自为守,人自为理之法。

在陈瑚看来,以一圩为单位的大棚车制度,容易招致相互观望,不足取法,应该按地势高低将大圩分为小圩,小圩四周再筑以小岸将自己的农田与他人的隔开,让每户人家都能自行戽水。《沈氏农书》"运田地法"在谈到湖州低乡的防灾对策时说:

　　　湖州水乡,每多水患。而淹没无收,止万历十六年、三十六年、崇祯十三年,周甲之中,不过三次耳。尝见没后复种,苗秧俱大,收获比前倍好。皆淹没之后,天即久晴,人得车戽,苗肯长发。今后不幸,万一遭此,须设法早车、买苗、速种。……大凡淹没之时,人情汹汹,必有阻惑。人言勿听,而断为之可也。

　　　一。修筑圩岸,增高界境,预防水患,各自车戽,此御灾捍患之至计。岁奉功令,无容怠缓。

此时,预防水患的最佳方法是筑高农田之间的小岸,一遇淹水,不要听信别人的说辞,尽快自行戽水,这种方法适用于何种形状的圩田,应该显而易见。

　　当然,即使到了民国时期,仍有很多耕地如图 2 所示呈不规则状排列,还有如费孝通所言的圩田,耕地排列比较规整,但仍需凭借地势从外围向圩心依次向下进行灌溉,[1]但是,各家各户独立进行排灌水已是大势所趋,耕地形制的变化也使这种形式的排灌水成为可能。后来,水利的独立化现象越来越普遍,甚至损害到社会整体的利益,政府这才开始意识到问题的严重性。[2]

---

[1] Fei, Hsiao-t'ung(费孝通):*Peasant Life in China*,1939,London,日译本第 189 页以下。
[2] 兴亚院华中联络部:《中支那农业水利调查报告书》,1941 年,第 243 页。

这种排灌水的独立化倾向,是以小生产经营的发展为基础的,反过来又促进了小生产经营的发展,一个典型的例子就是种植和品种选择自由度的提高。种植方面,虽然针对的是沿江冲积平原,但《农政全书》(卷三五《蚕桑广类·木棉》)如是说:

> 凡高仰田可棉可稻者,种棉二年,翻稻一年,即草根溃烂,土气肥厚,虫暝不生。多不得过三年,过则生虫。三年而无力种稻者,收棉后周田作岸,积水过冬,入春冻解,放水候干,耕锄如法,可种棉,虫亦不生。

实际上,水稻种植与否极有可能是根据各年水位高低而定,不一定必须在第三年,[①]不过,从这段资料可知,水旱轮作和冬季围岸蓄水都是人们可以自主决定的。至于品种选择,《沈氏农书》有以下的记载,由于后面讲到品种问题时还会用到这段资料,现将相关部分一并引用如下:

> 稻种以早白稻为上。只肥壅不易调停,少壅不长,多壅又损苗。但喜其米粒粗硬而多饭,所宜多种。黄稻能耐水旱,多壅不害。只怕霜早,米不圆满。其余稻色,好歹不同,总无如黄白二种。所宜对半均种,以便次第收斫,不致忙促。

对种植时间各异的两个品种进行轮作可以避免农事安排过于集中,很显然,与上述预防水患之法一样,这种主张也是建立在农户可以自主管理用水与耕地的基础之上。

---

① 满铁调查部:《江苏省南通县农村实态调查报告书》,1941 年,第 68—69 页。

众所周知,可以不受限制地进行农作物种植和品种选择是农业商品化生产和小商品生产的基本条件,也是下一节将要讨论的品种改良的先决条件之一。从农业技术的角度来看,明清并不是佃农共同体逐渐形成的时期,而是作为商品生产者的佃农的主体性要求不断增强的时期,在此背景下,原有的共同体逐渐弛缓,并走向解体。

第二节　品种改良

明清时期,长江三角洲改变了过去动辄淹水的状况,圩田的灌排水条件也得到较大的改善,这给当地的农业耕作技术,特别是水稻品种的发展奠定了基础。易涝状况的改善,减少了靠种植应急品种避开雨季的必要,条件好的耕地首先改变了终年淹水的状况,从水稻的需肥特性等来看,也为优良品种的推广创造了条件,而农户可以自主管理耕地与灌溉,也对水稻品种的发展起到了促进作用。下面就从种植时间与脱谷方法入手,对水稻品种的发展作一探讨。

如前一章所述,宋代三角洲地区种植的水稻品种,生长期都很短,一般在阳历六至七月梅雨季节来临之前抢种抢收,又或在之后补种,其中最具代表性的就是《陈旉农书》中提到的生育期只有 60 天的黄绿谷。相比之下,元代出现的"南方水稻"生长期较长,《王祯农书》记载了早、中、晚三种水稻,清明节浸种,农历六至九月间收获,①另外,据

---

① 《王祯农书》农桑通诀二,播种篇:

南方水稻,其名不一,大概为类有三。早熟而紧细者曰籼,晚熟而香润者曰粳,早晚适中米白而粘者曰糯。三者布种同时。……至清明节取出,以盆盘别贮,浸之三日。……小满、芒种之间,分而莳之。

同书农桑通诀四,收获篇:

南方水地,多种稻秫。早禾则宜早收。六月七月则收早禾,其余则至八月九月。

《农桑撮要》记载,水稻清明至谷雨浸种,九月收获,①值得注意的是,宋代无法实施的中耕除草作业,元代在六、七月要各进行一次,从这些情况来看,明代水稻品种的大发展,其源头可以追溯到元代。不过,这些文献关于"南方"的记述都很笼统,且比较形式化,从具体情况来看,水稻具有的生长期短、汛期前或后播种的特性仍长期未得到改善,《苏州府志》序作于明初洪武十二年(1379),卷四一《土产》引用《吴门事类》就说:

> 吴俗,以春分节后种,大暑节后刈者,为早稻。芒种节后及夏至节后种,至白露节后刈者,为中稻。夏至节后十内种,至寒露节后刈者,为晚稻。若过夏至后一十日,虽种不生矣。

如图 4 所示,早稻和中晚稻的间隔时间很长,早稻在梅雨季节来临时已经长得很高,而中、晚稻的播种则是在雨季大水过后(应该是等到洪水过后才开始播种的),二者都是通过调整播种期来避开水患的。这些水稻的生长期很短,从 80 天到 120 天不等,值得注意的是,一般来说生长期较长的中、晚稻,此时的生长期也很短,这恐怕是因为《吴门事类》反映的是明初的情况。洪武《苏州府志》是宋代以来水稻品种的集大成者,有种植时间记载的见图 4,其反映的情况与《吴门事类》相同。

水稻品种的变化,并不是一蹴而就的。正德《松江府志》(卷五《土产》)在引用旧志《吴门事类》后说:

---

① 《农桑撮要》卷上:
　　三月:早稻清明节前浸。
　　五月:插稻秧。芒种前后插之。
　　六月:耘稻。……六月一次,七月一次。
　　九月:收五谷稻。

> 今吾松,最早必交立夏节。其或雨水不时,大暑后种者亦生,
> 但不盛耳。东乡迟种而蚤取,西乡蚤种而晚收,风土之不同如此。
> 然稻之晚者,必佳种也。

晚稻不再指晚种晚收生长期短的水稻,而是变成早种晚收生长期长的优良品种了。另外,种植这一晚熟优良品种的松江县东乡,属于太湖流域典型的低洼地区。《阅世编》展示了冲积平原上水稻种植从生育期短的品种逐渐向生育期长、产量多的品种发展,①根据该书记载,瓜熟稻从浸种到收获只有短短的 70—80 天,农历六月收割,产量少;百日稻采用直播方式种植,生育期在 100 天左右,这些水稻统称为"川珠";此外,还有生育期长、产量多的晚白稻,这种稻于夏至前后播种,霜降收割;为了抵御病虫害,出现了名为香梗或沙梗的晚稻,这种品种也具有生育期长、产量高的特点,明末清初,晚稻超过川珠系列,成为该地区最主要的栽培品种。

---

① 《阅世编》卷七《种植》:

　　吾邑土高水少,农家树艺,粟菽棉花参半。向来种梗稻有三种,而秫不与焉。其最贵者曰瓜熟稻,计渍种以及收成,不过七八十日,大约三月终下种,六月中便可登新谷,收成后尚可种菉豆也。然而收数不能丰,最上之田,亩不能过三斛。故种者亦罕。其次早者曰百日稻,计渍种迄收成百余日,皆于立夏渍种,布散于水田,不必插秧成列,总谓之川珠。其性柔而甘味,惟吾东土有之,邻邑所无也。其晚者有白芒稻,则种秧于别田,夏至前后,移种至田亩,成列分行,霜降时收割,谓之晚白稻,收数较丰。自顺治五年戊子秋虫灾后,往往既秀而为虫所蚀,农家惩此,相戒不种。近年从邻郡传至一种,曰香梗、曰沙梗。穗上俱有红芒,并性坚而粒大。香梗味香而尤美,收数亦丰,种法收成,俱如晚稻。今参种之,较盛于川珠稻矣。

图4 明清水稻种植时间表

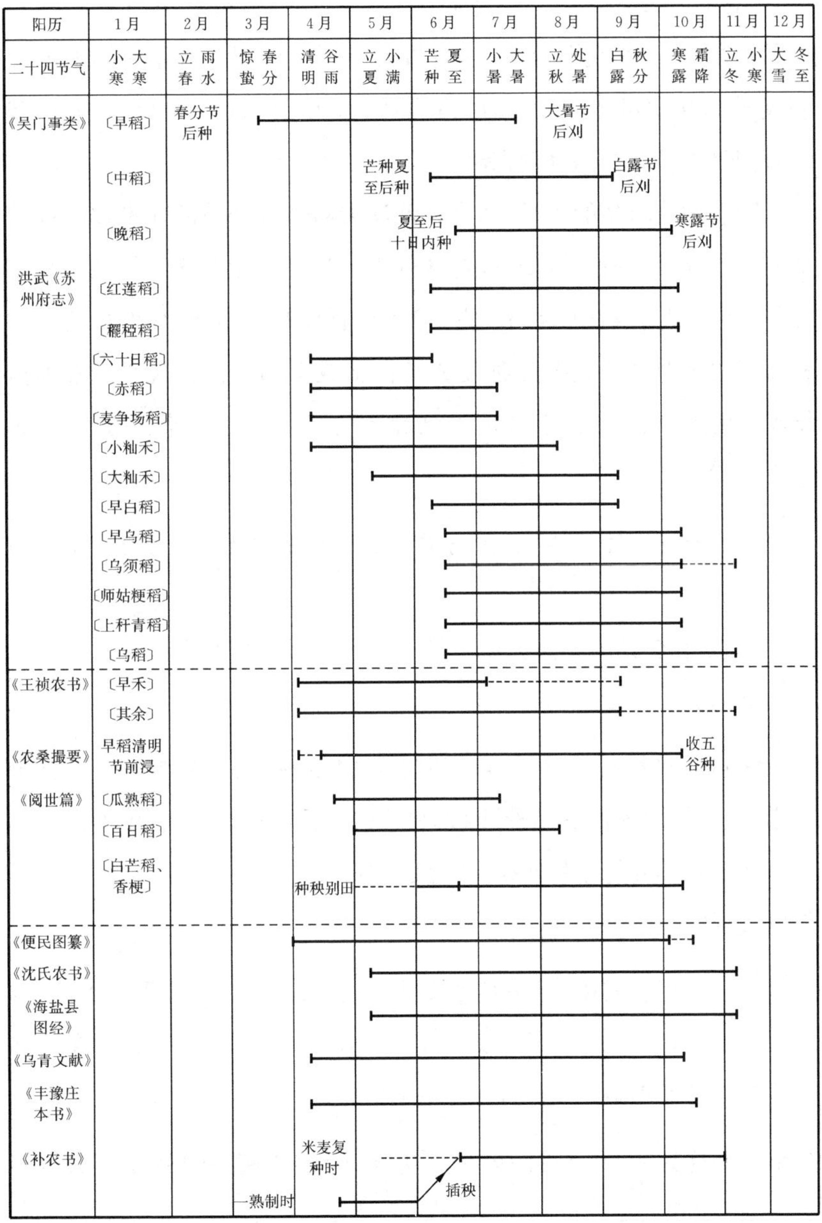

阳历	1月	2月	3月	4月	5月	6月	7月	8月	9月	10月	11月	12月
二十四节气	小寒 大寒	立春 雨水	惊蛰 春分	清明 谷雨	立夏 小满	芒种 夏至	小暑 大暑	立秋 处暑	白露 秋分	寒露 霜降	立冬 小雪	大雪 冬至

《吴门事类》 洪武《苏州府志》

- 〔早稻〕 春分节后种 …… 大暑节后刈
- 〔中稻〕 芒种夏至后种 …… 白露节后刈
- 〔晚稻〕 夏至后十日内种 …… 寒露节后刈
- 〔红莲稻〕
- 〔籰秬稻〕
- 〔六十日稻〕
- 〔赤稻〕
- 〔麦争场稻〕
- 〔小籼禾〕
- 〔大籼禾〕
- 〔早白稻〕
- 〔早乌稻〕
- 〔乌须稻〕
- 〔师姑粳稻〕
- 〔上秆青稻〕
- 〔乌稻〕

《王祯农书》
- 〔早禾〕
- 〔其余〕

《农桑撮要》 早稻清明节前浸 …… 收五谷种

《阅世篇》
- 〔瓜熟稻〕
- 〔百日稻〕
- 〔白芒稻、香粳〕 种秧别田

《便民图纂》

《沈氏农书》

《海盐县图经》

《乌青文献》

《丰豫庄本书》

《补农书》 米麦复种时 / 插秧 / 一熟制时

说明：虚线表示原始资料的记载也有若干伸缩余地。

　　明清时期有很多农书记录了长江三角洲的农业生产情况,诸如《沈氏农书》("运田地法")、《天启海盐县图经》(卷四《县风土记》)、《便民图纂》(卷二《耕获类》)以及《乌青文献》等等,现将种植时间的变化制成图4,从中可知,以气温最高的时期为中心,前后200天左右的栽培时间是水稻高产的重要保障。

　　随着种植时间的延长,适合在低洼易涝地区种植的赤米逐渐被其他品种所取代。唐宋时期,红莲米等赤米是品质相对优良的主要种植品种,到了明清,《沈氏农书》说:"其余稻色,好歹不同,总无如黄白二种",三角洲地区的主要品种变成了白稻或黄稻。在喜欢罗列各种传统品种的地方志中,虽然还能见到赤米的踪影,不过《补农书》("补农书后")载:

> 吾乡田宜黄稻,早黄晚黄皆岁稔。白稻惟早糯岁稔,粳白稻遇雾即死。然自乌镇北涟市西即不然,盖土性别也。……惟赤籼一种,稻色尤为早熟。今田家皆有,或云江西籼,或云泰州籼。人皆欲芟去之,终不能尽。

引人注目的水稻品种只有黄稻和白稻,江西籼、泰州籼等属于早籼米的赤米,已经变为低质品种,因为和其他水稻混在一起,农民不得不将其拔除。大部分的品种转换,正是通过农民个人行为的积累一步一步得以实现的。

> 凡稼必先择种,移栽者必先培秧。稻麦黍粟麻豆各谷,俱有迟早数种。于田内择其尤肥实黄绽满稃者,摘出为种。尤谨择其熟之齐否迟早,各置一处,不可杂。

包世臣的这番话,[1]为我们展示了生长期长、产量多的品种是如何培

---

[1] 《齐民四术》农一《养种》。

育出来的。

与其他地区的品种交流，也促进了水稻品种的发展。川珠、江西籼、泰州籼，这些品种被冠以地名，说明这些水稻是从外地引种的，《阅世篇》中提到的优良品种香梗、沙梗也来自邻郡。在商品化程度更高的棉花生产领域，农民定期向邻近地区购买种子，以防止品种出现退化现象。① 这些都反映出广大农民对优良品种的需求与渴望。

另一个可以间接说明明代品种发展的是脱粒方法的改变。周藤吉之的研究表明，②宋代长江三角洲地区主要使用连枷脱粒去壳。在华北地区，谷物脱粒很早就使用连枷、滚石和耕牛踩踏，连枷是其中最重要的脱粒农具，按理说，水稻的脱粒技术应该与华北地区的旱地作物相同。元代《王祯农书》卷十四《农器图谱》中提到连枷时说："南方农家皆用之。北方获禾少者，亦易取办也"，连枷脱粒在当时已很普及，但又在卷十五说掼稻簟"诚为多便。南方农种之家，率皆制此"，说明举稻把甩击在当时也很普遍。文献所载内容前后有若干矛盾之处，这种情况一直延续到明代。《便民图纂》卷一《打稻竹枝词》云："连枷拍拍稻铺场，打落将来风里扬，芒头秕谷齐扬去，粒粒珍珠著斗量"，描写的是用连枷脱粒的场景。卷二《耕获类·牵砻》载："稻登场，用稻床打下，芒头风扬净"，却是用稻谷敲打叫作稻床的工具脱粒。《天工开物》在正文处按照脱粒后的用途分别介绍了两种脱粒方法，一是以稻

---

① 《农政全书》卷三五《蚕桑广类》：

〔玄扈先生〕某又曰，中国所传木棉，亦有多种。江花出楚中。……北花出畿辅山东。……浙江出余姚。……更有数种稍异者。……又曰，余见农人言吉贝者，即劝令择种，须用青核等三四品，棉重倍入矣。或云，凡种植必用本地种，他方者土不宜种，亦随地交易。余深非之，乃择种者，竟获棉重之利。三五年来，农家解此者十九矣。……又曰，嘉种移植，间有渐变者。如吉贝子色黑者渐白，棉重者渐轻也。然在近地不妨岁购种，稍远者不妨数岁一购。

② 周藤吉之：《南宋稻作の地域性》，《史学杂志》70—6，1960 年，后收于《宋代经济史研究》（东京大学出版会，1962 年）。

谷敲打石板,二是牛拉滚石,在图示说明的时候,又列举了敲击、滚石和连枷三种方法。①

不过,这些脱粒方法中各自的重要性却明显不同。《农政全书》总体上沿用了《王祯农书》对连枷与掼稻簟的记述,但玄扈先生(徐光启)本人认为这些农具"不如掼床为便",显然,这一期间脱粒方法已发生改变。② 明末《天启海盐县图经》(卷四《县风土记》)载:"打稻有床,以竹为棍,取其易落",说明稻床的脱粒效果非常好。又据清初陈玉琪所著《学文堂文集》(卷七《农具记》)记载,"有若稻床。制如鞍而大足,前昂后低,以竹为界,而中空之,亦掼稻落子粒也",这是现存唯一的描述稻床的原创资料。稻床逐渐成为主要的脱粒工具,其形状参见图5。下面就来看看清代长江三角洲地区稻床的普及情况及其使用方法。许旦复《农事幼闻》(咸丰《南浔镇志》卷二十一《农桑》)说:"打稻用木床竹棱,两手举而掷之,谷自累累而下"。光绪《松江府续志》(卷五《疆域》)载:③

> 案,晒铺之后,乃以登场,聚而叠之,谓之稻稽场。先以礳碡碾平,然后以稻床掼。稻床以木制四足,前俯后仰,床面横贯以竹,若帘然。农人两手持稻,以穗击于床,使谷脱于地。复暴于日,然后砻。

---

① 《天工开物》上卷,《粹精》第四卷《攻稻》:
　　凡稻刈获之后,离稿取粒。束稿于手,而击取者半,聚稿于场,而曳牛滚石以取者半。凡束手而击者,受击之物,或用木桶,或用石板。收获之时,雨多霁少,田稻交湿,不可登场者,以木桶就田击取。晴霁稻干,则用石板甚便也。凡服牛曳石,滚压场中,视人手击取者,力省三倍。但作种之谷,恐磨去壳尖,减削生机。故南方多种之家,场禾多借牛力,而来年作种者,则宁向石板击取也。
② 《农政全书》卷二二《农器·连枷》,卷二四《农器·掼稻簟》。
③ 上述关于脱粒技术的一些文献已在天野元之助著《中国农业史研究》(增补版,御茶水书房,1979年)中被引用过。

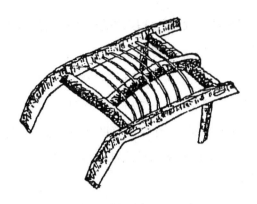

图 5　稻床
(满铁上海事务所调查室编《江苏省松江县农村实态调查报告书》,1940 年)

脱粒方法的改变具有何种意义？中国历史上很早就用连枷、石礤或踩踏脱粒,这些方法原本是在杂粮脱粒时使用的,对于那些易脱粒、茎叶多籽粒少、种子分布于作物全身的作物,如豆科植物,尤其适用。水稻的情况也是如此。在近代水稻品种改良之前,稻草的比重远大于稻谷,将收割下来的水稻捆在一起敲打脱粒的方法效率很低,对于容易脱粒的作物,石礤和连枷足矣。事实上,即使到了清代,在广东低洼易涝的沙田地区,耕牛踩踏或连枷仍是最主要的脱粒方法,这里的耕地既不施肥,也不除草,种植的是粗放的水稻品种。[①]

从民国时期的农村调查来看,在长江三角洲的优良品种粳稻种植区,主要使用稻床脱粒,从 20 世纪 30 年代开始,日本发明的脱粒机逐渐普及开来,[②]这是日本为不易脱粒的水稻专门设计的一种用脚踏做

[①] 屈大均:《广东新语》卷一四《获》:
秋分后三日外,沙田所种早黏已熟,纳诸场,以二牛躏之,不以连枷。……早黏。……获既登场,以三牛旋转其上。凡五反覆,谷乃尽脱其秆。余乃以连枷施之。
[②] 满铁上海事务所调查室编:《江苏省松江县农村实态调查报告书》,1940 年,第 89 页;同《江苏省太仓县农村实态调查报告书》,1940 年,第 67 页;同《江苏省无锡县农村实态调查报告书》,1941 年,第 72 页。

动力使其转动的机器。而在长江以北的棉花种植区或太湖流域，太平天国运动后江西流民移入，这些地方仍然使用连枷[①]或一种叫作稻桶的打谷桶脱粒，[②]在江北的盐城、安徽蚌埠等籼稻产区，还使用石磙脱粒。[③] 脱粒方法从石磙碾压、牛踩踏、连枷向稻床的转变过程，也是水稻品种不断改良（不易脱粒、籽粒对茎叶比重增大等）的过程。总之，明清时期，长江三角洲的水稻品种改良取得了多方面的进展。

第三节　水稻种植技术的发展

以上探讨了明清时期长江三角洲地区耕地和品种的改良情况，最后，再来看看耕地和品种改良对水稻种植技术发展有何影响。

首先，耕地和品种的改良，使真正意义上的施肥成为可能。低湿的冲积地通常含有大量未分解的有机质，这些有机质平时不仅没有肥效，当水温升高时，土壤还会突然释放出大量的氮气，造成作物徒长并引发病虫害，因此，经常淹水的低湿地，施肥不仅毫无效果，甚至有害，人们对施肥的态度并不积极。随着低湿地区耕地状况的改善，洪涝灾害的危险性降低，农户可以自主进行更为细致的用水管理，耕地逐渐干田化，在此基础上，赤米等耐肥性弱的籼稻品种被淘汰，发展起很多"多壅不害"的新品种，为施肥的推广奠定了基础。从《农政全书》《沈氏农书》等文献记载来看，有些地方每亩施肥量甚至高达数十担之多；为了确保肥源，家畜饲养和粪尿买卖都非常普遍；施肥方法也得到了发展与完善，不仅有基肥与追肥之分，追肥还有粒肥和穗肥之分，如果

---

① 关于江西省使用稻桶或桶房的情况，请参见江西省奉新县人刘应棠所著《梭山农谱》。
② 满铁调查室：《江苏省南通县农村实态调查报告书》，1941年，第86页。冯紫岗编：《嘉兴县农村调查》，国立浙江大学、嘉兴县政府，1936年，第60页。
③ 第114页注③引天野书，第406页。

没有耕地和品种的改良,这些发展都是不可能实现的。

施肥技术的发展对深耕提出了更高的要求,使得耕地方法也发生了改变。只能耕数厘米的长底犁已经不适合大量施肥的需要,铁搭逐渐受到人们的青睐。铁搭是一种人力耕地工具,从文献记载来看,宋代就常使用人力耕地,但镬、踏犁等人力耕地工具,通常被认为是耕牛数量因疫病减少或贫苦农民养不起牛时的一种替代农具,①但从《王祯农书》来看,自从铁搭在南方出现后便逐渐受到人们的青睐并普及开来。《天工开物》也说:"吴郡力田者,以锄代耜,不借牛力"②,并认为考虑到购买耕牛与饲料等花销,对于贫苦农家来说,人力耕地可能比牛耕更加经济实惠。从《天启海盐县图经》的记载来看,即使是用牛力灌溉的人家,耕地时也使用人力,③而据《沈氏农书》记载,那些雇工经营商品性农业的农户,为了多施肥料,不惜每亩多耗费两个工作日,也开始用铁搭翻地二至三层。就这样,耕地技术一直到明末都在不断发展和完善。

中耕除草技术的发展是农业集约化的又一个标志。品种改良的过程大致表现为茎叶对籽粒的比重逐渐减少,这需要在水稻生育初期控制茎叶的快速生长,加之施肥后杂草增加,也使得中耕除草的重要性日益显现出来。元代《王祯农书》中的耘荡,就是顺应中耕除草要求应运而生的一种农具,到了明清时期,耘荡和手耘相结

---

① 《宋会要辑稿》食货之农田杂录。在这样的情况下,如上一章所述,在宋代集约化农业最为发达的河谷平原,大户人家用镬头深耕两次之现象,值得我们关注。
② 《天工开物》上卷,《乃粒》第一卷《稻工》:
　　吴郡力田者,以锄代耜,不借牛力。愚见,贫农之家,会计牛值与水草之资,窃盗死病之变,不若人力亦便。假如有牛者,供办十亩,无牛用锄,而勤者半之。既已无牛,则秋获之后,田中无复刍牧之患,而菽麦蔬诸种,纷纷可种。以再获偿半荒之亩,似亦相当也。
③ 《天启海盐县图经》卷四《县风土记》:
　　近水者单车,水稍远者双车,悉用人力。高卓者斛水,间用牛车,而耕仍用人云。
　　民国时期,采用水泵灌溉后牛的数量减少,也说明了这一点。

合,成为水稻种植过程中投入劳动力最多的环节之一。明清时期的一些文献反映了太湖流域的农业生产状况,现将其中关于中耕除草的方法与次数摘录如下,从中可知中耕除草正逐渐向精细化的方向发展。

《天启海盐县图经》卷五《县风土记》:一荡三耘

《沈氏农书》"运田地法":锄二荡一耘一(一亩共需 2 个工作日)

咸丰《南浔镇志》卷二一所收许旦复《农事幼闻》:撩草 2—3 次 荡一耘一

《耕心农话》[收于陈祖槼主编《中国农学遗产选集》稻(上编),中华书局,1985 年]:四耘

光绪《松江府续志》卷五《疆域志》:三耘三荡

前引《松江县农村实态调查》第 85 页:二荡二耘(一亩共需 4 个工作日)

关于脱粒技术的发展,前面已经介绍过了,此不赘述。

长江三角洲地区农业技术的发展变化,在元代已初见端倪,明代中叶迎来一个重要的转折点,耕地状况、品种、施肥、耕地翻地、中耕除草、脱粒等多个方面相互关联,形成了一套新的农业技术体系,这不仅是长江三角洲地区的一次技术革新,也标志着中国的水稻种植、整个农业生产迈向了一个更高的发展阶段。①

毋庸置言,农业技术体系的变化,一定会影响到农业经营方式,虽然这些问题已经超出本章所探讨的范围,我还是想就此谈几点看法。第一,集约化的发展缩小了土地的经营规模。宋代浙西三角洲平均一

---

① 自"资本主义萌芽论争"以来,日本的明清史研究,要么从人与人关系的独立发展中寻求农村社会发展的动力,要么从农村经济商品化,特别是农村副业的商品化中寻找动力。需要对农业生产力本身的发展情况、农业整体的小商品生产化加以探讨。

户拥有 30—50 亩耕地,明清时期减少到 10 亩左右,不能把这一过程简单地看作是经营的零细化,正如耕地方法的变化所表明的那样,这也是小规模经营技术驱离相对粗放的大规模经营的过程。第二,集约化的发展过程同时也是农户经营独立性发展的过程。如前文所述,水利、种植、品种等方面经营独立性的提高,为农民从事小商品生产或自行销售产品提供了技术条件。第三,这让地主提供种子,农民无法自行决定作物种类的地主制,或是凭借水利方面优势而形成的地主制失去了存在的基础,随着商业化农业的发展,地主制最终发展为清末与生产过程脱离、具有高度寄生性质的地主制。

宋代的浙西地区,伴随着水利田的开发,大地主土地所有制得到高度发展;从宋元时期开始到明朝初期,政府不断扩充官田,扶持自耕农,为里甲制的诞生奠定了社会基础;明中叶以后,地主制经济不断扩大,到最后,地主完全脱离生产过程,成为寄生地主;再加上新的赋税与财政体系的建立,上一章和本章所论及的种种事象,构成了一幅明清社会经济发展的历史画卷。

第三章 明末清初农业经营个案分析
——对《沈氏农书》的再评价

商品生产与资本主义萌芽曾是日本明清史研究的一大热点,但是,由于研究者们对于直接生产者可以获得剩余价值并在此基础上发展富农经济大多持否定态度,因此也就不可能将农奴制的解体与农民阶层分化联系起来。代替农民阶层分化论的是佃农独立论,这种理论认为,社会结构的演变过程就是佃农摆脱地主而独立的过程,佃农在经济上逐渐独立,地主与佃农之间的关系也因为商品生产的发展而日益疏远,这一变化最终导致中国"封建制"走向瓦解。

但是,这种否认小生产经营可以发展富农经济、只强调佃农经营独立性的理论,无法充分解释农奴制的质变与解体这一问题。当同样是将小生产经营发展论、商品生产论作为立论基础,但却把明末清初认定为封建制确立期的理论出现时,二者之间没有形成真正意义上的思想交锋,这说明,以往的小生产经营发展论与商品生产论存在严重的理论缺陷。目前,从明清乡绅论角度出发研究地主制的热度很高,但是,为新的制度史研究以及统治结构理论提供内在根据的小生产经营发展理论没有与时俱进,理论的主干部分仍停留在 20 世纪 50 年代的水平。①

在 50 年代明清小生产经营理论中发挥先导作用的,手工业方面

---

① 关于这一时期的学术史梳理,请参见本书第二部附篇一。

当推西嶋定生关于棉纺织业的研究,①而在农业经营方面,不得不提到古岛和雄的两篇论文,即《明末长江三角洲的地主经营——关于〈沈氏农书〉的考察研究》(以下简称第一论文)和《〈补农书〉的成立及其经济基础》(以下简称第二论文)。② 古岛在第一论文中指出,村居地主的"货币收入极不稳定,尽管发展了养蚕、丝织业等商品生产,但却无法通过自身经营上升为富农。从主要粮食作物生产中也可看出,粮食生产仍以稻麦为主,自给自足性质明显,而且总体上受货币经济影响,经营规模很难扩大"。③"雇用长工经营只能达到收支平衡","雇工仍无法摆脱对土地的依附","集约化水稻种植离不开家长制的支配与制约",④因此雇工的性质并未发生新的质变。另外,在第二论文中他指出,随着水稻集约化生产技术的发展,"小地主的社会和经济地位逐渐下降,他们想抓住货币经济发展的机会,恢复往日的地位,这便是《补农书》出现的背景",⑤这种地主经营方式在明末清初开始逐渐瓦解。西嶋的观点与古岛一致,他认为在商业资本和租税的双重压迫下,小生产经营没有利润可言,也不可能自发形成资本主义。二人的观点结合在一起,形成了封闭迟滞的小生产经营发展理论。但是,古岛关于沈氏经营所面临的课题、经营规模等论述,我认为需要重新审视;另外,对于沈氏经营的历史意义,我也认为不应从与《沈氏农书》关系不大的主佃关系出发加以评价。

---

① 参见西嶋定生《十六、十七世纪を中心とする中国农村工业の考察》(《历史学研究》137,1949年,后收入《中国经济史研究》,东京大学出版会,1966年)等一系列关于棉纺织业的文章。
② 古岛和雄第一论文,《历史学研究》148,1950年;第二论文,《东洋文化研究所纪要》第三册,1952年。均收于《中国近代社会史研究》(研文出版,1982年)。
③ 本页注②引古岛书,第322页。
④ 本页注②引古岛书,第323—325页。
⑤ 本页注②引古岛书,第363页。

中国方面对《沈氏农书》的研究,有陈恒力编著的《补农书研究》。[1] 该书结合 1949 年后中国农业的发展情况,对《沈氏农书》作了细致的分析,但其对沈氏经营的评价很难让人认同。陈恒力认为饲料主要依靠购买暴露了沈氏经营中的缺陷,[2]诚然,这种经营方式可能不适用于社会主义建设阶段中的中国农业,但正如本文后面将要论述的那样,这对于发展富农经济毋宁说是先进的。另外,陈恒力还认为,由于农业生产中劳动分工不发达,沈氏经营根本不具有资本主义性质,[3]并把雇工工资低作为封建制的依据,[4]其理论构建中也存在许多问题。

长期以来,《沈氏农书》成为很多研究的主要立论依据,本章即以该农书为素材,试对以往的明清小生产经营论作一考察。

第一节　《沈氏农书》的构成

在进入正题之前,先对《沈氏农书》的性质作一介绍。《沈氏农书》从两方面来说都属于经营性质的农书,这也是它不同于其他农书的特色之所在。首先,看过此书的人就会明白,全书始终贯穿着作者对农业经营方面的关心。"蚕务·六畜"的大部分内容都是关于养蚕、丝织、家畜饲养等的收支计算,养蚕技术方面,只记载了蚕室管理的一般注意事项以及桑叶价格便宜时桑树的管理心得,家畜饲养技术方面,也只介绍了害虫防治和相关的白酒制作概要。另一方面,他却在"运田地法"中运用相当大的篇幅介绍了农业耕作技术,例如他在"春天壅

---

[1] 陈恒力编著:《补农书研究》,中华书局,1958 年。
[2] 本页注[1]引陈恒力书,第 45、85 页。
[3] 本页注[1]引陈恒力书,第 54—55 页。
[4] 本页注[1]引陈恒力书,第 99 页。

地"中谈到施肥技术时说：

> 清明边，再浇人粪，谓之撮桑。浇一钱，多二钱之叶。剪桑毕，再浇人粪，谓之谢桑。浇一钱，多一钱之叶，毫不亏本，落得桑好。①

可见，沈氏对农业技术的关注也多与经营有关。在"天时"中，他介绍了如何根据气象条件有效并最大限度地使用劳动力；在施肥总论"种田地"中，他从劳动生产率和成本出发，阐明了各种肥料的功能与特点；在"田地生活"中主要论述了各项农事活动的最佳时节及其与劳动生产率的关系。该书其他内容也多与本章第二、三节所述《沈氏农书》的两大关注点——施肥与劳动生产率有关。② "运田地法"先从农作物栽培技术等具体问题谈起，再进入施肥、劳动管理、水利、经营总论等比较抽象的经营领域。③ 总之，《沈氏农书》是一本关注经营，尤其关注经营收支的农书。

其次，《沈氏农书》是站在一个经营者的角度撰写的，因此，与沈氏经营或经营计划无关的农作物与技术都成为舍弃的对象。例如，对于

----

① "运田地法"春天壅地。以下均以每段开头第一句为标题，内容基本上依据《杨园先生全集》本。
② 参见本章第三节第二项。
③ 根据《杨园先生全集》版本，其内容编排如下：
　　〔各种栽培技术〕0 水田耕翻，1 水稻耕作总论，2 水稻品种选择，3 小麦种植，4 桑园管理，5 桑树管理，6 肥料购买，7 桑园肥培总论，8 牛粪人粪施用法，9 桑地罱泥，10 捆桑绳，11 天候与农事安排
　　〔肥培论〕12 肥料来源，13 各种肥料的效用
　　〔劳动力等〕14 农业生产的最佳时间与劳动效率，15 作秧田，16 劳动力管理
　　〔水利〕17 水害防治措施，18 圩岸修理
　　〔经营〕19 集约农业的好处，20 直接经营方式的利与弊
　　除了作秧田的位置比较突兀，其他部分的顺序逻辑比较连贯。另外，以桑树施肥管理为中心的第六项至第八项内容，在《杨园先生全集》本中排在桑树管理之后，而在《学海类编》本中则附在第十二项肥料来源之后，逻辑上显得更加严密与完善。

在江浙地区的商业性农业中占有重要地位的棉花栽培,沈氏完全没有提及,又比如在《补农书》中,作者张履祥认为,根据经营方针,各种旱地作物都可以成为商品,但沈氏在"运田地法"中只对水稻以及桑、麦、菜种进行了记载。

《沈氏农书》由谷物、蚕桑与丝织、畜牧与酿造等部分的内容组成,各部分都以货币形式计算收支,诸如给长工提供的口粮,虽然是自家生产的,但也折成货币入账,织绸用的生丝、养猪用的饲料也都折算成了货币。表面上看各个部分分别记载,经营似乎是独立的,但实际上按照沈氏的计划,制造烧酒后的糟粕4000斤可以饲养6头猪,而饲养家畜一年可得肥料800—900担,以前以牛粪、人粪作肥,需人载取,现在可以节省400—500个人工,优化了稻田和桑地的管理,可见,《沈氏农书》中各部分之间相互联动,是一个统一管理的经营实体。在生产关系方面,正如古岛所指出的那样,沈氏除部分经营采用租佃制外,无论是农耕还是丝织,虽然数量不多,但一直都在雇工经营。农书始终围绕着一个经营实体或者说经营计划展开,从这个意义上说,它也是一部经营性质的农书。

从经营角度来看,《沈氏农书》是中国古代一部难得的概括经营之道的农书。撇开《农政全书》以及带有"官修农书"性质的《王祯农书》不计,明清时期的综合性农书,如《便民图纂》《马首农言》《齐民四术》等,记录了作者四处搜集摘编而来的农具与农作物,多少有盲目追随、卖弄博雅之嫌,《沈氏农书》专注于经营,即使在"民间农书"①空前繁盛的明清时期,也是一个独特的存在。

张履祥著《补农书》,是为了补《沈氏农书》之不足,书中对沈氏没

---

① 有关官修农书与民间农书,请参见西山武一所著《アジア农业の源流》(《アジア经济》6—3,1965 年,后收于《アジアの农法と农业社会》,东京大学出版会,1969 年)。西山认为,开民间农书先河的是《陈旉农书》与《齐民要术·杂说》。

有涉及的从梅豆到鱼类的各种产品都做了详细介绍,为后世研究提供了宝贵的资料。不过,这些补充对于《沈氏农书》来说其实并无必要,因为《沈氏农书》想要讨论的是某个经营实体所面对的技术与经营问题,而《补农书》只是将各种经营方式、各种生产关系简单地罗列在一起,彼此之间缺乏协调性与统一性。

鉴于《沈氏农书》以上的特点,不可否认,它反映的只是地方个别农业经营的情况,然而也正因为此,在分析明末清初长江下游农业经营时,《沈氏农书》有其他农书无法比拟的史料价值。以下就以《沈氏农书》为中心,并辅以《补农书》的记载,对沈氏农场的农业技术与经营方式作一探讨。

第二节 小规模集约农业发展阶段

首先来看一下《沈氏农书》中的农业技术。[1] 其中最重要的就是施肥,其曰:"种田地,肥壅最为要紧"。[2] 又曰:"凡种田总不出'粪多力勤'四字,而垫底尤为紧要"。[3] 沈氏认为施肥是所有农作物种植的基础。

在农作物的品种选择问题上,施肥的难易度以及增加施肥量是否对农作物有害,都是沈氏关注的重点,[4]耕翻以及用水管理也与施肥密切相关。当时流行高肥耗农业模式,小户人家苦于肥料之不足,而

---

[1] 有关沈氏的农业技术,请参见天野元之助《中国农业史研究》(增补版,御茶水书房,1979年)第二编第一章"水稻耕作技术的发展 明代的水稻耕作技术"。

[2] "运田地法"种田地。

[3] "运田地法"种田之法。

[4] "运田地法"稻种:

    稻种以早白稻为上。只肥壅不易调停,少壅不长,多壅又损苗,但喜其米粒粗硬而多饭,所宜多种。黄稻能耐水旱,多壅不害,只怕霜早,米不圆满。

大户人家又因施肥量过大导致作物徒长与收成不良。为了解决这个问题,沈氏主张重视基肥,还大力提倡深耕与排水晒田。① 他认为深耕可以让肥料深入土壤,根脉扎得又深又远,这样一来苗秆必然强壮,此时追肥,就像健康人多吃饭,酒量大的人多喝酒一样,不会有什么危害。排水晒田可使根系牢固,不仅能提高秧苗的耐肥性,还能防止被风吹倒。沈氏主张尽可能地增加施肥量,同时也很重视深耕排水与肥效之间的关系。另外他还认为,施用基肥可以提高农作物抗旱抗涝的能力。②

《沈氏农书》将施肥看作是各种农耕活动的关键,不但在"运田地法"中开辟专门篇幅谈论,在其他部分中也多有论述。"运田地法"由前言、正文构成,正文共二十一条,其中提到肥料或施肥的就有二十条之多。③ 对施肥的重视也催生了沈氏的农田施肥理论,其一是追肥一定要看苗色决定,④其二是要根据肥料本身的特点,因地制宜。⑤ 可以说,对施肥的关心是沈氏写作《沈氏农书》的出发点之一。

---

① "运田地法"种田之法:

　　无力之家,既苦少壅薄收,粪多之家,每患过肥谷秕。究其根源,总为壅嫩苗之故。而扼要之法,一在垦倒极深。深则肥气深入土中,徐徐讨力,且根派深远,苗干必壮实,可耐水旱。纵接力薄,而原来壅力可以支持,即再多壅,譬如健人善饭,量高多饮,亦不害事,此为第一著。一在多下垫底。垫底多,插下便兴旺,到了立秋,苗已长足,壅力已尽,干必老,色必黄,接力愈多愈好。一在六月内干过一番,则土实根牢,苗身坚老,堪胜壅力,而无倾倒之患。

② "运田地法"种田之法:

　　凡种田总不出粪多力勤四字,而垫底尤为紧要。垫底多则虽遇水大,而苗肯参长浮面,不至淹没。遇旱年,虽种迟,易于发作。

③ 在"秧田"与"做工之法"中简单提到了罱泥,完全没有涉及的只有"把桑绳"一条。

④ "运田地法"种田之法:

　　下接力,须在处暑后苗做胎时,在苗色正黄之时。如苗色不黄,断不可下接力。到底不黄,到底不可下也。

⑤ "运田地法"种田地:

　　人粪力旺,牛粪力长,不可偏废。

　　羊壅宜于地:

　　羊壅宜于地,猪壅宜于田。灰忌壅地,为其剥肥,灰宜壅田,取其松泛。

除了重视施肥,使用人力深耕也是沈氏农场的一大特色。深耕是增加耐肥性、防止徒长和实现高产的前提条件,长底犁耕地浅,翻地效果又不好,沈氏采用铁搭深耕,[①]一亩地需花费两个工作日,加之农历四月前后正值农忙时节,割麦、育苗、插秧、养蚕等农业活动频繁,对劳动力的需求高度集中。沈氏拥有的土地中有一部分是冬作田,用来种植小麦或油菜,大部分是冬闲田,一年只有一熟。[②] 沈氏将冬闲田的初垦与翻耕提前到正月至三月间进行,不仅避开了农忙时节,还能让土壤晒土透气,同时,提前在二、三月预定好短工,沈氏便是通过这些办法克服了劳动力短缺问题,保障了深耕的顺利进行。另外,采用铁搭耕地并不意味着技术上的后退,何况沈氏这样的人家并非无力饲养耕牛,对于沈氏农场来说,人力耕地有其必要性。

集约农业的发展,还体现在中耕除草上。除了桑园一年四季都在除草外,水稻一年要进行四次中耕除草,其中还采用了耘荡耘田的方法。耘荡最早见于元代《王祯农书》,是一种新的耘田工具,主要用于江浙一带。[③] 水稻插秧二十天后开始除草,[④]也就是说,在小暑到立秋

[①] "运田地法"古称:

 古称,深耕易耨,以知田地全要垦深,切不可贪阴雨闲工。须要晴明天气,二三层起深。每工止垦半亩,倒六七分。

 垦地:

 垦地须在冬至之前,取其冬月严寒,风日冻晒。必照垦田法,二三层起深。

 从"二三层起深"以及每天只能耕地半亩的效率来看,这是在用铁搭深耕。另外,光绪《松江府续志》(卷五《疆域志·风俗》)也称用铁搭耕作,每人日可一亩。

[②] 据"逐月事宜"记载,沈氏在正月开始耕田,二月和三月还要各翻耕一次。据本页注①所引资料,翻耕在清明进行。另据《补农书》("补农书后"《麦秧》)载,靠近太湖的湖州,不种小麦。

[③]《王祯农书》卷一三《耘荡》。

[④] "运田地法"种田之法:

 盖插下须二十日,方可下田拔草。……若插时拔草先净,则草未生而苗已长,不消二十日,便可拔草,草少工省。

的短短三十天内需要耘田四次,一亩需花费 0.5 个人工。^① 此时,农事活动除了中耕除草,还有龙骨车戽水,介壳虫消杀等,因此,六月是继四月之后又一个劳动需求高峰期,此时的上农夫一人最多只能耕种 10 亩田地。^② 和四月农忙期一样,沈氏坚持集约化生产,通过雇用短工和提前安排农活,提高了劳动效率。^③

农业集约化生产还体现在用水管理上。除了插秧时的车水,沈氏强调立秋之前必须排水晒田,立秋后则要车水浇灌。^④ 与日本的重力流动式灌溉不同,长江下游地区想要对水进行日常精细管理是一件非常困难的事。尽管如此,沈氏仍大力推行之,正如沈氏自己所言,这样做,不仅可让水稻根系发达,植株强壮,耐高肥,还可以加快肥料的分解,提高肥料的有效性。

维持这种高水平的集约化种植,必须合理分散农活并保证有足够的劳动力。除了将水田的耕翻分散至正月、二月、三月进行,沈氏还将

---

① "运田地法"种田之法:

　　小暑后到立秋,不过三十余日。锄、荡、耘四番生活(锄二、荡一、耘一),均匀排定,总之不可免。落得上前为愈也。

　　"运田地法"做工之法:

　　做工之法,旧规每工种田一亩,锄荡耘每工二亩。

② 这是当时一般的说法。《补农书·总论·佃户》中也说:"吾里田地,上农夫一人,止能治十亩",不过,需要注意的是,与作为经营概念的"上农"不同,"上农夫"指的是劳动力。

③ "运田地法"种田之法:

　　倘插时先有宿草,得肥骤兴,秧未见活,而草已满,拔甚费力,此俗所谓工三工。若插时拔草先净,则草未生而苗已长,不消二十日,便可拔草,草少工省,此俗所谓工三亩。只此两语,岂不较然。况又有水旱不时,车戽不暇,须预唤月工,多唤短工,挽先做起。

　　另外,参见"逐月事宜"二月置备。

④ "运田地法"种田之法:

　　立秋边,或荡干,或耘干,必要田干缝裂方好。古人云,六月不干田,无米莫怨天。惟此一干,则根派深远,苗杆苍老,结秀成实,水旱不能为患矣。干在立秋前,便多干几日不妨。干在立秋后,才裂缝,便要车水。盖处暑正做胎,此时不可欠水。古云,处暑根头白,农夫吃一吓。

早稻和普通种各种一半，以便分开收割，不致忙碌。[①] 从"逐月事宜"来看，除农忙的四至八月和十月外，其余月份都会用来搬运肥料和罱泥，一边进行桑园管理，保证全年劳动力资源的均衡配置，而短工的使用，也为农忙时仍能坚持集约化生产提供了重要保障。

《沈氏农书》中的农业是以大量施肥为基础的深耕细作的集约型农业，而小规模集约化经营的端倪，早在宋代就已出现，下面就将沈氏农场的生产技术与《陈旉农书》中的[②]作一比较。《陈旉农书》是宋代的代表性农书，与《王祯农书》《农政全书》不同，它是私人编著的地方性农书，这从作者自称西山隐居全真子中也可看出，当然在地方性上《沈氏农书》要更胜一筹。而且，《陈旉农书》也涉及农业经营方面的内容，正好可以与《沈氏农书》进行比较。沈氏提到的几乎所有肥料，如人粪、牛粪、猪粪、羊粪、蚕粪、河泥、豆饼、菜饼、垃圾、绿肥、灰等，都已经在《陈旉农书》中出现过。陈旉不但用"粪田之宜篇"专篇论述施肥，还在"善其根苗篇""六种之宜篇""耕耨之宜篇"中也有涉及，可见，施肥已成为陈旉所处时代农业技术的核心问题之一。《陈旉农书》中还使用牛耕，"深耕易耨"是贯穿全书的指导思想之一。另外，宋代时水稻种植已开始插秧，中耕除草也很细致，水田开始一年二熟，《沈氏农书》中集约化农业的基本框架已然成形。

但是，姑且不论陈旉和沈氏各自的经营情况，二者在精耕细作上还是存在明显的差异。以施肥为例，陈旉在书中介绍了种类繁复的肥料，但肥料的使用量很少。扫除之土、燃烧之灰以及粪便等废弃物都

---

① "运田地法"稻种：

　　其余稻色，好歹不同，总无如黄白二种。所宜对半均种，以便次第收斫，不致忙促。

　　据"逐月事宜"记载，早稻和普通稻分别在九月和十月收割。

② 有关《陈旉农书》，请参见天野元之助《陈旉の〈农书〉と水稻作技术的展开》（上）（下）（《东方学报》京都 19、21，1950、1952 年）。

可作肥,将这些东西积贮于粪屋之中制成肥料,制肥技术非常精湛,[1]但这些反过来又说明肥料都是自己零星积攒起来的。陈旉还认为,不同的土壤要施以不同动物的粪便,如牛、羊、鹿、狐等,这显示出他对施肥的重视,但不得不说这样的方法很不切实际。[2] 陈旉主张的多肥,并未超出自给自足的范畴。另外,铁搭最早见于《王祯农书》,[3]但最迟在南宋已经出现,[4]《陈旉农书》中耕地主要使用牛耕,家畜饲养也以牛为主,这与沈氏养猪、养羊主要是为了获取粪肥形成了鲜明的对比。陈旉所说的深耕,其实翻耕得并不深,最多只能达到长底犁耕地的深度。

最能反映当时农业技术发展水平的是陈旉的"地力常新论",他认为俗语所说的"田土种三五年,其力已乏"之说并不正确,如果加入肥料和新的土壤,地力就会再生,[5]这表明,当时的农业生产已经发展到通过施肥和牛耕来恢复地力从而达到土地资源可持续利用的阶段。

与之相比,沈氏通过购买或大量饲养牲畜来提高施肥量,采用新的人力农具进行深耕,灵活使用短工避开劳动力需求高峰,可见,这种利用小型农具进行集约生产的农业生产方式[6]有很多优越性,已为大户人家所采用。沈氏可以从市场上购买肥料和劳动力,离不开社会分

---

[1]《陈旉农书》"粪田之宜篇":

　　凡农居之侧,必置粪屋。低为檐楹,以避风雨飘浸,且粪露星月,亦不肥矣。粪屋之中,凿为深池,甃以砖甓,勿使渗漏。凡扫除之土,烧燃之灰,簸扬之糠秕,断稿落叶,积而焚之,沃以粪汁,积之既久,不觉其多。

[2]《陈旉农书》"粪田之宜篇"。

[3]《王祯农书》卷一三《铁搭》。

[4] 蒋缵初:《江苏扬州附近出土的宋代铁农具》,《文物》1959年第1期。

[5]《陈旉农书》"粪田之宜篇":

　　或谓,土敝则草木不长,气衰则生物不遂。凡田土种三五年,其力已乏。斯语殆不然也,是未深思也。若能时加新沃之土壤,以粪治之,则益精熟肥美,其力常新壮矣。抑何敝何衰之有。

[6] 参见渡边信一郎《中国における律令制と社会构成》(《历史学研究》1976年度大会报告别册,1976年)。

工的发展。宋代至明末清初的农业发展,不仅是一年多茬种植的发展,也不仅是新技术在零细经营中的普及。

第三节　商业性农业的发展和对剩余利润的追求

一、商业性农业

在上一节中,笔者主要围绕农业技术层面,对沈氏农场进行了探讨,沈氏农场的特点是以深耕多肥为基础,通过全年不间断的精耕细作,全面实行集约化生产,努力提高土地生产率。接下来在本节中,将针对劳动生产率和剩余利润等经营方面的问题展开探讨。首先来看一下当时商业性农业(以销售为目的的农业生产)的发展状况。

沈氏经营的商业性主要体现在生产经营的专业化(农作物种植单一化倾向)上,这也是衡量农业商业化的指标之一。《沈氏农书》并不是为了自给自足而写的农书,从"运田地法"的内容来看,沈氏用水田种植水稻并复种小麦、油菜,旱地植桑。当时,有人在桑地上间种豆类和蔬菜,《补农书》中对此也有记载,不过,张履祥认为此方法影响桑叶产量,是一种落后的生产方法。① 沈氏建议即使是小规模植桑,也应采取"楼子样"的桑无拳式养成法,亩栽 200 棵为宜;② 冬天桑地垦翻要

---

① 《补农书》"补农书后",上治地一则:
　　地得叶,盛者一亩可养蚕十数筐,少亦四五筐,最下二三筐(若二三筐者,即有豆二熟)。
② "运田地法"种桑:
　　种法以稀为贵。纵横各七尺,每亩约二百株,株株茂盛,叶便满百,不须多也。……其剪法,纵不能如西乡楼子样,亦断不可如东乡拳头样。

彻底,即使桑树的细根被切断也在所不惜;①全年还要对桑地进行施肥、罱泥和中耕除草,沈氏的桑地不间种任何作物。当然,"运田地法"只记述了沈氏经营中重要的生产部分,还有一些产品未被提及,例如在"逐月事宜"中就指出了豆、芋的栽培时间。从沈氏农场的经营来看,尽管种植了桑树,但还需要从外面购买麻苎布做衣服;②在"家常日用"中也注明需购买梅、姜、蒜、大茄等农产品,可见,商业性农业的发展也促进了日用品的商业化。

沈氏农场以稻米种植和养蚕为主,而其他农户也充分利用当地的自然条件发展其他种类的商品生产,各个经营之间互为补充。张履祥作《补农书》的目的之一是补《沈氏农书》作物记载之不足,书中补记了桐乡一带较为重要的农作物如梅豆、麻、甘菊和芋艿等的栽培技术,而这些正是沈氏没有生产或需要购买的东西。每当梅豆成熟时,商人就会前来收购,人们用卖梅豆得来的钱交租或购买日用品;③沈氏买来做衣服的麻布,也是他人为了销售而生产的;④萝卜⑤、芋头种子⑥、甘

①"运田地法"垦地:

桑之细根,断亦无害,只要棱层空厂。若倒地,则春天雨水正多,地面又要犁平,使不滞水。背后脚迹,尽数揉平。……夏天约二十日一到。

②"逐月事宜"五月,置备。

③《补农书》"补农书后",上梅豆一则:

故惟桐乡得擅其利。六七月陈豆做腐,腐少。若得搀入梅豆,腐便如故。每遇豆熟,商贾来至,官私赖焉。

④同上,上种麻一则:

东路田皆种麻,无桑者亦种之。盖取其成之速,而于晚稻、晚豆仍不碍也。其工力较菜子,相去不远,其收利则倍。……脱其皮,每亩盛者可得二百斤。若阴雨剥之,惧黑烂而价损。吾乡种此,为利自浮于东路,但恐业之不精。

⑤同上,上种萝卜一则:

以供家用,固为便易。即卖亦得厚利(本地萝卜价,常贵于太湖)。

⑥同上,上种芋艿一则:

旱芋种出广德。清明时,彼处排卖于湖。

菊①等也都拿来买卖;有人以养鱼为生,②还有人将牛养肥后卖掉牟利。③ 商品流通已经不再局限于封闭的农村市场圈,安徽广德的芋头种子被销往湖州,湖州的鱼被运至桐乡发卖,人们将桐乡萝卜的价格与湖州进行比较,凡此种种,都说明农产品的市场流通圈已非常广泛。张履祥在附录"策邬氏生业"中,为失去丈夫这一主要劳动力的邬氏母子设计了一套经营方案,他建议不种水稻,而是种桑三亩,豆三亩,竹子和果树各两亩,外加养鱼和养羊,这样的方案,只有在农作物销售长期稳定的情况下才有可能实现。如果没有其他商品性农业经营的存在,沈氏需要的麻布等日用品的购买以及雇工日常食用的鱼肉等的供应,也就无从谈起。

　　沈氏的购买并不限于消费资料,除了铗、锯等农具,他还大量购入人粪、牛粪、豆粕等作肥料,通过增加施肥量达到提高土地生产率的目的。另外,自行饲养牲畜获取肥料,还需要购买饲料。沈氏自己种有少量小麦,但"六畜"中有他从长兴购进 40 担大麦酿酒的记录,这从"逐月事宜"五月置备一条中也可得到印证。此外,他还从苏州买糟制酒,④最能体现商品化程度的是羊吃的枯草也定期从外面购买,或与

---

① 《补农书》"补农书后",上种甘菊一则:

　　若种之成亩,其利视种豆自倍。吾里不种棉花,亦有以此为业者。

② 同上,上养鱼一则:

　　然湖州畜鱼,必取草、籴螺蛳於嘉兴。鱼大而卖,则价钱贱於嘉兴。盖吾地鱼,俱自湖州来。及鱼至市,已离池数日,少亦一二日矣。故鱼瘠而价不能不贵。……鱀鱼种临平多,草鱼、白鲢、螺青诸种,本地可买。

③ 同上,上养鸡鹅一则:

　　里亦有以畜牛为利者。买瘠牛,使童子牵之,朝食露草,日饲棉花饼。养一二月,则牛肥而价倍,一牛尝得数金之息。

④ "六畜"苏州买糟。

长安来人预买,或从崇德、桐乡两地购入。① 随着商业性农业的发展,出现了肥料和饲料的商品流通,而肥料和饲料的流通反过来又说明商业性农业呈不断扩大之势,这表明,以个体农户为单位的商品生产即小商品生产,至少在太湖南岸已经发展到一个很高的水平。

沈氏还以长工或短工的形式购买他人劳动。为了销售自己的产品,从他处大量购买商品意味着在进行投资,沈氏的这种商品性生产,并非"在经营上无法走上富农化道路",因为它本身就是一个不折不扣的富农经营。

二、劳动生产率和对剩余价值的追求

沈氏的农业经营方式是雇工经营商品性生产也即富农经营,下面就从生产劳动等方面对其经营上的特点与问题作一分析。

在上一节中,我们分析了沈氏经营是以深耕多肥为基础,追求土地生产率的集约化农业,过去一般认为,这种生产方式适用于劳动投入过密、没有收益的零细经营,因此也被用作存在家长制支配的立论依据。但是,为了实现剩余价值,沈氏不仅追求土地生产率,而且对劳动生产率也十分重视,劳动效率是《沈氏农书》中与施肥并重的另一指导思想。

最能体现沈氏劳动生产率思想的是施肥过程中对劳动力的组织方式。首先,尽管沈氏自己在书中未作强调,从外面购买肥料本身就节省了肥料的制作过程,提高了劳动生产率。近世日本畿内地区由于集约化农业的发展,商业性农业达到一个新的高度,与沈氏一样,沙丁

---

① "六畜"养胡羊:

除自叶不算外(自叶抵小羊食),买枯叶七千斤。六月内,长安人来,预撮叶价每千斤三钱之外,冬天去载,计七千斤,约价三两。买羊草七千斤,七月内崇桐路上买。算除泥块,约价四钱,七千斤亦该三两。

鱼干、饼肥等外购肥料的使用,是农户提高劳动生产率的主要手段。①
《陈旉农书》中所说的依靠粪屋或罱泥积肥,不仅无法保证肥料数量,
也会造成劳动力的浪费。

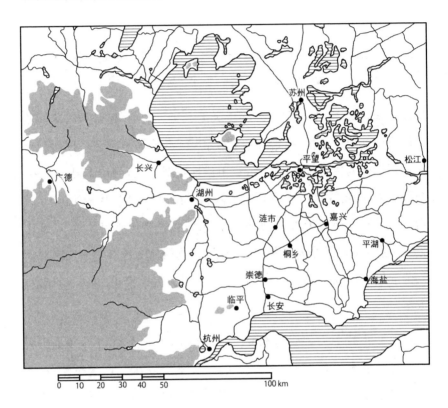

图 1　《沈氏农书》关联地区示意图

　　沈氏在购买肥料时,也非常注意节省劳力,提高劳动生产率。通
过签订买卖合同购进人粪和牛粪,是一种既方便又能保障肥料供应的
做法。不过,像沈氏这样需要大量购买的情况,光去附近村镇是不够

---

① 山崎隆三:《江户时代后期における农村经济の发展と农民层分解》,岩波讲座《日本历
史》近世四,岩波书店,1963 年。

的,沈氏离开自己居住的涟市,远赴平望、杭州等地买粪,①涟市、杭州
两地地图上的直线距离超过 50 公里,用小船装运人粪和牛粪,不是一
般的困难。沈氏在"六畜"中介绍了猪羊的饲养规模及其收支状况
后说:

> 试照前法,多养猪羊,一年得壅八九百担。比之租窖,可抵租
> 牛二十余头,又省往载人工四五百工。②

据此可知,每装运 2 担肥料需要 1 天的人工。后面将会述及,沈氏给
水田施用基肥十余担,桑地多达数十担,所需劳动力之多,可想而知。
在水稻种植的主要过程中,1 亩水田耕地需时 2 天,翻地需要 1 天多,
插秧 1 天,中耕除草 2 天,③还有收割和脱粒,与这些过程相比,如果装
运 2 担肥料需要 1 天人工,那么 1 亩水田光是装运肥料就需 6—8 天
人工,这不仅表明了施肥在沈氏经营中的重要性,还表明节约施肥所
需劳动力是提高劳动生产率的关键。为此,沈氏提出了以下的解决
方案:

> 种田地,肥壅最为要紧。人粪力旺,牛粪力长,不可偏废。租
> 窖乃根本之事。但近来粪价贵,人工贵,载取费力,偷窃弊多,不
> 能全靠租窖,则养猪羊尤为简便。……计羊一岁所食,取足于羊
> 毛小羊而足,所费不过垫草,宴然多得肥壅。养猪旧规亏折猪本。
> 若兼养母猪,即以所赚者抵之,原自无亏。若羊必须雇人斫草,则

---

① "运田地法"要觅壅:

　　要觅壅,则平望一路是其出产。磨路猪灰,最宜田壅。在四月十月农忙之时,粪多价
贱,当并工多买。其人粪必往杭州,切不可在坝上买满载。当在五道前买半载,次早押到
门外过坝,也有五六成粪,且新粪更肥。至于谢桑,于小满边蚕事忙迫之日,只在近镇买
坐坑粪。上午去买,下午即浇更好。

② "六畜"苏州买糟。

③ 耕地与翻耕、插秧与中耕除草,请分别参见第 127 页注①与第 128 页注①。

> 冬春工闲,诚靡廪糈。若猪必须买饼,容有贵贱不时。今羊专吃枯叶枯草,猪专吃糟麦,则烧酒又获赢息,有盈无亏,白落肥壅,又省载取人工,何不为也。①

由于大量粪便难以运输,沈氏主张通过自行饲养牲畜来获取肥料。当然,喂养牲畜的饲料也需要购买,不过与含有大量水分的粪肥相比,豆饼、酒糟等浓厚饲料的购买量有限,有些饲料如枯草还是商人自己贩运而来,这些都可以有效地节约劳动力。虽然饲养牲畜也需要劳动力,但可以将母猪养殖与酿酒等结合起来,从沈氏的收支计算来看,猪羊养殖本身就是一项有利可图的事业。② 确实如沈氏所言,自行饲养牲畜,肥料等于白给,何乐而不为之。

随着劳动力成本的上升,人们更愿意使用便宜、节省人力的肥料,《补农书》也说:"近年人工既贵,偷惰复多,浇粪不得法,则不若用饼之工粪两省。"③

节省人力同样体现在绿肥作物的栽培上。④ 在施肥成本上涨的情况下,沈氏也推荐了此法。猪粪、豆饼、绿肥这些高效的肥料,作为"上农"三种主要的施肥法,一直延续到清代,⑤这也为我们认识明清农业的发展方向提供了线索。

在其他农业生产活动中,沈氏也极为重视提高劳动生产率。

---

① "运田地法"种田地。
② 除去劳动力成本,即使忽略不计猪羊粪便作为肥料的价格,酿造和畜产两个部门共计获利约30两(见表1)。
③ 《补农书》"补农书后",上壅麦、菜一则。
④ "运田地法"羊壅宜于地:
　　花草亩不过三升,自己收子,价不甚值,一亩草可壅三亩田。今时肥壅艰难,此项最属便利。
⑤ 光绪《松江府续志》卷五《疆域志·风俗》:
　　肥田者俗谓膏壅,上农用三通。头通红花草也。然非上等高田,不能撒草,草子亦亩须四五升。二通膏壅,多用猪践,亩须十担。三通用豆饼,亩须四五十斤。

田地生活,上前有功。除种田要看时候,其余各色,俱以早为贵。假如到地,未草先到,以后草不即起,到又省工。假如拔草,早则工三亩,迟则亩三工。又如捏蟥,捏头蟥一,省捏二蟥百。至于沉豆麦,尤以早为贵。春三月内,多唤短工,预唤剪桑工,种田工,忙月工,生活次第得法,仍旧省工,未尝多费廪食也。①

沈氏之所以建议大家提早动手,是为了提高工作成效,雇用短工的主要目的也是节省人力,减少开支。

在前一节有关农业技术的论述中,我们已经介绍了沈氏是如何避开劳动力需求高峰,对生产活动进行合理安排的,这种安排也体现在羊的饲养上。沈氏认为,与其自行割草养羊,不如花钱购买草料更为合算,②这是因为割草工的工作只在夏秋农忙时才有,冬春两季割草工没有活儿干,白白浪费粮食(劳动力)。在沈氏看来,"天时"的意义就在于一边观察天候,一边对长工等劳动力资源进行合理有效的利用。③

在追求劳动生产率和将劳动力客观化的过程中,"工"被用来表示一天的劳动量。如果说"早则工三亩,迟则亩三工"④中的"工"还在用来表现效率,那么在"每年冬春间罱一番,八月罱一番,每番须六工",⑤以及"凡菜麦锹沟之后,候干再罱一番。每亩不过半工,而泥松碎,易讨力,且不起草,又可挨麦,不患风倒"⑥文中,"工"已经用来计

---

① "运田地法"田地生活。
② 参见第 137 页注①。
③ "运田地法"天时:

　　天时,大约晴七雨三,晴雨各有生活。独孟春雨水之际,正农工凑聚之时。除雨留家外,雨止即可修桑看蟥修岸。至于垦倒田地,非大晴不可。人家雇长年,天雨无生活可做,不得已而垦田,若有船可以罱泥,定须开潭罱泥,消磨雨工。

④ 参见本页注①。
⑤ "运田地法"古人云。
⑥ "运田地法"垦麦棱。

算农业生产活动所需的劳动量,而前述装运肥料需要 400—500 人工的用法,则更为抽象。[①] 另外,在清代史料中,又有"凡田须人工,自开耕至上场,亩须十余工"[②],以及"其水田种稻,合计播种、拔秧、莳禾、芸草、收割、晒打,每亩不过八九工。旱田种棉花、豆、粟、膏粱,每亩亦不过十二三工"[③]的记载,这里的"工"用来表示各种农作物单位面积所需的劳动总量。

值得注意的是,"工"一词已经不再作为水利工程中计算工期的单位,[④]在农书中成为表示劳动效率和所需劳动量的计算单位了。在这些"工"的用法中,劳动已与个别具体的内容分离开来,单纯只是一个数量问题,作为经营上的一个要素被客观化了,这说明土地与劳动力在某种程度上已经分离,可以根据经营的需要组织劳动力。对于那些只依靠家庭劳动,只耕种自己土地的零细经营来说,他们关心的是如何度过农忙期,劳动力总量的增减不是他们的首要课题,而对利用雇佣劳动,以获取利润为目的的沈氏来说,如何减少劳动力投入才是最迫切的问题,这一方面说明优化劳动管理,追求劳动生产率已经成为沈氏经营的课题,另一方面也说明雇佣劳动已经有了一定的发展。

以上大致介绍了沈氏为提高劳动生产率而在优化劳动管理方面所作的努力。除此以外,他还通过提高劳动积极性来提高生产效率。

> 供给之法,亦宜优厚。炎天日长,午后必饥。冬日严寒,空腹难早出。夏必加下点心,冬必与以早粥。若冬月雨天胥泥,必早与热酒,饱其饮食,然后责其工程,彼既无词谢我,我亦有颜

---

① 参见第 136 页注②。
② 光绪《松江府续志》卷五《疆域志・风俗》。
③ 包世臣:《齐民四术》卷二,农二,《庚辰杂著二》。
④ 用"工"来表示一天的劳动量,非自明代始,"工"很早就用在水利工程等劳动力计算之中。

诘之。①

这些"员工管理心得",充分体现了沈氏作为经营者的一面。张履祥也说：

> 至于工银酒食,似乎细故,而人心得失,恒必因之。纹银与九色银,所差不过一成,等之轻重,所差尤无几。假如与人一两,相去特一钱与三分五分耳。而人情之憎与悦远别,岂非因一钱,而并失九钱之欢心,因三分五分,而并失九钱五分七分之欢心乎。②

在经营中,宁可用少量钱物换取员工勤奋工作,在这一点上,沈、张二人的看法是一致的。至于妇女丫鬟,沈氏认为也应该给她们吃些好的,以免她们从雇主家里顺手牵羊。③ 将制作黄酒剩下的糟粕买回榨成浑酒,此酒虽非好物,但供佣工食用非常便宜,还可以提高他们的工作积极性。④

《沈氏农书》反映的是通过集约化经营提高土地生产率和劳动生产率来获取利益的一种农业经营方式,劳动生产率和土地生产率相互并不对立,就如同近世日本农业一样,二者相辅相成,推动着小商品生产阶段商业性农业的发展。⑤

总之,沈氏的精耕细作思想,与那些只是为了维持零细经营的精耕细作思想完全不同。如前所述,与《沈氏农书》相比,《陈旉农书》还处于注重施肥的集约农业的形成阶段,二者的差异从经营层面也可窥

---

① "运田地法"做工之法。
② 《补农书》"总论"工食。
③ "运田地法"做工之法：
　　至于妇女丫鬟,虽不甚攻苦,亦须略与滋味。乌有经月不知肉味,而能无染指侵克者。
④ "六畜"苏州买糟：
　　到家再上竿一番,尚有浑酒二百斤。虽非美品,供工人亦可替省。
⑤ 中村哲：《明治初年における农业生产力の地域构造》,桑原武夫编《ブルジョア革命の比较研究》,1964 年,后收于《明治维新の基础构造》(未来社,1968 年)。

见一斑。《陈旉农书》"财力之宜篇"反映了他对于精耕细作的认识，[①]
他认为扩大经营规模会带来产量不稳定的风险，应该在小块土地上通
过精耕细作来维持自己的生活。"六种之宜篇"[②]将生活所需的各种
作物按时间顺序种植，然后陆续收获，反映了陈旉自给自足方有保障
的农业指导思想。也正因为此，"节用之宜篇"中的节约与储蓄，"稽功
之宜篇"中的勤劳，都被陈旉视为重要的美德，这与《沈氏农书》中为了
商品化生产而进行的精耕细作有着本质的不同。陈旉的精耕细作，除
了与沈氏存在思想上的差异，也受到当时农业技术的制约，反映的正
是小生产经营形成时期精耕细作的情况。

沈氏也提出过在小块土地上精耕细作的主张，其曰："作家第一要
勤耕多壅，少种多收"，[③]但是，其重点完全不同：

> 壅地，果能一年四壅，罱泥两番，深耕刓尽，不荒不蒗，每亩采
> 叶八九十个，断然必有。比中地一亩采四五十者，岂非一亩兼二
> 亩之息，而功力钱粮地本，仍只一亩，孰若以二亩之壅力，合并于
> 一亩者之事半功倍也。[④]

沈氏之所以这样主张，是因为和粗放的大经营相比，集约农业可以获
得更高的利润，在集约化经营里，别说肥料和赋税，就连劳动力和土地

---

① 《陈旉农书》"财力之宜篇"：

况稼穑在艰难之尤者。讵可不先度其财足以赡，力足以给，优游不迫，可以取必效，
然后为之。倘或财不赡，力不给，而贪多务得，未免苟简灭裂之患，十不得一二。幸其成
功，已不可必矣。虽多其田亩，是多其患害，未见其利益。……抑欲其财力优裕，岁岁常
稔，不致务广而俱失。故皆以深耕易耨，而百谷用成，国裕民富可待也，仰事俯育可必也。
谚有之曰，多虚不如少实，广种不如狭收。岂不信然。

② 《陈旉农书》"六种之宜篇"：

种莳之事，各有攸叙。能知时宜，不违先后之序，则相继以生成，相资以利用，种无虚
日，收无虚月。一岁所资，绵绵相继，尚可匮乏之足患，冻馁之足忧哉。

③ "运田地法"壅地。
④ "运田地法"壅地。

规模也是必须考虑的要素。

三、沈氏经营的收支状况

《沈氏农书》的课题是在深耕多肥的集约模式下,如何追求劳动生产率,获取更多的剩余利润,这本身就表明沈氏农场是一个雇工经营商品农作物生产、以盈利为目的的经营实体,也即富农经营。不过,仅凭收支盈余来判断某个经营是否属于富农经济并不正确,因为目前还没有足够翔实的史料对经营收支作全面分析。另外,能否持续盈利也并非富农经营的判断条件。以下,仅从沈氏农场是否属于零细经营、有无剩余收益两方面加以探讨。

首先是关于经营规模的问题。古岛认为,村居小地主阶层自己经营的水田和旱地加起来不过十几亩,[①]无法发展稻米的商品化生产。但他引用的"策邬氏生业",是张履祥为土地劳动力俱少的单亲母子家庭制定的一套经营方案,张履祥自己也说邬氏农场不可能雇用长工,[②]当然也没有雇用的必要。从这些情况来看,沈氏农场的规模应该更大。另外,古岛引用的农户种植 10 亩水稻需要培植 13 亩秧苗之说,指的是每 10 亩稻田需要多准备 3 亩秧苗,并不是说"经营地主"实际种植面积就是 10 亩。从沈氏的经营方案来看,田、地总面积不可能只有十几亩,因为在上农夫人均耕地 10 亩的情况下,这个数字并未超过一个小家庭的经营规模,此时雇用长工反而得不偿失。沈氏在雇用长工的同时,还雇用了相当数量的短工,且远去平望、杭州等地购买肥料,这种经营体的规模只有十几亩,简直令人难以想象。

---

① 前引古岛书,第 319 页。
②《补农书》"策邬氏生业":

> 瘠田十亩,自耕尽可足一家之食。若雇人代耕,则与石田无异。若佃于人,则计其租
> 入,仅足供赋役而已。

那么,沈氏的经营规模应该多大才合理呢? 或许是因为农书的关系,沈氏没有直接提及农场的经营规模,间接但却具体反映了其经营规模的是书中有关猪羊饲养的记载。他认为从远处购买牛粪、猪粪太费人力,应该自行饲养猪羊获取肥料。当然,书中所说的数量不一定就是沈氏实际饲养的家畜数量,但如果因此得到 800—900 担肥料、省下 400—500 人工这样的数字,与沈氏的经营计划、实际经营状况完全相反,那么书中的记述内容就不能成立,或者说毫无意义。沈氏对每种家畜的收支、获取的肥料量记载得都非常详细,且与酿造部门的数字也不矛盾,可见饲养部分的可信度也比较高。

那么,通过饲养牲畜,沈氏获取的肥料的种类与数量如何? 根据沈氏的计划,每半年养大 6 头猪,一年可得肥料 360 担,再加上母猪和小猪的粪肥共 80 担,羊 11 头 300 担,山羊 4 头 80 担,总计 820 担,[①]这与前面沈氏 800—900 担的估值相符。[②]

沈氏的这一制肥规模能够满足多少田地的施肥需要呢? 当然,肥料并不完全是猪羊的粪便,还包括自家的人粪尿和一些外购的肥料如牛粪等,这里假设作为基肥施用的都是牲畜粪便,并按照沈氏的经营方案,对其耕种面积作一大致推算。合计 820 担的肥料中猪厩肥 420担,羊厩肥 400 担,按照沈氏的指示,猪粪施于水田,羊粪投于旱地。关于水田的施肥量,沈氏说每亩应撒猪灰、坑灰 10 余担,[③]这一数字与

---

① "六畜"养胡羊:

　　养胡羊十一只……每年净得肥壅三百担。若垫头多,更不止于此数。……养山羊四只……每年净得肥壅八十担余。

　"六畜"养猪:

　　养猪六口……每窠得壅九十担。一年四窠,共得三百六十担。养母猪一口……每年得壅八十担。

② 参见第 136 页注②。

③ "运田地法"羊壅宜于地:

　　若平望买猪灰,及城镇买坑灰,于田未倒之前,棱层之际,每亩撒十余担。

《松江府续志》中上农一亩施用猪粪 10 担的记载基本相符,①如果作 15 担计算,那么 420 担猪厩肥可供 28 亩水田施用,桑地一亩的基肥施用量是 30—40 担,②400 担羊厩肥可供 10 余亩桑地施用。当然,实际施肥时猪、羊粪之间的区别不会这么严格,施肥面积也会随之改变,但如果按照上述比例计算的话,沈氏的耕种面积合计为 40 亩左右。③

表 1 "沈氏农书型经营模式"收支状况表

粗收益	水稻等	2 石/亩×30 亩=60 石　平价 60 两　包价值 4 两×3=12 两　　　　　　　①	72 两
	桑	85 个/亩×10 亩=850 个 　　养蚕…600 个→丝 75 斤→布 120 疋价格 120 两 　　卖桑…250 个　0.09 两/个×250 个=22.5 两　　　　　　②	142.5 两
	家畜	猪　养殖…6 头×半年=13 两→1 年 26 两 　　仔猪…0.6 两/头×8 头×2 头≒10 两 羊 11 头　羊毛 2 两+仔羊 4 两=6 两 山羊 4 头　仔山羊 10 余头　平价 2 两 鸭 6 只　0.7 两/只×6 只=4.2 两 鹅 4 只　0.02 两/只×200 只=4 两 母鸡　0.035 两/只×48 只≒1.7 两　0.15 两/只×8 只≒1.2 两　　　③	55.1 两
	酿造	糟烧酒　0.016 两/斤×600 斤≒10 两 麦烧酒　12 两(麦本)×2=24 两　　④	34 两
	合计		303.6 两

---

① 参见第 137 页注⑤。

② "运田地法"春天壅地:

　　春天壅地,垃圾必得三四十担。

③ 复种时一般不大量施肥(《补农书研究》第 176 页),即使施肥,也不给水稻施基肥("运田地法"垦麦棱)。

续表

经营费	长工	(5.5＋5＋1＋0.3＋1.2＋4)两/名×3名＝51两　⑤	51两
	养蚕	(蚕炭0.1＋盘费0.1)两/筐×75筐＝15两 绢织　籰丝线、家伙、线蜡5两＋妇人口食＝10两　⑥	25两
	家畜	猪　养殖饲料2两＋母猪、仔猪饲料16两＝18两 羊11头饲料6两＋垫草2两＝8两 山羊　饲料垫草2两 鸭、鹅、母鸡饲料3.3两　⑦	31.3两
	酿造	糟烧酒　酒糟12两 麦烧酒　大麦12两＋酒药烧柴4两＝16两　⑧	28两
	税粮	2两/亩×1/6×52亩≒17两　⑨	17两
		小计	152.3两
	其他	短工工资、饲料等辅助肥料费 长期投资(治水、房屋、畜舍、大型农具、织机等) 家庭成员的劳动报酬等	?
	合计		?

　　说明：自营40亩加上长工管地12亩，由家庭成员和短工以及3名长工、1名纺丝女工组成的经营方案，数据全部来自《沈氏农书》和《补农书》。

　　① 陈恒力认为水稻亩产3.25石，这是没有根据的。当时采用人力深耕时的产量为2.5石(《天启海盐县图经》卷四，方域)，施行一熟制的湖州据说可以收获4—5石(《补农书》补农书后"稻秧麦秧")。沈氏对小麦种植不重视，致力于深耕多肥，其水稻亩产量应该不低，这里根据《补农书》中常年产量，以及《沈氏农书》中除去租额一亩一石的记载，将亩产设定为2石。

　　② 桑叶产量出自运田地法"壅地"，丝、布产量出自蚕务"养蚕之法"。对于不主张使用雇佣劳动的沈氏来说，得丝75斤可谓是一个不小的数目，但从《策邹氏生业》为母老子幼的邹氏一家策划养蚕20筐，得丝30斤的情况来看，75斤也不算太多。丝价出自蚕务"男耕女织"，桑叶价格出自蚕务"养蚕之法"与"遇叶贱之年"。

　　③ 出自六畜中各种动物的相关记载。猪的繁育方法请参照《支那经济全书》9辑，第34页。

　　④ 六畜中关于酿造的两条记载。

　　⑤ 运田地法"长年每一名"。长工的费用包括了管地长工所得的部分。

　　⑥ 蚕务"养蚕之法"以及"男耕女织"。

　　⑦ 六畜中关于动物的记载。假设三分之一的水稻后茬作物为小麦，小麦秸秆用来养猪，且稻草也用作饲料。

　　⑧ 六畜中关于酿造的两条记载。

　　⑨ 据《补农书》总论、佃户项下记载，赋额为标准亩产的六分之一。

表1是假设沈氏直营农场中水田和桑地面积分别为30亩、10亩时的收支情况一览表。当然,沈氏本人不一定采取的就是这样的农地经营方式,40亩的耕种面积也是在假设其所施基肥都是家畜粪便的基础上估算而来的,除此之外,其余数量分析基本上依据的都是《沈氏农书》和《补农书》中的策划,可以说此表比较真实地反映了"沈氏农书型经营模式"的情况。

并非所有的农产品都实现了商品化,肉类和酒可能都是自用。但即使是自给性很强的大米,除去家庭成员和长工的消费,估计近一半用于销售,养蚕相关的产品应该也是用来出售的,沈氏农场并不是一个零细的自给自足的经营体。

《沈氏农书》中还有很多费用无法计算,短工工资、外购肥料的费用,以及大型农具、厩舍、房屋等使用寿命较长的生产资料方面的投资,在《沈氏农书》中均无记载。即使扣除这些费用以及家庭成员工资的估算部分,沈氏农场也不是一个收不抵支的经营体。

> 长年每一名工银五两,吃米五石五斗,平价五两五钱,盘费一两,农具三钱,柴酒一两二钱,通计十三两。计管地四亩,包价值四两,种田八亩,除租额外,上好盈米八石,平价算银八两。此外又有田壅短工之费,以春花稻草抵之。俗所谓条对条,全无赢息,落得许多起早晏眠,费心劳力。特以非此劳碌不成人家耳。西乡地尽出租,宴然享安逸之利,岂不甚美。①

这段资料是过去"雇用长工只够收支相抵,未必能有利润"②的立论依

---

① "运田地法"长年。

　　"管地"并非沈氏直营,桑地一般不予出租。如果"管地"属于直营,和投资相比,包价值过于便宜。

② 前引古岛书,第323—324页。

据。但是，以往的研究显然忽视了收入中的地租部分。"租"确实有国家征收的田赋之意，但沈氏在这一记述之前，已将田赋明确称为"钱粮"，[①]所以不可能将二者混淆，况且从后面衔接部分的意思来看，此处要表达的是即使自己种植水稻，辛苦劳作，收益也不会比地租多，并不是说一点利润都没有。另外，长工除了用在直营农场的水稻种植上，如"天时"条所示，还用于其他农业生产活动，长工带来的收益，不能仅凭水稻种植这一项来计算。

第四节　沈氏经营计划的历史意义

以上从技术和经营两方面考察了《沈氏农书》中记录的农场经营情况。沈氏农场一方面通过深耕和大量施肥来追求土地生产率，这本身就表明江南农业生产在明末清初已实现质的飞跃；另一方面，农场经营的商品化程度较高，对外采购的目的是进行商品生产，同时积极提高劳动生产率以获取利润。从沈氏制定的方案来看，农场不可能是只有十几亩田地的零细经营，除了租佃经营的部分，沈氏农场是一个雇用若干长工耕种、拥有四十亩左右田地的直营农场，同时还兼营丝织业和牲畜养殖业，农场的收益也不小。这种经营方式本就属于富农经营，那种认为沈氏经营毫无利益可言，无法走上富农经济发展道路的看法是错误的。

虽然沈氏在劳动力资源配置方面比其他零细经营具有一些优势，比如沈氏农场能够保障外购肥料和牲畜粪便的大量供应，可以利用雇佣劳动并在合适的时间里进行农业生产活动等，但这些都不是决定性的优势。由于租佃经营可以极度压低生产成本，因此富农经营的收益

---

① 参见第 141 页注④。

不一定总比租佃经营获取的地租多,这从长工的收支计算中也可得到印证。

地主自己经营也有其规模界限,特别是靠人力耕地的集约型农业,其临界面积很小,当土地积累达到一定规模后,经营地主就会向租佃地主转化。明版《致富奇书》的经营方针与沈氏相似,该书认为,土地规模在30亩以下的自己经营,30亩以上的出租才有利。① 另外,据《清代山东经营地主底社会性质》②一书可知,土地规模在临界面积以下的地主普遍雇工耕种,而在临界面积以上的则租给佃户去耕作。至于地主自营农场的临界面积是多少,根据该地区、该时期的农业技术而定。

沈氏农场在之后的发展中还将面临许多困难,商业性农业的普及会带动肥料价格和雇工工资上涨,③沈氏自己也认为这是阻碍农场发展的两大因素。但是,这两个阻碍因素是富农经济发展过程中时常会面临的问题,④沈氏本人也给大家指明了解决问题的方向,那就是饲料用的豆饼、酒糟以及肥料用的豆饼,甚至连饲料用的枯草也通过购买方式获得,也就是说,通过与商业性农业建立更深的关系来解决成本上涨的问题。沈氏的这种做法,与商业资本阻碍了富农经济发展的既往认识完全不符,可以说,社会分工的发展才是决定利润增长的关

---

① 明版《致富奇书》卷五《种谷》:

　　迁居以足食为本,足食以农事为先。故一定居,凡仆从即使各司其业。如主从十人,非六十石不可。故视田地多寡,以处便宜。如田有百亩,则使仆从自耕三十亩,其余佃人种之可也。

② 景甦、罗仑:《清代山东经营地主底社会性质》,山东人民出版社,1959年。

③ 《涌幢小品》卷二也记载了同样的现象:

　　近年农夫日贵,其直增四之一,当由务农者少。可虑可虑。

　　商业性农业和社会分工的发展与雇工工资之间的关系,请参见中村哲所著《日本における本源的蓄積の一特質》(《日本史研究》92,1967年,后收于《明治维新の基礎構造》,未来社,1968年)。

④ 日本也有同样的问题,参见山崎隆三《地主制成立期の农业构造》(青木书店,1961年)。

键要素。

　　沈氏农场的规模有限,它对其他小生产经营的比较优势也有限,因此,商业性农业的发展也为地主制经营奠定了基础,这也是小商品生产阶段的特点之一。纵然富农的数量不多,但从技术层面来看,他们是当时最先进生产力的代表,同时也是商业性农业与社会分工的推进者,从这个意义上说,他们也是时代发展的引领者。沈氏农场这样的经营方式在当时的占比是多少,已经很难统计了,但我们不能片面地认为,明清时期的农业经营方式只有零细经营的佃户与租佃式大地主,小山正明也指出,明代确实存在一种在小规模土地上使用长工或无人身依附关系的奴仆自行耕种的经营方式。[1] 民国时期的情况也是如此。在涟市附近的嘉兴县,经营 20—50 亩土地的人户占总人户的 25.07%,50—100 亩的只占 4.57%,平湖县经营 20—50 亩的人户也有 17.15%,[2]富农经济或以地主自行经营的方式,或以佃农大量租种土地的方式,顽强地存续了下来。

　　富农经营的存在也关系到地主制经济的性质。在富农经营方式存在的情况下,考虑两种经营方式的相对成本与相对利润后采用的租佃地主制,已经不能简单称之为"封建的"或农奴制的地主制了。不过这些问题已经超出本章所能论述的范畴,有关商业性农业的发展、土地所有制性质等问题,必须运用其他资料与方法来分析。

---

[1] 小山正明:《明代の大土地所有と奴仆》,《东洋文化研究所纪要》62,1974 年,后收于《明清社会经济史研究》(东京大学出版会,1992 年)。

[2]《嘉兴县农村调查》(冯紫岗编,国立浙江大学、嘉兴县政府,1936 年)第四章农业经营一,经营规模的大小。《平湖之土地经济》(中央政治学校地政学院与平湖县政府编,1937 年)第 72 表"平湖各组经营面积之农户数及其所占之百分率"。

第四章　豆饼流通与清代的商业性农业

以往的学说认为,明清的农业经营不可能发展为富农经济,其立论依据即是上一章所分析的《沈氏农书》,但经过笔者的分析发现,《沈氏农书》本身就是一部反映富农经营的农书。它不单是某个经营的收支表,还具有一定的普遍性;另外,由于商业性农业无法由一个经营体单独构成,"沈氏农书型经营"在当时应该有一定程度的普及。有关商业性农业的发展情况、带动了商业性农业发展的富农经营的普及状况及其在清代的发展趋势,这些问题在上一章中均未涉及,本章即以清代长江下游三角洲地区的主要商品肥及外购饲料豆饼为中心,试对这些问题作一考察。

第一节　上农的形成与商品肥、外购饲料

在分析豆饼流通之前,先简单论述一下催生了豆饼流通的经营体,尤其是沈氏农场这样推动了商业性农业发展的富裕的经营体的性质。

值得注意的是,在清代的农业经营中,从经营的视角把农民分成了"上农""富农""上户"等类型。分类标准首先是依据经营面积的大小。章谦存在论述救荒政策的《文剩》一书中对佃户进行了分类,他将经营土地二十亩左右的称为"上户"或"上农",十二三亩的称为"中

户",四五亩的为"下户",①他们都是无土地的佃户,之所以被称为"上户""上农",不是根据土地占有面积的大小,而是根据经营面积的大小。经营分类的第二个标准,是劳动力的雇佣情况,使用长工、短工是"上农""富农"的特色。② 经营分类的第三个标准,是生产过程中的技术特色,尤其与是否使用了可以大幅提高劳动生产率的肥料有关。光绪《松江府续志》记载,上农施肥使用绿肥、堆肥和豆饼。③《农事幼闻》中也把豆饼作为"富家"的肥料。④ 另外,与"上农""富农"相对照,也形成了耕种棉田三至五亩的"下农"、⑤《文剩》中佃耕面积四至五亩的"下户"、不得不赊购豆饼肥料的"贫农"。⑥

从《文剩》的事例也可看出,这里列出的"上农"到"下农"的区分,不是以其拥有财富的多少为标准,而是根据经营面积、雇佣劳动和商品肥的使用情况等经营要素来划分的,"上农"的富裕,与脱离直接生产过程、依靠租米收入蓄财的地主的富裕是不同的。这里的"上农",是一个近代的经营概念。它与传统的"上农夫"的概念也不相同,所谓

---

① 章谦存:《文剩》"通论二":

    假如一人买田百亩,其佃种者必有七八户。工本大者,不能过二十亩为上户。能十二三亩者中户。佃能四五亩者为下户。

    该书"通论一"又云:

    一亩之田,耒耜有费,籽种有费。……约而计之,率需钱千。一亩而需千钱,上农耕田二十亩,则口食之外,耗于田者二十千。

② 如乾隆《乌青镇志》卷二《农桑》:

    四月望至七月,谓之忙月。富农倩佣耕,或长工,或短工。佃农通力耦犁,曰伴工。

③ 光绪《松江府续志》卷五《疆域志·风俗》:

    肥田者俗谓膏壅,上农用三通。头通红花草也,然非上等高田,不能撒草,草子亦亩须四五升。二通膏壅,多用猪豕,亩须十担。三通用豆饼,亩须四五十斤。

④ 咸丰《南浔镇志》卷二一《农桑一》所收:

    草既净后,加以肥泽之功,谓之下壅。富家多用豆饼,椎碎成屑,匀撒苗间。贫家力不能致饼,则用猪羊栏中腐草。

⑤《沪城岁事衢歌》:

    下农种木棉三五亩,官租之外,偿债不足。

⑥ 光绪《松江府续志》卷五《疆域志·风俗》:

    若贫农……只赊豆饼壅田。

"上农夫",从《礼记》《孟子》以来,指的就是勤劳的单个农民,用在经营时指的也是单个的劳动力。①

值得注意的是,上述"上农""富农"概念,是指雇用他人劳动、与其他小生产经营相比经营较大规模土地、使用提高劳动生产率的商品肥及外购饲料、大幅进行生产性投资的商业性农业的经营体,这与先前分析的沈氏经营的形象是一致的,这也从侧面说明了当时的人们已经认识到沈氏农书型富农经营的存在。

明末清初以后,发展"上农""富农"经营,还面临着许多困难。中国的富农经营,是在彻底追求深耕多肥的过程中产生的,也正因为此,想要提高劳动生产率,肥培管理过程中节省劳动力就成了关键。随着商业性农业的发展,之前使用的人粪等的价格也随着工资不断上涨,如前章所述,对于富农经营来说,施肥和劳动力已成为迫在眉睫的问题。② 在这样的情况下,豆饼的出现代替了原来的外购人粪,作为肥料,无论是在购买费用还是在运输成本方面,都具有很大的优势:

> 近年人工既贵,偷惰复多。浇粪不得法,则不若用饼之工粪两省。③

如后所述,入清以后,商人从远方大批购来豆饼,在村镇的早市上贩卖,④对于从数十公里之外购买肥料的从事商业性生产的经营者来说,豆饼是一种能够提高劳动生产率的极富魅力的肥料。一般来说,使用商品肥是耕种的土地超过自家制肥能力的农家所特有的现象,正

---

① 如《补农书》"总论佃户":
　　吾里田地,上农夫一人,止能治十亩。
② 参见本书第二部第三章第三节。
③《补农书》"补农书后",上壅麦、菜一则。
④ 嘉庆《黎里志》卷二《形胜》:
　　镇之东曰东栅。每日黎明,乡人咸集,百货贸易,而米及油饼为尤多。

如《农事幼闻》所载，"上农""富农"阶层多用豆饼，说是富裕阶层推动了豆饼流通发展的原因也在于此。以下即从豆饼流通的发展入手，对清代的农业经营作一动态分析。

第二节　清代前期的豆饼流通

一、豆饼的利用

豆饼作为肥料出现在农书上，是明中期以后的事。[①] 16 世纪初所著的《便民图纂》记载把河泥与豆饼混在一起作为水稻的基肥使用；[②]《天启海盐县图经》则登载了将猪粪、草、豆饼和河泥混拌发酵后于插秧前施用的习惯；[③]《农政全书》关于棉田施用豆饼肥的记述非常有名，[④]密植的时候，据称每亩施用十块豆饼。

虽然豆饼肥的使用方法在几种农书中已经出现，但在当时关于农业和手工业技术的综合性著作《天工开物》中未被记载，书中只记载了大豆是榨油原料，《乃粒》卷中记载了从芝麻到棉花八种油饼肥料，其中没有大豆。[⑤] 根据该书记载，南方将大豆作为肥料使用时，是在大豆便宜时直接把大豆撒到水田里，[⑥]这种肥料技术在其他农书中也有记载。[⑦] 另据《补农书》载，绍兴一带把菜籽饼作为小麦的肥料，而在

---

① 参见天野元之助著《中国农业史研究》(增补版，御茶水书房，1979 年)第一章"水稻种植技术の展开"。
②《便民图纂》卷一《下壅竹枝诗》，卷二《耕获类·壅田》。
③《天启海盐县图经》卷四《县风土记》。
④《农政全书》卷三五《蚕桑广类·木棉》。
⑤《天工开物》中卷，《膏液》第一二卷；上卷，《乃粒》第一卷《稻宜》。
⑥ 同上，《稻宜》。
⑦《阅世编》卷七《食货二》。

作者的家乡嘉兴府桐乡,则使用肥效更好的豆饼。① 通过这些事例可以看出,豆饼虽在明中期已作为肥料使用,但至少在明末之前还未普及。

这种状况最迟在清中期发生了根本变化。乾隆《震泽县志》、乾隆《直隶通州志》等地方志都记载了大豆等油饼肥料的使用方法,②江苏北部的很多地方志也都记载了豆饼作为肥料被贩往其他地方的事例。③ 此时,豆饼作为肥料使用已经相当普遍了。

以下就对清代前期的豆饼流通展开分析,在分析过程中,其运输形态是大豆还是豆饼,不在笔者的问题范围之内。这是因为,根据记述清中期江浙地方情况的《清俗纪闻》④以及之后的《申报》⑤所载,即使被运到上海等地的大豆,也是专门用来榨油的,榨油后的豆饼则用作肥料和饲料。

二、豆饼流通的发展情况

我们可从流通税税制的完善中一窥大豆、豆饼流通的发展情况。

---

①《补农书》"补农书后":

　　余至绍兴,见彼中俱壅菜饼,每亩用饼末十斤。……吾乡有壅豆饼屑者,更有力。每麦子一升,入饼屑二升。

② 乾隆《震泽县志》卷二五《风俗一·生业》;乾隆《直隶通州志》卷一七《风土志》;嘉庆《如皋县志》卷六《物产·黄豆》;《崇川咫闻录》卷一一《物产录·木棉谱》等等。

③ 嘉庆《高邮州志》卷四《物产》:

　　豆饼(豆液作油,滓作饼。外郡买以治田。)〔()为行间小注,下同。〕

　　嘉庆《如皋县志》卷六《物产》:

　　油(菜子豆棉,俱可榨油。油坊之息,本多者富。)油饼(油渣成饼,壅田肥。贸迁江南,其利不赀,凶岁兼可充腹。)

④《清俗纪闻》卷二《居家》:

　　大豆一升同〔钱〕十五六文,专用榨油。

⑤《申报》光绪元年五月初四《吴元炳片》:

　　黄豆一项,本省产无几。大半运至关东山东,专为碾取豆油之用。豆饼亦系培壅种植。

早在顺治十二年(1655),在浒墅关税则中,和豆类一起,各种豆饼已列在税率最高的加补料项下,①又据《浒墅关志》所收高斌奏章,雍正五年(1727)时,属于清朝造船规格上限的高达一丈八尺的大船,满载大豆往来于浒墅关,②据此情形,高斌奏请调整课税标准,提高豆饼税率。雍正十二年(1734),山东巡抚岳浚的奏折中记载了江苏商船满载江南货物来到山东出售后又满载山东大豆回往南方的情形,③奏折的内容是要山东和江苏两地的行政机关联合起来对运豆船进行管理,于是第二年开始设立两联印票。④ 继浒墅关之后,乾隆元年(1736)扬州关大豆每石征银一分,到乾隆十八年(1753),大豆以及豆饼每担征银升至二分。⑤

　　时代略往后移,山海关留下了大豆、豆饼关税调整的详细记录。据加藤繁考证,⑥乾隆十四年(1749)之前,一直禁止从山海关运输大豆,从这一年开始,空船返回的大船准带二百石,小船一百石。但是,这样的数量限制和当时大船的运输能力相比委实过少,还催生出官场腐败,乾隆三十七年(1772)终于取消了大豆、豆饼海运贸易的限制。之后,虽然税率加倍,但大豆、豆饼贸易有增无减。从各地常关的税制

① 道光《浒墅关志》卷五《顺治十二年货物则例》。
② 同上,卷五《榷税则例》:
　　　浒关则例。如豆税一项,名曰加补料。有梁头小贩之分。小贩则例,每石税银七分。梁头一丈八尺者,税银六十七两三钱。……据山阳江都梁头船户呈称,丈八之船,原照则例,纳银六十七两三钱。后因有将船改造深宽者,是以往年有均钞之请。以销量担数,作梁头丈尺。如丈八梁头,以二千九百八十二石为率,纳银七十七两五钱三分,合计每石二分六厘。
③《宫中档雍正朝奏折》第二十三辑《雍正十二年八月八日岳浚折》。
④《乾隆大清会典则例》卷四八,户部,关税下,雍正十三年。
⑤《乾隆大清会典则例》卷四八,户部,关税下,乾隆元年。同书卷四七,户部,关税上,扬州关。
⑥ 加藤繁:《康熙乾隆时代に於ける满洲と支那本土との通商について》,《北亚细亚学报》2,1943年;《满洲における大豆豆饼生产の由来について》,《小野武夫博士还历记念论文集》,1948年,后收于《支那经济史考证》下(东洋文库,1952年)。

和税额可知,最迟从雍正时期起,苏常地区大船的大豆运输十分活跃,乾隆时扬州关、山海关等的税制逐渐完备,海运、河运都很活跃。

那么,大豆和豆饼在清朝中期的商品流通中占据了何种地位呢?乾隆四十五年(1780)山海关大豆、豆饼的正额为 2.8 万余两,①从每石二分二厘的税率推算,②其数量为 128 万余石。另外,大豆、豆饼的正额约占《嘉庆会典》所载山海关总税额的 46%,③由于南货、北货同为课税对象,不难想象,从东三省向南方输送的商品中,大豆和豆饼占了绝大多数。

江苏各关的情况又如何呢?道光元年(1821)江苏巡抚魏元煜上奏说,北方来的大豆和豆饼是扬关税收的大宗,该年因为河南西河地方的豆饼运输船未至,同时山东运河地带收成欠佳,加之干旱导致运河缺水,通行受阻,税收因而减少。④ 淮关的情况也是如此。道光元年达三奏曰,淮关税课的大宗为黄河船运而来的"豆货",嘉庆二十五年(1820)淮关税课不足是由于黄河河道不畅、大豆运输船无法前来所致。⑤ 至少在道光元年之前,大豆、豆饼是扬州关、淮关税收的主要来源。嘉庆二十一年(1816)两江总督百龄的奏章对豆饼的流通路线有过详细的记载。据百龄所奏,隶属于淮关的十三个分口,税收的大部分都来自豆饼,河南、徐州、山东(经运河而来)、安徽北部(经洪泽湖运

---

① 《山海钞关权政便览》卷二,豆税,黄豆定额事。

② 同上,豆税,试收豆税事。

③ 《嘉庆大清会典事例》卷一八七。

④ 《史料旬刊》第三四期,清道光朝关税案,魏元煜折:

　　计前后两任,少收银三万九千八百六两三钱零。缘扬关由闸,向以北来饼豆为大宗。本年豫省西河饼豆重船,自春迄秋,北来者甚属有限。又东省附河一带,及徐属邳州各处,岁收歉薄,商贩不多。兼之五六月间,雨泽稀少,附关支河汊口,时形浅涩,南北货船,难于行走,以致关闸征收盈余短绌。

⑤ 《史料旬刊》第三二期,清道光朝关税案,达三片:

　　再查,向来淮关税课,以黄河豆载为大宗。上年五月十二日,新季开征以后,豫省仪工,尚未合龙。宿迁一带,黄水断流,西河豆船,不能运载来关,税课日形短绌。

来)是这些豆饼的输出地。① 既然大豆、豆饼是大运河沿岸淮关、扬州关税收的主要来源,就如其他众多资料所示,②处于同样地理位置的工部常关宿迁关、地处苏常大农业区的浒墅关等,情形应该也是如此。

乾隆至嘉庆期间,山海、宿迁、淮安、扬州、浒墅各关的大宗商品,即是从东三省、山东、河南、安徽北部、江苏北部运来的大豆、豆饼,这五关的税额占《嘉庆会典》所载全国关税正额的大约30％。③ 另外,凤阳关位于安徽北部豆饼输出的中心位置,江苏海关控制着海运业务,大豆、豆饼在两关税收中所占的比重应该也很高。④ 大豆、豆饼是乾嘉年间由清政府控制的运往江苏南部商品之大宗,从全国范围来看,也占据着头等重要的地位。

然而清政府所能掌控的,不过是商品流通的一部分而已,豆饼的非法流通可能更能反映豆饼贸易的兴盛之势。为了躲避运输数量的限制,最简单的方法就是将船底改宽。梁头尺寸是清政府征收船税的依据之一,在浒墅关和淮关等地,许多大豆船在不改动梁头尺寸的情

---

① 《续纂淮关统志》卷六《令甲·续纂令甲》:

　　淮关分口,如仲庄、周闸、草湾、永丰、茶庵、流均、轧东、长山、白洋、新河、后湖、庙湾等处,共十三口,均归入大关额内,向以豆饼为大宗。豆饼出产之处,自豫东徐州而来者,谓之西河。自东省运河而来者,谓之北河。自凤颖洪湖而来者,谓之南河。豫东有收,则商贩辐辏,岁歉则商贩稀少。此系一定情形。

② 《清实录》乾隆五十八年五月癸巳条:

　　谕户工二部议覆。淮宿等关,征收税课,一年期满,比较五十五年,共短少盈余银十二万九千五百余两零。……第念,该关税课,全赖山东、河南等处豆货贩运南来,钱粮始能丰旺。上年河南、山东,均有少雨之处,豆收不能丰稔。又半为本地民食所需,以致豆货船只,到关稀少,盈余短绌,尚属实在情形。

　　淮宿两关相关的资料还有:《史料旬刊》第四〇期,清道光朝关税案,长良折;《清实录》乾隆四十一年三月辛丑条,乾隆五十六年五月丁酉条,乾隆五十七年闰四月戊子条。

　　关于浒墅关,《清实录》乾隆五十八年五月辛丑条有如下记载:

　　第念,该关〔浒墅关〕税课,以米豆为重。上年川湖米船到苏,不及前数年之络绎,豫东二省歉收,豆船来苏亦少,以致盈余短绌,尚属实在情形。

③ 《嘉庆大清会典事例》卷一八七至一八八《户部关税》,同书卷七一〇《工部关税》。

④ 关于凤阳关,《清实录》乾隆五十六年六月己未条载:

　　第念,该关税务,全赖上游豫省米豆船只,赴江贩运。

况下把船底加宽以扩大载重量。①

　　避开税关绕行、从禁止地区海贩则是更重要的走私手段。嘉庆后半期，来自河南方面的大豆船并不通过淮关，而是在洪泽湖南端经小河过宝应湖、高邮湖，再由邵伯进入大运河。② 河南、山东的大豆船也多绕过浒墅关，经小河道直达上海。③

　　避开税关的另一种方法是走海运。在大豆贸易解禁之前，山海关的走私情况相当严重。④ 江苏北部的青口以海上走私而闻名，长期以来朝廷禁止大豆相关商品从该地输出，乾隆五年（1740），清政府批准了署理江南总督郝玉麟的奏疏，开放了大豆的海运，⑤但依然禁止豆饼输出，对大豆输出也制定了严格的管理制度，输出前由县衙发给印

① 有关浒墅关请参照第 155 页注②。《续纂淮关统志》卷七则例《捏查船货例》，就淮关记述如下：

　　各河豆船，有时古两种。时船面窄底宽，古船面宽底窄。

②《续纂淮关统志》卷六《令甲·续纂令甲》，嘉庆十六年十月三十日《两江督院百〔龄〕片》：

　　但查，该关税务，全仗北来豆船。而各商由河南等处，贩买南来，从洪湖行走者，俱应由运河下，达淮关纳税。奴才访查，洪湖南畔，有清河盱眙连界之二山子地方，可以径过蒋家坝，坝下由观音寺一带小河，入高宝湖，即从邵伯出口，仍入运河。又有山阳县属之周家桥草泽河归岔河镇，亦为入高宝湖之路。

　　调查结果是这里几乎没有偷越的现象，不过百龄还是奏请设置两处税卡。此外，《光绪大清会典事例》中有如下记载（卷二四〇，嘉庆二十年）：

　　又议准，凤阳颍州一带所出豆饼，应由洪泽湖载运南来，赴淮关投税，毋许径走临关钞路南下。淮关监督，仍派派妥役，渡湖巡查，以杜偷越。

③《同治户部则例》卷四〇，关税《巡查偷越》：

　　一。豫东贩赴苏松一带销卖之豆杂等货，例由浒墅关纳税。其有由甘泉县之六闸，盘入通州泰州内河，绕至滕家坝等处，分剥出江，并从通州泰州盐河之任家港出口，直达上海。……均令各该地方官，稽查严禁。并于黄田港，添设巡艇，驻守巡查，毋得隐漏。

　　据《光绪大清会典事例》卷二四〇载，此为嘉庆二十年之禁令。

④《山海钞关权政便览》卷二，豆税《试收豆税事·乾隆四十年四月监督福德仁内准盛京将军咨》。

⑤《清实录》乾隆五年四月乙酉条：

　　户部议覆，署理江南总督郝玉麟等奏。赣榆一县，民间所资，惟黄豆杂粮。本地难以销售，必须船载至太仓州刘河地方。各省客商凑集，采买甚伙。但内河道远，运费浩繁。惟出青口对渡，直抵刘河，贩运较便。向来海禁甚严。今请弛海禁，官给印单为凭，自不至有私载偷漏情弊等因。

单,填明豆石数目以及运往处所等事项,通关时内容必须相符。如果经淮关走陆路,不仅有好几百里的路程,路况还很差,导致运费比收购价还高,商人因此都走海运。[1] 嘉庆八年(1803),两江总督费淳奏请开放豆饼海禁,[2]但未获批准,之后海运仍是禁而不绝,如何防止走私仍是清政府关心的议题。[3]

大豆、豆饼流通在清政府所能掌控的商品流通中占有头等重要的地位,除此之外,还存在不受清政府关税制度控制的大量的非法流通,大豆、豆饼的确是清代中期最重要的大宗商品之一。

三、豆饼流通与江南农业

接收大豆、豆饼的中心是上海,而在上海海贩豆饼的主体则是沙船商人。[4] 上海是沙船的基地,聚集的沙船多达3500艘,大船的载重量为3000石,小船也可载600至1500石。[5] 而且,当初一年两个来回

---

[1] 《安吴四种》卷二七,齐民四术,卷三,农三《青口议》:

油与豆饼,皆属奉禁出口之货。然从未见其陆运赴淮,则其由海来往,不问可知。盖产货者农,而运卖者商。若遵例绕淮南下,陆路近者百余里,远者二三百里,又系村庄小道,不通大车。计其运脚,浮于买本。

[2] 《续纂淮关统志》卷六《令甲》:

〔嘉庆〕八年三月,户部议奏,江督费〔淳〕奏赣榆县生员吴昌善前在都察院呈控淮关禁止豆饼不准附载豆船由青口对渡刘河销售一案,该总督请,将豆饼一项载入户部则例,准其由青口对渡,在海关输税售卖。查……豆饼为粗重肥田之物,既非他邑之必不可少,亦于赣榆之所利甚微。该生远涉京师,急急上控。其意存夹带私货,偷漏税课,已可概见。……奉旨,部议甚是。……嗣后着仍遵照旧定章程,督饬稽查。钦此。

[3] 《光绪大清会典事例》卷二四〇,嘉庆二十年。

[4] 有关沙船之情形,参见山口迪子所著《清代の漕运と船团》(《东洋史研究》17—2,1958年)、上野康贵撰《清代江苏の沙船について》(《铃木俊教授还历记念东洋史论丛》,1964年)。

[5] 《安吴四种》卷一,中衢一勺,卷一《海运南漕议》:

沙船聚于上海,约三千五六百号。其船大者,载官斛三千石,小者千五六百石。船主皆崇明、通州、海门、南汇、宝山、上海土著之富民。每造一船,须银七八千两。其多者,至一主有船四五十号,故名曰船商。

的沙船运输,逐渐发展为一年三至四个来回。① 这些沙船运输的北货,主要是"大豆三品",即大豆、豆饼和豆油。②

上海随着豆业的发展而发展,油豆饼业公所、青口船商创建的祝其公所、北货行所、商船会馆等纷纷在上海建立,③与豆业直接相关的会馆、公所的设立,从乾隆一直延续到道光年间。如后所述,开埠以后上海豆业迅速衰退,但昔日的荣景不是那么容易就消失殆尽的,民国以后,上海还流通着一种名为豆规银的银两,秤豆油、豆饼用的天平秤、莱阳秤仍在使用,④从中也可知豆业在上海的重要地位。青口也有着同样的繁荣景象。⑤

沙船的基地虽说是上海,豆饼的消费地却是其周边的农村地带。据《安吴四种》记载,上海汇集了来自崇明、通州、海门、南汇、宝山等地的沙船。⑥ 郝玉麟的奏章称,从青口海运而来的豆货被贩运至太仓刘河。⑦

---

① 《皇朝经世文编》卷四八,谢占壬《古今海运异宜》。《瀛壖杂志》卷一。
② 《李文忠公全集》奏稿一《上海一口豆石请仍归华商装运片》。
　　第 155 页注③岳浚之奏折云:
　　　　再查,豆船一项,由东省贩运江南者尚少。惟江南贩货,来东发卖之后,即买青白二豆,带回江省者,十居六七。
　　　　此间的变化显示出流通的发展。
③ 民国《上海县续志》卷三《建置下·会馆公所》所收有商船会馆、萃秀堂(油豆饼业公所)、祝其公所(海州赣榆县青口镇船号商公捐)、南阜公墅(北货行公所)。关于北行时的压舱,请参照《安吴四种》所收《海运南漕议》及《江苏省明清以来碑刻资料选集》第 478 页。
④ 民国《上海县续志》卷一·《疆域·风俗》:
　　　　中外未通商以前,商市以豆业为领袖。至今市用银两,通行豆规,而米麦行肆所用斗斛之较准,犹豆业操其权。
　　　　参照同卷所收关于"豆规银""天平秤""莱阳秤"的解说。
⑤ 光绪《赣榆县志》卷三《建置》:
　　　　青口。自乾隆五年以前,但渔者勿问,其它商船一切封禁。闻诸故老,其时并海民居数百家,落落可数也。既大吏题请运豆太仓刘河,报可。于是峨舸大艑,往来南北,废著者赢利三倍,市廛甚盛益兴,游手空食之民,仰余沥其间者,以数千计,称便利矣。
　　　　此外,请参照《安吴四种》卷二七,齐民四术,卷三,农三《青口议》。
⑥ 参见第 159 页注⑤。
⑦ 参见第 158 页注⑤。

光绪《阜宁县志》记载,太平天国以前,豆饼从该地运往常州、无锡。①　再结合其他资料,②可知豆饼的接收地是苏州、常州等农业地带。

关于船商的具体情况,现在不得而知。据《安吴四种》记载,有的大船户拥有四五十艘价值七千至八千两的沙船,不过,《一斑录·杂述》中记述了一次海难事件,主人公张用和代表的可能是另外一种类型的船商。③　白茆川流经常熟和太仓的中间地带,最后注入长江,张用和就住在白茆川的河口处,拥有一艘名为恒利号的沙船,以海运为业,往来于牛庄和胶州、莱阳等处。嘉庆二年(1797)恒利号遭遇台风失踪,道光年间,张氏又置办了一艘名为源泰号的船奔赴山东莱阳贩运豆饼,大豆、豆饼贸易有利可图时,凭借着一艘沙船独闯狂涛怒海的农村“土著之富民”形象,跃然于纸上。

那么,这样运来的豆饼对该地的农业生产有着怎样的意义呢?流入太湖周边地区的豆饼数量无法统计,试以三千石的沙船为例作一探讨。④　容积单位为三千石的沙船,换算成重量单位,能够装运多少担比重较大的豆饼,不甚明了,姑且以较少的标准容积单位一石等于重量单位一担来做一个大致的探讨。

每亩土地的施肥量因土质、耕作深度不同而不同,如果以《松江府续志》所载水田1亩须豆饼50斤来计算,⑤梁头一丈八尺的大船,其所载的豆饼量,可施田6000亩,即360多公顷。如果把这些豆饼作为猪

---

① 参见第 166 页注①。

② 参见第 158 页注③、第 159 页注②等。

③《一斑录·杂述》卷一《漂泊异域》:

　　白茆海口,在张墅东十里,有张用和者。其家素以泛海为业,每至关山东(山海关东牛庄等处,山东胶州莱阳等处)生理。嘉庆二年,有船号恒利者,漂失无踪。……后于道光三年九月,张氏又有一船,号源泰。已至山东莱阳销货,又置豆饼、羊皮、水梨等货而返,遭飓倒拖太平篮。

④ 第 159 页注⑤所引《安吴四种》云,大型沙船的装载量为 3000 石(容积单位)。这与第 155 页注②《浒墅关志》所称一丈八尺大船装载 2982 石一致。

⑤ 参见第 151 页注③。

饲料,适当配以垫草制作厩肥,根据《沈氏农书》的计算,可施田 2000 亩,约 120 公顷。[1] 另外,如把豆饼的含氮量同硫酸铵相比,一艘梁头一丈八尺的大船进港,就等于来了四五辆载重量为十吨的大卡车。[2]

上海汇集了超过 3500 艘的大小沙船,繁盛之时商船一年要跑三四趟。北来的货物以大豆和豆饼为主,即使去掉虚夸的部分,其意义也十分巨大。而且如前所述,除了海运,还有来自安徽北部、河南等地的内河航运,其货物也以大豆、豆饼为大宗。

豆饼流通如此广泛,并成为清中期的主要商品,这为我们揭示了当时商业性农业的一些情况。

首先它表明,将豆饼作为商品肥使用,又或作为外购饲料使用的农业经营方法,已在清中期的长江下游三角洲地区得到普及,换言之,因为豆饼是一种付出了很高代价购入的肥料和饲料,这说明,长江下游三角洲地区已经步入具有较高水平的为贩卖而购买的小商品生产阶段。以大阪湾为中心的日本畿内地区,商品生产在近世已有很大发展。这些地区的农民,特别是以河内为中心的植棉户,主要使用沙丁鱼干为肥料,[3]大阪肥料市场是大阪湾一带肥料的供应中心,近世中期(乾隆五十年代)的进货量不过一万草袋。[4] 虽然中国使用商品肥的地区要广阔得多,但从饼肥的贸易量来看,长江下游地区的农业也丝毫不逊于近世中期的日本农业。

附带说明一下,除了用于一般认为的商品作物棉花,豆饼还用于水稻种植,这也从侧面反映了包括主要粮食作物在内的以贩卖为目的

---

[1] 据《沈氏农书》"六畜·养猪六口"条及同书"运田地法·羊壅宜于地猪壅宜于田"条所述,豆饼 10 斤可得肥料 1 担,豆饼 150 斤左右可得水田 1 亩所需之肥料。参见本书第三章。

[2] 有关豆饼的肥料元素含有量以及豆饼和硫酸铵的肥效,请参照满铁调查部的《改订 豆粕的饲料化に就いての考察》。

[3] 古岛敏雄著《日本农业技术史》(《古岛敏雄著作集》第六卷,东京大学出版会,2005 年)第 543 页以下部分及山崎隆三著《地主制成立期の农业构造》(青木书店,1961 年)后编。

[4] 平野茂之:《大阪靭肥料市场沿革史》,大阪府肥料卸商业组合,1941 年,第 21 页。

的农业生产已在进行。

其次,大豆和豆饼从华北或东三省方面长期大量地往南运输,这意味着作为肥料生产基地,中国北部已经卷入长江下游商业性农业之中,也就是说,随着长江下游地区商业性农业的发展,从生产层面来看,清中期之前全国性市场就已在形成之中了。

第三,如第一节所述,为了提高劳动生产率,"上农""富农"等富裕农民纷纷使用豆饼作肥料,豆饼流通的扩大,意味着富裕经营方式的普及。如果豆饼使用非常普遍,在此基础上生产力水平又得到普遍提高,那么贫穷农民也就不得不使用豆饼,而豆饼的赊购也印证了这一点。伴随着富裕经营的发展,贫困阶层受商业资本制约,不断丧失其经营自主性,这也是农业资本主义发展的两个侧面。

第三节　清代后期豆饼流通的变化

一、豆饼流通的变化与衰退

清代中期,东三省和山东的大豆、豆饼的接收地为长江下游三角洲地区,乾隆朝快结束时,出现了新的豆货流通,这就是以宁波为中转地的去往浙江南部及福建的转口贸易。乾隆四十九年(1784),准许福建商人在宁波购运山东、奉天大豆回闽,同青口一样,该贸易也是在清廷的印票管理制度下进行的。① 乾隆五十年(1785),规定一张印票的

---

① 《嘉庆大清会典事例》卷一九一:

　　〔乾隆四十九年〕又覆准,山东奉天二省豆石,商民运到浙江宁波鄞港销售,有余准福建商船购运回闽。令鄞县验明豆数,填给印票,并于船照内,注明装豆数目,运回何处贸易字样,赴浙海关纳税。出口时,防守汛口员办印戳,挂验放行。仍按月造册,关会福建进口处所稽查。如有迟久不到,及到口查验无豆石者,即行查究。

转运额度为一百石,到了五十一年(1786),又规定台州、温州两府可比照福建转运大豆回籍。①

不过,这些新的贸易有其局限性。众所周知,传统的中国沙船适合上海以北沙多水浅、波浪平稳的航线,而浙江以南的沿海地区,水深浪急岛礁多,不适合沙船行走,在这些海域航行的是结构坚固的船舶,如鸟船等,南北之间不能互航,正因为此,闽粤船不参加漕粮海运。② 由于技术方面的原因,乾隆年间开始的福建方面的大豆贸易,就如法律条文所规定的那样,不得不局限于转口贸易的范围之内。

清代后期情况发生了根本性的变化。表1为1884年度豆饼的主要贸易港之间的输出输入情况。如表中所示,从牛庄和芝罘装船的豆饼大部分被运往汕头和厦门,两港最终的输入量合计超过总体的95%,与此同时,上海的地位明显下降,其总输入量不到流通总量的5%,而且输入上海的豆饼,有相当多的部分直接转口到了其他地方。③ 表2是19世纪70年代上海豆饼的贸易情况。从表中可知,上海已由豆饼的接收地转变为贸易的中转站,或者说是囤积和投机买卖的场所,而且从贸易总量来看,其作为中转站的作用也很小。

---

① 《嘉庆大清会典事例》卷一九一。
② 显示其间情形的著名资料有《安吴四种》第一,中衢一勺,卷一《海运南漕议》,以及《皇朝经世文编》卷四八谢占壬《行船提要》等。
③ 表1以总税务司所掌握的数据为基础,虽非流通的全部,但数据量极大,可以认为反映了整体的情况。如表所示,进行豆饼交易的港口中,在某些年份,宁波也出现在其中。把再输出量和输出量相加,与输入量的总合基本一致,这表明转口贸易是在主要港口内完成的。

表1　主要港口之间豆饼输出输入状况(1884年)

		牛庄	芝罘	上海	厦门	汕头
输出①	总量(担) 总额(两) 每担价格(两)	1 901 013 1 325 871 0.70	1 245 601	4027 3625 0.90	——	——
再输出②	总量(担) 总额(两) 每担价格(两)	——	——	47 771 42 995 0.90	5472 5054 0.92	
输入③	总量(担) 总额(两) 每担价格(两)	——	——	154 397 138 957 0.90	541 339 513 524 0.95	2 539 712
输入输出 相抵(担)： ③— ①—②		−1 901 013	−1 245 601	102 599	535 867	2 539 712
		60.4%(−)	39.6%(−)	3.2%	16.9%	79.9%

资料来源：*Commercial Reports from Her Majesty's Consulsin China*,1884.

表2　上海港豆饼输出输入状况

		输出①	输入②	再输出③	②—①—③
1873年	总量(担) 总额(两) 每担价格(两)	4236 3389 0.80	250 698 200 558 0.80	167 362 133 889 0.80	79 100
1875年	总量(担) 总额(两) 每担价格(两)	232 242 243 854 1.05	174 986 183 736 1.05	207 247 217 605 1.05	−264 503
1876年	总量(担) 总额(两) 每担价格(两)	6591 6892 1.05	105 005 110 255 1.05	29 347 30 814 1.05	69 067
1877年	总量(担) 总额(两) 每担价格(两)	1068 1067 1.00	318 140 318 139 1.00	324 790 324 790 1.00	−7 718

资料来源：*Commercial Reports from Her Majesty's Consuls in China*, *Shanghai.*

上海豆饼贸易的衰落情况,在中国的文献中也有反映。光绪十二年(1886)编纂的《阜宁县志》载:

> 国朝海禁初开,商舶云集。……其时八滩、东坎、羊寨、东沟诸镇,集运饼、豆常州、无锡者,帆樯相属,今皆视为陈迹。盖自河徙军兴后,商民重困,生计萧条。①

曾经由江苏北部到常州、无锡地区的豆饼贸易如今突然停止了。

除了海运,豆饼运输的另一条大动脉运河运输的情况又如何呢?光绪九年(1883)著《续纂淮安府志》载:

> 豆油豆饼,道光以前,转贩江南,获利为厚,榷关亦以此为巨款。三十年来,收获益薄,业此者少。北人之佃于南者,又教以植豆榨油,所在浸广,油饼南运者益稀。②

淮关曾是安徽北部、河南、山东等地南行豆饼船云集的地方,可到了光绪年间,旧日的景象已不复存在。

流通的变化从豆饼的使用上也可得到印证。光绪年间江苏地区仍把豆饼作为肥料使用,虽然豆饼的大规模贸易减少了,但海关无法掌握的小规模贸易可能仍在进行;另外,就算全国性流通减少了,仍可使用当地生产的豆饼。光绪二十四年(1898)的《农学报》云,在播种和插秧之前,应先施以十块豆饼作为基肥,③光绪三十四年(1908)发行的《蚕桑萃编》也载,豆饼是桑树的肥料,④但该书又在"桑政·论粪

---

① 光绪《阜宁县志》卷一《疆域·恒产》。
② 《续纂淮安府志》卷二《疆域·物产》。
　　榨油技术是在道光以后南传的已被证明不符事实。
③ 《农学报》第三十一期《光绪二十四年四月上　各省农事述》(《中国近代农业史资料》,生活·读书·新知三联书店,1957年,第一辑,第591—592页):
　　〔江苏丹徒县〕播种下秧,其日必先下灰粪,松泄其土。种后约半月,磨豆饼为屑投之。每饼约八十文,亩有十饼,苗即壮盛,获至四石。粪则不拘时日,愈多愈妙。
④ 《蚕桑萃编》培壅类《积物》。

类"中说,豆饼的肥力虽然很强,但价格昂贵无法大量使用。①

对此,1865 年、1874 年、1878 年的牛庄海关报告、约翰·亨利·格雷(John Henry Gray) 的 *China* 或是 1888 年英国皇家亚洲协会的农村调查等,②都从各自的角度讲述了大多数豆饼被运至广东、福建,成为当地甘蔗种植的主要肥料。其中,1878 年度牛庄海关报告称,当地豆饼输出的最大消费地是汕头,主要用作甘蔗种植的肥料,由于前一年度砂糖输出出现了前所未有的兴盛,甘蔗种植户对豆饼的需求增加,该年豆饼输出因此达到了历年的两倍。③ 可见,豆饼流通变化的背后,外国市场的作用也不小。④

---

① 同上书,桑政,论粪类《粪性》:

　　　豆饼者油之余也。性滑能化干燥,长物最易。惜价昂,不能多用。

② *Reports on the Trade at the Ports in China for the Year* 1865, Newchwang, p. 15. *for the Year* 1874. Newchwang, Exports, Beancake. *China Imperial Maritime Customs*, *Reports on Trade at the Treaty Ports*, *for the Year* 1878, Newchwang, Export Trade, Bean-cake. John Henry Gray, *China*, *A History of the Laws*, *Manners and Customs of the People*, 1878, London, chap. XXII, p. 136. A Report from Miss. A. M. Field, American Baptist Mission, Swatow, Kwangtung, in "Tenure of Land in China and the Condition of the Rural Populations", *Journal of the North China Branch of the Royal Asiatic Society*, Shanghai, New Series, vol. XXIII, For the Year 1888, p. 111.

③ *China Impererial Maritimc Customs*, *Reports on Trade at the Treaty Ports*, *for the Year* 1878, Newchwang, Export trade, Bean-cake. Bean-cake, 1, 924, 968 piculs, is more than double and in two instances, treble the quantity even before shipped hence in Foreign bottoms, The receivers were Shanghai, Foochow, Amoy and Swatow, the latter port being the largest consumer. ⋯⋯Bean-cake is largely used as a fertilizer for crops of Sugar and Rice, particularly the former, and the increase in the quantity shipped was due, lst, to the fact that Sugar cultivation at Swatow and elsewhere had received a great impetus from the previous year's unprecedented shipments to Great Britain, the United States, and Australia, and that consequently an extraordinary demand arose for its fertilizer.

④ 进入 20 世纪后,受外国市场的影响,豆饼流通再次发生变化。东北所产豆饼的 80% 至 90% 出口到日本(参见满铁地方课,商工调查第二号《商工业上ヨリ见タル满洲ノ大豆》第 15 页)。

二、豆饼流通变化的背景

那么,豆饼流通的变化是由什么引起的呢?

(一)流通条件的变化

首先是豆饼流通的条件发生了变化。其一就是洋商参与到豆饼的运输业务之中。清政府非常明白大豆、豆饼运输之于沙船的意义,第二次鸦片战争后缔结《天津条约》,牛庄、芝罘成为通商口岸,但同年在上海签定的《通商章程善后条约》中,并未对英国商船开放大豆、豆饼的运输业务,沙船的垄断地位得到保留。① 但是,大豆、豆饼贸易极为有利可图,而且牛庄等地的大豆、豆饼运输未开放之前,英国商人在返回时为了船舶安全不得不装上砂子,与来去都有货物可载的中国商船相比,运费高出一倍,②导致洋货竞争力下降。而且,牛庄、芝罘等地的贸易是南货与大豆、豆饼的易货贸易,③因此对于外国商船来说,大豆和豆饼运输是不可或缺的。

因此,以芝罘的英国商人为首要求取消限制的运动日益高涨。④对此清政府虽然屡次表示拒绝,但出于镇压太平天国的迫切需要,只好不顾"中国商船之利",于同治元年(1862)正月,批准了恭亲王关于

---

① 《清初及中期对外交涉条约辑》中英《通商章程善后条约》第五款:

又豆石、豆饼,在登州、牛庄两口者,英国商船不准装载出口。其余各口,该商照税则纳税,仍可带运出口,及外国俱可。

② *Commercial Reports from Her Majesty's Consuls in China*, *for the Yea*r 1862, "Report on the Consular District of New-chwang, with Particular Reference to its Commercial Capabilities," November 18, 1862, p. 6.

③ 《筹办夷务始末》咸丰朝卷七四,咸丰十一年二月盛京将军玉明等上奏:

即如牛口通商一条,奉省银钱艰贵。向来海口商船贸易,俱系以货兑换豆石。今夷船来此通商,如欲以货兑换银钱,必无售主,货不能销。

芝罘的易货贸易情况,见 Britten Dean, *China and Great Britain. The Diplomacy of Commercial Relations.* 1860—1864, Harvard East Asian Monographs, 50, 1974, p. 80.

④ Britten Dean, *op. cit.*

大豆、豆饼解禁的奏章。[①]

其后，尽管李鸿章等人数次上奏，但这一政策依然被保留下来，结果导致牛庄的收购价格上涨，缺少资本的沙船业者遭到洋商排挤。[②]如前所述，乾隆后期大豆开始输往福建，但受造船技术的限制，豆类贸易还停留在中转贸易的阶段，外国船只出现后情况发生了改变。外国船只虽然也不适应在浅海航行，但其资本雄厚，利用当地的沙船收购豆饼，以其优越的航行能力进行快速运输，为福建和广东创造出与上海同样的市场条件。[③] 外国船只的参与导致豆饼价格上涨，新的航海技术带动了新市场的出现，这即是流通条件的第一个变化。

不过，上述原因即使可以用来说明广东、福建市场的兴起以及江苏地位的相对低下，但对于在价格上涨的情况下其他地方的豆饼不再输往长江下游地区一事，还是缺乏说服力。造成这一情况的还有一个重要因素，那就是厘金的出现。曾是豆饼消费地的江苏省，厘金的征收始于咸丰四年(1854)，罗玉东的研究表明，江苏和浙江两省缴纳的厘金最重，[④]为了镇压太平天国运动，商品生产最发达的江浙地区成

[①]《筹办夷务始末》同治朝卷四，同治元年正月二十一日：

　　恭亲王等又奏。据英国公使威妥玛屡称，如欲北洋海口完固，莫如将豆货开禁，则商贾辐辏，外国不能不保守该口。……臣等查，天津和约，禁止洋商贩运豆石出口，原因恐分中国商船之利，并有妨民食。现值南方不靖，贼势方张，沿海口岸，兵力尚单，外国如能协防，亦可稍张声势。……复查，洋船贩运豆石，原以压装回南，并非运出外国。其于内地民食，亦无大损。现欲资其协卫，似不得不略从宽大，以示羁縻。……御批，依议。

[②]《李文忠公全集》奏稿一《上海一口豆石请仍归华商装运片》，奏稿七《北洋豆货上海一口请归华商转运折》，奏稿七《收回北洋豆利保卫沙船片》。

　　价格的变化，请参照 Commercial Reports from Her Majesty's Consuls in China, for the Year 1862, "Report on the Consular District of New-chwang, with Particular Reference to its Commercial Capabilities"和 Decennial Reports on the Trade, Industries, etc, 1892—1901.

[③] 关于当地船只的豆饼集装参见 Commercial Reports from Her Majesty's Consuls in China, for the Year 1875, Chefoo. 与沙船相比，轮船更有优势，参见 Commercial Reports from Her Majesty's Consuls in China, for the Year 1874, New-chwang.

[④] 罗玉东：《中国厘金史》，商务印书馆，1936 年，第三章、第七章。

为清政府最主要的厘金来源。

咸丰四年开征厘金之时,税率还较轻,大豆一石铜钱四文,豆饼每片二文。可是由于咸丰七年(1857)税率提高,同治元年(1862)又改为收银,到光绪元年(1875),大豆厘金增加到初创时的三十倍,豆饼则增至十余倍。[1] 而且在当时,厘金被看作是经济不景气的原因而被多方诟病,因此至少在法律上,米谷等的税率在逐渐下调,但由于大豆三品不属于主要粮食作物,并不在减免范围之内。[2] 光绪元年,上海商人要求减免大豆三品的厘金,从相关资料可知,大豆的税率为百分之二十,[3]豆饼的税率为百分之二十几。[4] 加之江苏南部一带,私设厘卡众多,厘捐繁重。[5] 受害最严重的应是来自河南、安徽等地的河运贸易,如果在漫长的运输线上,逢卡便收,作为肥料的豆饼贩运自然也就难以为继了。

外国商人的加入与厘金的征收,给曾为豆饼消费地的江浙地区以沉重的打击,过去像稻草一样稀松平常的豆饼,就如《益闻录》所言,流

---

[1]《申报》光绪元年十月十二日《告白》:

伏查,咸丰四年十一月,上海初定厘捐,豆每石钱四文,饼每片二文,油每篓五十六文。七年加作豆每石二十文,饼每片六文,油每篓一百八十文。同治元年,改捐库平银,豆每石七分五厘,饼每片一分八厘,油每篓三钱五分。时因军需孔亟,至次年,而油、豆、饼各增捐一倍。后以军务渐平,一再核减,仍照同治元年捐数,至今遵办在案。然较之咸丰四年初定厘捐时,油、饼尚增十余倍,豆则增至三十余倍。然此仅沪市落地捐也,为他邑所无。若贩运至浙,沿途之卡捐,更□倍于此。

[2]《申报》光绪元年五月四日《京报全录　吴元炳上奏》。

[3]《申报》光绪元年十月十九日《书绅商公禀后》:

核计豆子,每石身本,不过二千余文。而由牛庄贩来,每关担纳税六分四厘七毫。到上海,再完进口,每担四分七厘,连往别处者,再加落地捐,每石八分二厘五毫。试由报落地捐后,连过闵巷,则卡捐每石钱八十八文,又加船捐钱十文。以后所过苏属各卡,均每石捐钱四十文。统计在苏属销卖,每石已在四百文左右。核之身本,几至加二矣。若豆、油则更大。牛庄到苏属,每担约一千三百余文,豆饼每片约一百三十余文。

[4] 有关豆饼的课税见上注。牛庄之豆饼价格见第169页注[2]所引的资料。银两与铜钱比价见民国《鄞县通志》食货志《历年正辅币兑价》。东北产豆饼一个的重量见《松江府续志》卷五《疆域志·风俗》中有关豆饼的说明。据以上数据计算,约为 26% 至 27%。

[5] 例如《清实录》同治元年七月庚戌条。

入数量减少,价格昂贵,令人望而却步。[①]

(二)产品价格下跌

豆饼流通状况剧变的背后,是豆饼自身的流通条件发生了变化。除此以外,还与长江下游地区农业经营条件的变化有关,其中之一,就是该地区主要经济作物棉花和大米价格的下跌。

《一斑录》对清代后期苏州地区的物价变动有较为详细的记载:[②]乾隆、嘉庆年间呈上升趋势的棉花价格,在 19 世纪 40 年代初达到顶点,1844 年(道光二十四年)以后开始一路下跌。19 世纪 30 年代初,"南京布"甚至打入过海外市场,但在鸦片战争战败后,江苏的棉纺织业,由于其商品生产的高水平性,很快遭到洋布的沉重打击。《一斑录》所载棉花的价格变动,与洋布的流入情况同步。[③] 米价的变动情况也是如此,据《一斑录》记载,米价在乾隆、嘉庆年间一直呈上升趋势,嘉庆末年开始逐渐下跌。棉价、米价均下跌了大约 50%。

《一斑录》的记载到 19 世纪 50 年代初为止,其后的情况如何呢?图 1 是根据海关报告数据所编制的上海大米和原棉以及汕头粗糖这三种商品的物价指数,据此可知,19 世纪 70 至 80 年代,新的豆饼消费者即汕头的甘蔗种植户所生产的砂糖价格,维持在一个较高的水平,

---

① 《益闻录》光绪十九年癸巳五月二十五日《妯娌峰青》:

    江阴市上,女红所绩,以布为生涯。农夫粪田,以豆饼为常事。近日布市大衰,而田中窖拥势难,摈而不用,无如来数甚少。比较往年贩运而来者,只得十分之三,价亦因之大涨。市中出售,计豆饼每担需洋蚨一元六角。青青秋苗,向待滋培,小民大为掘据云。

    《申报》光绪元年十月十九日《书绅商公禀后》:

    乡间肥田之物,又以豆饼太贵,而皆不用矣。

    另参见第 167 页注①。

② 《一斑录·杂述》卷六《米价》《棉花价》。

③ 《安吴四种》(卷二六,齐民四术,农二《答族子孟开书》)载包世臣云:

    松太利在棉花梭布,较稻田倍蓰,虽暴横尚可支持。近日洋布大行,价才当梭布三之一。吾村专以纺织为业,近闻已无纱可纺。松太布市,消减大半。去年棉花客,大都折本,则木棉亦不可恃。

    此为道光二十六年(1846)五月之事。

与之相比,米价、棉价①在同治、光绪年间依然保持着之前的下跌趋势,大概只有 19 世纪 60 年代的一半。19 世纪 80 年代后半期米价、棉价开始回升,但直到 20 世纪才恢复到 19 世纪 60 年代的水平。况且当时正处于通货膨胀时期,就如冯桂芬等人所言,在所有物价高涨的情况下,唯有大米和棉花价格较平,这给进行大米和棉花商品生产的

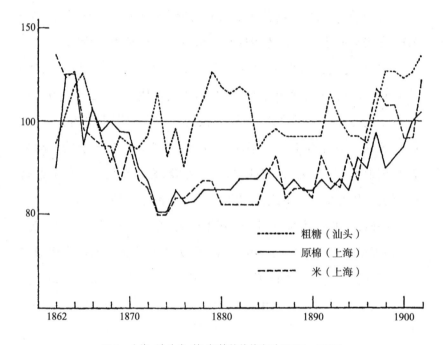

图 1 上海、汕头米、棉、粗糖的价格变动(1862—1902)

资料来源:*China*, *The Maritime Customs*, *Decenial Reports on Trade*, *Indutries*, *etc*, 1892—1901. *ibid.*, 1902—1911

19 世纪 60 年代的平均值＝100。

---

① 1862、1863 两年,美国南北战争造成国际上棉花短缺,棉价敏感地作出反应,异常昂贵,但第二年又恢复了常态。除去这两年,19 世纪 70 年代以后原棉价格是持续下跌的。

农民造成了严重的影响。①

（三）工钱上涨

如前所述，"上农"经营的特色，除了商品肥使用和经营面积较大，就是雇工经营。据载：

> 乾、嘉时，农民力耕而畏法。咸、同之后，惰耕而玩法。附近城镇之农，习惯抗租。长工佣钱，倍于昔时。②

那么，工钱具体上涨到何种程度呢？《中国近代农业史资料》所收"刑部档案"记载了江苏两个月工的例子，分别为 300 和 500 文，③这与《清俗纪闻》所载农村中月工工钱 300 文左右之说是一致的。④《中国近代农业史资料》所收其他的档案资料亦表明，每月工钱大约 300 到 600 文，虽然事例有限，但仍可知当时农业劳动报酬大约在 300 到 600 文之间。

可到了同治、光绪时期，工资水平发生了很大的变化。光绪《乌程县志》、英国皇家亚洲协会的调查报告、《申报》、《宦吴禀牍》等都留下

---

① 《显志堂集》卷一二《袁胥台父子家书跋》：

乾嘉之间，漕币颇绌，非由银之稍减，实由米之递贵，大抵二两以上。今米价一两四五钱，视近年骤贱，农亦骤困。至于百物，则无宜贱者，而今则百物之贵，皆视国初十倍上下。

《松江府续志》卷五《疆域志·风俗》：

咸丰庚申以后，乱离甫定。凡服用之物，及一切工作，其价值莫不视从前加长。比年以来，惟粟及棉价较平，其他不能称。是故历年农田，虽尚称丰稔，而农日以病。

此外，《申报》光绪九年十一月三日《物贵民忧》也说，在大豆等物价的上涨中，惟米独贱。

② 光绪《重修嘉善县志》卷八《风俗》。

③ 《中国近代农业史资料》第一辑，第 113 页：

〔江苏省宝山县。乾隆五十四年〕蔡招在黄位中家，帮做短工，每月工钱三百文。并未立契，亦无主仆名分。

〔江省山阳县。嘉庆四年〕伍方远雇在徐珍家，帮做田工，每月工钱五百文，并无主仆名分。

④ 《清俗纪闻》卷二《居家》：

在乡人做包月工者，月工钱合〔钱〕三百文左右。

了长江下游地区雇佣劳动的相关数据。① 这些数据并非个例,反映了当时的一般水平,不过由于季节性和地域性的关系,数据显得相当凌乱,然而一天 100—280 文这一数字,特别是出现频率最多的 200 文上下数字,足以表明,与乾隆时期的水平相比,此时的工钱有了大幅度的提升。② 农业以外的情况也是如此。③ 这里虽然无法对工钱上涨的原因进行全面分析,不过太平天国以后,尽管有湖南、安徽等地的客民流入,但长江下游地区的人口仍显著减少。④ 农村土地荒废、农业人口减少、劳动力减少,连同物价上涨这一全国性因素,这些都带动了工资水平的提升。

综上所述,乾嘉年间拥有有利条件的长江下游地区的农业经营,面临了豆饼流通条件恶化及价格上涨、产品价格下跌、雇工工钱上升等一系列困难,所有这些都给第一节中提到的"上农""富农"的经营带来了极大的困难。

> 旧时佣人耕种,其费尚轻。今则佣值已加,食物腾贵。一亩

---

① 光绪《乌程县志》卷二六《水利·会议溇港岁修章程十条》:
> 查,溇上居民,自经兵燹,人烟稀少。乡农自相雇力,一日尚须二百八十文。

其他资料及其对象地区、工资水平一并列举如下:

A Report from Rev. J. F. Johnson, American Presbyterian Mission, Hangchow, Chêkiang, in "Tenure of Land in China and the Condition of the Rural Population," "*Journal of the North China Branch of the Royal Asiatic Society*, Shanghai, New Series, vol. XXIII, For the Year 1888, p. 106……一百二十至一百六十文。

《申报》光绪十年闰五月十八日……浙江嘉兴府,二百一十至二百二十文。

《宦吴禀牍》"禀武进沙洲被灾查勘办理情形"(《中国近代农业史资料》第一辑,第 687 页)……江苏武进县,一百文、二百文。

② 日工的工资乘以三十并不能得出月工的工资。关于两者的比率,皇家亚洲协会的调查中称,日工工资为一百二十至一百六十文,月工工资为二千四百至三千文,可供参考。

③《显志堂集》卷一二《袁胥台父子家书跋》:
> 道光初年,每工八十四文(今匠工二百二十文)。

④ 请参照第 173 页注③《中国近代农业史资料》第一辑第 151 页以下内容。此外参见本页注①。

已约需工食二千钱,再加膏壅二千钱,在农人自种或伴工,牵算或
可少减。①

在工钱和肥料费用上涨的情况下,以前雇工经营的农户,不得已改为
自己耕种,或采用劳动力互助交换的形式,出现了经营上的倒退。在
豆饼流通变化的背后,是长江下游地区农业经营的全面倒退,尤其是
作为豆饼主要消费者、使用雇佣劳动和商品肥的农业经营的倒退。

小　结

豆饼作为肥料使用始于明代中期,清乾嘉年间普及开来,合法、非
合法的流通加在一起,成为最主要的全国性商品,长江下游地区的农
家普遍将其作为肥料和饲料使用。豆饼的使用标志着肥料加工业已
从长江下游的农业生产中分离出来,再通过商业资本互相连接在一
起,换言之,东北地区、山东、河南、江苏和安徽北部的大豆种植以及长
江下游地区使用豆饼的农业经营,都被纳入同一个商品生产体系之
中。豆饼的广泛流通还说明,长江下游地区已步入为卖而买的小商品
生产阶段,无论其产量多少,这样的生产都建立在价值规律的基础之
上。处于小商品生产阶段,雇工经营商品作物,上农、富农经营正是在
这样的条件下不断发展起来的,豆饼的普遍使用,也从侧面证明了富
农经营的发展。

从第三节的分析可知,开埠后商品肥的贸易出现了大幅度衰退,
其原因在于外商的加入与厘金征收所导致的豆饼价格上涨、产品价格
下跌和工钱上涨引起的长江下游地区商业性农业的衰退。除此之外,
以下两点也值得注意:第一,商业性农业的衰退现象源于开埠后外国

---

① 光绪《松江府续志》卷五《疆域志・风俗》。

商品的涌入以及清朝为镇压太平天国所采取的"封建"反动政策;第二,之所以出现衰退现象,是因为该地区在清中期已步入小商品生产阶段。开埠后产品价格下跌能够给当地的农业造成打击,厘金征收可以产生效力,这些都与以贩卖为目的的农业经营密切相关。发达的社会分工使得劳动力买卖极其普遍,这也是工钱上涨会引发严重问题的原因之所在。由于长江下游地区已经步入小商品生产阶段,其所遭受的打击也就越发沉重。

自河南、安徽、江苏北部北来的贩运停止,豆饼后来主要出口到日本,同洋布的流入一样,与外国的贸易连结切断了国内原有的商品流通,长江下游地区的农业优势地位开始下降,小商品生产出现倒退,也即从雇佣劳动倒退到自家劳动,从商品肥再回到自家制肥。19 世纪 60 至 70 年代,开埠和清政府的"封建"反动政策,已经开始改变先进地区的生产关系,对自发的资本主义发展的压制即是其表现之一。

第五章　清代华北的农业经营与社会结构

　　在清代国门洞开之前,中国的小农经营在全国范围内达到了什么水平? 形成了怎样的社会结构? 为了回答以上问题,本文试对清代华北的农业经营和以此为基础的社会结构作一分析。

　　众所周知,日本以往的明清经济史研究,通常都以地主佃农制为焦点,而且大多局限于长江三角洲这一极为狭窄的区域,并将地主佃农关系与生产力的整体发展割裂开来。考虑到史料上的限制,这样的研究状况也是情有可原的。但是,要是由此把这种地主佃农关系扩大到全国,并把地主和佃农间的矛盾作为明清社会发展的原动力,那这就不仅是认识上有失偏颇的问题了。至少在下面将要论述的华北地区,即使到了民国时期,土地所有与农业经营也未完全分离,地主佃农制并没有成为中国社会普遍存在的基础。以下在西山武一和片冈芝子关于华北农业技术和生产经营的研究基础上,[1]以现存的清代华北民间农书为主要史料,从生产力方面入手对华北的社会结构作一考察。

---

① 西山武一:《近世华北旱地农法考——齐民要术以后における华北畑作农业的展开——》,《经济发展と农业问题》,岩波书店,1959 年,后收于《アジア的农法と农业社会》(东京大学出版会,1969 年)。片冈芝子:《明末清初の华北における农家经营》,《社会经济史学》25—2、3,1959 年;同《华北の土地所有と一条鞭法》,《清水博士追悼记念明代史论丛》,大安株式会社,1962 年。

第一节　从民间农书看华北地区的经营状况

首先以清代华北民间农书中的"经营农书"也即反映作者自身经营经验的农书为素材,对一些具体的经营事例进行分析。

一、《农言著实》中的经营状况

《农言著实》①为陕西西安府三原人杨秀元所著,大约成书于道光年间。据书中跋文所载,杨氏四十岁后辞去舌耕半生的教师工作,一边奉养父母,一边力行农耕,是一位农业经验比老农还丰富的人物。正如该书标题"半半山庄主人示儿辈"所示,它是著者为了把"咱家"②也即自己的经营经验传示子孙而作的"家训类农书"。以下,先从种植制度来看杨秀元的农业经营。

杨家的粮食作物主要是小麦和粟,通常采用的是麦粟轮作制。③与粟相比,书中对小麦的施肥和收割更为重视,可见,小麦才是粮食生产的重点。虽然实施麦→粟轮作,但书中又提到,在九月夏收作物收获④之前,冬小麦已于八月播种,⑤因而无法进行粟→麦轮作。小麦收获后施底肥,⑥经过夏闲,七月间用大犁整地,⑦这说明麦收后并非所

---

① 以下《农言著实》出自王毓瑚辑《秦晋农言》(中华书局,1957年)。
② 参见第179页注⑥、第182页注②。
③ 收麦后,先挖地,得雨就要种谷。
　　麦后挖地种谷,自是一定之理。
④ 九月秋收以后,本无活做,即牲口亦闲了。
⑤ 八月种麦时,或地畔坟茔,以及坡坝,有长成底白蒿。
⑥ 麦后上底粪,粪亦不要太大。
　　施肥作业记载在种谷、锄谷之后,并非给粟施肥。
⑦ 七月当种麦前后,搆地最要紧。两次地已经用大犁犁过,该收耱时矣。

有土地都会种粟,冬小麦追肥,也只针对次年种植粟的土地。[①] 另外,麦收之际,为了不耽误粟的播种,要先从种粟的地块开始收割。[②] 这些都表明杨家施行的是以小麦为主的麦粟不规则轮作制,将同一农场以几年为单位加以考察,平均起来主粮基本上是一年一熟。

此书的另一个种植特色是苜蓿种植占有很大比重。综合书中记载来看,秋收后播种的苜蓿,从次年三月至夏初,经过多次收割,[③]越冬时用无犁壁的犁反复犁耕,翌年春暖后还要集中劳力进行中耕除草,[④]春播前需将苜蓿连根挖去。从挖苜蓿的同时也在为粟的种植整地[⑤]来看,苜蓿与其他作物搭配栽培,是杨家作物布局的一大特色,正如书中所说:"咱家地多,年年有种底新苜蓿,年年就有开的陈苜蓿。"[⑥]如果只是从主粮种植来看,《农言著实》的种植制度还达不到二年三熟,但如果在麦、粟之中加入苜蓿等作物,则它已构成一个相当复杂的复种方式。

《农言著实》对苜蓿种植的重视,显示了家畜在杨家经营里的重要

---

① 地将冻,再无别事,就丢下拉粪。明年在某地种谷,今冬就在某地上粪。先将打过之粪,再翻一遍,粪细而无大块。不惟不压麦,兼之能多上地。

② 原上收麦之时,实在长的不好。定行要杆子钐底时节,先将麦后种谷之地钐了,然后再钐其余。

③ (三月)苜蓿花开元,叫人割苜蓿。先将冬月干苜蓿积下,好喂牲口。但割苜蓿晒苜蓿,总要留心。午右以前底苜蓿,经日一晒,就可以捆了。午右以后底苜蓿,水气未干,再到第二日收拾。

与牲口吃苜蓿,麦前不论长短,都可以将就。惟至麦后,苜蓿不宜长。长则牛马俱不肯吃,剩下殊觉可惜。

④ 苜蓿地经冬,先用抈犁子,在地上下,乱抈几十回,省旁人冬月在地内扫柴火。扫柴火不大要紧,第二年苜蓿,定不旺矣。

至于锄,须到来年春暖花开,再叫人锄。

⑤ 挖苜蓿根要细心,叫火计靠镢子挖。有苜蓿处,不待言也。即无苜蓿处,亦要用心挖。有土墼,务必打碎拨平,总似用耱耱过底一般方妥。所以然者何也。得雨后,就要种秋田禾。不如此,日晒风吹,地不收墒,兼之没挖到处,定行不长田禾。牢记。牢记。

⑥ (正月)此月节气若早,苜蓿根可以喂牛。见天日著火计挖苜蓿。咱家地多,年年有种底新苜蓿,年年就有开的陈苜蓿。

作用。在杨家,饲养牛马,既可耕地,又可驮运货物。在第二节中还会提及,和《齐民要术》的时代相比,此时的畜力耕作器具趋于大型化,加之杨家至少需要从两处(平川和原上)分散且距离较远的地方搬运农作物,因此牛马之于杨家是必不可少的牲畜。更重要的是,牛马还是生产肥料的"工厂",正如杨秀元所言:"农家首务,先要粪多。或曰,多买牲口,则粪亦不忧其少矣。余曰,不然。有牲口而不衬圈,与无牲口何异,即衬矣而不细心,与有牲口而少者何异。"为此,杨家不仅建有长工住的"马房",①还修建了保存饲料用的"草坊子"和贮藏垫圈土用的"土坊子"。春夏间连续收刈的苜蓿,有的直接用来喂养牛马,有的晒干后放入"草坊子"贮藏。农闲时将麦秆切细,也放入"草坊子"贮藏。粟的茎叶,豌豆的藤蔓、麦麸等都可以用作饲料。另一方面,在九月至次年三月的农闲期,将贮藏在"土坊子"里的碎土②每天早晚各一次铺撒在畜舍里,每十天清栏一次,在主人的监督下挖出作肥。③ 从全国范围来看,就连落后的三原地区,也实行了以施肥为主的集约化生产。同时,增施肥料是把家畜饲养和饲料种植也纳入自身经营中而得以实现的。

---

① 参见第 183 页注②。

② 二三月内,实在无活可做,或拉土,或锄草,就者两样事了。但此二事,除过麦秋二科,若无活可做,就只做此事。如果草房子宽大,可以积每年的麦秸,何妨遇着间日子,就教人将草锄底放满。或者多的房屋,但有工夫,就要锄草。不然,天有不测风雨,下上几天,牲口没草吃,你看作难不作难。至于土,天日圈内是定要的。有干土可衬,不必言矣。有土房子放土,亦不必言矣。如若无土,又无土房子放土。即或有放土地方,却不甚多。万一上上几天雨,圈内无土可衬,你看作难不作难。所以此二事,我于二月三月内言,但无活可做,就只做此事。嗣后无活的天气,九、十、冬、腊悉照比。

  将豆蔓子稽好,候正场清白稽秸时,将豆蔓子秸在中间,随便都抖撒底喂牲口。

  辟如先上槽喂牲口,宁多添草,少拌麸子。

③ 又必须于每日早晚两次,著工人衬圈。粪要拨开,土要打碎,又要衬平。或早刻用土多少,晚间亦如之。照日查算,遇十日一期,令工人出圈,周而复始,总要亲身临之。则日积月累,自然较旁人多矣。

杨家的主要劳动力是每年雇用的伙计也即长工，①此外，还有农忙期短期受雇的名为"日子"或"芒工"的短工。如前所述，杨家的主粮种植是以麦→粟为主的，其特点是每年四五月间，农活非常集中，谚曰"收麦如救火"，收麦后必须马上种粟，紧接着需要对粟地手工进行中耕除草。为了防止有人偷麦，农场白天黑夜都需派人巡逻守护，进一步增加了劳动力的紧张程度，②杨秀元自己也说，只要度过十天的收割期，一年的辛苦也就结束了。③　相反地，从九月秋收之后到次年三月，则完全没有农活可干。④　在劳动力需求极不平衡的情况下，雇用一定数量的长工，同时在农忙时大量雇用附近小规模经营的农民作为短工，⑤从劳动力成本和生产效率来看，都比其他经营方式更为有利。杨家即是以长工为主，同时大量使用短工进行农业经营的。

那么，在经营中主人杨秀元的作用又如何呢？他是一个有着丰富农业实际经验的人物，这从《农言著实》所载内容句句切实中也可得到印证。他的主要作用在于管理，他告诫子孙收获时的监视与伙计的督促、清栏时的监督等都需要主人亲力亲为，⑥具体农事全部以"著火计""教火计""叫人"等形式来施行。春耕前，他会与某个伙计商量需要购买什么农具，⑦这种伙计可能是某种程度上参与农活管理的长工，有的资料称之为"大伙计"。主人虽然不干农活，但从雇工数量到

---

① 每年家雇火计，早晚饭先离不得菜吃。门口丢些余地，种萝蔔白菜，或腌或晒。七月吃起，可以直至来年麦口。
② 参见第182页注②。
③ 你们在家，成年享福，遇着收割才忙十数天，将这几日，用意用心，著实看守，就算你们一年的辛苦了。
④ 正月无事，著火计尽行到麦地，拾瓦片砖头……二三月内实在无活可做……九月秋收以后，本无活做，即牲口亦闲了。……冬天无事，或著火计一人打土墼……腊月火计无事，亦照六月，定行将树木，一齐浇上一次，第二日埋平。
⑤ 谷要锄成，麦要种成。……人愈多者愈好。勿以日子价大，吝惜小费而不为也。
⑥ 参见第180页注③、本页注④。
⑦ 三月麦口跟前买农器，先前要与火计，商量该买什么。

伙计的伙食、牛马的饲料等,他都亲自过问,因此是亲自参加劳动的经营地主。

《农言著实》没有直接描写杨家的经营规模,但从其大量使用雇佣劳动和大量饲养牛马的情形来看,其经营规模相当大,杨秀元自己也承认"咱家地多"。另外,从下面两点也可看出其经营规模的大小。一是小麦脱粒时进行了大规模的分工,[1]二是收割"平川"上的小麦时,除了动员"原上"的车马伙计,"原上"还需留下三名雇工分别照看家畜和巡护麦地。[2] 可见,杨家拥有的家畜数量、雇工人数以及土地面积都相当可观。

最后来看杨家经营的商业性质。杨家的经营活动也离不开货币经济,他用货币给短工付酬,[3]用货币购置农具[4]及部分家畜饲料,[5]然而从种植方式也可看出,可以用来出售的农产品只有以小麦为主的谷物,[6]而且这些谷物中有多少是用来出售的也是一个问题,[7]杨家很难说是为了销售而进行的农业生产。杨秀元崇尚节约,从牛马的饲

---

[1] 麦堆收起,得风就扬,勿遗余力。人多更好,扬的扬,装的装,掐的掐,担的担,不大时刻,可以清白。

[2] 麦熟时节,先收平川,次收原上。咱家中收麦之日,原上车马并火计,都要下原才是。但原上风气,不比从前,总要丢火计或芒工三人,一个喂牲口,两个在麦地内,前后左右地巡逻,不可顷刻忽过。……不但白昼如此,就是晚上,也要着火计并芒工,一齐出外巡逻。

[3] 原上多得用杆子,不肯割,不过为省钱计耳。殊不知杆子虽好,难免不伤麦,况多不好乎。……及种谷之后,麦苗齐出,不惟收割之时,少收了麦,兼之锄谷之时,多费了钱。虽悔何及。

　　除以上内容外,烦请参见第181页注[5]。

[4] 参见第181页注[7]。

[5] 近来牲口草渐渐贵了,叫人割麦,不惟多收些粮食,也可以多积些草。

[6] 粮食还要过日子,还旧帐,纳钱粮,人情门户,一切应酬,都要靠粮食哩。

　　不过,不清楚这些经济活动是否在粮食货币化的基础上进行的。

[7] 上冬来早辰吃米粥,可以不用饼。有大麦炒熟砲麸,拌得一吃。午刻做些面食。有余的麦,还能果了使钱。

料①到伙计的照明②用油都要节省,时刻不忘"省事""省力""省工夫",在这一点上,他与《沈氏农书》中的沈氏非常相似。③ 不过,和江南相比,华北的农业商品化程度低,其生活水平及食物状况都处于相当贫困的状态。④

二、《西石梁农圃便览》中的经营状况

《西石梁农圃便览》⑤系山东青州府日照县西石梁村丁宜曾于乾隆二十年所著。宜曾的父亲丁士一历任福建按察使、江南布政使等职,但他本人多次应举落榜,三十岁左右放弃仕途,潜心农业,⑥从这个意义上说,他与《农言著实》的作者属于同一阶层。此书收录著者二十年来之所成,内容只限自己亲身所历且适合西石梁村的农事心得,⑦是一本地域性极强的农书。除了农业技术,有关经营的内容也是随处可见,虽不及《农言著实》之多,但仍可以把它当作经营农书来看待。

《西石梁农圃便览》的特点之一是其较为完善的二年三熟种植制度。第一年的三月开始播种黍、稷、谷、穄、蜀秫、陆稻等作物⑧,从六月大暑开始,按早黍稷、黍、谷、穄、蜀秫的顺序依次进行收割,早收作

---

① 冬月天气喂牛,和和草最好,兼之省料。
② 马房内火计们,晚上点灯,只许一盏,经营牲口。待牲口喂饱,即刻吹灯睡觉,免得费油。再马房内不许招留外来不明之人,并不许招留伊等亲戚朋友。
③ 参见本书第二部第三章。
④ 第181页注①、182页注⑦所载伙食情况,可与《沈氏农书》作一比较。沈氏农场的长工农忙时节每天都有鱼和肉吃,还有一勺酒喝,平时则是每日半勺酒,隔天有鱼或肉。
⑤ 以下引用出自中华书局1957年出版的以乾隆二十年刻本为底本的王毓瑚点校本。
⑥ 参见中华书局版王毓瑚的解说。
⑦ 自序载:
　　以事皆身历,非西石梁土所宜,及未经验者,概不录也。
⑧ 三月:种稷稻蜀秫穄谷黍。

物收割后在种麦之地上种植绿豆等绿肥作物。① 八月秋分播种小麦，②第二年五月芒种时收割，麦收后趁下雨之时再种大豆，③九月寒露才能收获，此时已过了冬季作物的播种期，就将大豆茎叶犁入地中，为来年谷类作物的春播做准备。④

这种黍稷→冬小麦→大豆→休闲的二年三熟制，⑤不仅意味着在同一块土地上可以更频繁地收获农作物，而且还有其他许多长处。首先是小麦和大豆的商业价值。小麦是旱农地区商品价值最高的主粮，而大豆作为油料和肥料的原料，随着长江下游地区商业性农业的发展，山东地区对大豆的需求也骤然增加，⑥对大豆进行精细的中耕除草显然也与此有关。⑦ 其次是除了大豆这种养地作物，还利用黍稷类生长期短的特点，在轮作中适当安排种植绿肥作物，结合用地养地达到维持地力的效果。第三是这种种植制度，与华北其他种植制度相比，大大减轻了农活的集中程度。如果把第一年和第二年的田圃各分一半种植，则从三月播种粟黍类作物开始，到五月播种大豆，八月播种冬小麦，在这些农事前后，安排各种作物的收割及中耕除草，使得春天

---

① 六月大暑：此时早黍稷可获。随割随塌。稀种绿豆，俟初伏，犁翻豆秧入地，种麦胜于粪。

　　七月：稷。八九分熟便刈。稍迟遇风即落。将地种荞麦，或稀种绿豆，秋后塌起种麦。

　　七月立秋：割黍后，将地锄一遍。镑去黍茬，使地力归于豆角。既可多结，又宜麦。……割谷穄。

　　七月处暑：砍蜀秫。

　　八月秋分：获稻毕速耕，多送粪种麦。

② 八月秋分：种麦正在此时。土欲细，沟欲深，粪欲多，种欲匀。

③ 五月芒种：刈麦。麦熟时，带青割一半，合熟一半。……种黄豆、白豆、赤豆、米豆、大黑豆。

　　五月夏至：割麦以后，麦既要速打，又须趁雨种豆。

④ 九月寒露：割豆正在此时。迟则有崩炟之患。

　　……九月霜降：此后当秋耕地，将豆叶掩入地中，来春田禾自盛。

⑤ 如本页注①所示，虽然其间也种植豆角等物，但主要是二年三熟制。

⑥ 参见本书第二部第四章。

⑦ 例如第185页注③等。

到秋后农活一直不会间断,这与《农言著实》里四至五月期间农活高度集中形成了鲜明对照。

此书的另一特点是其经营形态的复杂性。丁家的经营如耕种、中耕除草、积肥、家畜管理等,全部由名叫"犁户"的农民来进行,根据需要,还会临时雇用短工来帮忙。"犁户"的性质非常复杂,"四月,锄地最为紧要。……此时当每晚传齐犁户,商量明日该锄何地,登记地册,次日遍查之",可见,"犁户"们在对某些土地负有责任的同时,①也在主人的统一管理下进行农业生产。"犁户"的身份具有二重性。一方面,他们需要自己准备饲料喂养耕牛,②此外,有时还需自己出钱雇用短工,③可见犁户一方面接受主人提供的土地、耕牛、农具,有着自己独立的生产过程,是一个相对独立的经营主体,但另一方面,主人不仅需要提供耕牛农具、住房,就连种子和开春后的口粮饲料也需主人负担。④ 此外,主人还需在农忙期招募短工帮助犁户干活,否则犁户就有可能受雇于他人,⑤这些又说明犁户一方面非常自由,一方面却又缺乏经营上的主体性。除了上面引用的中耕除草事例,割穄时主人也会让犁户逐段报告并一一检查,⑥积极参与某些生产管理过程。此书对分配办法没有涉及,但从独立性很弱的犁户的性质来看,丁氏对收获物的分成比例应该相当高。

不清楚丁家的经营规模,但从四月锄地时"当每晚传齐犁户"以及

---

① 四月小满:犁户此时有未锄完头遍者,急须添工。三日内锄完,再锄第二遍。
　　上述记载更能表明犁户对特定的土地负有责任。
② 十二月小寒:老牲口,自此置暖室中,用干穅垫足,才湿便换。饮以温水,过老者喂豆饼。……无力犁户,饲养失宜,多致倒毙。
③ 六月大暑:舍弟亮工,犁户锄豆,添工千钱,主认三百,亦欢农意也。可仿而行之。
④ 岁　论耕:照邑农夫,狃于习俗,不特牛具房屋田主出辨,正月以后,口粮牛草亦仰给焉。
⑤ 四月:犁户放粮,固可欠。雇人添工,更难少缓。亦有此时不放粮添工者,使犁户为他人作佣。
⑥ 七月立秋:犁户割穄,必逐段报数记册,自己仍逐段查之。

"犁户此时有未锄完头遍者"等记载①可知,丁家拥有好几家犁户。参照当时其他史料,即使是依附性很强的犁户,种植规模较大的可达二三顷,②较小的也有一顷,丁家的全部经营面积应该相当大,至少在数百亩以上。

三、太和堂李家的经营

接着我们来看一下山东济南章丘县东矾硫村太和堂李家在光绪年间的经营情况。用作依据的资料,不是农书,而是景甦、罗仑在《山东经营地主底社会性质》一书中作为经营地主的事例介绍的太和堂李家的相关资料。此书是通过采访当事人对六十年前的回忆写成的,自然会受到资料收集上的限制,但有关太和堂李家的资料,如文契存根、雇工老账、堆金老账、外借老账、碑文等,为我们研究农业经营提供了极为详尽的史料。

李家从乾隆中期到光绪期历经三代,靠零星购置的方式扩大地产,至光绪后期已拥有村内472亩、村外43亩的土地,其中村内土地由李家自行经营。雇用长工13名,其中管理农耕的"大伙计"1名,农耕骨干"二伙计"6名,另外还有短工20—40名,月工数名,他们全都是有人身自由的劳动力。李家饲养了牛9头,驴、骡各4头,猪40头,羊100多只,这些家畜每年可提供5000多车肥料。主要种植制度是高粱、粟→麦→玉蜀秫、豆→休耕的二年三熟制。③小麦的价格比杂粮高,和一般农民相比,在肥料和劳动力上占有优势的太和堂,能够种植

---

① 参见第185页注①。

② 参见第203页注③。

③ 该书作者认为李家的种植方式主要是一年二熟制。然而,考虑到复种种类为小麦→玉米,经营面积472亩的种植指数为1.44,以及小麦、高粱＋粟、玉米＋豆类的种植面积几乎同样大小,其种植方式应为二年三熟制。

更多的小麦。另外,李家是一个拥有近50人的大家庭,经营着销售对象主要是村民的杂货铺,还兼营放贷,并通过捐纳取得了官衔。虽然与丁家相比"官位"略低,但与杨家、丁家处于同一个社会阶层,在种植制度上与同为山东的丁家相似,在其他经营形态上则与杨家相似,三者都是大规模经营。

以上分别介绍了清代中期至后期华北的三个经营实例,三者在种植制度和经营者参与度上存在一定差异,这背后其实有很深的意义。除去农耕技术,三者的共同之处还在于都拥有相当多的土地且大多自行经营。那么,这种经营方式为何有其代表性,并成为民间农书主要描述的对象? 在下一节里,我们将从唐宋变革后华北农业技术的发展入手进行分析。

第二节　华北农业技术的发展水平

唐宋变革以后农业发展的特征是集约化,其关键在于地力提升方式的改善,不过这一目标,南方和北方却是通过不同的方式实现的。南方的农业集约经营是使用铁搭、耘荡等手工农具的小规模经营,不依靠自家土地生产物来维持地力,其代表之一即是明末清初所著的《沈氏农书》。而华北的集约经营,至少在明清的某一个时期之前,无论在技术方面,还是在维持地力方面,都朝着与南方相异的方向发展。

华北农业技术的一大特征是依靠畜力牵引的大规模经营方式的进一步发展,其中最具代表性的是耕作农具的变化。《齐民要术》时代二头牛加一耒为一具牛,[1]随着时间的推移,出现了一耒加三头牛、四

---

① 渡边信一郎:《二世纪から七世纪に至る大土地所有と经营》,《东洋史研究》33—1、2,1974 年,后收于《中国古代社会论》(青木书店,1986 年)。

头牛为一具的耕作方法，《王祯农书》中的记载就是其中著名的一例。[1] 与南方水田惯用一犁一牛不同，北方通常是以两头、三头或者四头牛来拉犁，在明清的史料里，这种现象更为明显，与《齐民要术》时代不同，以四头牛为"一具牛"的称呼已经相当普及。前述太和堂李家即以四头牛为"一犋"，九头牛为两具，一头为闲牛子；[2]也有贫穷人家三四户合用四牛一具的；[3]客户自备四头牛为一具的称为陪牛；[4]《池北偶谈》记叙王猛的故事后说，现在江淮以北以牛四头为一具。[5] 当然也有以两头牛为一具的，特别是进入近代以后，牛的数量逐渐减少，不过可以肯定的是在清代以四牛为一具的耕作方法非常普遍。

畜力牵引装置的大型化不仅使深耕成为可能，还可以调节其深浅。《马首农言》说通过调节犁稍可使深耕的厚度保持在半寸至六寸之间，[6]《知本提纲》中记载，从二犁一牛到一犁四牛，根据不同的耕作方法，耕作深度可从一尺多到二尺。[7] 不仅如此，牵引装置的大型化还促进了耕翻目的的多样化与耕作的精细化。陕西农谚说："头遍打

---

[1]《王祯农书》卷二《垦耕篇第四》：

　　北方农俗所传……旱田陆地，一犁必用两牛三牛或四牛，以一人执之。量牛强弱耕地多少，其耕皆有定法。……南方水田泥耕，其田高下阔狭不等，一犁用一牛挽之。

[2] 前引《山东经营地主底社会性质》，第 36 页。

[3] 顺治《登州府志》卷八：

　　用牛四，谓之一犋。穷民有至三四家合一犋者。

[4] 参见第 203 页注[3]。片冈在上引论文中引用了这两个例子。

[5] 王子祯《池北偶谈》卷二一《十具牛》：

　　王景略临终，托其子皮十具牛，为治田之资，不为求官，亦葛侯八百余桑之意。今江淮以北，谓牛四头为一具。俗语亦有所本。

[6] 祁寯藻《马首农言》种植。但该文出自该县张耀垣的《种植诸说》。

　　犁之浅深有法。欲微深，则向前稍送之。欲微浅，则向后稍抹之。欲大深，则将上木贯打紧，下木贯打松。欲大浅，则反是。……凡犁田深不过六寸，浅不过寸半。

[7] 杨屾《知本提纲》农则耕稼一条：

　　轻土宜深，重土宜浅。用犁大小，因土之刚柔。刚土宜大，柔土宜小。且其土有用一犁一牛者，有一犁二牛者，有用三牛四牛者，有用二犁一牛者。有浅耕数寸者，有深耕尺余者，有甚深至二尺者。

破皮，二遍揭出泥"，指的是深耕时先用无法翻覆土壤的挖犁裂开地皮，再用大犁反复把深层的土壤翻上来，浅层的土壤覆下去，[①]为此有时还须进行三次或五次的耘耕。[②]

而且大型牛具牵引的深耕使翻转的土块变大，需要加强碎土的作业环节。正如西山武一所说，[③]《齐民要求》时代主要以耢来弄碎土块，平整地面，其后向耙耢并重的方向发展，进而发展到用大犁、小犁反复耕翻，然后还要依次用大耙、小耙、耢来碎土平地，[④]集约化水平不断提升。

畜力化和大规模化，还反映在农业生产的其他方面。除继续使用耧车播种外，[⑤]还出现了畜力牵引的旱地中耕农具耧锄，[⑥]同时在收获技术上也显现出南北差异。《王祯农书》说，北方的"钐刀"可以比南方

[①]《农言著实》有以下记载：

　　麦后之地，总宜先挖过，后用大犁揭两次。农家云，头遍打破皮，二遍揭出泥。此之谓也。

　　另据《知本提纲》记载：

　　土性易变。故初耕宜浅，惟犁破地之肤皮，掩埋青草而已。二耕渐深，见泥而除其草根。谚曰，头耕打破皮，二耕犁见泥。

[②]《知本提纲》农则耕稼一条：

　　转耕，返耕也。或地耕三次，初耕浅，次耕深，三耕返而同于初耕。或地耕五次，初耕浅，次耕渐深，三耕更深，四耕返而同于二耕，五耕返而同于初耕。

[③] 前引西山论文，第112页。

[④]《知本提纲》农则耕稼一条：

　　故必先用铁齿大糯，纵横疏散。俟条块既开，再用铁齿小耙，搂去根株，然后磨劳，土无不细矣。

[⑤] 例如《农言著实》载：

　　麦后种谷，看墒大小，总耧耧为主。

[⑥] 古有《农桑辑要》卷二《播种·种谷》中提到过耧锄，另据《知本提纲》所载：

　　然或值大荒之后，草生遍野，人工欠少，宜造三刃耧犁。一驴前驾，一人牵引，则纵横成行，以锄荒芜，日可去草二十余亩，又无碍于禾苗，其功过耘锄数十倍。此耘广田之法也。

的镰刀提高工效十倍，①《农言著实》称这种大钐为"杆子"，并指出这种工具精细化水平不高，收割时粮食损失较多，茎叶的收获量也有所减少，但因其生产效率高又不得不使用它。②

华北农业技术的第二个特征是利用家畜肥维持地力方式的完善。在《齐民要术》的时代，一具牛可用于小亩三顷左右的经营，但二头牛的肥料仅够小亩六亩施肥所用。③ 唐宋以后，人们的地力、肥料思想发生了很大的变化，这在《陈旉农书》中有非常明显的表现。④ 入清以后，正如《农言著实》所述，施肥已成为华北农家的首要任务了。

这种重视施肥的倾向，与江南农业基本相同。不过华北的自然条件远不如南方，很难从自己土地之外获取草木、河泥等肥源，加之农业商品化程度低、农作物收益性差等社会条件也限制了华北地区商品肥的使用，因此肥料不得不在自家经营范围内解决。其解决方法即是在自家土地上种植苜蓿等饲料作物，用于饲养大量的役畜、家畜，以获得大量的家畜肥。在《农言著实》一书里，我们已经见到了这样的经营方式。除了谷物的茎叶，苜蓿也是很好的牲畜饲料，杨家不仅建有畜舍，还修建了专门堆积草料和牲畜粪便的草坊子和土坊子，精心积制厩肥，主要作为小麦等作物的基肥和追肥施用。在《豳风广义》中也可见到同样的肥料生产系统。例如养猪时，并不依靠购买高价的麸糠，而是种植苜蓿，自春至夏，每当苜蓿长高一寸就收割一次，用作猪的饲

① 《王祯农书》卷四《收获篇》：
　　今北方收麦，多用钐刀麦绰。钐麦覆于腰后笼内，笼满即载而积于场，一日可收十余亩。较之南方以镰刈者，其速十倍。
② 参见第 182 页注③。
③ 《齐民要术》卷首杂说。
④ 参见本书第二部第三章第二节。

料,同时将部分苜蓿晒制成干草,再行碾碎贮存,以备冬用。[1] 需要注意的是,在华北的大规模经营里,肥料的生产规模也很大。太和堂李家除17头役畜外,还饲养了40头猪和100余只羊,每年可生产5000余车肥料。同书所述树荆堂毕家的情形也大致相同。毕家饲养了10余头牛、20余头猪和100余只羊。[2]《豳风广义》卷下,"畜牧大略"建议人们投资2万钱,饲养猪、鸡、鸭并大量种植苜蓿,再雇用2名饲养员,以此可获百倍利益,同时还可获取大量肥料;[3]另外,还可大量种植豆科植物养羊,并以50—60只羊为一群。[4] 太和堂和树荆堂的事例具有普遍性,稍微特殊的是宣统《濮州志》上记载的名为许卫之人,他因为养了数百头猪而赚了很多钱。[5]

除了存放饲料的仓库、厩舍,肥料加工设施的建筑规模也很大。《教稼书》为康熙末年所著农书,作者自己撰写的主要是关于肥料的部分,从这一点上说,该书是一部极为典型的明清农书。书中记载山东一带较富有的农家都建有砖砌的丈余深的大粪池,每年可生产大量的

---

[1]《豳风广义》卷下,豚,收食料法:
　　养猪以食为本。若纯买麸糠饲之则无利。……唯苜蓿最善。采后复生,一岁数剪,以此饲猪,其利甚广。……欲积冬月食料,须于春夏之间,待苜蓿长尺许,俟天气晴明,将苜蓿割倒,载入场中,摊开晒极干,用碌碡碾为细末,密蓿筛过收贮。

[2] 前引《山东经营地主底社会性质》,第70页。

[3]《豳风广义》卷下,畜牧大略:
　　舍三畜(指牛、马、驴)而专言猪、羊、鸡、鸭,亦资生之一法也。大约不过用二万钱之资,而数年之间,其利百倍。惟多种苜蓿,广畜四牝,使二人掌管,遵法饲养,谨慎守护,必致蕃息……又多得粪壤以为肥田之本。

[4]《豳风广义》卷下,羊,择种:
　　欲畜羊者,须在九十月间,于羊市上,拣买肥大、毛粗、尾长、怀羔母羊一二十口,羝羊一口。……及至春月,可得羊五六十口,便成群矣。

[5] 宣统《濮州志》卷六:
　　许卫,濮州人。……本中人之产,素善营财。弘治初年,岁多丰稔,斗豆值十钱,秋稍增之。家积数百石,募力牧豚豕数百口。……喻岁得百金余矣。
　　但是,该书卷六所收逸事的发生时间是否就是书中所载时间,笔者对此存疑。

名为"池发粪"的肥料。① 需要指出的是,《齐民要术》将羊、猪看作是乳制品和肉食的来源,而在《农言著食》中,牲口的作用主要是农家肥料的来源。②

综上所述,宋代至清代华北农业技术的发展,主要表现在大规模经营得到进一步的扩大与充实,并且通过自行饲养牲畜来获取肥料的方法提升地力。这意味着在华北,农业的集约化与精细化管理一并体现在大规模经营的模式之中,大规模经营代表了当地较高的生产力水平,可以说是华北旱地农业生产力发展的一个归宿。这是一种自给自足且比较稳定的经营方式,华北民间农书主要将其作为描述对象的原因也在于此。

第三节 种植制度与农产品商品化的地域类型

关于华北民间农书所呈现的大规模经营的社会和历史地位问题,我们将在第四节讨论,这里先对种植制度以及与其密切相关的商业性农业的地域发展类型作一探讨,同样先从种植制度开始。

在第一节有关民间农书的分析中已经出现了几种不同类型的种植制度。第一种类型是《西石梁农圃便览》中的种植制度,即粟、高粱→麦→大豆→休耕这种典型的二年三熟制,太和堂李家也属于这一类型。此外,据《皇朝经世文编》所收李兆洛《凤台县志论食货》和尹会一《敬陈农桑四务疏》载,其中的种植方式也分别是黍→麦→大豆→休

---

① 《教稼书》:
　　若齐鲁有力之家牛马圈,其制更妙。法于圈内与房,等掘一大池,深丈余,底及四旁,皆砖累极坚固,注水不漏。……扫粪入池,牲口脚下,总不留粪,极洁净。池干则入水,湿则入土,亦入青草。三间一池,可得粪百余车。……土人谓之池发粪。较牛践粪,更有力。
② 参见《齐民要术》卷六中猪、羊的定位。

耕和高粱、早谷、(棉花)→麦→豆、晚谷。[①] 乾隆《汲县志》中实行的也是早谷→小麦→黑豆、黄豆的二年三熟制。[②] 山东、河南以及河北的部分地区实行的这种种植制度,不仅可以大量生产商品性很高的谷物,还可以利用豆科作物提升地力,同时可以让旱农作业得到最合理的安排,避免农活过度集中。

《农言著实》中的种植制度为第二类型。这种方式麦→粟可以复种,但粟→麦不行,就主粮而言,大致相当于一年一熟制,但在主粮之间,可以插入苜蓿等其他作物。陕西兴平人杨屾所著《知本提纲》中的情况也是如此。与山东、河南相比,这里粟的播种季节更迟,为五月中旬,而冬小麦八月就得播种,[③]因此夏天会让秋种小麦之地休闲,进行夏季土壤耕作,以充分蓄积雨水阳气为作物所用。[④] 与山东、河南等地相比,陕西的降雨量更少,而且每年雨量不稳定,加之作物的气候生长期也较短,所以只能施行这样的种植制度。

从这些地区再往北去,普遍施行的是一年一熟制度。山西太原寿阳县出身的大官祁寯藻在道光十六年步入仕途后写成《马首农言》一书,据该书记载,寿阳需等谷雨之后才能播种夏季作物,而秋分时已进

---

① 《皇朝经世文编》卷三六,农政上,李兆洛《凤台县志论食货》:

　　地率两岁而三收。二月种黍,七月而收已。九月种麦,至四月而收。五月种菽,九月而毕收。乃稍息之,及明年二月复种黍。

　　尹会一《敬陈农桑四务疏》(原载《尹少宰奏议》卷三):

　　播麦之期务在白露。如天气尚暖,当于白露十日后种之。种高粱,当临清明节。种早谷,当临谷雨节。种棉花,当在春末夏初。豆子晚谷,则于五月刈麦之后,在麦地播种。

② 乾隆《汲县志》卷六《种植》。

③ 《知本提纲》农则耕稼一条:

　　即如秦地,二月种麻枲……五月中旬种粟谷。……八月社前后种麦之类。……
　　即如秦中麦秋,在芒种前后。

④ 同上:

　　耕麦田以夏,藏其内荣。……麦为旱田。夏日耕之,受炎日之喧照,得雨收敛,更迭耕劳,掩藏阳气于内。来年麦发,自有力矣。

入霜期,①气候生长期更短,主要施行的是粟、黍与黑豆轮作的一年一熟制。② 当地也种植一些小麦,不过只占种植面积的10%,③能够与小麦复种的只有少量的荞麦而已。④ 实行这种种植制度,谷物的商品率更低,可用来出售的只有黑豆和一些剩余的粟。⑤ 这种一年一熟制在华北北部边远地区非常普及。山西代州的小麦种植率也很低,作物以粟为主,并辅以荞麦和燕麦。⑥ 河北易州七月就已下霜,农作物主要是清明播种的小麦、大豆以及五月播种的粟,其产量很低,即使是丰年,亩收也不足一斗。⑦

　　从山东、河南的二年三熟地区,到条件较差的不完善的多茬栽培地区,再到边远的一年一熟地区,华北的种植制度呈现出多样化的特点。那种认为唐宋变革后二年三熟制已在华北普及的看法,与唐宋变

①《马首农言》彭序:
　　寿阳踞太行之项……故其气候特寒,谷雨播种、秋分陨霜。
②《马首农言》种植:
　　谷多在去年豆田种之,亦有种于黍田者,亦有复种。……获后去其根,犁之令地歇息。
　　黑豆多在去年谷田或黍田种之。万勿复种。
　　高粱多在去年豆田种之。
　　(黍)于去年谷田黑豆田,芒种时种之。
③《马首农言》种植:
　　春麦于去年黑豆小豆田,春分时种之。
　　宿麦于秋分前后种之。
　　同上所引《种植诸说》:
　　寿邑麦不宜多种,大率十亩中种一亩。……黑豆宜多种,易收(太原迤西,黑豆多贩自寿阳)。谷供一邑之食。有余贩之他邑。
④《马首农言》种植:
　　荞麦多在本年麦田种之。
⑤ 参见本页注③。
⑥ 乾隆《直隶代州志》卷一:
　　代地无宿麦。种春麦者,不过十之二三。稻惟滹沱南北诸村种之。民食以粟为主,佐以荞麦燕麦。贫者黍菽,即为珍膳。
⑦ 乾隆《易州志》卷一〇:
　　云中地土,沙碛硗薄,寒气独早,七月陨霜。农人清明前后种麦豆,五月种谷粟秋稷菽麦油麦。丰岁亩收不满斗。

革前还未出现二年三熟制的看法一样,都值得怀疑,[①]实际上即使到清代后期,华北仍未普及二年三熟制。当然二年三熟制是近百年才兴起的观点也不正确,[②]在华北的某些地区,这种制度在此之前就已普遍存在了。

种植制度的地域性差异,与生产力发展水平和商品化程度的地域性差异基本上一致。二年三熟地区不仅产量高,而且能够生产经济价值高的小麦、大豆等作物,因而具有发展商业性农业的优势条件。也正因为此,该地区成为华北的经济作物产地。正如前辈学者[③]所指出的那样,明代以来,河间府、真定府以南的直隶,山东的青州、济南、东昌、兖州各府以及河南东部诸府,都是重要的棉花产区,这些地区的棉花在明代大量输往江南,明末至有清一代,除了输出棉花,还发展起自己的棉纺织业。另外,明后期烟草从广东、福建传入华北,明末种植面积不断扩大,成为本地的商品性作物,与棉花一样,山东兖州等地也是烟草的主要产区。

与这些二年三熟制地区相比,不完善的多茬栽培地区和一年一熟制地区的商业条件就要恶劣得多。《农言著实》中出售的是剩余的小麦,《马首农言》中贩卖的主要也是一些黑豆。这些地区的人们必须用这些低价值的谷物换取现金,再从其他地区高价购入棉花等经济作物。以陕西为例,到了清代后期,全省种植棉花的不过数县,麻类作物也极少栽培,该省每年都要从江浙川豫等地高价贩入棉花。《豳风广

---

① 西嶋定生:《碾磑の彼方》,《历史学研究》25,1949 年,后收于《中国经济史研究》(东京大学出版会,1966 年)。

② 前引西山论文。该论文和拙稿的分歧在于对《西石梁农圃便览》中的种植制度的看法不同。笔者认为,从农书、地方志等来看,其种植制度只可能是二年三熟制。

③ 西嶋定生:《明代における木棉の普及について》,《史学杂志》57—4、5、6,1948 年,后收于《中国经济史研究》(东京大学出版会,1966 年)。李之勤:《论鸦片战争以前清代商业性农业发展》,中国人民大学中国历史教研室编《明清社会经济形态的研究》,上海人民出版社,1957 年。

义》将陕西的贫穷归因于生产和流通,①《日知录》也持同样的观点。②另据《马首农言》记载,不适合棉花种植的晋中寿阳地区,每年都要从直隶真定府下各县输入大量谓之"东布"的棉布,此外每年还需购入数千驼棉花,在当地织成布匹,卖于本地农村或销往更边远的地区。③同样的情况也发生在邻县榆次。④ 总之,与山东、河南、直隶南部等地相比,由于受到生产力发展水平、经济效益的限制,陕西和山西的农业商业化程度比较低。

但是需要指出的是,就如华北的农作物在江南被作为肥料来利用,即使是生产力水平相对较高的山东、河南等地,与长江下游地区一比,就有些相形见绌了。清代生产力水平呈阶梯状分布,由高到低依次是长江下游地区→山东、河南等地→陕西、山西的主要地区→边远地区,商业性农业的发展也呈现出同样的梯级分布,它也从根本上决

---

① 《豳风广义》原书:

　　至于木棉麻苧,又非秦地所宜,丝帛布葛,通省无出。……虽有数县木棉之出,然不过一县中百分之一,不足本地之用。岂能广布通省。是以秦人岁岁衣被冠履,皆取给于外省,而卖谷以易之。谷卖之于远方,是谷输于外省矣。丝帛木棉布葛之属,买之于江浙两广四川河南,是银又输于外省矣。每岁必卖食买衣,因衣之费,而食减其半。其艰于食者,固自不少,而缺于衣者,抑已良多。

② 《日知录集释》卷一○《纺织之利》:

　　今边郡之民,既不知耕,又不知织。……华阴王宏撰著议,以为延安一府,布帛之价,贵于西安数倍。既不获纺织之利,又岁有买布之费。生计日蹙,国税日逋(陈文恭曰:陕西为自古蚕桑之地,今日久废弛。绸帛资于江浙,花布来自楚豫。小民食本不足,而更卖粮食以制衣。宜其家鲜盖藏也)。

③ 《马首农言》粮价物价:

　　棉花出直隶栾城赵州等处,每斤自一百四五十,至四百上下。布出直隶获鹿栾城等处者,谓之东布。每尺三十上下,至四十上下。出本邑者,农人所需,较东布为多。余布鬻于北路,每尺钱二十上下。

　　又邑之棉花,买自栾城。统计一邑,每年不过用数千驼。

　　另外,光绪《寿阳县志》卷一○也有同样的记载。

④ 乾隆《榆次县志》卷七《物产》:

　　榆人家事纺织,成布至多,以供衣服租税之用。而专其业者,贩之四方,号榆次大布。旁给数郡,自太原而北缘边诸州府,皆仰市焉,亦货于京师。其布虽织作未极精好,而宽于边幅,坚密能久,故人咸市之。

定了清代商品流通的格局。

第四节 大规模经营的社会地位及其解体倾向

通过第一、二节的考察可知,建立在集约化和农牧结合基础上的大规模经营,具有相对较高且稳定的生产力水平,成为华北民间农书主要描述的对象。

这种大规模经营方式,在华北决不是个别现象。附于《山东经营地主底社会性质》卷末的经营地主实例多达 131 家,[1]证明了其存在的普遍性。另外,从 197 村的阶级构成中也可确认普遍存在"地主"大量雇用长工的情况。

不过需要注意的是,华北的大土地所有者是以"经营地主"而不是以租佃地主的面目出现的,这是由华北的生产力结构所决定的。正如片冈所指出的,华北的大土地所有者与江南的寄生地主明显不同,前者具有生产者的一面,当时的研究者们也都支持这一观点。[2] 这样的情况不仅见于庶民阶层,也见于士人阶层。华北先进地区出现了乡居

---

① 不过,该书对富农和地主的区分,并没有基于富农原有的定义。除"出租土地五十亩以上"的地主外,同项的"地主"应该都属经营地主,而且这些出租五十亩以上的土地所有者,严格说来大多也应该归入经营地主一类。在接下来的"光绪时期山东四六县十三家经营地主经济风貌一览表"中,有相当一部分经营地主出租了经营临界规模以上的土地,其中大多超过了五十亩。

② 陈宏谋《训俗遗规》卷四《史搢臣愿体集》:

又如北方有田者,纵使富饶,多系自种,必须劳力劳心。南方之人,田与佃种,坐享其成。

孙嘉淦《孙文定公奏疏》卷八《蠲免事宜疏》:

江南业主,自有租额。其农具籽种,皆佃户自备,而业主坐收其租。直隶则耕牛籽粒,多取给于业主。秋成之后,视其所收,而均分之,与佃户同其苦乐。

士人从事农业生产的情况,①愈是边远地区,士人务农的情况愈是普遍。②《西石梁农圃便览》《农言著食》的作者均出自士大夫阶层,《马首农言》的作者更是官居礼部尚书之职。根据寺田隆信的研究,宰辅之家的陕西同州马氏一族,长期以来,不仅科举成功,还因农致富,同时兼营高利贷和商业。③ 华北的乡绅有着非常显著的直接生产者的特点。

但是,土地占有与经营合一,租佃制不发达这一事实,并不意味华北没有零细经营的广泛存在,相反地,规模庞大的经营比地主佃农制更需要有零细经营存在于自己周围。大经营的家庭人口往往多于小农阶层,但其家庭成员并不一定直接参加劳动,《农言著实》中地主的主要工作就在于生产管理,因此每年不得不大量雇用长工。而且从前面对农书的分析来看,在一些大规模经营中,长工有时也要参与生产管理,越冬作物的收割、夏季作物的播种、中耕除草等农事繁忙季节,还需临时雇用大量短工。这种以雇工,尤其是以雇用短工为基础的农业经营,其存在的前提就是周围要有大量拥有自身经济基础的小生产者。就连长工也是如此,因为单靠长工的工资④是不足以养家糊口的。至此,我们已能勾画出华北的社会结构:少数的大土地所有者(经营者)和多数的零细土地所有者(经营者),二者之间是那些在旱地上通过畜力牵引自主经营的中间农民阶层。根据民国时期实施的农村调查,这种传统的阶层分布在商业化程度比较低的农业落后地区依旧

---

① 乾隆《汲县志》卷六:
　　邑士人,多专习制艺,四乡则有士而兼农者。
② 天启《同州志》卷二。
③ 寺田隆信:《陕西同州の马氏——明清时代における一乡绅の系谱——》,《东洋史研究》
　　33—3,1974 年,后收于《明代乡绅の研究》(京都大学学术出版会,2009 年)。
④ 从《中国农业史资料》第 110 页以下以及前引《山东经营地主底社会性质》第 118 页以下内
　　容中可知当时的工钱水平。

存在,①虽然没有前近代的直接史料作为依据,但从山根幸夫有关户则分类的研究中可以窥见同样的阶层分布。②

那么,作为华北社会存在的基础,这种大规模经营有何历史意义?首先,与汉魏六朝期间豪族奴隶制经营③相比,虽然同样是大规模经营,但其性质不相同。明清华北经营地主雇用的劳动力虽然沿用"伙计""牛倌"等名称,但他们主要是基于契约关系受雇主雇用并领取实物或货币工资的人们。另外,耕地的规模与形态也不一样。畜力牵引装置的大型化,并不意味耕地面积可以不断扩大,事实上,华北先进地区大规模经营的临界面积大约在四百至五百亩之间,④与豪族奴隶制经营相比反而出现减少的倾向,在农业精细化和集约化要求下,这种发展趋势是必然的。另外,与豪族庄园通常是包括未开垦地在内的一整片土地不同,正如太和堂李家那样,清代经营地主的土地积累,主要是一点一点购买而来的。六朝时的家长制奴隶制经营已经发生质变而解体,解体的背景原因正是农业技术集约化的发展,以及由此产生的农民经营独立性的不断提升。

清代华北的大规模农业经营,虽是雇工经营,但仍不能称为富农经营,因为它还不是商业性农业,特别是那些边远地区的大规模经营,其自给性显而易见。大规模经营虽然逐渐褪去了家长制的样子,但它还不是富农经营,这是清代华北自营农民的主要存在形态。

以上,我们从个别经营事例的分析开始,最后考察了以大规模经

①　例如满铁资料课天津事务所《第二次冀东农村实态调查报告书》(1937 年)中平谷县的事例。
②　山根幸夫:《明代华北における役法の特质》,《清水博士追悼记念明代史论丛》,大安株式会社,1962 年,第 232 页。
③　第 187 页注①引渡边论文。
④　根据前引《山东经营地主底社会性质》第 106 页以下的表格,对其所有规模进行分类后可知,即使土地所有面积进一步增加,其经营规模也只有 400—500 亩,已是规模极限。

营为基础的华北的社会结构。不过,说到明末至清代的社会结构,还有一个问题也不容忽视,这就是传统的大规模经营已开始解体,这种倾向在民国时期所做的各种农村调查中表现得尤为明显,人们还将其解体原因与商业性农业的发展联系在一起。① 实际上,这种大规模经营的解体过程在清代就已开始,《农言著实》与《西石梁农圃便览》在经营方式上的差异,就很具有代表性。杨家处在落后的、自给性生产为主的农业地区,直接参与生产管理,而丁氏的家乡生产力水平较高,有进行商品性生产的条件,采取的是间接经营的方式。下面即从生产力结构的变化入手作一分析。

首先,《农言著实》与《西石梁农圃便览》经营方式不同的主要原因在于它们原有的种植方式的差异。与《农言著实》的一年一熟制相比,山东、河南等地典型的二年三熟制可以合理安排农活,其技术条件能把经营分割为较小的生产单位来进行,随着该地区农业集约化的发展,这种倾向日益明显。

但是,促使大规模经营解体的生产力方面的因素,主要还是在于经济作物的大量种植。宋代以来随着城市的发展,出现了专供城市所用的蔬菜种植业,从清人李兆洛的记载来看,这种蔬菜栽培对集约度的要求高,单位面积的收益也很高。风台县人郑念祖,雇用山东兖州人氏种植蔬菜,单位面积投入了比其他农户多十倍的劳动力和肥料,获得了很高的收益。②

华北的二年三熟制地区同时也是棉花、烟草的主要产地,其生产力水平固然不能与长江下游相比,但其集约化程度比华北其他地方要高得多。《增订教稼书》说,种植谷类杂粮,亩收只有 3000 文左右,若

---

① 参见满铁调查部编《北支那の农业と经济》(日本评论社,1942 年)第三部第一章的分析。
② 《皇朝经世文编》卷三六,农政上。

种烟叶,虽然人工肥料增加数倍,一亩可得 7500 文。①《玉堂荟记》也说烟草的收益十倍于主粮生产。② 烟草种植所需的劳动力和肥料因地而异,据包世臣《安吴四种》记载,烟草用肥是水稻的 6 倍,旱田作物的 4 倍,人工方面也是其他作物的 10 倍。③

棉花种植也需要集约化经营管理。《农政全书》记载了新的植棉方法即"张五典种棉法",该法是万历四十三年(1615)山东信阳人张五典在上海传授的山东的植棉经验。④ 按照此法,植棉前须对整块土地施用基肥,或在苗边进行追肥,中耕除草六七遍,摘心打顶三遍,必须实施严格的集约化管理。虽然不能将此法看作是当时华北普遍的技术水平,但棉花种植既耗工又耗肥是可以肯定的。《西石梁农圃便览》虽以《群芳谱》为蓝本,但在棉花的播种量、株行距等方面有其独到之处,显现出比谷物栽培更高的集约化水平。⑤ 在陕西等偏远地区种植的蓝草等经济作物,同样具有耗工耗肥的特点。

其次,由于经济作物的产量随着施肥量的增加而增加,因此外购

---

① 《增订教稼书》卷下:

　　济宁种烟法,略有区田之意。有东乡臧君虚斋,忽以种烟地,种蜀黍。其说谓,方亩之地,种烟三千株,今种蜀黍亦如之,不令其多。以中数计之,亩得烟叶五百斤,斤得钱十五文。蜀黍每株三穗,其收三倍常田。售之得钱九千文,而稿秸在外。又烟有时不能速售,高粱则无不售之时。其工费,烟居六之四,蜀黍居六之一。而种烟之烦劳,又数倍于蜀黍云。

② 《玉堂荟记》卷下:

　　烟酒古不经见。辽左有事,调用广兵,乃渐有之。自天启年中始也。二十年来,北土亦多种之。一亩之收,可以敌田十亩,乃至无人不用。

③ 《齐民四术》农二《庚辰杂著二》:

　　且种烟必须厚粪。计一亩烟叶之粪,可以粪水田六亩、旱田四亩。又烟叶除耕锄之外,摘头、捉虫、采叶、晒帘,每烟一亩统计之,须人五十工而后成。其水田种稻,合计播种、拔秧、莳禾、芸草、收割、晒打,每亩不过八九工。旱田种棉花、豆、粟、膏粱,每亩亦不过十二三工。

④ 《农政全书》卷三五《蚕桑广类》。"山东信阳人",《农政全书》原文如此,经查,应为"山东阳信人"。——译者注

⑤ 《西石梁农圃便览》三月。

商品肥很多都用在了经济作物的栽培上。《证俗文》说,山东出现了烟草与粮争田的情况,而且以豆饼为肥料,[1]《知本提纲》也说蓝草需要施用大量的"油渣"。[2] 肥料来源已摆脱单纯依赖农家厩肥而部分实现了商品化。其背后除了商业化的原因,饲料作物和作为饲料的主粮茎叶的自给性遭到破坏也是其原因之一,[3]此外与畜力牵引作用相对减弱应该也有一定关系。

明末以来,华北农业在单位面积上的劳动力投入量以及地力维持措施和亩产量等方面都有了很大进步。过去那种"主粮茎叶和饲料作物→饲养大量家畜→肥料自给、使用畜力"的大型农耕技术体系,在新的集约化农业技术面前,至少在单位面积产量方面已经落后了,与此相反,小规模的集约农业在商业性农业的潮流中日益显示出其生产力方面的优势。不过伴随着商业性农业的兴起,大规模经营解体的结果,最终出现的并不是土地占有与经营相一致的小规模经营的崛起,与自行经营相比,收取地租的租佃经营逐渐显现出它的优越性,地主佃农制的形成条件逐渐趋于成熟。

这种变化最早出现在山东、河南等地,这些地区原有的种植制度本来就最具备向小规模经营发展的条件,这些地区同时也是华北商业性农业最为普及的地区。不过,从自行经营向租佃经营的转变不是一蹴而成的,其间存在着形形色色的过渡形态。《西石梁农圃便览》中的

---

① 《证俗文》卷一《烟》:

　　今北方转盛。一家男妇,无虑数口,尽解吃烟。上地膏腴,豆饼粪田,悉为烟叶。

② 《知本提纲》农则耕稼一条:

　　愚家固常亲验,有三收者。其法,冬月预将白地一亩,上油渣一百五十六斤治熟,春二月种大蓝,苗长四五寸,至四月间,套栽小蓝于其空中,再上油渣一百五十六斤。五月挑去大蓝,又上油渣一百五十六斤。六月剪去小蓝,即种粟谷。秋收之后,犁治极熟,不用上粪,又种小麦。次年麦收,复栽小蓝。小蓝收,复种粟谷。粟谷收,仍复犁治,留待春月种大蓝。是岁皆三收,地力并不衰乏,而获利甚多。粪耕者可弗三复是言乎。

③ 参见前引《北支那の农业と经济》第四部第一章。

犁户即是其中一例,此外还有"拉鞭的""大种地的"①,还有"庄家"与
"代地"、②"把锄"与"陪牛"③以及著名的"二八锄地"等形式。卜凯的
调查表明,在长江流域已经消失的分益租租佃制,却在华北二年三熟
制地区普遍存在。④ 有清一代,华北的租佃地主制还处于形成过程
之中。

结 论

唐宋变革以后华北农业发展的特点是依靠大型畜力牵引装置进
行深耕细作,以及自行饲养家畜来获取肥料改善地力的集约化大规模
经营,大量雇用长、短工和大量饲养牲畜使这种经营制度得以稳定运
行,它也是华北民间农书主要描述的对象,是乡绅在华北的一种存在
形态。这种经营已不再使用奴隶耕作,但还不是完全意义上的商业化
经营,它是华北地区自营农民的一种存在形态。在这些所有与经营未
分离的大规模经营的周围,还存在着大量小规模经营(所有)者,对于
大规模经营而言,他们是不可或缺的存在。基于地主佃农制的长江下
游的社会阶层结构并不一定适用于华北。

但是另一方面,大规模经营正在二年三熟制的华北中心地带逐渐

---

① 瓦格纳(Wihelm Wagner):《中国农书》(日译本,刀江书院,1972 年)第 193—194 页。

② 乾隆《汲县志》卷六:

  农人自备牛具车辆,佃种人田,谓之代地。自种者少。亦有田主出牛具,招人代种
者,谓之庄家。

③ 万历《景州志》卷一。兹将其中表示使用赁作人的优势、经营规模的部分引用如下:

  景土广阔,原隰高下,均宜播种。故富厚之族,置地多连阡陌。每时雨后,庄头赁作
人,一直半百,竞力先种,收视贫户加倍。主田者为庄家,招甸者为客户。客户具牛四头,
谓之陪牛。春种若谷黍之类,出之庄家,秋粮若豆麦之类,主客各出一半,收则均分。无
牛者,惟管庄田耕种,谓之把锄。子粒均分,而稭草□□收之。力大者,耕至二三顷。一
顷以下者为小。

④ John Lossing Buck,*Land Utilization in China*,Atlas,1937,p. 42.

开始解体,随着经济作物等商业性农业的发展,出现了与以往不同的集约化耕作方式,这些都推动了大规模经营的进一步解体和租佃经营数量的不断扩大。不过该解体过程不是一蹴而成的,其间伴随着各种各样的过渡形态。地主佃农制不是因为小规模经营独立性的稳步发展而"濒临解体的危机",反而因此得到了不断的发展与完善。

由于篇幅关系,本章只从地主佃农制角度分析了商业性农业的影响。但是,采用集约方式进行商业性农业生产还催生出一种新的使用雇佣劳动的经营形态,对此我们会在其他章节中予以分析。

第六章 清代苏州府地主土地所有制的演变

　　在下一章"清代至民国农业经营的发展"中,我将利用鱼鳞图册和民国时期的农村调查报告,考察清初至民国的农业经营与农村阶层结构,但由于受篇幅限制,无法对土地所有状况展开分析。清代的鱼鳞册,有的不仅记载了业户(土地所有者)姓名,同时还记载了佃户(包括自耕农在内的实际上的耕作者)姓名,鉴于下一章的目的在于分析农业经营,因此考察时只使用了业户、佃户并录的鱼鳞册。除了这些业佃并录的鱼鳞册,本章还会使用佃户一栏为空白的鱼鳞册,对清初至清末中国农业最先进地区的土地所有状况展开动态分析。由于在日本能看到的鱼鳞图册有限,本章的考察对象仅限于苏州府元和县(雍正二年分置前属长洲县管辖),分析中主要依据了仁井田陞、村松祐次、鹤见尚弘等学者对日本现存鱼鳞册所作的相关研究。①

---

① 仁井田陞:《清代民地の土地台帐"鱼鳞图册"とその沿革》,《东方学报》(东京)6,1926年,后收于《中国法制史研究——土地法取引法——》(东京大学出版会,1960年)。村松祐次:《国立国会图书馆收藏の"鱼鳞册"について》,《一桥大学研究年报　经济学研究》7,1964年,后收于《近代江南の租栈》(东京大学出版会,1978年)。鹤见尚弘:《国立国会图书馆所藏康熙十五年丈量の长洲县鱼鳞册一本について》,《山崎先生退官记念东洋史学论集》,1967年;同《清初,苏州府の鱼鳞册に关する一考察——长洲县,下二十五都正扇十九图鱼鳞册を中心として——》,《社会经济史学》34—5,1969年;同《康熙十五年丈量,苏州府长洲县鱼鳞册の田土统计的考察》,《木村正雄先生退官记念东洋史论集》,汲古书院,1976年;同《再び,康熙十五年丈量の苏州府长洲县鱼鳞册に关する田土统计的の考察》,《中嶋敏先生古稀记念论集》,汲古书院,1981年。

第一节　清末的土地所有状况

在东京大学东洋文化研究所收藏的鱼鳞册中,《道光元和鱼鳞清册》和《道光吴江县鱼鳞册》均系清代后期业佃并录的鱼鳞册,不过册名都为后来所加,两件文书都属于唯亭镇东南方元和县中十九都十八图(图1中A所示部分)所造鱼鳞册。《道光元和鱼鳞清册》实际上是《道光吴江县鱼鳞册》中釐字、妍字、矢字三个圩区中釐字圩的鱼鳞册,釐字圩又分为四个圩区,该鱼鳞册的成册时间应该晚于道光年间,大概在同治末年至光绪期间,两件鱼鳞册之间隔了近一代人的时间。关于两件文书的详细介绍,请参见本书第七章。另外,《道光元和鱼鳞清

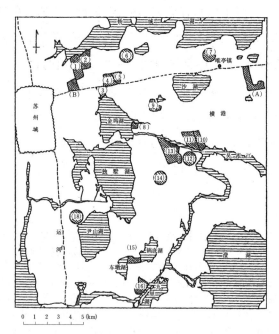

图1　东京大学东洋文化研究所藏苏州府鱼鳞图册的所属地点
由于缺少总图或二万分之一的地图,因而无法确定(6)(7)(12)(14)(18)的确切范围,暂时以图中位置表示。(17)图册位于九里湖畔、吴江县界以西,可能与(16)相邻,但具体位置同样不明。

册》内没有登载总图、丘形图和税则,却记载了业户即土地所有者以及实际耕作者的住址,这在日本现藏的鱼鳞册中实属少见,以下先从这一文书入手开始考察。

表1　中十九都十八图占有耕地统计表

所有者	居住地	所有面积（亩）	自营面积（亩）
卫		7.2	
卫	苏州	5.113	
卫	唯亭	5.61	
卫三近	唯亭	28.005	
卫慎余	唯亭	9.759	
卫敦和	唯亭	7.337	
王		69.586	
王	苏州	50.705	
王源丰	苏州	47.453	
王洽礼	苏州叶家巷	58.905	
王三珠	苏州庆林桥	1	
王滋德	苏州	5	
王眉寿	苏州叶家巷	9.883	
王	唯亭	27.47	
王永和	唯亭	11	
王怀德	唯亭	9.7	
韩再芳		3.18	3.18
金孝友	百家圩	15.593	14.493
金昆玉	百家圩	10.8	10.8
金思考		3.7	3.7
金润玉	百家圩	7.601	6.501
归焕文	前戴堰	7	

所有者	居住地	所有面积（亩）	自营面积（亩）
严		3.7	
严	苏州北街	8.1	
严彝泾	苏州	2.438	
严开场	后戴堰	2.25	2.25
胡国正	姚家港	1	1
顾筠堂	王家圩	15.016	15.016
顾晓山	王家圩	10.86	10.88
顾孝山	王家圩	7.58	7.58
吴		57.764	
吴	苏州	39.34	
吴彝敬	苏州草桥	19.055	
吴滋德	苏州古市巷	30.707	
吴鸣仁	苏州	6.3	
吴鸣盛	平江路	4.196	
吴	横港	65.145	
吴安让	横港	3.227	
吴怡兰	横港	3.7	
吴鄂鞾	横港	16.074	
吴敦义	横港	11.528	
吴竹山	后戴堰	30.05	22.21
史		2.092	
史阿效		1.53	1.53
史岐山	杨家田	4.8	4.8
史启华	杨家田	5.458	5.458
史宏章	杨家田	23.34	23.34
史宏发	杨家田	24.788	23.7805

所有者	居住地	所有面积（亩）	自营面积（亩）
史品云		8.355	
史文进	杨家田	3.708	3.708
朱		4.4	
朱	唯亭	2.4	
朱荆和	苏州	4.201	
朱崇训	唯亭	26.373	
朱宝孔		0.3	0.3
周品玉	王家圩	0.5	0.5
徐景甫		21.045	21.045
徐阿新		2.8	2.8
沈		22.288	
沈	苏州	1.75	
沈	唯亭	50.8	
沈义记	唯亭	14.7	
沈恭礼	唯亭	1.234	
沈思晖	唯亭	15.685	
沈念慈	唯亭	8.5	
沈礼耕	唯亭	14.816	
沈禄记	唯亭	1.234	
沈虎观	后戴埭	15.818	15.818
邵怀新	苏州十全街	24.707	
蒋	苏州	29.1	
蒋日新	苏州	6.418	
蒋如松	苏州	4.8	
蒋松华	尖圩	3.8	3.8
钱仁寿	胡相使巷	9.632	

所有者	居住地	所有面积（亩）	自营面积（亩）
钱西亭		1.3	
苏	苏州	2.7	
苏学山		1.15	1.15
苏鸿翔		1.76	1.76
苏德黄		4.255	4.255
苏根观	后戴堰	0.25	0.25
张金观	后戴堰	7.77	7.77
陈耕福	陈泾港	0.5	0.5
陈正和	姚家港	0.3	0.3
陈兆华	陈泾港	5.357	5.357
陈耀林	后戴堰	1.3	1.3
丁		25.311	
丁	苏州	2.95	
丁义庄		16.228	
丁怀新	苏州县桥巷	22.7	
丁仁义	苏州	28.941	
唐如高	杨家田	1.23	1.23
陶义庄		4.132	
潘		22.7805	
潘	苏州	13.82	
潘余庆		4.5	
潘留余	苏州钮家巷	18.46	
潘培荣	百家圩	4.941	4.941
彭	苏州	14	
彭三寿	苏州	30.338	
缪银观	姚家港	0.7	0.7

所有者	居住地	所有面积(亩)	自营面积(亩)
马	唯亭	2.4	
俞阿元		4.91	4.91
俞显堂		1.8	1.8
俞再根		2.002	2.002
尤		3	
尤	苏州	2.5	
姚四观		1.56	1.56
姚锡爵	姚家港	2.1	0.6
姚圣才	本村	0.3	0.3
李	苏州	8.6	
陆		2.7	
陆庆余	苏州	3.371	
陆倪氏	后戴堰	4.25	4.25
吴县学		28.425	
洒扫局		17.256	
紫阳书院		17.63	
宝兴局		4.889	
义仓		4.5	
合计(分以下 四舍五入)		1451	249

说明:

(1) 不包括坟地和宅基地。但一些村居业户只占有零星地块,这些土地中可能含有坟地和宅基地。

(2) 除了表中所列,还有 26 名所有者只占有坟地或宅基地。

(3) 居住地一栏空白表示图册中未有登载。

(4) 自营面积是指业户在该图所占土地中自行耕种的部分,并不等于该业户的经营规模。

(5) 登记在两人名下的土地,如无标注则按一人一半统计。

(6) 分位以下统计意义不大,但仍按鱼鳞册所载进行了统计。

(7) 顾晓山和顾孝山可能为同一业户。

  兹根据该鱼鳞册所录资料,将业户占有耕地的情况制成表1,表中还列出了业户的住址及其自耕田面积。从表中首先可以看出,地主土地所有的比重很高。犟字圩耕地总计1450多亩,自耕田只有250亩,所占比例仅17.2%,出租土地占了80%以上,即使除去业户自己使用的宅基地和坟地,出租比率也只会降一个百分点,可见,地主土地所有在当地占据了主导地位。

  其次,地主与经营分离倾向明显。也就是说,自耕者与地主之间发生了明显的分化,地主自己完全不耕种土地,耕作者占有的土地几乎都不出租,而是自己耕种。耕作者中唯有居住在后戴堰的吴竹山,占有耕地30.05亩,自耕22.1亩,出租8.4亩,土地出租达到一定规模。

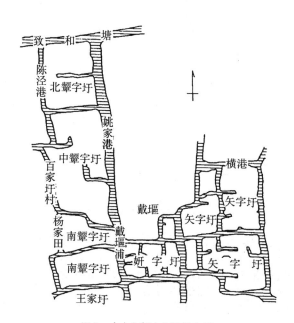

图2　中十九都十八图示意图

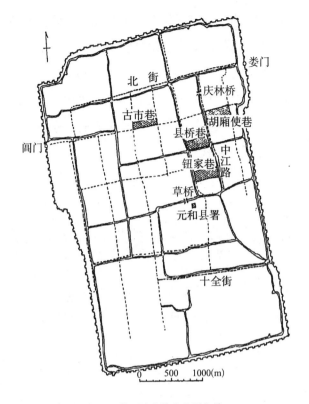

图 3　苏州城内地主的居住地

第三,比对耕作者和地主的住址后可以发现,耕作者几乎都居住在各个村里,地主则居于城镇,为城居地主。图 2 是根据《道光吴江县鱼鳞册》所载各圩的丘形图和总图绘制而成的中十九都十八图的示意图。从图中可知,册中记载的耕作者的住址基本上都在翚字圩内及其附近,而将所有土地全部出租的地主,几乎都住在苏州或唯亭。《道光元和鱼鳞清册》所录住址,除了苏州,还有王三珠等人居住的庆林桥,吴滋德、钱仁寿、吴鸣盛等户居住的古市巷、胡相使巷和平江路,从图 3 可知,这些地点都位于苏州城内。住址不明的卫某、王某与丁某占有大量土地,不过从其他卫、王、丁姓全部居住在苏州或唯亭来看,这三户极有可能也住在这两个地方。

在这些业户中,唯二没有居住在城里的地主是前戴堰的归焕文与横港的吴氏,吴氏居住的横港不清楚是图2中位于中十九都十八图以东十九都十五图的横港,还是图1中上二十一都十二、十三图的横港,不管怎样,横港吴氏是居住在覃字圩外非城居的地主。另外,住址不明的史品云户比较特殊,从与他同姓的耕作者们都住在圩内杨家田来看,史品云可能属于村居地主。

表2　中十九都十八图出租土地分类表

苏州居住者出租的土地	唯亭居住者出租的土地	城市居住概率高者	横港居住者出租的土地	村外居住概率高者	村内居住者出租的土地	村内居住概率高者	其他
585.4（亩）（48.8%）	237.0（亩）（19.7%）	144.7（亩）（12.0%）	99.7（亩）（8.3%）	57.8（亩）（4.8%）	19.7（亩）（1.6%）	10.4（亩）（0.9%）	46.9（亩）（3.9%）
967.1(80.5%)							
1124.6(93.6%)						30.1(2.5%)	

说明:(1)"村外居住概率高者"包括了"城市居住概率高者"。

(2)城内公署占有的土地归入"苏州居住者出租的土地"项下。

(3)厘以下四舍五入。

将出租土地按地主的住址分类制成表2。从表中可知,在离苏州二十公里以外地区,城居寄生地主特别是居住在上海崛起之前中国最大的商业和手工业城市苏州的寄生地主,其土地所有仍占据绝对优势。

为了进一步确认清末苏州府的土地所有情况,以下利用日本国立国会图书馆《长元吴鱼鳞册》再作一些考察。经村松祐次考证,该鱼鳞册攒造于清末同治、光绪年间,是官府为征税而制作的官簿,它不仅登记形制与《道光吴江县鱼鳞册》相同,雕版印刷的字体也十分相似,可能属于同一批攒造的鱼鳞册。如图1中(B)所示,该鱼鳞册所载地点系苏州城外东北隅元和县二十三都四图。该图在元和县的地位比较特殊,一是它与苏州城外繁华街道娄门大街相连,与城市工商业的联系非常紧密;二是该图位于苏州城东北的坟茔地带,鱼鳞册上载有很多坟地信息,因此在下一章考察经营问题时,基本上不会用到该鱼鳞册。在与城市工商业关系紧密的情况下,农户即便耕种很少的土地也可以维持生活,以下在利用该文书进行分析时会充分考虑到这个问题。

表3 二十三都四图占有耕地统计表

所有者	所有地面积	自营面积	※吴鸣盛	1.75 亩
王士高	0.42 亩	0.42 亩	朱存厚	2.8
王四官	1.1	1.1	周恒基	1.68
王天寿	0.87	0.87	周敦厚	10.729
王保和	0.37	0.37	徐凤楼	9.148
计阿早	0.03	0.03	章清晖	2.158
计升法	0.352	0.352	蒋本润	5.5
金叙字	0.5	0.5	蒋义庄	0.3
金召昌	2.16	2.16	沈安玉	34.304
查心在	2.5	2.5	沈贻各	1
查心瑞	2.1	2.1	盛存厚	5.6
周凤昌	2.26	2.26	苏盈玉	6.25
周曾和	0.45	0.45	苏玉堂	3.279
周万明	2.7	2.7	张义庄	15.778
徐双官	0.12	0.12	陈义庄	0.9
沈士元	2.3	2.3	丁义庄	13.41
沈老虎	0.4	0.4	董义庄	1
张字裕	0.25	0.25	潘松鳞	11.8
唐三庆	0.3	0.3	潘正余	3.6
范洽正	0.44	0.44	潘存诚	6.002
范秀章	0.2	0.2	潘中松	1.25
李阿金	0.15	0.15	潘通恕	58.58
林金元	1.82	1.82	潘敏慎	63.615

续表

所有者	所有地面积	自营面积			
※卫三近	2.36			※潘留余	40.038
※王眉寿	18.894			潘义庄	9.599
王柱国·坊	7.008			抚公	22.033
汪诵芬	7.9			彭敦悦	1.5
汪义庄	8.057			彭加寿	0.95
翁义庄	14.308			缪兰陵	2.8
胡咸登	7.64			缪娄祭	8.94
胡树碧	9.7			陆介福	2.259
胡长庆	7.85			陆景云	1.56
顾山辉	5.835			陆长丰	6.2
顾丰和	23.245			陆游初	21.91
※吴滋德	30.299			合计	577(亩)
吴树德	33.548			其中自营部分	22(亩)

说明:卫三近以下无自营者。

表3是根据《长元吴鱼鳞册》所载460丘约800亩土地除去坟地和宅基地后制成的各户土地所有情况表。由于二十三都四图就位于苏州城外,地主占有土地的比例比中十九都十八图还高,达96.2%。地主与实际耕作者的分离倾向更为明显,表中从王世高到林金元,其拥有的零星土地全部自己耕种,没有出租。

《长元吴鱼鳞册》没有登载所属业户和实际耕作者的住址,因而无法像《道光元和鱼鳞清册》那样获知地主的住址信息,不过既然中十九都十八图的地主大都居住在苏州,那么占有二十三都土地的业户大多也应为苏州居民。有一些业户明显不属于村居地主。比如二十三都四图位于坟茔地带,该图内有八姓义庄,但自耕业户中没有这些姓氏,佃户中也只用七户姓张，这说明这些义庄可能是不在地地主，最有可能是城居地主所置。占有 22 亩多地的抚公，从其抚公的称谓上可知他住在城市里。最值得注意的是标有※记号的五户人家，他们的名字也出现在表 1，即在中十九都十八图也占有土地。卫三近居于唯亭，至少在䪅字圩内占有 28.005 亩的土地；王眉寿居苏州叶家巷，占地 9.883 亩；吴滋德居苏州古市巷，占地 30.707 亩；吴鸣盛居苏州平江路，占地 4.196 亩；潘留余居苏州钮家巷，占地 18.46 亩。《长元吴鱼鳞册》与《道光吴江县鱼鳞册》的成册时间相同，因此它与《道光元和鱼鳞清册》之间大概也有一代人时间之隔，实际上由于析产承继等，很多耕作者的姓名都有变动。尽管两件鱼鳞册之间有一定的时间间隔，但有五名业户在相距十多公里的两个地方都占有土地，这清楚表明了城居地主的兴起及其土地占有的跨地区性。如果将《长元吴鱼鳞册》与同时期的《道光吴江县鱼鳞册》进行比对，在沈姓、潘姓、吴姓等姓氏中，一定还会发现更多的业户同时在两地占有土地，不过遗憾的是，《道光吴江县鱼鳞册》业户栏中，除了自耕的业户，其他大多数只注明了姓，因而无法进行比对。

以上所述，即为清末两件鱼鳞册为我们展示的土地所有情况。地主土地所有在当时占统治地位，地主居住于城镇，其土地所有的分布情况相当广泛。仅就鱼鳞册所载地区来看，地主占有的土地规模并不大，但考虑到他们还在其他很多地方拥有土地，有的地主的实际占有面积可达千亩以上，比如光绪元年元和、长洲两县的计税面积为 1.3 万余顷，[①]而吴滋德一户在两件鱼鳞册内占有的土地就达

① 民国《吴县志》卷四六、四七。

总数的 3%左右。①

第二节　清初的土地所有状况

如上所述,在清末苏州地区的地主制经济中,寄生的城居地主占据了主导地位,那么清初的情况又如何呢? 下面就利用清初的鱼鳞册作一比较分析。除了前面提到的两件鱼鳞册,东京大学东洋文化研究所还藏有十八件元和县的鱼鳞图册:②

(1)元邑西 23 都 5 图　　　(2)元邑 23 都 10 图

(3)元邑 24 都 20 图　　　(4)元邑西 22 都 1 图

(5)元邑西 22 都 2 图　　　(6)元邑西 22 都 25 图

(7)元邑半 19 都 8 图　　　(8)元邑上 25 都 11 图

(9)元邑上 25 都 10 图　　　(10)元邑下 21 都 8 图

(11)元邑西 21 都 8 图　　　(12)元邑下 25 都 17 图

(13)元邑下 25 都 16 图　　　(14)元邑下 25 都 21 图

(15)元邑中 31 都东 14 图　　　(16)元邑中 31 都 33 图

(17)元邑中 31 都 36 图　　　(18)元邑北 31 都 10 图

其中(2)—(5)、(8)、(10)、(11)、(14)—(16)、(18)各册版心印有"抄录　县康熙十五年分奉旨丈量鱼鳞清册"字样,据考证,这些是康熙十五年(1676)在县令李敬修的主持下,经过严格的土地清丈后攒造的长洲县全县鱼鳞册的一部分。其余七册虽然未有"康熙十五年分奉

---

① 当然,并不是说吴滋德拥有了元和、长洲两县平均 3%的土地。虽然不清楚清末元和鱼鳞册中苏州地主的土地分布状态,但从《道光元和鱼鳞清册》来看,苏州地主主要居住在苏州城的东半部,也即元和、长洲地界,这说明他们的土地也可能主要分布在元和、长洲两县。

② 此外,国立国会图书馆、筑波大学亦藏有康熙十五年攒造的鱼鳞册,笔者这次没有利用。

旨丈量"的题识文字,但在很多方面与十一册相似。例如有关四至、形状、积步的登载方式相同,内容都非常详备,各图、各圩土地统计表的格式也相同。最能说明这七册文书与"康熙十五年册"出自同一时期的是,这七册文书与"康熙十五年册"之间、"康熙十五年册"各册之间,在邻近各图占有土地的同名同姓之人出现的概率都差不多(见表5)。不过两种文书之间还是有明显的差异。如七册中均未设佃户一栏。当田块的产权发生转移时,会对所载内容进行修订或增补粘贴,七册中这些地方的数字和亩、分、厘、毫等单位的记载,均使用了简化符号或草书。从以上这些情况可知,这七册鱼鳞册并非正式的官府册籍。另外,(17)册张庄字圩第2丘四至栏里题有"官册上无工口"字样,且业户栏和亩数栏空白,也说明这七册鱼鳞册应该是正式文本的抄件,可能是基层人员实际工作中使用的册籍。虽然这七册与其他十一册的性质略有不同,但两者的攒造时间相同,可以用来研究清初的土地所有问题。另外,对于其中(3)、(10)、(11)各册,鹤见尚弘已作了多方面的介绍。

结合东洋文库藏《吴长元邑都图乡贯字圩土名总表》、民国《吴县志》田赋志和乡镇志以及东洋文库藏江苏省陆军局印制的二万分之一地图等资料,推测这些鱼鳞图册所载地点即如图1。这些地点比较均匀地分布在元和县全域,各图之间有的相邻,有的相近,有的距离较远,十八件鱼鳞册总计登载约1万丘、3万亩[1]土地,接近该县课税土地总数的5%,作为在日本可资利用的农村调查材料,弥足珍贵。

另外,在十八件鱼鳞册中,(3)、(5)、(8)、(10)、(11)均为业佃并录的鱼鳞册,其他十三册,有的未设佃户一栏,有的设有佃户栏但未登载佃户姓名,有的只有极少部分载有姓名。下面即根据这些图册所载资料作一统计与分析。

---

① 参见表4。

从这些鱼鳞图册的资料统计来看,首先,地主占有土地的数量在清初就已达到很高的比例。从业佃并录的图册来看,就如鹤见所述,(10)、(11)图册所载地区土地出租的比例为81.9%,(8)为88.7%,(3)为94.9%,(5)则高达99.8%。① 总体上说,越靠近苏州,出租比例越高。可以说,在农业最先进地区,地主土地所有制在清初就已占据主导地位。土地的出租比例直到清末基本上没有变化,甚至有一种可能,即受太平天国这一政治因素影响,出租比例反而有下降趋势。

尽管清初和清末地主土地所有的比重变化不大,但从地主的性质来看,清初与清末还是存在很大的差别。首先,清初有的地主在图内占有土地100—200亩,规模比清末大得多。将十八件鱼鳞册中占地50亩以上的业户情况制成表4,②从表中可以看出,单一图内占有土地最多的是第(6)册的王蕃,达316亩,接下来是第(9)册的顾龙绰和第(1)册的王臣向,分别占地240余亩和220余亩,每个图册中都有1至2人拥有100—200亩的土地。这些鱼鳞册中有几册所载总面积比清末略大,与《道光元和鱼鳞清册》所载面积相同的有(1)、(3)、(10)、(11)、(15)册,其中很多业户占有的土地面积也在100—200亩之间。第(8)册中占有土地最多的一户施可锦,虽然所有面积只有58亩多,但该鱼鳞册所载土地总数不过387亩多,施可锦一户所占比例就达15%,其土地占有同样显示出集中于少数地主的倾向。

其次,包括上述大土地所有者在内的业户主要居住在其土地所在地区。结合下一章对经营规模的统计分析可知,陈尔兴、金万年、金年分别在第(10)、(11)册载地点内合计占有土地380余亩、250亩和202

---

① 康熙十五年册中,很多都未单独列出坟地、宅基地,除去这些土地后,土地的租佃率会更高。

② 从表5可知,还有业户在相邻或附近的图占有土地,合计也超过了50亩。

亩,其中自己耕种的土地分别为 3 亩、37 亩和 21 亩多。① 虽然这些业户自耕土地所占比例参差不齐,而且对于拥有大量土地的他们来说,这点儿自耕地的意义也不大,但这一情况至少可以说明,他们不是寄生的不在地地主。此外,占地 50 亩的周瑞溪既出租土地,同时又承佃土地,自己耕种 52 亩多,比他自己所有的土地面积还要多。下一章将会叙及,该地区经营规模最大的农户主要靠自己耕种,同时出租一部分土地给别人,规模次之的是那些租佃大量土地自己耕种的农户。在自耕土地所占比例较低的苏州附近,地主的不在地属性增强,但即便如此,在自耕土地比例仅为 5% 的第(3)册所载地区,拥有 137 亩土地的张越凡,仍留有 5 亩多自耕地。这一时期,土地所有者与经营的分离还在进行之中,地主还未放弃他们在农村生活与生产的基础。

从另一个侧面揭示地主乡居性质的,是他们在特定地区占有土地的数量要远远高于清末地主,但同时其土地所有的地区分布却相当狭小。十八件鱼鳞册中,在两件以上图册中载有姓名的业户,以及他们在各图中所占的土地数量见表 5。由于篇幅的关系,兹将业户按图册所载地点分为北部(a)、中部(b)和南部(c)三部分,难以收进这三部分的业户列入(d)。② 十八件图册共载业户 3300 余人,除去大概是同一人的重复部分,③实际存在 3011 人,其中出现在两件图册以上者 259 人,不及总人数的十分之一,加之如图 1 所示,这十八处册载地点,相邻或距离在 1—2 公里之内的相当多,这说明,清初地主占有的土地主要集中在比较狭小的范围内。而且如果对表 5 中(a)、(b)、(c)稍加留意就会发现,这 259 人中有相当多的人占有的都

---

① 这些统计数字出自第 205 页注①引鹤见文《康熙十五年丈量,苏州府长洲县鱼鳞册的田土统计的考察》第 326—327 页,以及《再び,康熙十五年丈量の苏州府长洲县鱼鳞册に关する田土统计の考察》第 429 页。

② 表 5-(d)中的一些土地,如(3)-(5)以及(8)、(9),相距不过 3 公里,而另一些土地,如V—(a)、(b)、(c)中的(7)和(18),又离中心区域较远。

③ 判断两个名字是否为同一个人十分困难,请参考表 5 的说明。

是相邻或相近的土地。跨图跨都远距离占有土地者当然存在,表5中的(d)部分,即是这些人的情况。需要指出的是,和表5(a)、(b)、(c)部分相比,这些人大多是单名,他们之中可能有很多是同名同姓之人,比如取单名"瑞"的就有14姓,共25人。即使这259人中不含同名同姓之人,求距离在2公里以上的任意两个地点的同一人的重复出现率,也不到1.4人,[①]这和清末的情势明显不同。清末,五名姓名识别度很高的地主名字会同时出现在相距十几公里且间隔一定时间的两件鱼鳞册上。

这种土地分布集中的现象也反映在土地占有量较多的业户身上。在一个图内占有土地50亩以上的业户共75人,其中在他图占有土地者仅10人,这10人占有的土地几乎都分布在相邻、相近地区。从各业户在图内的占地情况来看,其土地分布同样显示出集中于一处的倾向。占地100亩以上且土地都集中在图内的某个圩区,这样的业户以占有240余亩土地的顾龙紵为首,一共有6名。顾、陆是该地的大姓,而如第(9)册中的金姓、(11)册的史姓、(12)册的洪姓、(17)册的邹姓等都集中出现在某个图内,这也可以印证当时的土地所有者具有地域性很强的特点。

综上所述,清初的地主土地所有情况与清末差异很大。即便如此,清初业已出现了不在地地主。表5(d)所列人物中,有几人姓名的识别度很高,不太可能是同名同姓之人,这些人居住于城镇,在元和县各地置有田产。由于(1)—(18)图册所载土地不到该县土地总数的5%,3000多个业户中,在十八件鱼鳞册以外的都图占有土地者亦大有人在。不过表5(d)中所列人物,其占有的多是小规模零星土地,而清朝末年图内占地数量最多的业户同时又在其他很多地方占有土地,两相比较,其间还有很长的一段距离。

---

① 从18个不同元素中取出2个元素的组合数,再减去2公里以内的组合数,也即(1)—(5)、(10)—(13)、(15)—(17)相互之间,以及(6)与(3)—(5)、(8)与(9)、(14)与(12)(13)间的组合数,得出的数字为(A),在两件以上鱼鳞册中载有姓名的人数为(B),B/A≒1.38。

表 4　占有五十亩以上土地人户及各图概况表

	姓名及占有亩数						占有土地合计（亩）	总面积（亩）	总丘数	所有者总数（人）
(1)	王臣向 221.716	许贤 121.596	黄泰 67.614	钮玉符 52.224	陆元 104.358		568	1623	764	188
(2)	吴爵 59.115	刘华 133.606					193	515	163	74
(3)	顾玉侯 103.572	张越凡 137.100					241	1296	479	190
(4)	王元江 156.500	汤荣 62.654	汤自成 70.835	缪衡 117.980			408	2427	711	272
(5)	蒋代 91.482	孙乘九 61.303	张彩 52.953	张有年 77.648			283	721	185	57
(6)	王章 124.640	王蕃 315.956	王友 56.729	汪升 64.1105	严介曾 50.651	朱孟非 74.0485	686	2080	822	220
(7)	徐溪 101.020	蒋元 60.490	孙光 233.098	褚介 82.975	褚介卿 73.506	褚昆 83.834	635	1609	531	175
(8)	施可锦 58.453						58	387	220	89
(9)	汪万 180.667	许悦溪 173.571	顾吉 68.909	顾龙绮 242.669	朱化 54.861	沈寿 193.871　施垣 71.735	986	2758	849	282

续表

编号	占有50亩土地以上者（姓名·亩数）	占有土地合计（亩）	总面积（亩）	总丘数	所有者总数（人）
(10)	金万年 140.266；陈尔兴 153.271；彭 敬 77.554	371	1166	415	99
(11)	金 年 175.946；金万年 110.332；金明卿 50.117；石清臣 51.163；陈尔兴 127.273；彭 敬 58.605	573	1835	434	226
(12)	王昌文 102.913；金 和 51.015；顾 瑞 114.092；张洪甫 135.031；张仁甫 75.079；张姚金 78.282；陆子清 56.718；刘益端 55.555	841	3009	779	236
(13)	朱 袁 68.779；沈敬山 51.015；朱 凝 60.918；朱 宸 50.511；张荣贵 131.156；张 己 103.389；张 贞 96.828；张国纪 62.598；汤戍盘 103.059；丁渭侯 60.380；梁 锡 92.085	724	3256	883	273
(14)	蒋 漳 75.163；陈 汉 104.406	180	1637	608	198
(15)	郑栗先 107.779	108	1376	396	182
(16)	顾子克 66.271；陈玉芬 78.340；潘敬江 50.679	195	1093	284	144
(17)	顾子克 116.902；顾孟德 57.699；顾子泉 79.496；周松林 54.697；沈君信 66.855；赵 礼 50.283	426	1857	463	266
(18)	施子宁 97.767；毛 化 55.216	153	677	302	143

说明：(1) 占有土地合计：占有50亩土地以上者的田土合计。
(2) 总面积：该图土地的总计。但不包括册载缺失及未注明所有者的部分。
(3) 总丘数：册载总丘数。包括无字号和面积记载的丘块，但不包括册载缺失及未注明所有者之部分。
(4) 所有者总数：关于人数的判定标准，请参见表5的说明。

表 5　重复出现者情况表

(a)－1　单位：亩

	王元江	王文	过久昭	许仲彝	金伦	严介曾	胡孟卿	顾周	顾顺泉	顾端卿	吴嘉	吴元	吴伺园	吴爵
(1)									8.222			3.590	8.468	27.858
(2)										2.276		22.120	39.099	59.115
(3)								2.049	4.787	2.292				
(4)	156.500		4.212	13.948	25.443	31.603					12.863			
(5)	8.854			13.764	15.396						45.171			
(6)		0.300	6.916			50.651	1.113							
(7)		0.500					9.219	0.074						

(a)－2

	吴万咸	吴本章	高二	查爵	史文	周云	周文	徐文	章荣	蒋元	蒋公达	蒋升吉	蒋文表	蒋文模
(1)	6.488	19.446									7.381	9.933	6.169	8.538
(2)		27.967			9.405								8.900	
(3)			0.562				2.145							22.520
(4)	6.203		0.248	14.389	0.260	2.483	0.418	0.756	25.079	2.795	0.985	1.041		
(5)				14.439					6.750					
(6)														
(7)				0.440		18.474		0.725		60.490				

（a）-3

	沈元	沈明宇	盛仲用	张祥	张水臣	张仲蘷	张伯升	张明	陈仁甫	陈峰	郑元	郑孝若	董熙	潘子顺
（1）	8.838	4.054	36.684						0.766			2.064	18.689	
（2）	11.161				15.546									
（3）				13.469		11.155		14.049	5.592	0.909		24.326		
（4）			3.240		41.754	8.884	23.279						37.955	
（5）						13.526					4.391			
（6）							12.877				6.250			12.383
（7）		7.213		1.537				3.747		3.050				7.732

（a）-4

	缪衡	缪爵	姚君仲	姚元美	姚美	李平	陆义	陆成	凌吾
（1）	7.290	36.419				31.305			
（2）	3.124	5.619				1.298			
（3）							2.177		
（4）	117.980		4.918	32.629	1.256			1.844	5.078
（5）			5.750	25.849	9.606				21.230
（6）							0.068	1.000	
（7）									

(b)-1

	王开明	王三	王文吾	王茂卿	王孟希	王孟卿	向君甫	华明吾	归令文	邱仲山	许悦溪	金企之	金尧峰	金侯甫
(8)														
(9)											173.571			3.910
(10)						18.202								
(11)		7.700					0.606			46.622				
(12)		4.844		33.413		38.859	39.764	39.411	29.472	15.154	7.017	7.064	3.147	
(13)	3.296		2.923	4.063	20.807			21.105				11.160	0.541	45.436
(14)	29.744		1.659		17.064				12.772					

(b)-2

	金年	金万年	钦正之	钦贞	胡策	顾于吉	顾荣	顾义	顾吉	顾思溪	顾奉溪	吴一	吴云卿	吴应松
(8)						1.572		2.617	25.150	0.511				
(9)			4.369			13.901			68.909					
(10)	29.821	140.266					16.468				1.375	0.984	11.420	
(11)	175.946	110.332	7.000		8.906					2.970	1.586	0.869	19.004	1.399
(12)				0.400	5.005									
(13)														1.373
(14)				5.632			20.685	0.890						

227

(b)-3

	吴近松	吴三	吴少美	吴祖	吴仲立	洪于岐	洪舜卿	洪圣卿	查元辉	朱成	朱澄源	周敬春	周端溪	鼠
(8)										22.387				
(9)		0.850		0.563										
(10)	12.941				6.795				46.130		19.583	0.880	1.389	2.583
(11)	0.731	0.101			1.048	11.434		3.642	12.525	5.994	11.905	0.786	50.117	0.911
(12)			8.083			15.620	34.137	14.513						
(13)			18.827	1.154			28.987							
(14)														

(b)-4

	诸敬园	徐贵	沈荣	沈观	沈戌	沈善	沈茂	石清臣	钱俊卿	宋衡	庄圣	曹良臣	仲祖	仲和
(8)														
(9)		2.489												
(10)								17.638	6.272		0.782			
(11)					0.325			51.163			12.397			
(12)	4.020	13.607		2.651	3.099		4.667			11.643		4.941	1.305	
(13)			6.014			4.980								4.061
(14)	4.888	3.133		16.059		17.966	4.568		22.934	12.381		0.773	2.704	14.521

(b)-5

	陈尔祚	陈尔助	陈尔兴	陈子明	陈三	陈君远	陈企	陈汉	赵云武	张茂卿	张祖	张国纪	张洪甫	张君发
(8)														
(9)					2.177						9.277			3.629
(10)	10.971	37.850	153.271	1.480				6.612	4.306					
(11)	4.129	30.801	127.273	8.478	0.688				2.951		6.576			
(12)									1.651	49.097			135.031	
(13)						36.324	8.538			11.456		62.598	2.642	6.591
(14)						39.959	3.292	104.406				31.925		

(b)-6

	尤爱田	马西将	马升	彭辅明	彭文	彭忠	彭升	彭三彩	彭敬	樊文	汤盘	郑忠	郑上贞	陈祖
(8)														
(9)		17.342												0.206
(10)	9.088			0.139	20.285	9.329	1.948	5.420	77.554		9.054	1.285	4.241	
(11)	4.393	25.00		11.238	0.363	14.323	2.600	5.884	58.605		6.118	5.481	7.350	
(12)									17.062			5.074		
(13)			14.506							18.121				20.094
(14)			4.675							13.647				

(b)-7

	尤介玉	尤思田	尤士升	姚孔昭	姚昭	姚奉江	李侍录	李周干	陆仲康	陆良
(8)	0.334									
(9)							8.871	3.813		
(10)				0.315	0.333				4.626	
(11)				11.046	7.858	0.559	12.570			
(12)		3.616				10.718				
(13)	28.216		1.737						24.432	3.086
(14)		7.572	3.494					20.506		46.966

(c)-1

	王岩	王昌	王仁	王文加	王奉	郭垣	顾于克	顾几先	顾顺阳	吴学	黄川	徐全	沈季成	沈庆
(15)	1.248	3.296	18.308	21.874	20.048	5.760		2.062		5.888	2.512	1.361	2.245	
(16)						5.379	66.271	11.537	3.474					30.420
(17)	3.726	10.000	10.839	0.629	0.923	3.900	116.902		13.735	1.330	8.696	5.255	8.021	28.317
(18)														

(c)-2

	沈志	沈进	沈忠修	孙顺环	孙禄	褚良	陈荣	陈开之	陈开曹	唐君惠	唐瑞芝	潘江	浦大申	马利
(15)	0.735	13.735	0.150		8.675	25.979	12.785		1.132				3.782	6.440
(16)	6.632			4.225		43.740		3.939		3.754	9.667	21.022	11.217	
(17)		5.573	8.331	3.448	5.763	7.000	0.081	0.990	6.148	0.7525		1.989		3.495
(18)											9.600			

(c)-3

	俞高	杨进修	陆仪	陆陈永	陆有成
(15)		0.555		3.956	
(16)	10.081		7.273	20.422	3.800
(17)	3.100	10.944	3.500		12.790
(18)					

231

(d)-1

	王惟馨	王元	王成	王明	汪瑞	向凡	郭元	许溪	许二	许忠	金子章	金甫	胡君甫	顾园
(1)		16.487					19.597						2.582	
(2)					7.737									
(3)									0.203	0.220				
(4)					6.646	2.124		4.244			3.859			
(5)				8.116							0.225			
(6)		8.496	13.415											9.725
(7)														
(8)						3.675								
(9)								13.220			6.139			
(10)														
(11)													4.208	
(12)	3.230	4.100												
(13)												0.833		
(14)							7.839	3.097		4.073				14.756
(15)			20.234	16.441	13.375									
(16)									0.266					
(17)	3.900											1.228		
(18)														

(d)-2

	顾侠	顾玉候	顾惠	顾元	顾端	顾世及	顾大	顾大来	顾德	顾甫	顾奉	顾阳	顾礼	吴彩
(1)														
(2)														
(3)		103.572												
(4)			12.760				1.784	26.045						22.889
(5)								3.168		1.400				
(6)													2.007	
(7)	10.916				8.978									
(8)								1.000		2.060	4.088			
(9)			22.545	11.701	1.780		5.873							
(10)					3.716	3.369								
(11)														
(12)					114.092				0.248		1.965	41.664		
(13)		3.040												
(14)	3.058				4.978									4.163
(15)				3.401	7.476	1.543								
(16)					2.918							10.010	2.991	
(17)									7.289			1.010		
(18)														

(d)－3

	吴仁	吴仲华	吴连	洪云	黄昌	谢瑞	朱化凡	朱凝	朱敬	朱二	朱明	周济	周贞	蒋叔
(1)	10.898			0.955	22.526	3.825					14.435			
(2)														
(3)														
(4)	12.809													
(5)	12.381						2.504							
(6)												6.722		
(7)														0.237
(8)														
(9)			0.563				7.898							
(10)	1.094	0.150												
(11)								46.456	6.257	c.203				
(12)				3.006				60.918		1.940				9.094
(13)			1.154										2.548	
(14)										c.070	9.617			
(15)									0.100					
(16)						5.600		9.597						
(17)					3.282			6.550				3.598	1.215	
(18)		0.187								c.110				

（d）-4

	蒋叔和	蒋文	蒋和	沈贵	沈敬山	沈招	沈达	沈仲	沈贞	沈文	沈明	沈良	沈礼	钱观
(1)						0.314								
(2)														
(3)		0.450												
(4)					4.996									
(5)							0.900							
(6)				4.768		27.911					7.391		6.058	
(7)														0.435
(8)				5.841						2.194				
(9)								1.288	44.426	2.979				
(10)														
(11)														
(12)	9.716		22.076									0.520		
(13)			12.105		65.692									
(14)		3.412												
(15)						1.951			0.153	13.439			5.324	
(16)	5.032		1.318											
(17)				6.130			2.113	30.323	4.045		2.628	0.548		
(18)	0.678		1.905											0.220

（d）-5

	钱文	曹三	张玉	张彩	张仁甫	张瑞	张仲甫	张年	张茂	陈玉	陈玉林	陈君荣	陈君用	陈禄
(1)														
(2)														
(3)					0.237									0.841
(4)	0.779						4.089		8.354					
(5)				52.953										
(6)						0.740	6.543			27.951	14.224		0.300	
(7)														
(8)														
(9)									2.097			3.378	2.368	1.450
(10)													25.493	
(11)		5.345	3.599										13.796	
(12)					75.079									
(13)					6.836	2.563	3.504	1.264		59.11				
(14)														
(15)				0.040										
(16)	2.828		0.674								0.681			
(17)								2.499						
(18)	1.820	0.200										0.300		

236

(d)－6

	唐君美	汤荣	潘端	冯文	姚寿	姚祖	季二	季升	陆元	陆珍	刘佛
(1)					0.233	0.279			104.358		
(2)	1.205										
(3)		62.654									
(4)		1.200									
(5)										11.218	
(6)				25.708							
(7)			0.390						3.246		
(8)											
(9)					5.503	0.555				1.988	
(10)											
(11)								9.208			
(12)											
(13)	9.965										0.554
(14)		2.904					0.518				
(15)			0.182	1.535					20.900		
(16)								3.191			3.063
(17)											3.960
(18)							0.220				2.573

说明：(1) 要判定二者同属一人非常困难。首先，习惯上双名的人物会将其中一字省略，特别是第一字。例如，第(7)图册所载元邑西二十三都五图咏冬字圩第3丘以下各丘，以及第20、21、24、25、27丘的产权均由王臣向与许贤各占一半，但只有第8丘上注明为"王向"和许贤一人一半，"王向"应为王臣向的丘向的缩写，这时可以判定该丘向的所有者和耕种者同属一人（自耕），或者字号相连的丘块均为一人所有（地主或自耕农），二者属于同一人。然而该方法的适用范围也是一个问题。这里考虑到册册载的前后关系，册载地点以及人物的经济性质（地主或自耕农）等情况综合判断，尽可能不扩大适用范围。

其次是名字中出现同音同字如何判定的问题。扩大和缩小适用范围的问题。这里是名字的双名音首省字时处理为同一人，二者为单名时，二者为单名时，则按上述双名名缩写的规则处理。不同图册则按不同人物处理。张这样的大姓尤其危险。尽管一些双名之识度较高的双名的双名各将其处理为同一人，二者为单名时，则按上述双名名缩写的规则处理。不同图册则按不同人物处理，特别是当上位数为零时，人，很可能是同一人。

(2) 此处的土地面积只是一个概数。除了上述人物判定的问题，图册上对面积的计算有时也有错误，特别是上位数错误，下位数经常发生错位前移，表中已对一些明显的错误进行了纠正。

237

鱼鳞册中所显示出的清初到清末地主向城居和寄生方向发展的这一倾向,从攒造者的关注焦点由清初的土地所有者转向清末的实际耕作者中也可得到印证。作为征收赋税的依据,康熙十五年册全部登载了业户姓名,但载有耕作者姓名的只有前述的五册。而到清末,国会图书馆藏《长元吴鱼鳞册》同时登载了所有者、耕种者姓名,《道光元和鱼鳞清册》业户栏中,大多只填写了姓,《道光吴江县鱼鳞册》中几乎所有业户都只注明了姓,这种倾向在东洋文库藏《吴县全境鱼鳞册》中表现得更为显著。农业最先进地区土地所有形态的变化,由此引发的租税征收方式的改变,以及征收者关注对象的转移,这些都是我们应该注意的问题。

清初,苏州地区仍有很多占地 100—200 亩的地主,他们的土地主要集中在一个图或其周边有限的范围内,其次是那些占有数十亩土地,土地分布同样集中的地主,二者相加后地主土地所有的比重很高,地主制经济中乡居地主仍然占据着主导地位。从经营的角度来看,有些乡居地主的经营规模在当时也是最大的。随着时间的推移,跨地区占有土地的城居地主兴起,但占主导地位的仍是乡居地主,此即是清初苏州府长洲县的土地所有状况。当时苏州劳动生产率和土地生产率的发展水平都处于全国前列,是商业性农业最发达之地,同时又是与经济作物相关的全国手工业中心和商业资本的聚集地,苏州尚且如此,全国其他地方的情况也就可想而知了。

代结语

众所周知,地主制研究是战后明清史研究的一大中心课题,特别是 1960 年左右开始,将地主制与人民斗争或专制国家联系起来的研究不断涌现,但除了主佃关系的研究,其他关于明清地主制的具体研究少得惊人,本章旨在填补其中的一些空白。对于本章极为简明的结论,在此不再赘述。另外,由于本章的结论不支撑"里甲制是乡居地主的统治机构""里甲制的瓦解意味着明代中期以后乡居地主统治的瓦解"等观点,因此此处对这些观点也不展开讨论。

那么,是什么导致了清初乡居地主向清末城居地主的转化? 这一问题可以通过考察清末鱼鳞册中城居地主自身的情况来解答。仅从本章的分析来看,城居地主的土地分布处于跨地区分散状态,这说明土地的所有状态与市场发展所处的阶段是相互因应的,而清初地主占有的土地大多集中在 2—3 公里的范围内,且地块分布极为分散,这种分布情况应该也是与当时商业性农业和市场较低的发展水平有关。既然地主制本身不属于政治权力范畴,而是一种经济关系,那么其存在形态就不会随国家政权的变化而变化,但却会随经济条件的改变而改变。

最后是关于鱼鳞册的史料价值问题。鱼鳞册的可信程度,只有在利用它进行分析后才能明白,在下一章中,我还将从几个方面来说明日本现存的鱼鳞册有很高的可信度。鱼鳞册所载土地面积,达到了民国时期地图所示实际圩区面积的 90% 以上(有的甚至接近 100%),也就是说,作为前近代编制的土地登记簿册,其精确性之高,令人惊叹;经过严格土地清丈后攒造的康熙十五年册自不必说,就连清末鱼鳞册的精确度也相当高;《道光元和鱼鳞清册》和《道光吴江县鱼鳞册》是关于同一地区不同年代的鱼鳞册,但其登载信息基本吻合;当所有权发生转移时,会对鱼鳞册所载内容进行修改或粘贴;此外,通过本章的分析可知,无论是清初还是清末,可以掌握同一所有者相距十几公里处的土地信息,这表明土地登记册中所载资料的准确性很高。正因为此,本章和下一章将鱼鳞图册作为分析经营和所有的素材。从鱼鳞册编制一事也可以看出,直到清末,国家的行政执行能力可能要远远高出乡绅制论者所主张的水平。

另外,诸如将里甲制视为乡居地主的支配体制(专制国家是地主阶级的统治机构)、专制国家的权力被乡绅分割占有(最终发展为以蒋介石为代表的封建军阀割据论)等理论,都还有探讨的余地。

第七章　清代至民国农业经营的发展

——以长江下游地区为例

　　众所周知,在中国农村社会性质论战中,"中国农村派"的论述在中国革命理论建设中起到了重要作用。[1] 他们认为,在封建地主的地租剥削以及帝国主义压低农产品收购价格的双重压迫下,旧中国根本不可能发展出资本主义。地主、富农所积累的财富不是用于扩大再生产,而是广置田产,并出租给破产的农民耕种,失掉土地的农民无法转化为农村无产阶级,反而成了半封建的地主阶级的支撑。这种农民阶层的"向下分化论"对中国农村派以外的人们也产生了深远的影响。在国民党统治时期实施的一系列农村调查中,有相当多的调查结果都佐证了中国农村派的这一论述。此外,该论述还被日本学者引入日本,天野元之助、山田盛太郎、栗原百寿等人即是其代表,[2]他们将中农化的日本农村与中国进行比较后认为,中国农村经济还"处于更早阶段,显示出隶农化倾向",这种认识与中国农村派以及日本学者的主观意图无关,成为日本侵略中国的理论依据,并且在很长一段时期内都没有得到改变。

---

[1] 关于这一方面的学术史梳理,请参见吉田浤一著《一九三〇年代中国农村经济研究の一整理》(《东洋史研究》33—2,1974 年)。

[2] 天野元之助:《支那农业经济论》,改造社,1940 年,1978 年由龙溪书舍再发行。山田盛太郎:《支那稻作の技术水准》,《东亚研究所报》11,1941 年;同《支那稻作农家经济の基调》,《东亚研究所报》14,1943 年。栗原百寿:《日本农业の基础构造》,中央公论社,1943 年,引用部分出自《栗原百寿著作集》第一卷,校仓书房,1974 年,第 69 页。

　　二战后，除了上述资本主义发展迟滞论与向下分化论，[1]正如吉田在《中国史像的再构成——国家与农民》（文理阁，1983）论文集中所论述的那样，为了给予农业集体化政策以理论支撑，主张中国小生产经营本身就存在发展局限性的理论应运而生。[2] 日本方面的研究也认为，由于中国并未实现使用犁耕的规模化经营，所以明清时期中国农业发展处于迟滞状态。[3] 小生产经营停滞论是继地主剥削阻碍资本积累论之后，又一个与前近代生产力问题相关的理论。

　　从明清史研究来看，即使在资本主义萌芽研究盛行之时，学者们对中国农业中的资本主义发展也持否定态度，特别是古岛和雄对《沈氏农书》的研究[4]发表以来，在中国无法发展富农经济已经成为学界的共识。也正因为此，资本主义萌芽研究的焦点转移到农副产品的商业化（丝绸和棉纺织业）问题上，在这些研究中，农村问题的根本乃是阐明地主与佃农的关系，也即人与人的关系，商业化的发展只是起到了阻隔地主与佃农关系的作用。20 世纪 60 年代，随着明清史研究的重心开始转向封建制和人民斗争史研究，有关小生产经营方式的研究也就越发式微了。

　　在明清时期的农村中，确实存在一些与富农经营发展看似互不相容的现象，其中之一就是寺田隆信指出的苏州农村中存在的零细经营。[5] 另外，在农业技术方面，如果仅从耕地农具来看，明清时期确实没有什么进步，这似乎也为生产力停滞论提供了实证依据。然而，除

---

① 狭间直树：《中国近代史における"资本のための隶农"の创出およびそれをめぐる农民斗争》，《新しい历史学のために》99，1964 年。里井彦七郎：《近代中国における民众运动とその思想》，东京大学出版会，1972 年。
② 薛暮桥等：《中国国民经济的社会主义改造》，北京外文出版社，1960 年。
③ 山本秀雄：《中国农业技术体系の展开》，アジア经济研究所，1965 年。
④ 古岛和雄：《明末长江デルタにおける地主经营——沈氏农书の一考察——》，《历史学研究》148，1950 年，后收于《中国近代社会史研究》（研文出版，1982 年）。
⑤ 寺田隆信：《明代苏州平野の农家经济について》，《东洋史研究》16—1，1957 年。

了耕地工具，中耕除草、施肥、水利和品种等也是构成生产力的基本要素，而且从当时实施的集约化农业来看，后者显然更为重要。问题是，这些生产力要素的发展水平究竟如何，很难通过文献资料加以检验，稍不留意，就会得出明清以来生产力发展停滞的结论。鉴于上述情况，有必要对明清以来农村的阶层结构以及生产力水平作一专门研究，本章就是在这方面所作的一个尝试。

由于篇幅的限制，本章不对土地所有问题展开讨论。关于土地所有的情况，特别是第二节中鱼鳞册所示的土地所有的演变情况，请参见上一章的内容。[①]

第一节　20 世纪 30 年代的农村阶层分布情况

20 世纪 20 至 30 年代，或出于寻找中国革命出路的需要，或出于"经济建设"的需要，又或是出于占领地管理的需要，各种机构和团体在中国进行了一系列农村调查，使得中国农村社会研究进入到一个新的阶段。然而，这些调查研究整体上偏重于土地"所有"问题，作为本章的研究素材，各有其特点与局限性，从经营角度概观 30 年代农村阶层结构时，需要注意弥补各种调查资料之不足。

在各种农村调查中，涉及内容最多、范围最广的是国民政府主计处统计局主办的《各省农业概数估计总报告》（1932 年）和实业部中央农业实验所的《农情报告》（1933—1937 年），前者收集了县一级的统计数据，后者记录了各省的逐年数据。但是，由于这两种调查属于全国性调查，涉及的内容和范围广泛，与县一级所作的调查以及"满铁"资料相比，各项数据都存有疑点。统计局的调查尤其如此，和实业部委

---

① 本书第二部第六章。

托其他单位派出大批调查人员不同,其统计渠道为行政机关逐级上报,可信度较低。在以下的分析中,会充分考虑到资料的这一局限性。首先来看全国范围内农户的经营规模。

图1所示,即是根据《农情报告》所载资料统计的各省农户土地经营面积的分类情况。该调查团以"农民"和"乡村小学教师"为主,他们是否对所有与经营进行了严格区分,笔者对此表示怀疑,但从全国呈现出相同的趋势来看,这些数据应该反映了当时的实际情况。从图中可以看出,当时的阶层分布情况可分为三种类型。第一类是以华北北部、山西和陕西为代表的地区,华北的多数地方都可划归到这一类,而在水稻种植地区,四川是其代表。从农户的数量上看,这些地区有很多小规模以及零细经营,经营面积越小,户数比例就越高,同时也有很多大规模经营,连接两头的中间层的占比也很高,总体上呈现出最为平缓的曲线分布。但从各阶层农户耕种面积的占比来看,小规模和零细经营的比重较小,大部分耕地都由具有相当经营规模的农户耕种。以山西省为例,经营面积在50亩左右的农户耕种的土地数量最多,50亩以上的农户耕种了当地一半以上的土地。这一类型属于离中心较远的边远地区,在生产力发展水平、农产品销售条件以及农业商业化等方面都处于比较落后的位置。有关华北地区的大规模经营及其解体过程,已经论述过了,①这里不再赘述,需要指出的是,随着生产力水平的提高,该类型地区的大规模经营也将逐步走向解体。

---

① 本书第二部第五章。

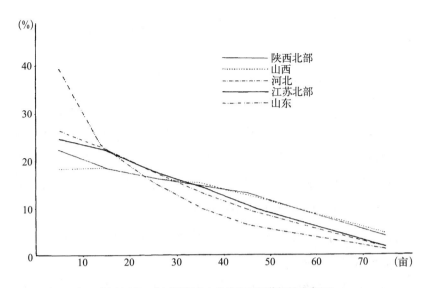

图 1-(1)　《农情报告》中各省农户经营规模分类(1)

资料来源:《中国农业基础统计资料》2(东亚研究所,1943 年)

　　该图本应绘制为柱形图,由于篇幅和简化的需要,采用了折线图,以每个区间的中位数为节点,下同。

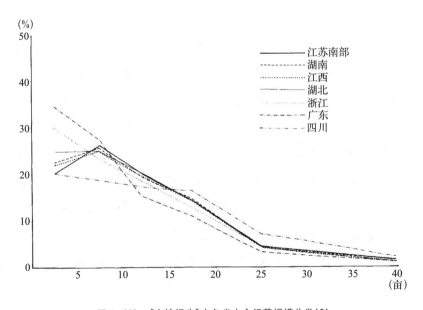

图 1-(2)　《农情报告》中各省农户经营规模分类(2)

第二类是以华南和长江中游诸省为代表的地区,位于华北的山东省也属于这一类型。与第一种类型不同,这里零细农户在户数上占绝大多数,大规模与中等规模的农户则明显减少。从土地的耕种面积来看,小规模和零细经营所占比例较高,以广东省为例,经营面积为5—10亩的农户耕种的土地面积最多。在小规模和零细经营中,经营面积在5亩以下(水稻种植地区)的半无产阶级群体占了总户数的将近一半,仅凭这点儿耕地,连正常的口粮生产都无法保障,更不用说靠它来维持生活了。和第一类地区相比,第二类离农业先进地区更近,在生产力水平和农业商业化上也较第一类先进,其阶层结构与传统中国农村贫穷破败的形象最为贴近。

混杂在第二类型中间不易分辨,但又呈现出某种变化趋势的是第三种类型,其中最为典型的是江苏省南部地区。这一类型与第二类的最大区别在于零细经营在总户数中的比重再度减少,5亩以下的半无产者的户数较第二类减少,而5—10亩的比例最多,同时,经营10—20亩的农户数量也有所增加。从各阶层的耕种面积来看,在江苏省南部,10—15亩农户的耕种面积最多,这一阶层与耕种面积在5—10和15—20亩的阶层一起,构成了当地农业生产的主要力量。在土地生产率相同的情况下,①小、中规模经营已成为江苏南部地区农业生产的主力。

鉴于在传统观念中,人们往往把农业的集约化、商业化与零细经营联系在一起,第三种类型的存在可能会使人感到某种困惑。然而需要注意的是,不仅是江苏南部,江西和湖南等省份也已出现向第三种类型过渡的趋势。关于第三种类型在先进地区广泛存在,以及第二类向第三类演变的情况,以下将利用省、县一级的农村调查资料作更为详细的分析。这些调查

---

① 第三节中将会述及,在江苏省先进地区,农民的经营规模越大,单位面积的产量也越高,该结论得到进一步证实。

是在行政院或县政府的支持下,对某个省或县所作的比较深入细致的调查,特别是以县为单位进行的一系列调查,调查对象为个别农户,且样本量充足,可信度很高,对本章的分析具有极高的利用价值。

图2是根据江苏省句容县、浙江省嘉兴县和平湖县的调查资料,对各户土地经营规模所作的分类统计。太湖流域是第二类型中生产力水平最高的地区,特别是太湖以东以南的圩田地带,显示出比《农情报告》中更为显著的小农或中农性质的阶层分布,这也说明《农情报告》中的数据是可信的。图3是根据行政院《浙江省农村调查》中五个县(每县数村)的资料,对各户经营规模所作的统计。与福建省邻近的永嘉县和位于山区的东阳县属于典型的第二类型,而处于最先进地区或其相邻地区的龙游、兰溪、崇德各县,则表现出显著的小农或中农分布,显示出《农情报告》中第二类型逐渐向第三类型转变的趋势。图4统计的是《江苏省农村调查》所作的四个县的调查数据,从图中可以看出,从最北边第二类型的邳县开始,同样显示出小农化、中农化的趋势。

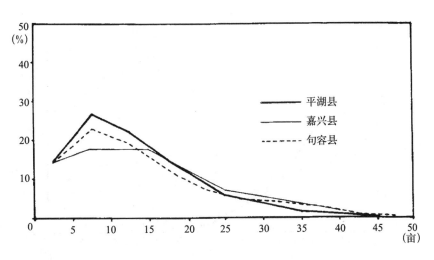

图2　平湖、嘉兴、句容三县农户经营规模分类
资料来源:中央政治学校地政学院、平湖县政府编《平湖之土地经济》(1937年)
冯紫岗编《嘉兴县农村调查》(国立浙江大学、嘉兴县政府,1936年)
张心一《试办句容县人口农业总调查报告》(参谋本部国防设计委员会,1934年)

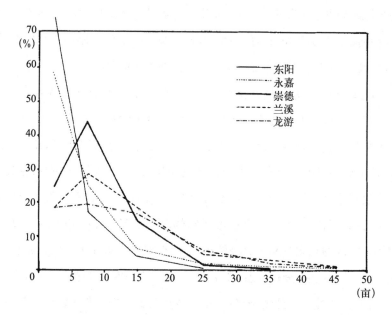

图 3　行政院农村复兴委员会编《浙江省农村调查》中的农户经营规模分类(1935 年)

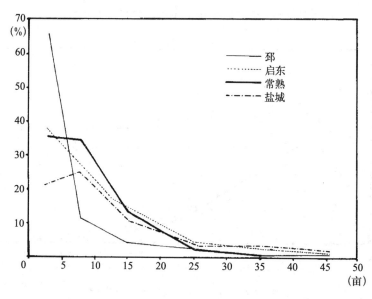

图 4　行政院农村复兴委员会编《江苏省农村调查》中的农户经营规模分类(商务印书馆,1935 年)

　　尽管全国性调查和县一级调查都显示出江浙先进地区存在小农、中农性质的阶层分布，周边地区也明显有向这一结构演变的趋势，但人们还是相信农业的集约化等于经营的零细化，对此现象完全不作探讨。为什么会产生这样一种情况呢？我认为有几个资料方面的因素在起作用。

　　一是"满铁"调查部在江苏省进行的一系列农村调查发现，在江苏这一农业先进地区，极端零细经营占据了主导地位。[①] 这些调查结果显示出与上述统计数字不同的阶层分布，有时甚至比第二种类型更加零细。然而必须注意的是，这些调查实施地区所具有的特殊性。例如，南通是最著名的土布产地，调查对象的村落即使在农忙时节，仍是妇女纺纱，男性织布，副业收入超过了农业收入，可以说该村的所有农户都属于半无产阶级；同样的情况也适用于太仓县的调查对象遥泾村，有名的利泰纺织公司就设在该村附近；无锡的情况也是如此，养蚕业在农村收入中占据了极高的比重，外出务工人员众多，调查员自己也说，由于调查重心在于工业影响下的农村面貌，因而特意选择了这些村庄作为调查对象。[②] 在各种调查对象中，笔者认为需要注意的是松江县华阳镇的三个村庄。当时选择这三个村庄作为调查对象，主要是基于它们是典型的水稻种植区的考虑，如图 5 所示和"满铁"的其他调查结果相比，这些村庄中间阶层的比例明显增高。总之，由于"满铁"调查的重心在于江浙先进地区城市手工业与农业之间的关系，调查对象局限于城市周边日军控制区域，这些调查结果可以用来考察生产力结构等问题，但对于本章的分析无甚裨益。

---

① 满铁上海事务所调查室编《江苏省常熟县农村实态调查报告书》(1939 年)，以及江苏省松江县(1940 年)、江苏省太仓县(1940 年)、江苏省无锡县(1941 年)、江苏省南通县(1941 年)、上海特别市嘉定区(1940 年)等报告书。另外，林惠海等人对苏州城西郊所作的调查也存在同样的问题。

② 松江县、南通县、无锡县的调查序文。

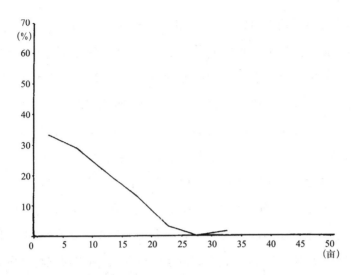

图 5 《松江县调查》中的农户经营规模分类(满铁上海事务所,1940 年)

二是有很多资料显示阶层在"向下分化",行政院农村复兴委员会组织的各省调查(由陈翰笙主持)即是其中之一。问题是,判定阶层下沉的标准究竟是什么? 在这些调查中,不仅地主与富农之间没有按计量标准划分,而且在农村五种成分划分中引入了定义不明确的"富力"概念,各阶层之间并没有一个明确的划分标准,[1]因此这些调查结果所论证的阶层沉降,究竟是指富裕程度的下降,还是经营规模的缩小,其认识含糊不明。实际上将该调查的民国十七年度和二十二年度进行比较后可以发现,零细经营上升的例子也不少。假设在世界经济危机之后,短时间内各阶层都处在下沉之中,但这与本章所讨论的小生产经营的长期发展方向,已属于不同层次的问题了。

综上所述,至少在长江下游最先进地区,农村的阶层结构呈现出小农、中农占主导地位的分布趋势,也就是说,这是旧中国小生产经营发展到最高阶段时的阶层分布。不仅如此,从第一种类型到第二种类型,再

① 行政院农村复兴委员会《江苏省农村调查》,商务印书馆,1935 年,凡例。

到第三种类型的变化,与集约化和商业化所引起的小生产经营的发展是相对应的,这说明这种区域间的差异其实就是小农经济发展的阶段性差异,换言之,中国也已经开始了从零细农民再度上升到中农的演变。在下一节中,我们将回到清初,对最先进地区的情况作一考察。

第二节　清代江南农村的阶层结构

想要了解农民阶层分化,特别是上一节中提到的第二种与第三种类型间的区别以及演变这一重要而又复杂的问题,文献记载有其局限性,而鱼鳞图册尽管所载地区有限,却为我们研究土地所有与经营问题提供了素材。以下,就根据鱼鳞图册,对清朝前期至末年最先进地区的农村阶层结构作一考察。

关于日本现存的鱼鳞图册,仁井田陞做了许多开拓性的工作,其后村松祐次又对国立国会图书馆藏九件鱼鳞册的性质及其成册年代加以考述,近年来鹤见尚弘对国会图书馆、东洋文化研究所收藏的几件鱼鳞文书作了多方面的介绍与考证,这些研究为还原清代江南农村社会的具体面貌开拓了新的方向。① 本节即在这些研究成果的基础上,将鱼鳞图册作为分析农业经营的素材。

正如村松所指出的那样,广义的鱼鳞册有两种,一是为征收赋税

---

① 仁井田陞:《清代民地の土地台帐"鱼鳞图册"とその沿革》,《东方学报》(东京)6,1926 年,后收于《中国法制史研究——土地法取引法》(东京大学出版会,1960 年)。村松祐次:《国立国会图书馆收藏の"鱼鳞册"について》,《一桥大学研究年报　经济学研究》7,1964 年,后收于《近代江南の租栈》(东京大学出版会,1978 年)。鹤见尚弘:《国立国会图书馆所藏康熙十五年丈量の长洲县鱼鳞册一本について》,《山崎先生退官记念东洋史学论集》,1967 年;同《清初,苏州府の鱼鳞册に关する一考察——长洲县,下二十五都正扇十九图鱼鳞册を中心として——》,《社会经济史学》34—5,1969 年;同《康熙十五年丈量,苏州府长洲县鱼鳞册の田土统计的考察》,《木村正雄先生退官记念东洋史论集》,汲古书院,1976 年;同《再び,康熙十五年丈量の苏州府长洲县鱼鳞册に关する田土统计的考察》,《中嶋敏先生古稀记念论集》下,汲古书院,1981 年。

而攒造的某一地区完整的土地登记簿册,二是以收租为目的有选择性编造的图册,本文所依据的是前一种。在征税用的鱼鳞册中,有的只登载土地所有者,有的同时登载了所有者与实际耕作者的姓名,欲了解土地所有,特别是土地经营状况,须利用后一种鱼鳞册。从东洋文化研究所、国立国会图书馆、东洋文库这三个单位所藏的鱼鳞册来看,有相当数量并能构成一定体系的有以下九册:

(1)《元邑下 21 都 8 图》册

(2)《元邑西 21 都 8 图》册

(3)《元邑西 22 都 2 图》册

(4)《元邑 24 都 20 图》册

(5)《元邑 25 都 11 图》册

(6)《道光吴江县鱼鳞册》

(7)《道光元和鱼鳞清册》(以上为东洋文化研究所藏)

(8)《长元吴鱼鳞册》(国会图书馆藏)

(9)《吴县全境鱼鳞册》(东洋文库藏)

这些鱼鳞册的所属地点均在苏州府,也即广义上的吴县,属于上一节提到的第三种类型中的先进地区。对于其中一些地点,鹤见已作过考证,结合各图册总图推定其所属地点如下图。

在使用这些鱼鳞册分析农民的经营规模之前,有两个问题需要说明。第一,这些鱼鳞册是否正确反映了耕地的实际存在情况?有学者认为,清代的土地清丈多以自行申报—抽丈的形式进行,国家无法掌握实际耕地面积,隐田逃税现象严重,土地登记有名无实。[①] 让我们

---

① 西村元照:《清初の土地丈量について——土地台帐と隐田をめぐる国家と乡绅の对抗关系を基轴として——》,《东洋史研究》33—3,1974 年。即便如此,西村也认为康熙十五年长洲县的土地丈量比较严格。

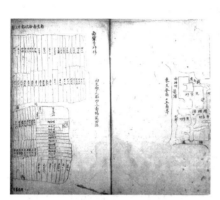
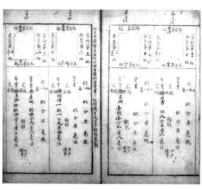

图6 东洋文化研究所所藏鱼鳞册(第6图册)

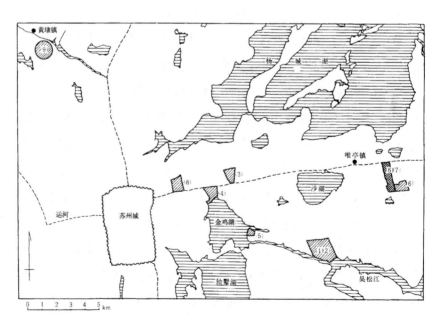

图7 (1)—(9)鱼鳞册对应地点
由于缺少第(9)图册总图,无法确认其对应地点,暂时以图中位置表示。

对鱼鳞册所载土地面积和实际的圩区面积作一比较。以面积较大,与其他圩区的边界比较明确,且可以算出一图总面积的第(4)册气字圩为例,根据东洋文库藏民国三年(1914)绘制的二万分之一"苏州城"地图,气字圩的总面积约为 980 亩,而鱼鳞册中应纳税额共计 942 亩余,接近圩区面积的 96.5%,若除去圩内塍岸所占面积,几乎 100% 的土地都在鱼鳞册的掌握之中。册中登载为荒地和荡地的土地是否真的属于荒地、荡地,现已很难查考,不管怎样,包括第 4 图册在内的康熙十五年(1676)绘制的一系列鱼鳞册,作为前近代编制的土地登记簿册,其准确度极高,真实地反映了耕地的实际情况。

这种精细的土地丈量,一直延续到清末。如后所述,上述第(8)图册应是清末同治、光绪年间所造。一方面,该鱼鳞册成册后其中的一些无主地、无主坟地被改动过,因而无主地的面积和实际相比有些微增加,加之光绪末年沪宁铁路竣工,导致民国二万分之一地图中的土地形态发生若干变化。另一方面,该图册与同时期攒造的第(6)图册均将坟地、宅基地与耕地分开登载,展现出比以前更为仔细的特点。可能是改动后的结果,第(8)图册所载面积比推算的实际面积多出三十亩余。关于篡改增加非课税地的情况,确实是我们在利用鱼鳞册时需要注意的问题。此外,当时使用鱼鳞册征税的都是哪些职能部门之人,还有很多诸如此类的税收方面的问题,需要我们作进一步的了解。但是,正如第(8)和(9)图册所示,凡土地推收过割之时,都会对业主和耕作者的信息进行修改;第(6)和第(7)图册之间存在高度的对应关系;从相距约十五公里的第(6)和第(8)图册中可以发现很多相同的业户,这些情况说明,即使在清末,鱼鳞图册制度也得到统一且广泛的实施,这与目前学术界认为的中央集权国家的职能已名存实亡的观点显然背道而驰,可以说,鱼鳞图册为研究土地所有和经营问题提供了非常有用的素材。

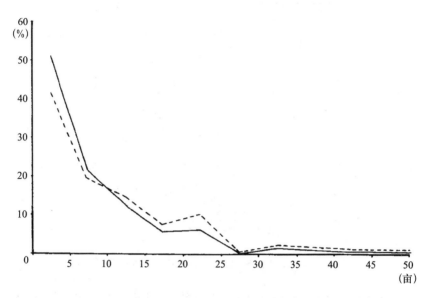

图 8　(1)(2)图册中农户经营规模分类

校正法如下：

求各圩的　仅在某圩耕作的人数　之校正值。
　　　　　在某圩耕作的总人数

由于中间隔着其他圩区的耕种业户很少，只有两户，因此假设位于中心位置的上墨和中墨两圩所属的耕种者，他们耕种的所有土地都在(1)(2)图册所载范围之内，求取该两圩的合计平均值作为校正的基准值，其他圩的经营面积即按照这一基准值逐一进行校正。

　　第二个问题是，在考察长江三角洲农村阶层问题时这些鱼鳞图册是否合适。除了后面将会述及的第(8)图册非常特殊，第(3)图册所属地点靠近苏州，(1)(2)和(6)(7)(9)各册则离城市很远，可以用来了解农村与城市的多样关系。另外，各图册中"田"的种类占据了绝大多数，这对于了解长江三角洲水稻种植地区的情况是极好的资料。从数量上看，这些鱼鳞册所载土地超过 4000 丘，其可信度可与民国时期的农村调查媲美，是迄今发现的最丰富、最具体的资料遗存，具有极高的研究价值。

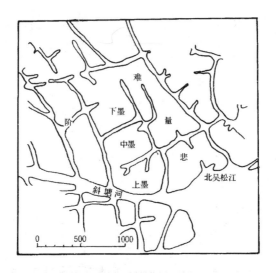

图 9　(1)(2)图册各圩位置图(鹤见尚宏 1976 年论文)

　　在九件鱼鳞册中,先用版心印有"康熙十五年分奉旨丈量"字样的鱼鳞册,对清初按经营规模分类的阶层结构作一分析。业佃并录的康熙十五年册中,登载范围最广的当属第(1)(2)图册,鹤见已对这两件文书作过多方面的统计,但有些地方并未将所有和经营区分开来,这里再对这两件文书作一考察。图 8 中的实线为(1)(2)图册中各耕作者耕种规模的分类情况,这一数据不含田赋不到 1 斗的荡地以及标为"荒地"的土地,只统计了已垦熟地。[①] 从(1)(2)册的资料统计来看,其阶层结构显示出比 20 世纪 30 年代广东、广西等第二种类型更加集中于零细经营的倾向。众所周知,鱼鳞图册的记载是以土地为中心,并非以人户为中心,要得出各户土地经营的完整资料,必须对统计做一些补正工作,在没有"村庄边界"的中国,[②]这一问题尤为重要,在分析土地"所有"状况时,需要格外小心。当然,一户人家所能耕种的土

---

① 不过,田赋科则为三斗七升五合的土地中,应该含有坟地、宅基地。
② 旗田巍:《中国村落と共同体理论》,岩波书店,1973 年,第五章。

地肯定无法像占有土地那样四处分散。按照千字文编制的各圩的位置如图示。(1)(2)图册所属业户共 328 户,从各户耕种土地的分布情况来看,仅在一个圩内从事耕作者占业户总数的 73%,跨两个圩的为 18%,跨三个圩以上的不到 10%,而且跨圩跨的也是相邻的两个圩区,中间隔着其他圩区的只有两户人家。耕地集中于一处的倾向,从各业户所耕种的土地在鱼鳞总图上的位置也可得到确认。耕种近 10 丘土地的农户中,很多情况下两个地块间的最远距离不超过 300 米,即使地块的分布比较分散,最远两点的距离也大致控制在 500—600 米的范围内。耕种地块较少的农户,其耕地分布范围自然也就狭小。从民国时期的调查来看,耕地的分布并未如通常所说的那样呈分散状态,大多集中在距离宅地二三百米远的范围内。[①]

为了分散风险买入多个地块,但其分布形态又很集中,不会影响农户耕作生产;每块耕地的面积在 3 亩以上;耕地大多直接与沟渠相连,可以独立进行灌溉和排水;为了便于耕作,耕地多建设成长条形的田块,凡此种种,都说明清初长江下游的可耕地得到了很好的开发,这不仅能保障小生产经营的独立性和稳定性,提高劳动效率,还可让商业性农业得到充分发展。后来在农业集体化过程中指出的耕地分散和杂乱问题,有明显的夸大成分,鉴于当时的机械化水平不高,这样的耕地分布与农业生产本身的需求相符。

仅从"经营"层面看,耕地的分散状态并不明显,但由于跨圩耕种者亦大有人在,因此需要对单纯统计数据进行校正,而耕地分布比较集中也意味着校正是可行的。不过,需要进行多大程度的校正却很难确定,因为这取决于该地及其周边村庄的存在形态。这里假设所耕地

---

① 满铁上海事务所调查室编《江苏省松江县农村实态调查报告书》(1940 年),以下略称为《松江县调查》。

的分散状态与(1)(2)图册相同,图8中的虚线即为校正后农户耕种土地的分类情况(校正方法请参见第255页图8下的说明),和粗略统计相比,农户的经营规模有所增加,但总体上零细经营仍占主导地位。按照粗略统计,耕种土地在2.5亩以下的极度零细农户就占耕地不满5亩户的将近6成。另外,由于鱼鳞册中没有完全不占有任何耕地的农户数据,只占有少量荒地和荡地、无已垦熟地的农户则是作为无耕地户登载的,因此,零细经营以及没有耕地的农户数字实际上可能更多。虽然其中有少部分人可能在从事农业以外的其他生产,但可以肯定的是,他们中的大多数属于半无产阶级,受雇从事农业劳动,又或者通过农副业生产来维持连自身口粮都无法生产的零细经营。江南地区商业性农业的发展,创造出大量半无产阶级群体。

　　然而,如果仅凭农户户数中半无产阶级群体所占比例来认识(1)(2)图册中的农村状况,却是非常片面的。虽然户数不多,但图册中确实存在一些经营规模较大的业户。在长江三角洲的水稻种植地区,随着农业集约化程度的提高,丁男一人所能耕种的面积为10亩左右,[1]由于妇女很少下地干农活,一户家庭完全依靠自己劳动所能经营的土地最多在10—20亩之间。[2] 经营规模在20亩以上的阶层被称为"上农"或"富农",他们除雇工经营外,还购入肥料、饲料等物,开始面向市场进行农业生产,具有富农经济的特性,[3]这种经营方式在明末清初的代表就是前面曾经分析过的沈氏农场。[4] (1)(2)图册中,这样的富农共计31户,其中位于最上端的是经营面积在50亩以下、同时出租

---

① 《补农书》总论"佃户"等。
② 根据《松江县调查》(第154—159页)统计,15—19.9亩阶层中雇工经营的比例为32.1%,超过20亩则上升到34.3%。
③ 本书第二部第四章。
④ 本书第二部第三章。

一部分土地者(兼有地主性质),然后逐渐向下过渡到租入土地经营的佃富农,他们的最大耕地面积为 20 亩。富农阶层在总户数中所占比例不到 9.5%,但他们耕种的土地占了总数的 33.4%,即耕地总面积的三分之一,如果将(1)(2)图册以外的耕地也考虑进去,按照刚才的校正方式计算,这一比例应该超过 40%。虽然经营面积在 20 亩以上的农户并不都是富农,但是,富农在整个社会生产中所起的作用不容忽视,可以说,他们代表了当时先进的生产力,是引领农业发展的火车头。

　　(1)(2)图册的统计分析结果同样适用于"康熙十五年册"中的第(3)(4)(5)册,图 10 即为各图册中农户耕作量的粗略统计情况。从中可以看出,第(3)册璧字圩农户的耕作面积稍大,第(5)册广字圩中极端零细经营较多,虽然各圩情形不一,但总体上与(1)(2)图册的阶层分布相似。

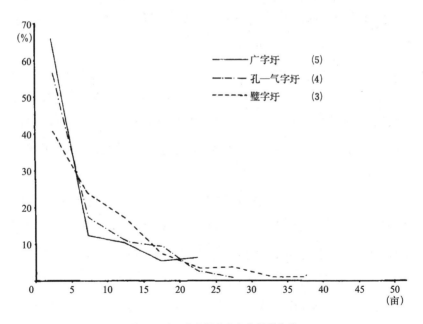

图 10　璧—广字圩农户经营规模分类
　　名字相似的人物在多大范围内应被视为同一人,很难划出一条明确的界线。音同字不同的名字该如何划分自不必说,双名中省略一字的习惯也是个问题。是否为同一人,需要根据实际情况综合判断。

"康熙十五年册"所显示的最发达地区的阶层分布,与民国时期中等发达地区所属的第二种类型相似。从清初到20世纪30年代,在先进水稻种植地区,农村的阶层结构经历了从零细经营向中农的演变过程。以下,以清代后期的鱼鳞册为例,对这一演变再作一些统计分析。

即使在先进的水稻种植地区,由于条件不同,地域间的差异也很大。第(8)图册是清末攒造的鱼鳞册,除40亩左右的农户阶层占一定比例外,其他阶层分布与第(5)图册广字圩相似,大多数农户为零细经营,这一情况与该圩的地理条件息息相关。从地图上可知,该圩位于苏州城附近,与娄门大街相连,非农业收入的占比应该比较高。加之该圩位于苏州城东北一大坟茔地带,图册中有主坟和无主坟数量众多,合计约180亩,占土地总数的百分之二十多,①耕种者很多是坟丁。另外,也许是由于过度开发和坟茔较多的关系,耕地呈现出犬牙交错的分布形态,平均不到1.4亩的零星地块,与坟地散漫参错,有三分之二的地块不与圩岸沟渠相连,无法独立进行水利作业,这与前述(1)(2)图册中悲字圩到阶字圩,(6)(7)图册中颦字圩的情况形成鲜明对照,在先进水稻种植地区属于比较特殊的情况。

第(6)和第(7)册分别题有《道光十三年荷月丈量吴江县鱼鳞册》《道光二十三年元和张桂寿丈录鱼鳞清册》之名,这可能是书肆自己添加的名称,实际上两件文书均为元和县唯亭镇东南中十九都十八图几个圩区的鱼鳞册,第(7)图册的颦字圩对应着第(6)图册中的4个圩区。虽然第(7)图册缺少鱼鳞总图,但如果注意字号的前后关系,结合各圩的耕地面积、业户、佃户、四至等就可发现,第(7)图册474丘地块

_____

① 由于无主坟地经过若干修改,确切面积不详。

几乎可以在第(6)册总图中找到相应部分,不能对应的只有一个丘块
被一分为二等极少数地块。对于丘块面积,两件文书虽然在尾数上略
有不同,但大体上是一致的,这说明鱼鳞册作为土地登记账簿是值得
信赖的,而且对于同一丘块的尾数处理,有时是第(6)图册简略,有时
又是第(7)图册简略。由此可见,两件鱼鳞图册是根据同一底本分别
制作而成。

　　比对两件图册中的相关地块会发现,许多业户和耕种者的姓名同
时出现在两件图册中,但也有许多名字只出现在其中一件图册里,这
表明两者之间存在同姓承继关系,①为同一圩区不同年代的鱼鳞册,
中间隔了近一代人的时间。鱼鳞册的成册时间可以从业户栏中登载
的公署信息加以推测,其中成立年份最晚的是恤孤局。据民国《吴县
志》所引石渠记记载,恤孤局是同治五年(1866)在长洲县县令的主持
下,将原有的恤孤堂和抚孤堂合并后设置的,并拨给官田 300 亩作为
经费。② 由于不清楚各机构的停办年份,难以确定图册的最晚成册时
间,不过,从图册的印刷填写格式、字体等来看,都与国会图书馆藏第
(8)图册极为相似,而第(8)图册又是沪宁铁路修建以前所造,由此可
以推断,这些鱼鳞册的成册时间当在同治光绪年间,这与村松的看法
一致。村松曾对包括第(8)图册在内的国会图书馆所藏的几件鱼鳞册
作过考证,并认为从纸质、格式来看,这些鱼鳞册应为同治光绪以后
之物。

　　除了第(6)和第(7)图册是同一地块而年代稍有不同的鱼鳞册,第

---

① 在两件鱼鳞册中都有登载的为 78 人,只在一件中出现的为 279 人。不过这只是对土地耕
　种者的统计。
② 民国《吴县志》卷三〇《公署三》:
　　恤孤局,在梵门桥巷北石塔头,旧有恤孤堂。……又有抚孤堂。……咸丰十年,两堂
　并毁。同治五年。长洲县知县蒯德模合建于此,名曰恤孤局,拨给官田三百亩,以赡
　经费。

(7)图册还具有日本现存的其他鱼鳞册所没有的特点,即在册中登载了业户和耕种者的住址信息,这为第六章考察清初至清末土地所有制的演变提供了非常难得的素材,对于本章研究居住地与耕作地之间的位置关系,也有极高的价值。从耕作者的居住情况来看,姚家港村最多,鼍字圩内(又或者沟渠的对岸)的百家圩、陈泾港等村次之,在鼍字圩内四个圩区间跨圩从事耕作之人很少,这可能和鼍字圩呈南北向排列有关,承租人中很多来自相邻的后戴塌与王家圩村,需要对粗略统计进行大幅度的校正。

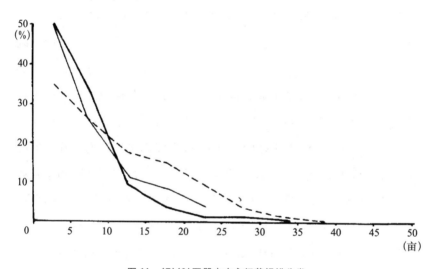

图 11 (7)(9)图册中农户经营规模分类

图 11 中的实线表示第(7)图册中农户耕作量的粗略统计,虚线为采用第(1)(2)图册同样的变化率校正后的结果。虽然仍有大量的零细经营,但比例已大幅降低,其阶层分布与"满铁"调查的松江县相似。而且零细农户的实际数量可能更少,因为根据(1)(2)图册所载,耕作量在 5 亩以下的农户中,不到 2.5 亩的极端零细户就占了 60%,但这一比例在鼍字圩内明显下降,只有三分之一,这表示,该地区已出现经营规模扩大又或是零细农户没落的倾向。

表1　(6)(7)图册中农户经营规模分类表

区　分		0—5 亩不满	5—10 亩不满	10—15 亩不满	15—20 亩不满	20—25 亩不满	25—30 亩不满	30—35 亩不满
(6)	户数	122	54	19	5	6	2	2
	%	58.0	25.6	9.1	2.4	2.9	1.0	1.0
(7)	户数	114	74	22	8	4	3	1
	%	50.5	32.8	9.7	3.5	1.8	1.3	0.4

附表　各圩概况

	(1)、(2)	(3)	(4)	(5)	(7)	(9)
总丘数	849	185	479	220	474	551
总面积	3001	721	1296	387	1466	2082
总耕作者	328	77	165	58	226	213

说明:总丘数、总面积中不含无面积记载的丘块。

将第(6)图册和第(7)图册进行比较时,这种倾向更加明显。两件文书均为同治光绪年间所造之物,第(7)图册比第(6)图册晚了近一代人的时间。后面将会看到,尽管第(7)图册的经营规模比第(6)图册还大,但其中同姓之间存在土地分割转让关系的就有八例,且转让双方的姓名只在一件图册中出现,这表明这些人户之间进行过土地继承分割。另外,两相比较后还可发现,第(6)图册中荒地、无佃地较多,其中相当部分在第(7)图册中已经变为已垦熟地,且有佃户承租,这与同治光绪年间江苏南部的情况相吻合,太平天国时期大量荒废了的土地得到重新开发,国家此时恢复了对这些耕地的管理与控制。将第(6)(7)图册所载各户耕作面积的分类对比情况制成表1,从表中的统计可以看出,零细经营明显减少,中农数量正在稳步上升。

图11,中的细线是根据第(9)图册粗略统计的长洲县北部农村十一都二图农户的构成情况。该图册自成册以来,经历了数次推收过

割,每次都会对原有内容进行修改,最后一次修改是在宣统二年(1910),此时册上所载业户、耕作者姓名,与最初成册时相比,除一人外都发生了变化,由此可以推断,该鱼鳞册的成册时间,应该比清朝灭亡早了一代人以上,其中农阶层的扩大倾向,比第(7)图册鼙字圩更加明显。[1]

清代初期,从经营面积上看,富农阶层的比例不断扩大,但零细经营在户数上仍占有压倒性优势,之后,经营规模逐渐扩大,并一直延续到民国时期。

第三节 向上发展的基础

综上所述,我们在第一节中看到的 20 世纪 30 年代农村阶层结构在区域间的演变关系,实际上也发生在清代至民国的长江下游地区。那么,这一变化与小生产经营方式之间有着怎样的联系呢? 零细经营的减少与消失,以及小规模、中等规模经营的增加,首先需要从两个层面加以考察,一是与这种变化相关的生产力结构方面的问题,二是支撑零细经营的条件消失也即社会分工的问题。下面先从生产力结构谈起。

对于卜凯所作的农村调查数据,吉田浤一进行了批判性考察,他指出,在中国水稻种植地区,随着农业集约化程度的提高,小生产经营具有向富农经济发展的潜力与趋势。[2] 落后地区(来安)的"大经营"与零细经营相同,也是粗放型农业,其经营的耕地面积大,投入的劳动

---

[1] 由于科则、耕作者、所有者的记载不明,没有对第 9 图册中十一都十图进行统计。

[2] 吉田浤一:《一九二〇年代前半中国の江南稻作地帯における農業経営と生産力——J. L. Buck:*Chinese Farm Economy*の再検討をとおして——》,《静冈大学教育学部研究报告》31,1980 年。

力相对较少,通过充分利用家庭劳动力来弥补单位面积产量之不足。而在靠近最先进地区的武进县,采取了集约化和多肥多收的富农经营方式,在土地生产率等各个方面都达到了可以与其他经营方式一争高下的水平,实现了产量与收入的双增长。

以集约化为基本特征的富农经营,在江浙先进地区更具发展优势。在其他地区,单位面积产量通常与经营规模无关,或是随着经营规模的缩小而增加,但在江浙地区,情况发生了逆转。表2是卜凯根据20世纪30年代全国调查所作的江浙最先进地区单位面积产量的统计,从中可以看出,经营规模与单位面积产量之间存在明显的相关关系。

表2　先进地区的经营规模与单位面积产量指数

	更小	小	中等	中大	大	更大
嘉兴		82.4	97.6	100.6	103.6	98.8
德清	101.5	102.1	98.8	102.1	99.4	
常熟		93.7	102.0	104.1	100.4	
无锡(一)		99.7	99.3	100.4		
无锡(二)		72.2	81.5	80.8	106.2	121.2
武进(一)		89.8	95.5	108.2		
武进(二)		95.6	95.2	100.0	101.4	109.4
武进(三)		106.6	97.0	98.2	103.4	102.3
昆山	94.0	94.0	97.8	99.5	107.4	

资料来源:J. L. Buck, *Land Utilizationin China, Statistics*, 1937, pp. 295 - 296.

那么,明清以来生产力结构究竟发生了什么变化,才使得中等规模以上的经营在单位面积产量上超过了零细经营呢?要回答这个问题,除了县一级的调查资料,还需要更为详细的资料,1940年满铁上海事务所对江苏省松江县华阳镇五个村庄进行的调查,为我们了解最先进地区水稻种植技术提供了极为有用的信息。从调查结果来看,这些地方也出现了单产随经营规模扩大而增加的现象。作物收成比常年"略差"的 1940 年,5 亩以下零细农户的亩产只有 1 石 6 斗,经营规模越大,亩产越高,20 亩以上的亩产达到 1 石 9 斗。[1] 上海市社会局对十五个地区 140 家农户进行的调查中,自耕农中经营耕地 10 亩以上者在 7 成以上(平均每户 18.5 亩),佃农中耕种 10 亩以下者达 8 成以上(平均每户 6.1 亩),而水稻和棉花的单产,自耕农分别比佃农高出 10% 和 20%。[2] 那么,是什么导致了两个阶层之间的生产力差异呢?上海市的调查认为是因为施肥量不同,[3] 而松江县的调查资料给我们提供了更多的线索。在松江地区,只有经营规模较大的农户才会浸种,贫农因为要利用插秧时节打工挣钱,为了不延误插秧,都会跳过浸种这一环节。从中耕除草来看,"其次数并未因耕作面积不同而发生多少变化,但仔细观察就会发现,同样的耘荡作业,各自投入的劳动力以及技术水平是有差别的",有些极端贫困农民,因为要从事其他工作维持生计,只能进行一次中耕除草。施肥方面,日本入侵导致豆饼供应困难,情况变得有些复杂。购买肥田粉(硫铵)的多为经营规模大的农户,从主要自制肥料猪粪灰的加工情况来看,养猪人家也多为经营面积在 10 亩以上的农户,这说明在肥料使用上各阶层之间也存在很大差异。[4] 最关键的还是肥培过程。施肥和中耕除草等集约化管理,需要耗费大量的人力和资金,这就造成了农户之间亩产量上的差异。由于水稻种植"属于劳动密集型产业,需要大量施用化肥",在松江甚

---

[1]《松江县调查》第 73 页。

[2]《上海市百四十户农家调查》,《社会月刊》第二卷 2—5 号,1930 年。冯和法编《中国农村经济资料》,上海黎明书局,1935 年。

[3] 同上《上海市百四十户农家调查》,第 284 页。

[4] 以上内容出自《松江县调查》以下各页:浸种—第 80 页,中耕除草—第 85、84 页,施肥—附表九和八。

至出现了零细农户被淘汰的现象。[①] 集约化和商业化的发展,为中等规模以上的经营提供了有利条件。

那么,在集约化水平和经营方式上,民国与清代初期之间有哪些连续性呢? 最能体现明末清初最先进地区生产力水平的是《沈氏农书》中的经营方式,[②]其集约化程度很高。在土壤耕作方面,由于长底犁耕地较浅,沈氏以人力耕作的铁搭代之。沈氏对施肥尤为重视,除了增加施肥量外,还采购肥料(如人粪、牲畜粪便、豆饼)以备各种农作物之需,为了保证厩肥的来源,沈氏自己饲养猪羊积肥,为此不惜自己花钱购买饲料。在田间管理上,采取"锄一、荡二、耘一"的方法,认真进行中耕除草和晒田工作。这种大量投入肥料与劳动力的集约化种植法,需要与之相匹配的优良水稻品种。明末清初是籼、粳之间以及籼、粳内部优良品种不断得到推广的时期,《沈氏农书》中就有选取耐肥性好的品种的记载。沈氏这种采取集约化技术、雇工经营商业性农业的方式就是富农经营,不过,当时这种方式还处于一种需要借助农书来宣传与推广的阶段,这与清初富农在户数上比例较低的情况是对应的。

从松江县的调查资料来看,明末清初这种先进的集约化生产方式已在中等规模农户中普及,某些方面甚至更高。水稻收割后基本上不种植小麦,而代之以紫云英,紫云英是一种绿肥植物,在播种前施用,可以培肥地力,提高水稻产量。种植了紫云英的水田,用铁搭翻至七八寸深,不种紫云英的水田,用牛犁耕,耕作深度也有 5 寸。灌水入田后还须先用牛耕或铁搭粗耕一遍,再用耙、兜进行摊耙作业,力求精益求精。与《沈氏农书》中基肥施用猪灰 10 余担、追肥施用豆饼 3 斗相

---

① 同第 266 页注④第 72 页。
② 以下内容请参见本书第二部第三章。

比,松江县似乎更重视追肥。作基肥施用的是紫云英,第一次追肥用猪灰 7—10 担,第二次追肥用硫铵 10—20 市斤或豆饼约 50 斤。除了施肥,中耕除草也是集约化发展的一个重要指标,《沈氏农书》中的"锄一、荡二、耘一"法,在松江已变为二荡二耘,就连日本人也感叹其投入的人力之多。① 在各项技术集大成的品种改良方面,也取得了很大发展。地方志等在谈论农作物品种时习惯将该地区的所有种类都罗列在册,但实际上,品种改良的步伐比一般想象的要快。② 在松江县华阳镇,"铁硬青"占了种植面积的 80%,在调查的村庄中,更是达到90%。"铁硬青"顾名思义,是耐肥性极好的一个粳型优良品种。③

虽然存在地区性差异,但江浙先进地区的集约化水平,大都与松江县的情况相同,这在其他调查资料中也可得到印证。施肥方面,《中支那肥料调查报告》④对日本占领区的情况作了比较全面的介绍,徐正坚所著《稻作》概括介绍了中耕除草的情况,《嘉兴县农村调查》提供了很多关于水稻种植技术方面的信息。

如果说以"铁硬青"为代表的品种改良反映了集约化程度的提高,那么单位面积的劳动天数和劳动内容,以及单位面积产量,则从另一个侧面反映了集约化的发展。根据松江县的调查,该地的水稻种植平均每亩需 17 个劳动日,⑤这比清代后期每亩 8—9 个劳动日,甚至 10 多个劳动日的水平⑥又提升了一步,换算成日本的土地面积单位

---

① 以上内容出自《松江县调查》第 82—86 页。

②《松江县调查》第 75 页。

③《抚郡农产考略》对水稻名称及品种特性有详细的论述。

④《兴亚院调查月报》3—10,1942 年。

⑤《松江县调查》第 92—93 页。

⑥ 光绪《松江府续志》卷五《疆域志·风俗》:

　　凡田须人工,自开耕至上场,亩须十余工。

　　包世臣《齐民四术》卷二,农二,庚辰杂著二:

　　其水田种稻,合计播种、拔秧、莳禾、芸草、收割、晒打,每亩不过八九工。

"反",则每反略低于 29 个劳动日,与日本的最高水平①(每反约 25 天)相当。从劳动内容上看,中耕除草和施肥占了劳动总量的 37% 以上,多于已经实现了高效施肥的日本的 23.4%。可以说,长江下游水稻种植的集约化水平已与农业机械化之前的日本相当,而在落后于日本的灌排水、脱粒和施肥等三个领域,洋龙船、轧稻机和硫铵的使用也在迅速普及。由于受度量衡、收成以及调查员主观意识的影响,单位面积产量的统计比较复杂,但许多直接调查数字接近 2 石,②明显高出当时全国水平,与日本的水平相当。

正是在这样的情况下,先进地区中等规模以上的农业经营得到了发展。在日本入侵前,肥料的来源主要依靠购买豆饼和硫铵,耕种面积在 10 亩以上的农户还从华阳镇购买仔猪肥育,自行生产"猪灰"施用。在饲养过程中,本着"好饲料才有好肥料"的原则,农户从华阳镇的米行买来麸皮和米糠作为精饲料,在饲料的投入上非常大方。由于集约化程度高,耕作量在 20 亩左右的农户,雇佣劳动就占了其劳动总量的三分之一,雇工的伙食好到连日本调查员都吃惊的程度,农忙时节是镇上肉铺一年之中最赚钱的时期。③《沈氏农书》中的经营方式,已经在松江县中等规模以上的农户中得到普及,我们在第一节和第二节中看到的,农民经营规模从零细向小、中规模发展的趋势,正是集约化程度提高后富农经济不断发展的一种体现。

然而,富农经济发展导致经营规模扩大,这只揭示了清初到民国农村阶层演变一方面的原因。从鱼鳞册所载阶层结构发展到《农情报

---

① 第 241 页注②引山田文。

② 冈村淑一:《嘉定、太仓、常熟における主要农产物の耕种惯性》,1939 年。松崎直己:《松江米について》,《食量经济》,1941 年。满铁上海事务所《米——无锡米市场を中心として——》,1939 年。中央政治学校地政学院、平湖县政府编《平湖之土地经济》,1937 年,第 79 页。

③ 肥料部分见《松江县调查》第 103—107 页,雇佣劳动见第 31 页和第 158—161 页。

告》中江苏南部的状态，至少需要增加近80％的耕地，或减少40％以上的耕种者，实际情况应该两方面都有。由于耕地面积没有成倍增长，中农化在一定程度上就意味着零细经营的破产，这一方面是由于生产力差距的扩大，另一方面则要考虑过去支撑零细经营的条件发生了变化。要对社会分工进行量化分析是非常困难的，而且也缺乏这方面的资料，当前只能利用二战后资本主义萌芽研究留下的成果加以印证。明清时期太湖周边地区农村手工业极为普及，零细农户主要依靠副业收入补贴家用，直到20世纪30年代，在手工业与农业还未完全分离的地区，其阶层分布还呈现出零细农户占主导地位的特点。

鸦片战争以后，虽然在全国范围内英国棉制品对华贸易增长缓慢，但最先进地区因为商品化程度高而遭到严重打击。和日本中等发达地区的棉纺织业同样，中国最先进地区的棉纺织业也因为开埠受到了毁灭性打击，虽然该地区也有一部分人改用洋纱织布，但其发展并不顺利。

在之后中国资本主义的发展过程中，破产离村的农民从江浙两省涌向长江三角洲，在先进地区内部则进一步流向中心地带和城市，最终流向中国的新经济中心上海。从清代至民国的某一时期开始，随着集约化水平的提高和富农经营的发展，生产者和生产资料逐步分离，关于这一问题，今后还需要作进一步的研究。总的来说，直到20世纪30年代，中国的小生产经营方式仍处于稳步发展的过程中。

附篇一　明清时期的商品生产与地主制研究

第一节

与中国经济的近代化问题相关联,战后日本的明清史研究主要围绕商品生产和地主制这两个问题展开。在商品生产方面,西嶋定生关于棉纺织业的研究开风气之先,①随后北村敬直、②古岛和雄③分别发表了对地主制以及雇工进行商品生产的乡居地主的研究,这些研究认为明清时期的商品生产虽有发展,但却没有为资本主义兴起创造条件。

上述研究发表后,从 20 世纪 50 年代前半期开始,里井彦七郎、藤井宏、寺田隆信、田中正俊和佐伯有一等多位学者,分别对矿业、盐业、

---

① 参见西嶋定生《十六、十七世纪を中心とする中国农村工业の考察》(《历史学研究》137,1949 年)等一系列文章,这些文章后收入《中国经济史研究》(东京大学出版会,1968 年)。

② 北村敬直:《明末清初における地主について》,《历史学研究》140,1949 年,后收于《清代社会经济史研究》(朋友书店,1978 年)。

③ 古岛和雄:《明末长江デルタにおける地主经营——沈氏农书の一考察——》,《历史学研究》148,1950 年,后收于《中国近代社会史研究》(研文出版,1982 年)。

棉业和丝织业等行业进行了实证研究,①试图从中找到商品生产发展的证据。这些学者的研究结果表明,西嶋主张的中国商业资本势力太强,剥削严重,导致包买商制度难以成立之说并不正确,实际上包买商制度在明清时期非常普遍,有些行业甚至出现了工场手工业的生产形式。但正如许多学术前辈在回顾学术史时所指出的那样,②这一时期的研究者们基本上和西嶋一样,对中国自发走上资本主义道路持否定态度。

当把"世界历史发展的普遍规律"套用于中国的理论模式陷于僵局时,50 年代后半期开始,明清史研究出现了两个不同的研究方向,一是从阶级斗争中去寻找可以打破"土地制度和商业资本桎梏"的人民斗争史研究,二是从赋役制度史研究发展而来的制度史研究,该研究非常注重中国"封建制度"在其发展过程中的特殊性。

人民斗争史研究对抗租、抗粮等运动进行了深入探讨,取得了不少成果,但是,这些研究并没有对以往从土地制度或商业资本等外部条件出发来否定小生产经营的资本主义自发倾向进行反思,而是将打破外部桎梏的希望寄托在人民斗争之上。这种研究方法受到了和他们立场相近的学者的批评。不过,这些批评者们虽然提出了小生产经营发展与独立的理论,但却忽视了农民阶层分化这一资本主义发展的重要问题,在处理所谓"封建制度"解体和资本主义发展问题上缺乏整合性,结果导致有的学者在佃农经营的不断独立中看到了"封建制度"

---

① 里井彦七郎:《清代矿业资本について》,《东洋史研究》11—1,1950 年,后收于《近代中国における民众运动とその思想》(东京大学出版会,1972 年)。藤井宏:《明代盐场の研究》(上、下),《北海道大学文学部纪要》1,3,1952、53 年。寺田隆信:《苏松地方における都市の棉业商人について》,《史林》41—6,1958 年。田中正俊、佐伯有一:《十六、十七世纪の中国农村制丝、绢织业》,东洋经济新报社《世界历史讲座》I,1955 年。

② 佐伯有一:《日本の明清时代研究における商品生产评价をめぐって》,《中国史の时代区分》,东京大学出版会,1957 年;寺田隆信:《商品生产と地主制をめぐる研究——明清社会经济史研究の诸问题(1)——》,《东洋史研究》19—4,1961 年。

瓦解的前景,而有的学者则相反,他们认为小生产的发展无法摧毁中国的"封建制度"。① 近年来,将抗租抗粮运动定性为反封建斗争并给予积极评价的人民斗争史研究没有取得多少进展,②正是因为他们的小生产经营理论存在这样的缺陷。

在制度史研究方面,学者们围绕国家和土地所有者之间的关系,对役法、水利、土地丈量、包揽等问题进行了细密的实证研究,取得了不少成果,现在这些方面的研究多围绕明清乡绅论这一核心展开。③

制度史研究与人民斗争史研究表面上看大相径庭,但两者同样缺乏小生产经营发展的问题意识。在对待明清乡绅制度的问题上,有人将其视为农奴制或"封建制度"的确立,又有人将其看作是中国"封建制度"遭遇危机后的一次重塑,这两种看法表面上水火不容但却没有形成思想交锋,原因就在于双方对于小生产经营这一制度基石的具体情况,都不甚了了。而且明清乡绅论在分析地主与国家、乡绅地主与中小土地所有者间的关系时,遵循的是一种政治力学的分析方法,对小生产经营发展本身不闻不顾,现在学界充斥的仍然是"地主佃农矛盾的激化""佃农的经营独立"等一些空洞陈旧的概念,而这些概念并不能为我们揭示小生产经营的发展方向。

---

① 小林一美:《抗租·抗粮斗争的彼方》,《思想》584,1973 年,后收于《中华世界的国家与民众》上(汲古书院,2008 年)。

② 最近,从国家或地主阶级统治的性质出发探讨人民斗争的研究取得了一些成果,参见野口铁郎《初期朱元璋集团の性格》(《横浜国立大学人文纪要》社会科学 18,1972 年)、谷口规矩雄《明末清初の保寨について》(《东海史学》9,1973 年)。

③ 小山正明:《明代の十段法について(一)》,《前近代アジアの法と社会》,劲草书房,1967 年;同《明代の十段法について(二)》,《千叶大学文理学部文化科学纪要》10,1968 年,后收于《明清社会经济史研究》(东京大学出版会,1992 年)。滨岛敦俊:《明末浙江の嘉湖两府における均田均役法》,《东洋文化研究所纪要》52,1970 年,后收于《明代江南农村社会の研究》(东京大学出版会,1982 年)。森田明:《清代水利史研究》,亚纪书房,1974 年。川胜守:《張居正丈量策の展开》,《史学杂志》80—3、4,1971 年,后收于《中国封建国家の支配构造》(东京大学出版会,1980 年)。西村元照:《張居正の土地丈量》(上、下),《东洋史研究》30—1、2、3,1971 年,同《清初の包揽》,《东洋史研究》35—3,1976 年。

下面就以 1950 年前后的研究为中心,探讨以往成说中关于明清小生产所处发展阶段及其发展趋势的认识是否存在问题。行文过程中,我将只关注商品生产和农业经营等基础方面的问题,明清乡绅论重点关注的专制国家问题不在本文的探讨范围之内。

第二节

有关西嶋理论的全部内容,在此不作赘述。西嶋曾断定,中国的小生产经营虽从满足自身消费转为商品生产,但却"完全没有走向近代化的可能",下面就对他提出的两大阻碍因素,即国家土地制度的压迫与商业资本的剥削作一探讨。从结论上看,世界各国小资产阶级的兴起都会面临同样的问题。

首先来看"土地制度的压迫"这一问题。众所周知,资本主义生产关系是在"封建制度"的土壤中孕育出来的,它的发展引起了作为"封建"统治基石的中农的两极分化,促进了"封建制度"的解体和资本主义制度的建立,因此即使在英国,同样存在"土地制度压迫"这一问题。西嶋的研究发表当时,一般认为,英国农业资本主义的发动者主要是"独立自主经营的农民",他们是封建制度解体后完全自由的农民,西嶋认为,14、15 世纪以来在自主经营的约曼的推动下发展起来的英国,以及从农奴制下解放出来的德国西南农村,[1]与中国分属不同的发展类型。然而,这一看法现在被证实是错误的,所谓独立自主经营的约曼阶层,实际上也是等份分割领主土地的农民,他们同样受到封建制度的制约,[2]这从日本幕藩封建体制下农村小资产阶级的发展中也可

---

① 第 271 页注①引西嶋文第 738 页。
② 参见堀江英一编《イギリス革命の研究》(青木书店,1962 年)。

得到印证。另外，西嶋认为中国历史发展有其特殊性，但是从收取的地租来看，专制国家并不比封建社会高，正如乡绅制论所阐明的那样，专制国家是一套庞大却又松散的统治体系。

再来看看商业资本的剥削问题。西嶋认为由于"强大的商业资本不仅控制了原材料和产品部门，还渗透到商品生产的各个环节"，因此"各个生产单位只能重复简单再生产，无法扩大生产规模"。同时，他将商业方面的阻碍因素主要概括为以下两点：小生产与大市场的矛盾；农民资金有限，使得商品的生产过程不得不细分为多个环节等，在后续的研究中，他又增加了地区间价格水平差异、价格的季节性波动、商人的高利贷剥削和巧取豪夺等。学界一般认为，受这些因素的制约，中国商人采取的是前近代的超经济的剥削方式，农民不可能从商品生产中获取剩余价值。[1]

但是正如西嶋所说，"棉布生产已是纯粹的商品生产"，棉布"经由外来商人之手被贩运至全国各地"，那么此时的小生产已经来到小商品生产阶段（以销售为目的的小生产），因此在一般情况下，农民的生产必然会受到价值规律的影响。

由于农民的生产规模小，且产品只能在本地销售，因而容易受到商人的摆布，这是农民和商业资本间本来就存在的不对等关系，无论东西方，和农民相比商人拥有更为开阔的视野与丰富的资金，自然也更具优势，只有当机器大工业全面发展，商业资本从属于工业资本后，这种情况才会发生改变，即使是英国，也不可能例外。在这样的背景下，小生产之所以可以发展，正是因为小商品生产阶段价值规律在发

---

① 田中正俊：《明末清初江南农村手工业に关する一考察》，《和田博士古稀记念东洋史论丛》，讲谈社，1961 年；第 282 页注①引小山第一篇论文。

生作用,[1]由于价值规律的作用,农民才会一直从事商品生产,而农民向商品生产者的转变,又成为商业资本存在的基础。

　　以往的明清商品生产研究,在正确定义小商品生产阶段问题上比较薄弱。为了推翻西嶋的结论,学者们积极找寻大规模工场手工业的存在以及农业、手工业分离的证据,中国资本主义萌芽论战中也存在同样的问题。然而在步入工场手工业阶段之前,人类社会长期处于以家庭劳动为基础的小商品生产阶段,而且这一阶段有其固有的发展规律。和工场手工业相比,小商品生产对其他小生产者的破坏作用小,受社会和技术条件制约,其经营规模也很难扩大。但是由于价值规律的作用,小商品生产会引起农民的两极分化,一方面商品生产导致生产资料集中在一些人手中,另一方面这些人又缺乏扩大经营的条件,于是便产生了包买商制度、高利贷资本和寄生地主制,这是世界上任何地方都会发生的事情。[2]

　　谈到中国史上有关小商品生产阶段的问题,就不能不提及今堀诚二和横山英两位的研究。[3] 今堀将资本和雇佣关系的形成作为衡量

---

① 有关小商品生产阶段和价值规律问题,虽然时代不同,请参见吉田浤一《二十世纪前半中国的一地方市场における棉花流通について》(《史林》60—2,1977 年)。在明清乡绅论中,地丁银制度、一条鞭法多与地主阶级统治联系在一起,但也必须注意这些税制改革与小商品生产阶段之间的联系。货币地租是小商品生产阶段的界定指标之一,这是因为无论产品数量多少,货币地租的出现都是以商品的价格与价值相符为前提的(参见《资本论》国民文库版第三卷第四分册第 302 页)。

② 堀江英一:《"小商品生产"农业段阶の农民层分解》,《幕末、维新の农业构造》,岩波书店,1963 年,后收于《堀江英一著作集》第一卷(青木书店,1978 年)。

③ 今堀诚二:《中国に於けるヨーマンギルドの构造——小商品生产段阶における历史の役割——》(上、下),《社会经济史学》18—1、2,1952 年。横山英:《中国における商工业劳动者の发展と役割》,《历史学研究》160,1952 年。

小商品生产阶段的标准,①并对作为小商品生产阶段标志的城市手工业行会进行了分析,他认为中国的城市手工业行会出现在 14 世纪,并于清代中期再度兴起。横山英继承了今堀的观点并做了更为具体的研究,他认为,明代后期城市民变的参与者主要是城市里按日计酬的雇工,这些人正是小商品生产的主力军。

今堀、横山两位认为是小商品生产阶段孕育了无产阶级,但是这种认识是错误的。如前所述,小商品生产阶段是指小生产者为售卖而进行产品生产的阶段,它本身不需要对劳动过程、生产资料所有关系作任何改变,虽然小生产从小商品生产阶段的某个时期开始已部分使用雇佣劳动,但无产阶级的产生并不是这一阶段的本质特征。

今堀、横山两位的理论认识,跳过了小生产者为销售而进行产品生产这一极为重要的阶段,使得从小商品生产阶段视角出发对城市和农村进行统一把握变得十分困难。城市里无生产资料的劳动者出现得比较早,但在农村,即使是西欧,资本和雇佣劳动之间的对立关系要步入工场手工业阶段后才会形成,而在亚洲,农业资本家与雇佣劳动者之间的矛盾,直至今日仍未成为社会的主要矛盾。如果把资本雇佣关系当作衡量小商品生产阶段的指标,那么无论何时小生产经营都无法走上近代化之路。此外,认为城市小商品生产的主体是早期的无产阶级,手工业行会是他们的组织,这种看法本身源自对小商品生产阶段的错误认识,实际上,为横山所引用的大冢久雄本人也认为,城市手

---

① 第 276 页注③引今堀文(上)第 23—24 页,"随着商品生产的发展和阶级的分化,出现了小商品生产阶段。在农业领域,除了最大限度地使用自家劳动,还必须雇用若干他人劳动……在手工业领域……资本家不再充当师父一角,也不再从事直接劳动,他们成为生产过程中的监督者和指挥者,只按照资本的意志行事"。

工业者主要是拥有生产资料的小作坊主,属于小资产阶级。[①]

今堀关于"城市手工业行会"的研究,确实给我们留下了宝贵的实证层面的成果,但其中一些研究结果反而表明,小商品生产已经来到雇用他人劳动的阶段,有些产业和部门已经开始出现工场手工业的生产经营方式。

相关的理论混乱不仅限于今堀、横山二人,就如佐伯有一在其关于商品经济研究的述评中所言,"研究'作为资本主义起点的小商品生产'的产生和发展,是我们共同的课题","小商品生产的基本生产关系是雇佣劳动关系",[②]长期以来我们对小商品生产阶段的认识是错误的。通过对西嶋等人学说的整理,我们迫切地感受到正确定义小商品生产阶段的必要性。在小商品生产阶段,生产目的是销售,由于价值规律的作用,必然出现小商品生产者的两极分化。

第三节

接着来看北村敬直的研究。和西嶋关于商品生产的研究一样,北村关于地主制的研究同为日本明清史研究的重要论述,至今仍有很多地方值得我们借鉴。北村认为,随着商品经济的发展,建立在老人制基础上的明初的制度遭到破坏,乡居地主土地所有制发展起来,后来乡居地主又向城居地主转变,他将这种地主对土地的所有理解为"在从中世的、封建的社会经济结构向近代的、资本主义社会经济结构过

[①] 横山引用了大冢在《近代欧洲经济史序说》(时潮社,1944 年,后收入《大冢久雄著作集》第二卷,岩波书店,1969 年)中将雇佣工匠团体描述为手工业者行会的部分,但实际上大冢接着又说,"他们主要是那些从依附于师父的雇工地位逐渐晋升上来,有自己独立的作坊,使用自己的生产工具进行加工,赚取'加工费'(piece-rate)的商品生产者,即所谓的'小作坊主'small-master(又或者是城市约曼)阶层(第 190 页)"。

[②] 第 272 页注②引佐伯文第 298—299 页。

渡时资本对土地的控制,也即具有商人地主的性质"。①

北村学说中,今天最值得我们关注的是他关于农民阶层分化的主张。他认为:"商品生产为农民的资本积累创造了条件,农民因此开始贫富两极分化,少数农民越来越富成为富农,大多数农民则越来越穷,最后落入破产的境地。"关于农民阶层分化只会产生富农经营这点还有待商榷,但他认为商品生产可以创造剩余价值,而剩余价值正是农民阶层分化的根本原因这一观点颇为重要。但是,后来的研究大多不承认商品生产受价值规律的作用,也不承认商品生产可以创造剩余价值,即使承认,也只把商品生产与佃农的经营独立联系在一起,由此可见,北村的这一重要主张,并没有被商品生产论和农民阶层分化论很好地继承下来。

不过,北村学说中也有值得商榷的地方。他虽然把明末清初出现的地主制看作是农民阶层分化的结果,因而认为这种地主制具有过渡性质,但又认为其"本身并不包含任何新生事物,相反,它使旧的封建关系得以延续"。虽然北村后来在《中国的地主与日本的地主》一文中对自己的主张进行了修正,②认为从与宋元史的连续性来看,将整个明清时期的地主制认定为寄生地主制可能不太合适,而且,地主中的特权阶层,也不都是通过商品生产方式实现的土地集中,但是,至少近世日本的地主制不能等同于"领主制"。

清代的地主制与近代的地主制不同,土地的所有权和使用权处于分离状态,并未实现一元化的土地所有权制(建立一元化的土地所有权制度,不必像以往认为的那样,通过佃农获得土地来实现,也可以通过地主收回土地使用权来实现)。它与凭借人身依附关系收取地租的

---

① 第271页注②引北村文第25页。以下引用北村部分均出自该文。
② 北村敬直:《中国の地主と日本の地主》,《历史评论》20,1950年,后收于《清代社会经济史研究》(朋友书店,1978年)。

封建土地所有制也不同,按照北村的说法,地主制是随着商品生产的发展而产生的,是商品经济规律作用的结果。无论佃农的地位多么不利,佃农和地主之间基本上是一种租佃契约关系,地租本质上属于利润。清代地主中占绝大多数的是中小地主,他们是小商品生产阶段出现的过渡性质的地主,地主制的形成与小商品生产阶段所特有的性质,即农民阶层逐步分化但经营扩大条件尚不成熟,有着密切的关系。[1]

第四节

接下来对古岛和雄的著述作一考察。北村主张明初的里甲制度是以自耕农的广泛存在为基础的,对此古岛和雄提出了批评。他认为,在村地主才是里甲制度的根干,明末清初,一方面随着里甲制的瓦解而产生了寄生地主,另一方面在村地主使用的劳动力从奴仆变为佣工。尽管出现了这些变化,但古岛又认为在村地主无法走上富农化道路,雇佣劳动也未发生实质性变化。正如论文的副标题所示,古岛的这一结论主要是根据《沈氏农书》的分析得出的,对此笔者有一些不同的看法,下面就对在村地主的性质及其发展的可能性作一分析。

我们把分析的重点同样放在商品生产和农民阶层分化上。古岛将限制富农经济发展的原因概括为以下几点,即粮食生产还未商品化,蚕丝价格极不稳定,丝织业生产受高利贷资本控制等。关于粮食的商品化问题,还有待进一步的事实验证,此处姑且不论,但有关高利贷资本的问题,正如前面分析西嶋观点时所言,它与小生产者获取剩

---

[1] 在农业商品化水平较低的地区,由于农业技术的特殊性,也有可能存在较大规模的经营,参见景甦、罗仑《清代山东经营地主底社会性质》(山东人民出版社,1959 年)。

余价值本身并没有直接关系。从水稻和桑树栽培来看,沈氏投入了大笔资金用于购买肥料,正因为会带来相应的经济效益,沈氏才会进行商业性农业生产,正因为经营的是商业性农业,收支方案才会成为沈氏关注的问题。当时的农业商品生产必须面对收入不稳定的问题,这在小商品生产阶段表现得尤为突出,①也正是由于这个原因,农民阶层才会发生分化,有的发财致富、扩大经营,有的不得不缩小经营甚至破产,而资本主义便是在这样的背景下诞生的。

古岛认为,使用雇佣劳动之所以仍属于前近代经营方式,主要在于雇佣劳动的性质:第一,雇用长工只能收支相抵,无法带来利润;第二,劳动力没有与土地分离;第三,农业的集约化离不开家长制的管理。

关于第一点,暂且不论实证的结果是否可以支持这一观点,从水稻种植和养蚕的收支情况来看,笔者对古岛的看法持怀疑态度。关于第二点,正如在分析北村观点时所言,土地租赁关系本身并不具有封建性质,雇工租借地主土地,并不意味雇工和地主之间有人身依附关系。当然这种情况或许表明,和其他经营方式相比,富农经营的优势尚不明显,这也是小商品生产阶段的特点。但是,这并不能否定该经营本身的富农性质,富农的性质不应由雇佣劳动的性质来决定,而应由经营方式本身来决定。第三点是将清代的集约型农业与家长制相联系,如此一来,中国所有的农业技术都有可能成为家长制奴隶制存在的依据。既重视农业的集约化程度,又重视劳动生产率,这两件事是可以并存的,同时追求农业集约化、土地生产率和劳动生产率,是中国富农经济发展过程中的一个显著特点。②

---

① 生产者在小商品生产阶段的小规模性质,决定了他们不可能立足大市场而进行生产和销售。

② 关于明清农村富农经济发展问题,将另外行文探讨。

　　总的说来,明末清初的"在村地主经营"确实存在一定的困难,但仅凭明末清初一个阶段的情况就否定其发展的可能性,未免有些操之过急,其中一些困难可以通过商业性农业的逐步发展加以克服。另外,能否克服这些困难,又成为农民阶层上升与下降分化的契机。

　　以上是笔者对古岛否定富农发展可能性所作的质疑,但这并不是说,富农是明清时期农民阶层分化后的唯一归宿。小商品生产阶段的富农经营确实有着很大的发展局限性,这种局限性又催生了寄生地主。尽管富农经营只占农业经济的一小部分,且有规模方面的局限性,但它确实在那个时代发挥了火车头的作用,引领着农村商品化生产的发展以及农民向小资产阶级的转变。

第五节

　　小山正明继承和发展了古岛的论述,并对明清变革提出了全新的认识。① 在他看来,明代的地主制包括佃农在内都属于家长制奴隶制经营,随着明末清初商品生产的发展以及地主阶级统治的瓦解,佃农和作为家内奴隶的奴仆脱离了地主的控制,成为可以独立进行再生产的封建制度下的农民。② 小山关于中国社会结构变迁的理论中有很多地方值得我们学习,不过,下面我们还是把分析的重点放在他对商品生产的认识上。

---

① 小山正明:《明末清初の大土地所有——とくに江南デルタ地带を中心にして——》(1、2),《史学杂志》66—12、67—1,1957、1958 年,后收于《明清社会经济史研究》(东京大学出版会,1992 年);同《明代の大土地所有と奴仆》,《东洋文化研究所纪要》62,1974 年,后收于同上书。

② 小山正明:《アジアの封建制——中国封建制の问题——》,《现代历史学の成果と课题》,青木书店,1974 年,后收于《明清社会经济史研究》(东京大学出版会,1992 年);同《宋代以后の国家の小农民支配》(1975 年度历史学研究会大会报告),后收于同上书。

　　小山认为,"农村手工业的商品生产,由于受到各种客观条件的制约,正如各位学术前辈所指出的那样,只能维持一定规模的简单再生产","手工业生产的收益极不稳定,但也能为佃农提供维持再生产所需的最低限度的口粮……依靠自身的力量独立维持再生产的条件逐渐形成",[1]由此可见,商品生产理论在小山的论述中占据了极为重要的位置。

　　然而小山论述中存在几个问题。首先,他只是将"商业资本、高利贷资本渗透到各个生产环节"与佃农转变为封建制度下自主经营的农民联系起来,忽略了其在小生产者发展为小资产阶级过程中的作用。而商业高利贷资本阻碍利润实现和经营扩大这一理论本身也存在问题,前已述及,总的来说,价值规律在商品生产中始终存在并发生作用。

　　其次是关于小商品生产者的发展问题。小山只探讨了属于副业性质的家庭手工业部门,对农业生产本身未作考察。他认为,"农村手工业不可能脱离农业,实现与农业的分工",因此"佃农只好尽可能地维持自给自足的生产方式"。[2]

　　小山的论述是否正确,涉及农业商品生产实证方面的问题。以往的研究多偏重于农村手工业方面,除了棉花种植等一些领域,很少论及农业商品生产本身。[3]另外,由于史料的限制,在对商业性农业进行分析时,学者们大多从大规模经营和地方特色产品的销售市场入手,[4]而不是从商业性农业的广度和深度出发进行探讨。为了证明明

---

① 第 282 页注①引小山文第 290—291 页。

② 同上第 291 页。

③ 寺田隆信在《明代苏州平野の农家经济について》(《东洋史研究》16—1,1957 年)中,也将商品生产视为副业。另外,第 272 页注①前引诸论文也对手工业进行了考察。

④ 关于商业性农业的研究为数不多,李之勤《论鸦片战争以前清代商业性农业的发展》(《明清社会经济形态的研究》,上海人民出版社,1957 年)便是其中之一,但也存在这种倾向。

清时期属于小商品生产阶段,考察地主经营具有何种性质以及富农经营是否存在等问题,通过某种方法对商业性农业本身进行分析,就显得尤为迫切与重要。

由于上述原因,笔者对小山将佃农的经营独立归因于明清时期商品生产方式的特殊发展有不同的看法。小山之所以这样认为,与他将"剩余价值分配"作为衡量农民经营独立的指标密切相关。关于这一问题,此处不展开论述。需要指出的是,只要农民在农业生产过程中可以独立经营,可以自己维持生活,农民劳动的剩余价值就只能从农业生产活动的外部去获得。总的来说,农民在剩余分配上也具有自主性,生产者获得的分成多少,不应成为衡量社会结构变迁的指标。①

第六节

最后是小林一美关于小生产经营的理论。② 20 世纪 60 年代,一些学者对在明清社会中寻找资本主义进行反思,他们认为,关于中国前近代是否存在资本主义发展因素是一个伪问题,西欧的标准并不适用于中国,相反,是人民斗争推动了历史的发展。小林对此提出了批评,并试图在实证层面上证明定额租制度下农民生产实现了剩余以及在此基础上展开的佃农的抗租斗争。在其论文集《近代中国农村社会史研究》中,小林不满足将制度史研究单纯等同于人民斗争史研究,并

---

① 关于小生产经营方式这一概念,请参见中村哲《人类史上の所有形态についてのマルクス・エンゲルスのとらえ方——とくに前资本制的所有の诸形态について》,《日本史研究》141,1974 年,后收于《奴隶制,农奴制の理论》(东京大学出版会,1977 年)。

② 小林一美:《十九世纪における中国农民斗争の诸段阶》,《东アジア近代史の研究》,御茶水书房,1967 年;同《太平天国前夜の农民斗争》,《近代中国农村社会史研究》,汲古书院,1967 年,两篇论文后收入《中华世界の国家と民众》上,汲古书院,2008 年。以下引用出自小林原论文。

为此作了各种尝试,然而他又认为,"大冢史学""世界历史发展的普遍规律"仍不失其有效性,并继承了这些理论的基本框架,这也使得小林的研究难以超越 1950 年前后的水平。

小林论述的第一个问题是从哪里找出中国"封建制度"的存在,该问题已经超出本文所要探讨的范围,这里仅从小生产发展角度作一说明。小林一方面认为,对于国家来说,自耕农属于"封建农奴的范畴",与地主佃农制度同样,"中国封建制度本质上也是建立在这一农奴制的基础之上";另一方面,他又努力考证地主和佃农之间才是"封建"性质的关系,因此,在他关于太平天国运动的研究中,小生产发展只和佃农经济地位上升联系在一起,这使得他对农村资本主义发展的认识非常片面。

其次,他的论述无法将农民阶层分化和"封建土地所有制"解体这两个问题有机地结合起来。正如小林所言,"小农经营中可能产生资本主义萌芽性质的利润,并不意味所有小农经营的经济地位都会上升",可见他也承认农民的富农化倾向。但他忽视了农民分化会破坏"封建"土地所有制存在基础的中农阶层的稳定,加上手工业部门的阶级分化,这些都为"封建制度"的瓦解准备了条件,他将摧毁"封建制度"的希望寄托在一田两主制和定额租制带来的佃农地位上升,以及农民斗争力量壮大之上。在他看来,生产者"与商品市场的联系日趋紧密,虽然还不能完全摆脱土地租赁关系,但对其的依赖在减弱","封建土地制度存在的基础因此遭到破坏",这仍然是从佃农经营独立性的视角出发在谈论商品生产的意义。

由于忽略了中农两极分化对封建制度解体所造成的影响,小林认为,佃农希望"实现耕者有其田"的权利意识使得"十九世纪的中国农民斗争,已将废除封建地主土地所有制提到了自己的议事日程上",

"太平天国的农民起义将一举摧毁地主阶级的统治"。为了更好地把握"封建制度"解体和资产阶级土地革命问题,我们应把研究视角从小生产者的地位上升,扩展到农民阶层分化的问题上去。

第七节

以上是笔者对过去有关商品生产和地主制学说所作的整理。从对西嶋观点的探讨中得出的结论是:小商品生产阶段同样受到价值规律的作用,而小生产者向小商品生产者的转化才是"小商品生产阶段"最本质的特征;北村关于农民阶层分化的研究视角极为重要,但地主土地所有制不应被看作是"封建制度",清代的非特权地主阶层是在商品生产发展和经营扩张条件尚不成熟的背景下产生的过渡性质的地主;至于古岛指出的在村地主经营,该经营方式虽然受当时社会和技术条件制约,但在小生产者发展为小资产阶级的道路上确实起了带头和示范作用,从长远来看,这种农业经营方式的出现是值得肯定的;最后,从对小林观点的分析中可知,正确理解有关资本主义过渡问题,必须要有农民阶层分化的视角。

本文主要从理论层面对西嶋等学术前辈的研究进行了述评。除此之外,日本已在明清史研究领域积累了相当可观的学术成果:在有关商品生产发展的问题上,小林的很多观点值得我们借鉴;在富农经济的发展问题上,片冈芝子发表了华北地区农民经营的学术成果;[1]而在农业史方面,有天野元之助[2]和中国学者[3]的研究成果,以明清乡绅论为代表的目前的研究,也应在这些研究的基础上,运用小生产经

---

① 片冈芝子:《明末清初の华北における农家经营》,《社会经济史学》25—2、3,1959 年。

② 天野元之助:《中国农业史研究》增补版,御茶水书房,1979 年。

③ 参见陈恒力编著《补农书研究》(中华书局,1958 年)等。

营发展和农民阶层分化的理论加以探讨。

　　本文在回顾以往研究史的过程中,只撷取了笔者关心的部分评述,不足、不妥之处,敬请批评指正。

附篇二　评渡部忠世、樱井由躬雄编《跨学科研究：中国江南的稻作文化》

渡部忠世、樱井由躬雄编，《跨学科研究：中国江南的稻作文化》，日本放送出版协会，1984 年。

本书是 1979 年 7 月在京都大学东南亚研究中心举行的"江南三角洲研讨会"的讨论记录。根据序言部分可知，研讨会是在该中心研究人员的呼吁下召开的，他们的研究方向是东南亚各个三角洲的比较研究。会上先由中国史研究者就长江下游地区的农耕方式和水利开发等问题进行概括性介绍，然后由生态学、农学、地理学和气象学等方面的学者，从他们各自的专业角度提出批判性意见，在此基础上再由各方展开讨论。与一些跨学科研讨中常见的，撇开经济基础不谈，只进行文化比较不同，该研讨会对农耕的各个组成部分都作了具体的考察。以田野调查为主要研究手段的东南亚研究学者，是在阅读了相关汉籍文献后提出自己见解的，他们这种认真积极的态度，加之会议安排的讨论方式，使得来自不同领域研究者之间的跨学科研讨取得了丰硕成果，这在中国史研究上也属罕见。研讨会的成果以及东南亚研究学者们在讨论过程中提出的许多富有启发性的观点，对于今后的中国社会经济史研究，具有重要的参考价值。

本书由以下六章组成：

首先来看一下各章的内容。由于研讨会与会者众多，论点繁杂，难以尽述，这里仅对中国史学者和东南亚研究学者所作的主题报告进行梳理。另外，终章通过与江南稻作的比较，论述了日本水稻的发展史，因与本文主题无关，在此省略。

在第一章中，西嶋定生首先谈了他对火耕水耨的理解。依据《周礼》郑玄注和《齐民要术》等文献，他认为这是一种需要休闲的直播式水稻栽培法，从《晋书·食货志》杜预奏疏中也可看出，这是当时具有代表性的水稻耕作技术。对此，进行农业立地条件研究的福井捷朗介绍说，低湿地上进行的粗放、自给型的水稻种植都大同小异，可以将江南的火耕水耨与沙捞越地区低湿地带的水稻栽培放在一起比较；沙捞越的稻作法是在将刀耕火种的旱地栽培法应用于水田时而产生的，除草使用大砍刀之类的工具，不翻垦土地，仅在播种和插秧处稍作翻整，从地力恢复和除草的观点来看，需要经过一定时期的休闲；在此基础上，福井指出，《齐民要术》反映的并不是低湿地的稻作法，从水稻直播种植需要对水进行严格管控以及使用牛耕整地等情况来看，它与一般认为的自然灌水、不对土壤进行耕作、只对插秧处的土壤稍作翻整的火耕水耨属于不同的耕作方式。辩论最后虽然没有取得结果，但农学家们的意见基本上是正确的，西嶋也同意福井关于土壤耕作和灌溉方式的一些观点。虽然笔者对本章"火耕水耨为低湿地的稻作法"这一前提设定抱有极大的怀疑,然而从第二章和第三章的讨论来看,本章提出的一些假说具有很高的真实性,如依靠陂塘灌溉的河谷平原与三角洲、河谷冲积扇走过不同的稻作发展道路;因为陂塘是一种先进的灌溉技术,与之对应的水稻耕作技术也应是先进的。欲通过农业史研究去揭示汉朝至六朝期间的社会结构,我们要做的不再是通过注疏对火耕水耨的含义进行反复辨析,正如米田健次郎在讨论中所指出的那样,农业史研究要以依靠陂渠灌溉的先进地区为中心,"通过文献去发现东汉至南北朝期间农业技术"本身是如何发展的,而本章中由农学家指出的,早期水稻栽培时各种技术的相互关联及其栽培系统,为我们提供了极为重要的线索。此外,天野提到的考古研究成果也可为我们研究耕地的利用方式、灌排水系统、农具和品种等,提供很多具体的素材。

第二章论述了宋代圩田、围田的利用方式以及宋代江南水稻的种植情况。川胜守代表东洋史方面介绍了江东大修圩田的情况,国家出面修筑坚固的堤岸将低洼之地围起来,辟为农田,圩内则由水路或道路有规则地区分开来。川胜守认为,圩田制度在整个宋代都得到了稳定维持;从浙西的情况来看,南宋时由于国家力量的介入,北宋时期私人建造的圩田、围田也得到了维系;圩田、围田的建造加快了土壤干田化的进程,为农作物一年两熟奠定了基础。对此,地形学家高谷好一提出了自己的看法。他首先将长江下游地区分为凹地、平地、河流砂丘地带、台地、泛滥平原、河谷平原等几种类型,在此基础上,他指出陂塘、圩田和围田分别适应的是河谷平原、江东泛滥平原和浙西凹地三种地形;由于受天目山水系的影响,江东泛滥平原没有水文条件建造宏大的水利设施,所谓圩岸应该是在天然堤的基础上稍加改造而成,而且从汉籍文献和清末地图两方面可知,即便是简单的圩岸工程,为了抵御外水侵入,也只对面向上游的一端进行了修筑,另一端则无圩堤捍护，呈开放式；另外，圩内农田开垦还不充分，分布有大面积的锅底田。研究灌溉排水的海田能宏等人也证实，从该地区的降雨和排水条件来看，必然会形成高谷所说的这种圩田结构。关于浙西围田的讨论最终也没有取得一致看法，但农学家们坚持认为，浙西凹地的围田是利用灌排水用的水路相隔开来的，该地没有突如其来的洪水，水位的季节变化小，在此修筑高大坚固的堤防没有意义。

本章将江南地貌分为河谷平原、泛滥平原、凹地等几种类型，并对各个区域的农业条件作了明确界定，这不仅为以下各章的讨论创造了条件，也为中国社会经济史研究奠定了共同的基础。今后，需要先对各种各样的史料进行地域区分后再加以利用。

另外，与会者几乎一致认为，江东圩田是一种以自然堤为基础，含有大量未开垦土地，农业生产极不稳定的农田经营模式。虽然圩田时有荒废的风险，但国家仍集中大量人力兴修这一行为本身，确实有其历史意义。不过，这次研讨会的召开改变了人们以往对浙西所持有的完善的水利田体系以及集约化水稻种植的印象，为我们认识宋代在中国史上的定位，提供了一个全新的视角和思路。

在第三章中，争议焦点从上一章宋代江南稻作的发展水平，转移到对占城稻的评价上。在斯波义信报告了占城稻的特性及其分布后，作物学家渡部忠世指出，占城稻属于籼稻，其感光性弱，耐水旱，是一种比较原始的"极为普通"的品种，这种品种占江南东西两路水稻种植的八至九成，说明宋代长江三角洲许多地方的土地开发和水利灌溉还很不完善。这一观点，得到了与会气象学者的支持，他们的报告表明，长江三角洲的降雨量仅能勉强维持天水田的水稻生产。

与会者几乎一致认为，主要种植占城稻的圩田地区属于粗放式经营，但对于未普及占城稻的浙西三角洲的中心区域，中国史研究者和农学家的见解却相差甚远。围绕着长江下游地区的开发问题，双方都认为唐代以前河谷地带才是生产力最先进的地方,同时也是贡米的主要产地。不过,斯波义信等人认为,唐代以后,浙西平地和凹地得到开发,宋代时这些地方的生产力水平已经领先河谷地区,而渡部等人则认为宋代浙西的水稻生产还处于粗放阶段,双方争执不下,没有结论。要想彻底解决这一问题,需要对浙西凹地进行全面考察,考察的结果将对宋代的历史定位产生重大影响,因为无论从生产力角度,还是从社会结构角度,宋史研究都建立在浙西是当时最先进地区这一预设基础之上。

对宋代浙西生产力水平的争议,延续到第四章明清时期分圩的讨论中。关于大圩分化成小圩的动机,滨岛敦俊认为,江南的圩田水利事业由亲自从事农业生产的乡居地主负责,他们拥有靠水路一边的灌溉条件良好的土地,圩岸的修筑与管理由靠近水路一边的土地所有者负责,滨岛将其称为田头制。明中叶以后,随着参与生产的地主的衰落以及水利设施的荒废,在佃户等小农为主的村落,大圩系统难以维系,在国家的介入下,大圩被分为小圩,圩内每块耕地都面靠水路,兴修水利时的劳役负担也改为计亩出役的方式,按田亩派征。研究灌溉排水的海田能宏介绍了泰国湄南河三角洲运河的发展史,为我们揭示了低湿地开发所走过的路程。在湄南河三角洲,运河最初是为了运送物资而建,并非用于灌溉和排水,在运输用的运河和居住用的堤坝建成之前,整个三角洲已经开发为耕地了。20世纪50年代以后开始了商业化进程,运河才被用于农田水利,也正是在这个阶段,开始建造围堤,对低洼地进行单独的灌溉和排水,并开始施用肥料。海田认为,为了提高农业集约化程度和土地利用率,需要修建排水路,从而促使了大圩的分化,这与滨岛将分圩的动机归于社会关系的改变产生了对立。另外,与海田一样,森田明也认为是集约化造成了分圩现象的产生。

如果宋代圩田的干田化、集约化已经发展到可以一年两熟和施用肥料的阶段,那么和圩内土地的集约利用相比,将明清分圩的动机归于社会条件的改变可能更为合理，然而另一方面，农学家们则认为分圩是为了圩田的集约利用，也即是说，宋元时期的圩田经营必然是粗放式的。虽然长江三角洲和湄南河三角洲在自然和历史条件方面存在很大差异，但是，"明中期从事农业生产的地主的规模，一般来说比明末以后要小"（182—183页），这种规模的乡居地主能否自主管理"规模宏大的大圩"（197页），笔者对此存疑。另外，笔者也无法理解社会关系的改变导致了圩田分化这一观点。要解决这些问题，需要回到第二章，搞清楚争议的本质是什么。

第五章讨论了明朝以来浙西冲击平原的棉花以及凹地的桑树种植推广情况。除了在是否实现了棉、麦轮作问题上有若干不同意见，会上并未出现大的争议，与会者从社会、自然条件等方面讨论了棉花等种植业兴起的情况。

从以上的介绍可知，这次研讨会的召开，使大家感到有必要对以往的一些理论范式和历史面貌进行重大修正，农学者和历史学者之间没能达成共识的问题，也需要历史学者依据文献资料去重新解答。发现这些问题是本书的一大成果，今后可以利用实证的方法对这些问题加以检验和修正。

然而，现有的一些理论被并非直接研究中国的学者们如此轻易地推翻，值得我们深思。与农学者和地理学者的对话，让大家有了一种新鲜的感受，这说明二战后中国史研究的理论和方法本身存在某种问题。在战后历史学研究中掀起一大潮流的斯大林的历史唯物主义，由于受当时历史条件的限制，生产力和生产关系被分割开来，生产力被片面地看作是机械性的生产资料，生产关系被理解为是对生产资料拥有法律上的所有权。①　这样一来,生产者和生产资料的结合,即人与自然的结合关系就脱离了历史研究者的视野,研究对象只剩下人与人的关系。即使在讨论生产力与"生产关系"的相互关系时,由于缺乏人与物质要素的结合形态这一层面的研究,往往从"一年多熟制""耕地扩大""商品生产的发展"等命题判断直接导出"均田农民的分化""佃农的自立"等结论,也许在这些研究看来,对生产力和生产方式进行系统分析,既无必要,也不重要。

而且,正如高桥昌明所指出的那样,②斯大林的历史唯物主义还把劳动对象排除在生产力构成要素之外,又从劳动资料中剔除了生产的血管系统,只留下生产的肌肉骨骼部分,即工具和机器等劳动工具,生产力被狭义地理解为劳动力和劳动工具。作为劳动对象的土地和农作物,以及作为劳动资料的土地、水和肥料等,自然被排除在生产力要素之外。从兴修水利时劳务负担方法入手分析地主与佃农之间的关系,水利事业时常沦为地主佃农研究的工具也就不足为奇了。在展现生产力要素的丰富度方面,天野元之助、周藤吉之等人的研究,可以说极具开创性。本次研讨会把水、土地、品种等劳动对象或劳动资料纳入生产力要素之中加以分析,并根据它们之间的有机关系探讨各个历史时期农耕方式的演变,这不仅可以丰富和深化我们对人与自然关系发展的认知,还可以加深我们对整个生产方式体系的理解。

当然,由于自然条件的不同,不能简单地将东南亚三角洲的农业技术照搬到长江三角洲的发展史中,这一点在讨论中也常被提到。另外,历史上东南亚三角洲的开发是在资本主义进入帝国主义阶段,殖

---

① 参见中国史研究会编《中国史像的再构成——国家と农民——》(文理阁,1983 年)总论第一章。

② 高桥昌明:《日本中世农业生产力水准再评价の一视角》,《新しい历史学のために》148,1977 年,后收于《中世史の理论と方法》(校仓书房,1997 年)。

民地和半殖民地从属于世界经济后才真正开始的，因此，就其技术和开发过程而言，本质上属于现代范畴。中国拥有两千多年小农经济发展的历史，在此基础上建立了专制制度，在专制制度下，农业技术是在小经营越来越紧密的劳动投入下发展起来的，这与东南亚地区有着本质的不同。另外，生态学者认为，"应该关注事物和现象的独特性，重视各个社会如何适应不同时期的不同环境，""水稻耕作方式多种多样，无法归纳出其发展的一般规律"，这些方法当然不能直接用于历史研究，历史学重在从各个地区生产方式的发展变迁中找出发展的客观规律，对历史学来说，发现先进的和占主导地位的生产关系十分重要。历史工作者有责任和义务在参考农学者意见的基础上，对各种农耕方式及其组成部分的生产力要素进行历史的、具体的分析和历史的重构。

不过，这样的工作能够通过文献史料完成吗？在本次研讨会上，这一疑问也常被历史学者提及，甚至有人怀疑以文献史料为工作对象的历史学能否成为一门真正的科学。作为初学者的笔者虽然无法判断文献史料是否具有局限性，但既然承认文献有其独特的作用，我们首先应该自问的是我们对文献本身的解读是否正确。尽管研讨会上口头报告时难免会出现差错，但书面报告中有些地方对文献的解读也有问题。为了证明江东的圩田制度在整个宋代都较稳定，将《宋会要辑稿》和《建炎以来系年要录》进行比较是不恰当的，比较的结果反而暴露了圩田建造意义不大等问题，其中一些问题已被中国史以外的发言者指出来了。最后笔者再指出几个问题，这些问题与之前介绍的主要争议点有直接的关系。

在第一章中，引用《史记·货殖列传》说明"楚越为火耕水耨之地"（第9页），但实际上，该史料在介绍了楚越各地的种种风俗之后，写道："总之，楚越之地，地广人希，饭稻羹鱼，或火耕而水耨"，这表明，火耕水耨在楚越之地还不普遍,只是"或而"有之,这一介绍火耕水耨的史料告诉我们,除了火耕水耨,当地还存在其他的耕种方式。

在第三章中,依据《陈旉农书》"耕耨之宜篇"第二和第三,得出当时圩田和围田已实现一年两熟的结论(第74页)。如果这里的资料指的是"地势之宜篇第二"与"耕耨之宜篇第三",那么能够解读为一年两熟的只有"耕耨之宜篇第三"中的"旱田",圩田、围田的情况应该有所不同。至少陈旉本人也说,在"平陂易野"的凹地,冬季长期淹水,地力恢复需要依靠春季灌水沤田。关于这一点,与我们如何看待宋代浙西生产力水平也有很大关系。

研讨会上,自然科学研究者和历史研究者从古代到近代展开了广泛的跨学科讨论,由于本人才疏学浅,文中如有错讹之处,还请各位批评指正。另外,由于对错综复杂、不断变化、不断发展的论点予以了简化,恐怕未能将该研讨会丰富的内涵充分地表达出来,不尽之处,还望各位海涵。为了便于读者阅读,出版社编辑还在每章开头附上了提要。想要了解此书丰富的内涵、纷呈的观点,还是推荐各位自己拿来一读。

第三部
财政与货币的特质

第一章 专制国家的财政与货币

第一节 专制国家的财政

正如渡边信一郎在《国家土地所有与封建土地所有》（中国史研究会编《中国专制国家与社会统合——中国史像的再构成Ⅱ》，文理阁，1990年）中所述，前近代的中国是一个高度集权的专制国家。在中国，相较于国家，中间组织所拥有的权力较弱，吉田浤一在《中国家长制论批判序说》（中国史研究会编《中国专制国家与社会统合——中国史像的再构成Ⅱ》，文理阁，1990年）中指出的中国家长制的脆弱，就是其中的一个体现。与古典西方建立在家长奴隶制基础上的市民决策不同，在中国，一切重要问题的决策，并不经过中间组织，而是通过官僚机构上报，最后由皇帝裁决。维持社会再生产所需的社会公共事务是在国家的管理下进行的，由于国家的治理能力受当时物理条件的限制，加之国家体量巨大，地方上确实存在一些不被政府认可的支配势力，但原则上国家才是社会再生产的主体。为了执行社会公共事务，国家将小生产经营的剩余劳动（对于社会再生产来说则是必要劳动①）以役力、货物或货币的形式集中起来进行再组织和再分配，以此来维持阶

① 渡边信一郎：《中国前近代史研究の课题と小经营生产样式》，中国史研究会编《中国史像の再构成——国家と农民——》，文理阁，1983年。

级分化后的社会再生产，保障统治阶级的利益。这种集中和再组织、再分配的过程就是财政，换言之，专制国家的财政是指专制国家组织剩余劳动、执行各种公共事务的行为，是专制国家各种职能的综合体现。

在专制国家以外的其他社会和国家，同样存在基于执行公共事务的剩余劳动的收取和再组织这样的财政行为。但是，与专制国家相比，前近代其他社会与国家的财政是极为多元和分散的。以封建社会为例，土地首先被分割为各个区域，每个区域的领主的私人财政与公共财政合为一体。同时，每个领主又将自己的领地分封给属下，形成金字塔式的阶梯网络，下至乡下的小领主，上至国君，都有各自独立的财政。与专制国家高度集权不同，封建社会的财政分割不仅限于各领主之间，还存在各种级别的中间组织，如家、村、同业团体和自治市等，从家向上也有一个复杂的阶梯网络。这些中间组织在自己管辖的范围内拥有决策权和财政权（财政不一定表现为货物和货币的形式），比如日本的村落有自己共同的财产，有权征收劳役和财物用以执行公共事务，而中国村落连相互间的界限都不明确，两者之间存在非常明显的差异。

专制国家是权力高度集中、公共事务需要依靠国家解决的社会组织形态，其财政规模巨大且集中于中央，而封建领主的领地规模却是有限的，他们可以对内实行绵密的统治。另外，由于各级领主收取的赋税即为其财政收入，一般情况下，专制国家对农民的剥削率比封建社会低。但是，在前近代国家中，中国全国的财政收支规模极为庞大，加之再组织、分配而形成的货物、货币运输的范围极广，因此，专制国家的财政对其社会而言，具有特殊的意义。

财政是专制国家职能的综合体现。在中国史研究中，有关各种租税的历史沿革和专卖制度，已经积累了丰硕的成果，遗憾的是，这些研究有的以租税论、收入论为中心，有的只是把赋税制度当作是研究农村阶级关系的工具（在户等制论、里甲制论、地丁银制成立论等学说中这种倾向尤为明显）。财政作为一个整体是如何运用的？它又有哪些职能？关于这些问题，尚有作综合分析的必要。下面就对专制国家的财政与社会的关系，以及专制国家财政的各个发展阶段作一些探讨。

第二节　国家财政组织的物流

专制国家的财政本身就会引起财货的大规模移动。

国家财政的收入结构，因时代不同而不同，但一般应包含以下几项内容：①按照传统观念，田赋一般应为农业收成的十分之一左右，这一税率其实并不高，但从宋代至明代官田的情况来看，很多地区、很多土地征收的田赋要比标准税率高出很多；②在田赋以外向农民课征的其他税收，如农民需向皇室和中央官府上供物品，以宋代和买、明代户口食盐为代表的变相征收等；③关税、商税、专卖收益等各种税收；④徭役当然也是财政收入的一部分，除了以役力形式征收，很多时候是以实物、货币形式征收的；⑤大部分行政经费来源于非正式的税收。税粮等的运输费用、官府的部分杂项开支均采用附加税或徭役的形式正式征收，但在以地方官为主的官僚体系中，领取国家俸禄的只是极少部分正式官员，即便是他们，仅靠俸禄也难以维持生计。当官与吏分离，吏的薪资不再由朝廷发放后，很多行政经费都来源于赋税的超额征派，加征部分也和正税一起需要解往相关地区。如何处理税收的超额课征部分，成为民国财政近代化转型时的一个重要问题。

由以上几项构成的财政总收入，在前近代"国民经济"中的占比应该不低。以明代为例，仅①田赋一项，正常情况下就超过三千万石，①～⑤的合计应比这一数字高出一倍以上。据许多史料记载，为了防止后金入侵,明末于田赋中加派三饷,使得赋税本就沉重的长江下游地区的土地价格跌到接近于零,可见,即使在明末非常特殊的情况下,国家仍在收取重赋,以至于地主应得的一半也被抢走了,汉代田赋达到农民收成的一半,[①]这种看法或许有其道理。

财政在"国民经济"中的比重很高,而由国家财政组织的物流在当时社会总物流中的占比则更高。在市场发育程度较低的社会,小农、庄园主、地主等个体经济单位创造的财富进入外部社会流通的比重肯定比财政流通低,加之在中国这样一个幅员辽阔的国家,将全国的赋税集中起来再分配的财政性物流,很早就在远距离物流中占据了主导地位。绢税等重要物资的征收,基本决定了这些物资的"市场"价格。[②]

19 世纪 90 年代开始,帝国主义主导的国际经济一体化趋势不断加强,中国经济也在其中占据了一席之地。由于国际贸易的迅速扩大,中国国内的商业化水平也有了很大的提升,[③]即便如此,根据卜凯的推算,市场经济相对发达的沿海诸省的农产品的商品化率,到 20 世纪 20 年代后半期也只有百分之五十左右。[④] 虽然财政物流和市场流通各自的占比会因时代而有所不同,但是,在一个自给自足的小农经济为主的社会里,专制国家对劳动力、货物、货币的调动,实际上可以说是唯一的物流。

国家从农民那里征收租税用于满足公共需要(包括与公共需要难以分割的宫廷奢华用度)的财政行为,起到了维持社会再生产、保障统

① 渡边信一郎:《汉代の财政运营と国家の物流》,《京都府立大学学术报告》人文 41,1989 年,后收入《中国古代の财政と国家》(汲古书院,2010 年)。

② 岛居一康:《两税折纳における纳税价格と市场价格》,中国史研究会编《中国专制国家と社会统合——中国史像の再构成Ⅱ——》,文理阁,1990 年,后收入《宋代税政史研究》(汲古书院,1993 年)。

③ 黑田明伸:《权力的改革の构造とその背景——辛亥革命の经济史的位置——》,《历史学研究》547,后收入《中华帝国の构造と世界经济》(名古屋大学出版会,1994 年)。

④ J. L. Buck, *Chinese Farm Economy*,1930,Nanking,p. 199.

治阶级统治的作用,从这个意义上来说,财政具有阶级性。与此同时,专制国家的财政行为又形成了一种再分配关系,在农民和国家事务执行者(官僚、军队等)之间,同时也在广大的人民之间进行再分配。通过财政行为组织起来的国家物流,其输送的不一定是国家所需的物资,政府会根据目的地的需要以及运输便利情况,自己组织适当的货物贩运交易,均输和平准即为其最初的形式。① 即使政府自己不出面,比如民运和开中法,商人也会根据输纳地附近的需要情况,从绢、布、盐、农器、牛马等物资中选择合适的品类,运往输纳地附近出售,再换取国家指定的粮食等物资缴纳。当时国家财政的重点在北方边塞,这些地方属于生产力低下的谷物生产地带,特色农产品稀缺,市场经济形成后,这些地方成了与华北进行谷物和特色农产品交换的地区。② 由此可见,财政行为实际上还有在地区之间进行物资再分配的作用。

北宋的食盐专卖制度,是国家财政物流在距离遥远的两地之间发挥再分配作用的又一例证。根据日野开三郎关于盐钞的研究,③盐商在京师开封出售政府发给他们在江南进行食盐运销的凭证交引,换取现钱,这一行为极大地促进了物资从江南向华北的流动。宫泽知之在《北宋财政与货币经济》(中国史研究会编《中国专制国家与社会统合——中国史像的再构成Ⅱ》文理阁,1990 年,后收入《宋代中国の国家と经济》创文社,1998 年)中指出,从商税收入的变化可以看出,宋代商人进行的物资输送大部分都属于财政组织的物流。

财政物流中,如均输、平准那样,有时是由国家自己进行物资的输

---

① 第 302 页注①引渡边文。
② 参见本书第二部第五章。
③ 日野开三郎:《北宋时代の盐钞について》,《日野开三郎东洋史学论集》第六卷,三一书房,1983 年。

送,组织役夫或军队输送是国家可以动用的终极手段,这种方式一直在中国占据着重要的地位,又或者如开中法,招募商人输送物资。另外,在这两种方式之间,还存在国家、商人相结合的各种各样的流通方式。财政物流和市场流通在物资流通中的占比随着时代的发展而不同,国家组织的物流在物资的输送和转换过程中需要通过交易这个媒介,但国家财政本身所发挥的远距离的再分配作用也不容忽视。和市场经济体制下通过市场来完成社会财富的集中、再分配不同,专制国家的财政是由国家来进行财富的集中和再分配的。

在封建社会中,财政也发挥着以领主为中心的领内经济的整合功能,然而,无论在数量上还是在地理范围上,其规模都很小,这也从根本上限制了封建社会的财政职能。就如一个个独立的细胞的生存离不开系统的循环一样,与领主经济保持着相对独立性的商人的活动,在整合各个领主经济时,起到了极为重要的作用,这从下一节有关日本中世货币的论述中也可窥见一斑,这也是专制国家与封建社会在财政职能上存在的差异之一。

第三节 财政与货币

一、货币理论的谱系

货币在专制国家的财政运作中发挥了重要作用。

货币是商品交换的产物,货币的价值尺度、交易媒介、贮藏手段等功能,都固定在某种特定的货币身上,这些关于货币的认识,在近代市场社会被当作是自明的事实。《资本论》中,为了揭示资本主义社会的发展规律,马克思在分析商品和货币时采用的逻辑推导过程,被错误地理解为商品和货币以及商品经济的历史演变过程,即将从 x 量的商品 A 等于 y 量的商品 B 这一简单、个别或偶然的价值形式到总和的或扩大的价值形式,再到一般价值形式、货币形式,理解为人类社会经历了从偶然的物物交换阶段到使用黄金铸币的商品经济阶段这样一个发展过程。

马克思本人是如何看待货币发展史的姑且不论,但人们将《资本论》中分析商品和货币时的逻辑推演过程理解为商品经济和货币的历史演进过程,却也事出有因。一战前,德国历史学派的学说在欧洲蔚然成风,马克思本人也深受其影响。为了对抗宣扬自由贸易的古典经济学派,德国历史学派强调经济生活中的国民性与历史发展阶段的重要性,提出了极具政策指导意义的各种经济发展阶段论,其中就包括 F.李斯特的从野蛮状态到农工商状态的五阶段发展论,K.比歇尔的从封锁的家庭经济阶段到直接交换的城市经济阶段、再到商品生产的国民经济阶段的发展论,以及 B.希尔德布兰德的实物经济、货币经济和信用经济的三阶段发展论,在这些理论中,货币与商品交换之间、交换手段的发展与市场的发展之间都存在必然的联系。

这种建立在近代社会基础上将货币和市场直接联系起来的货币观,在中国历史研究中也一直占据主导地位。货币是市场的同义词,春秋战国时期铜钱的登场标志着商品经济开始出现,而铸钱量在汉代颇丰,宋代时达到鼎盛,政府还允许以铜钱纳税,这些都被当作是商品生产得到进一步发展的证明。明代向白银财政转型,也被认为是从铜钱经济向白银经济的过渡,而推动这一货币转型的是商品经济的发展带动了对大额货币的需求。于是乎,中国的"货币与市场不断发展",但从开埠时的情况来看,中国最后到达的显然不是一个商品经济高度发达的社会,英国的机制棉纱自不必说,就连棉布的市场接受度也很低,从棉纺织业来看,中国的市场发展水平远低于日本等国,为此,需要对市场与货币加以重新考察。

对德国历史学派的经济史理论进行反思和创新,同时也为货币理论提供了一个新的认知方向的是马克斯·韦伯,在其晚年的讲义笔记汇编《一般社会经济史要论》中,韦伯凭借自己丰富的历史素养,对货币史进行了精当的梳理,提出了极富创见的解说。[①] 韦伯认为,货币具有钦定支付手段和一般交换手段两种职能,两者之中,钦定支付手段的历史更为古老。在没有商品交换的社会里,作为支付手段的货币就已存在,用于进贡、部落酋长间的赠予和军事方面,特定的阶层有自己特定的货币用于特定的支付目的,这种起源于内部支付需要的货币被称为"内部货币",而作为一般交换手段的货币,则起源于对外贸易,后来这种"对外性质的货币"通过关税等商业支付,逐渐在共同体内部流通起来。韦伯的这一认识,为经济人类学等后来的学者们提供了理论基础。

韦伯是德国历史学派的传人,和他从内部所作的批判不同,从外部展开批判的有法国社会学派。深受迪尔凯姆团体社会学影响的年鉴学派认为发展阶段论太过僵化,与吕西安·费弗尔同为年鉴学派创始人的马克·布洛赫在《社会史年鉴》创刊号(1939年)上发表了《自然经济还是货币经济》(收于森本芳树译《西欧中世の自然经济と货币经济》,创文社,1982年)一文,对以希尔德布兰德为代表的将经济发展简单地划分为实物经济和货币经济进行了实证性的批判。布洛赫的研究表明,在商品经济发达的地方,实物货币也广泛存在,各种不同的货币分别发挥着价值保存、价值尺度和交易媒介的作用。另外,布洛赫还在收入上述森本译书中的《中世的黄金问题》一文中指出,在中世只铸造银币的拉丁、日耳曼地区,也流通着穆斯林地区的金币或其仿制

---

① 黑正严、青山秀夫译《一般社会经济史要论》,岩波书店,1954年,第三章第六节。原书出版于1924年。

品,银币是区域性货币,金币则是远距离交易用的国际性货币。布洛赫之后,年鉴学派为货币史的发展做出了不少贡献。

卡尔·波兰尼根据文化人类学的研究成果,在对非市场的社会主义模式的展望中,指出了市场经济的历史局限性。[①] 他在经济人类学方面的成就延续了韦伯的理论,他也认为,在非市场社会中,货币的各种职能是分别形成的;货币的起源与交换无关,货币最初的职能是支付手段;非市场社会主要通过互酬和再分配来进行整合;存在内部货币和对外货币且各自的起源不同。不过,在利用经济人类学关于货币和市场的理论时需小心谨慎,如何将阶级和国家形成之前的社会理论,运用到市场已有一定发展的前近代社会,这是一个需要注意的问题。尽管如此,波兰尼指出的许多事实,对于中国历史研究具有重要的启示意义。

二、专制国家的内部货币——铜钱

两千多年以来,铜钱一直是中国的重要货币,这与主要使用金银铸币的欧洲形成了鲜明的对比。正如布罗代尔所言,中国没有复杂的货币体系,[②]长期以来,一贯使用铜钱这种单纯的货币,这在世界历史上也属罕见。中国为什么长期将铜钱作为自己的主导货币?这是中国经济史上看似平常却又极为重要的一个问题。商品经济的规模决定了币材从铜到银、再到金的演进过程,这种说法在中国和欧洲显然是不能成立的,因为中国自古以来就使用铜钱,而西亚和欧洲很早就开始使用金银货币。用金银的存量多少也无法解释这个问题。明朝转向白银经济是在海外白银大量流入中国之前,而日本大规模开采石

---

① 玉野井、栗本、中野译《人间の経済 I、II》,岩波书店,1980 年。原书出版于 1977 年。
② 村上光彦译《物资文明、经济、资本主义——日常性的构造 2——》,みすず书房,1985 年,第七章。原书出版于 1979 年。

见银山等矿产,产银量上升并开始出口中国,则是在 16 世纪后半期,①
当马尼拉大帆船贸易将美洲的白银运到中国时,时间已经来到 16 世
纪末的万历初期,此时,始于正统元年的白银财政已基本成形,②在海
外的白银流入中国之前,中国的白银时代就已开启。在中国,金银很
早就作为贮藏和赠与之用,③所谓中国向"白银经济"过渡,其实就是
白银取得价值尺度、交易媒介、支付手段等多种货币职能的过程,研究
作为货币的铜钱和白银的历史,必须结合它们的货币职能来考察。

决定欧洲金银货币价值的主要是货币本身的金属价值,发行者在
其上打上印记,是在对铸币所含的金属价值加以保证,额面的金属重
量与实际的货币重量经常不一致,也体现了金银货币的这一特质。不
过,值得注意的是,在欧洲的一些城邦里存在一些小额面值的内部货
币,货币价值与其自身的材质无关,有时以铜、锡铸造,决定这些货币
价值的是当地的市民会议。④ 在中世纪的欧洲,除了作为对外货币使
用的金币和金块,还有内部货币属性较强的银币,在封建割据的情况
下,特定货币只在特定的地区内部通行,具有超过本身价值的溢价能
力,这样的货币可称为封建铸币。⑤

在中国,铜钱的价值也离不开其自身的金属材料价值。与小平钱
相比,材料价值极低的大钱,基本上无法按面值通行。但是,当铜钱依

---

① 小叶田淳:《日本货币流通史》,刀江书院,1930 年。
② 从正统初年开征江南折粮银,到白银成为纳税手段,是一个渐进的过程,这一过程至万历
   初年基本完成。从数据比较清楚的户部岁入来看,16 世纪 40 年代突破 200 万两大关,加
   上万历初年的民运改解银和关税后,岁入白银达 400 万两左右,这一数额直到万历末年加
   征辽饷后才开始骤增。有关内容,请参见全汉昇、李龙华著《明代中叶后太仓岁入银两的
   研究》,《香港中文大学中国文化研究所学报》5—1,1972 年,以及本书第三部第二章。
③ 加藤繁:《唐宋时代に於ける金银の研究》,东洋文库,1925 年,第十一章。
④ 第 307 页注①卡尔·波兰尼前引书,第三部《古代ギリシアにおける交易、市场、货币》。
⑤ 参见本文所述马克·布洛赫《中世の黄金问题》一文,以及博林《マホメット、シャルルマ
   ーニュ、及びリューリック》(佐佐木克巳编译《古代から中世へ——ピレンヌ学说とその
   检讨——》,创文社,1975 年)。

托财政支付功能在全国广泛行使时（例如宋代），在标准的小钱（小平钱）体系内，材料价值迥异的铜钱都以一文的面值通行。根据宋代官方的铸钱标准，各种铜钱间金属含量的差异就达数十个百分点，而实际所铸之钱的差异更大，另外，还有大量的前朝旧钱在流通。所有这些铜钱的币值都是一文，但却没有出现劣币驱逐良币的"格雷欣现象"。长期来看，铜钱自身的材料价值和面值之间存在很大的波动，铜钱的面值有时比材料价值低很多，有时又和材料价值相当或在其之上。纵观明清两代，政府是铜料最大的需求者，政府的铸钱量一旦减少，铜价就会下降，铜钱的材料价值也会跌至面值以下，相反，实施铜禁政策时增加铸钱量，铜的市价就会随之高涨，铜钱的材料价值和面值并不总能保持一致。

铜钱具有这样的性质，源于它是一个巨大的内部货币体系。[①] 内部货币只有在发行者的权力所及范围之内，以及围绕发行者而形成、组织起来的物流与外界保持相对独立时才可能成立，因此，在欧洲，内部货币只出现在独立性较强的城邦以及封建割据严重的地区，最能体现封建铸币性质的是公元 12 到 13 世纪的法兰西北部地区，以及与之隔海相望的英格兰。[②] 与欧洲这些规模很小的内部货币相比，中国的内部货币可以是，也必然是一个巨大的体系。如前所述，中国的专制体制是一个巨大的经济整合机制，专制国家的财政，一方面也是一个

---

① 关于铜钱是中国的内部货币一说，汤浅纠男在其著作中也有提及。参见汤浅纠男著《文明の"血液"——货币から见た世界史——》（新评论，1988 年）。

② 关于封建铸币的特点，请参见第 308 页注⑤引文。有关英格兰王国的货币在王权之下走向统一的过程以及内部货币的发行，参见户上一《エドガ王の币制改革について1，2》（《国民经济学杂志》133—2，5，1976 年），以及《アルセスタン王の货币政策について》（《国民经济学杂志》138—6，1978 年）。中世法兰西的货币分裂情况，参见山田雅彦《一三世纪初头の流通税表に见るサンスの流通构造》（森本芳树编《西欧中世における都市＝农村关系の研究》，九州大学出版会，1988 年，后收入山田雅彦《中世フランドル都市の生成》，ミネルヴァ书房，2001 年）。

巨大的再分配体系,铜钱就是在这个体系内部,为了整合经济,也即财政的需要而创造出来的一种货币,其价值由国家保证,因此,货币的价值需由国家来设定和操作,铜钱最好不要与其材料严格挂钩,它之所以用铜而不是用金银铸造,是因为金银无法脱离其本身的币材价值。

中国的铜钱货币体系和专制体制是同时确立的。在专制体制确立之前,有的地方直接以铜材作为货币,有的地方使用严重依赖于材料价值的大型铜制铸币,楚国一带还铸有金币。秦始皇统一中国后,规定以半两钱为全国统一通行的货币,汉武帝时开始大量铸造五铢钱。值得注意的是,汉武帝时不仅建立起中国的铜钱货币体系,还确立了中国的专制国家体制,杜绝了战国遗留下来的影响,财政上则采取均输平准之法,开始在全国范围内组织物流,从此之后,铜钱体系便与专制国家一同发展。当大一统的朝代分裂成几个政权时,作为内部货币,各国分别拥有自己的铜钱体系,而在"国际结算"中则使用对外货币金银,[1]这些都充分体现了国家和铜钱之间的关系。

铜钱是专制国家经济整合的手段,首先缘于财政支付是其首要功能,农民向国家交税,国家给官员的俸禄、劳动者的报酬都是用铜钱支付的。从西汉开始,农民缴纳赋税按照铜钱计算,地方向中央交纳的献费也以铜钱计,达 40 至 60 亿钱,政府将铜钱作为财政支付的价值尺度,又或是实际的支付手段。《史记·平准书》中那段著名的记述,如实地反映了货币在当时的功能:

> 至今上即位数岁,汉兴七十余年之间,国家无事,非遇水旱之灾,民则人给家足,都鄙廪庾皆满,而府库余货财。京师之钱累巨万,贯朽而不可校。太仓之粟陈陈相因,充溢露积于外,至腐败不

---

[1] 宫崎市定:《五代宋初の通货问题》,星野书店,1943 年。后收入《宫崎市定全集》第九卷(岩波书店,1992 年)。

可食。

国家的繁荣与否,不是根据物资供应的丰富程度,而是以国家库存的多少来衡量。货币的理想状态,不是作为交易媒介在市场上正常流通,而应像太仓的谷物一样被贮藏起来,永不使用为好。就像国家应该有多得用不完的粮食储备一样,国家也应大量储备货币,这与波斯等西亚的古代帝国相似,这些国家也贮藏了数量庞大的贵金属,用以支付官僚和军队的薪饷。

铜钱的首要功能是财政支付,这在"货币经济"十分发达的宋代也是一样的。众所周知,北宋的铸钱量达到了空前的水平,而大量铸钱的原因在于,唐宋变革时期兵农分离所导致的财政需求剧增和中央集权的财政管理体制的需要。正如上述宫泽论文所述,以变法期为中心,国家每年都会释放、回收大量铜钱,①在这一过程中,就如磁石将大地上的铁砂吸附起来一样,社会的剩余财富也集中到政府手里。在宋代,铜钱不仅充当了财政的支付手段,还发挥着交易媒介的作用。国家依靠商人组织物流以及实施和买制度等,都离不开市场交易,铜钱便成为市场的交易媒介。但是,官方对铜钱流向农村地区多有限制,铜钱是否真的在广大农村流通也值得怀疑。北宋时期,除了国家每年释放和回收的铜钱,还有超过铸量一半的铜钱被国家贮藏起来,铜钱的这一运用方法,和《史记·平准书》中的描述何其相似。

即使是在宋代,财政支付仍是铜钱的首要功能,这也是铜钱可在城市(其中大城市的再生产本身就需要靠国家财政来维持,也就是说,城市经济本身就是财政物流的一个分支)充当交易媒介的保障。在宋

---

① 即便在各项财政行为中使用钱票,也不会对铜钱的财政支付功能造成影响。

代,市场割裂衍生出短陌现象,①各行业、各地区都以不足一百实数的一定枚数的铜钱当作一百钱使用,通过这一方法,各同业团体建立起自己的货币单位,货币市场的割裂情况,直到铜元和银元出现、货币的统一和信用程度大幅提升之前一直存在。需要注意的是,当政府不再将铜钱作为纳税品类后,各货币流通圈内部也出现了类似宋代"短陌"的现象,即将制钱或私铸钱按一定比率折合使用,又或是将二者按一定比率搭配使用,而宋代的短陌钱只能是国家发行的制钱,且一枚短陌钱在纳税时可作一枚小平钱使用。专制国家的内部货币铜钱,必须由国家收受作为其信用保证。在宋代,所铸铜钱大部分由国家贮藏起来,其余大部分则由国家释放到社会再加以回收,还有数十万贯的铜钱也是由国家经手输送的。明代转向白银财政之后,在白银存量中由国家释放和回收的比率极低,在此情况下,强化特定地区的赋役折银会导致银价上升,从而引发严重的社会问题。缺乏可供支付的铜钱而导致的钱荒现象在中国时有发生,但政府可以维持高比例的铜钱收放和输送,这是因为决定铜钱价格的不是市场供需,而是国家的收放和信用保证。

铜钱的首要功能是财政支付手段,这也是铜钱能够充当交易媒介的前提条件,当专制国家放弃铜钱政策时所发生的情况反过来也可证明这一点。每当国家不再将铜钱作为纳税品类、转向征收绢物等实物财政体制时,全国的铜钱货币体系就会崩溃,各地会回到实物经济的状态,历史上这样的事例不胜枚举。明代向白银财政转型时,在一些落后地区,铜钱被逐出了流通领域。②

---

① 宫泽知之:《唐宋时代の短陌と货币经济の特质》,《史林》71—2,1988 年。后收入《宋代中国の国家と经济》(创文社,1998 年)。
② 参见本书第三部第四章。

正因为货币的价值是由国家决定的，所以国家会根据财政的需要对货币的价值进行调控，就如欧洲城邦的内部货币银币，其价值可经过市民会议的决议加以变更，大钱和小平钱之间的兑换比率，也是可以变更的，只是政府的规定很难在民间市场上得到贯彻执行。

铜钱的价值由国家决定，与其自身的材料价值没有多大关系，且须由国家财政收支作为其信用保证，从铜钱的这些特质来看，它与宋元至明初行使的纸钞极为相似。当然，和大钱、铁钱与小平钱的差别相比，纸钞与铜钱的差别更大。由于纸钞的兑换性没有保证，其信用很难维持，价值经常下跌。近代的银行券可以随时兑换，除了市场流通中所需的货币，其余货币则回流到发行者手中，而中国古代的纸钞，其信用则由政府通过税收回收一定数量（回收数量通常是根据市场的实际情况而减少）来支持。1935年11月，南京国民政府发行法币，采用金汇兑本位制，这是在信用货币普及、南京政府的金融统制能力进一步强化之后才得以实现的，而古代纸钞的性质与法币不同，只有作为专制国家的财政支付手段，才有其存在的可能性，明中期以后，财政支付手段被源于市场的白银所取代，其后四百多年的时间里，国家管理的纸币体系一直缺失，不是没有原因的。

三、白银的内部货币转型

那么，当铜钱形成了一个巨大的内部货币体系时，中国对外货币的情况又是如何呢？对外货币和内部货币不同，其价值不由交易双方手中的权力决定，充当对外货币的物品需要具有很高的价值，但又不是非金银不可。

首先，中国的国际贸易，采取的是朝贡贸易这种国家管理的贸易方式。在朝贡贸易体制下，输入中国的货物主要是以"和田玉""大宛马"为代表的奢侈品和军需品，从中国输出的则是以丝绸为主的手工艺品,后来又加赐了茶叶等物。"和田玉"等奢侈品,有的被宫廷收藏,有的作为使团附载货物被首都等地的权贵购买,而大宛马等军需物资,则直接由政府收购,回赐的高级手工艺品、茶叶等物,也是由政府汇集到京师,也就是说,这些贸易都在政府的管理之下,属于国家的财政行为,是国家组织的财政物流的一个延伸。这样的情况一直延续到唐宋的市舶贸易、明清的朝贡贸易,直到与倭寇以及南洋、欧洲商人之间的私人贸易兴起为止。

通过这样的贸易方式被带到国外的物品中当然包含贵金属,但也并不一定是贵金属,中国的手工艺品等在朝贡国中具有和金银同等的价值,完全可以行使对外货币的职能。而且,这些国家的经济发展水平比中国低得多。与西亚、欧洲的情况不同,西亚、欧洲各国的经济通过贸易都达到了一个较高的水平,而中国在东亚却是一枝独秀的状态,中国周边的国家很难形成自己独自的流通圈和货币圈,中国的货币甚至可以成为这些国家的货币,日本就是其中的代表。日本效仿中国建立起形式上的专制体制时,发行了自己的内部货币皇朝十二钱,但是,当仓促成形的"专制国家"从内部瓦解时,代表日本版专制国家的皇朝钱也几乎绝迹,不久之后,以宋钱为代表的中国钱大量流入,成为日本的主导货币。日本国内也铸造铜钱,但就如明人朱国祯在《涌幢小品》中记载的那样,日本"亦用铜钱,只铸洪武通宝、永乐通宝,若自铸其国年号则不能",必须模仿中国铜钱才能通行。另外,日本中世后期围绕铜钱出现的各种现象都与中国的铜钱现象联动。凡此种种,都说明中世日本处在中国内部货币体系之中。考虑到中世日本和中国的贸易往来,不难理解货币史上会出现这样的情况。与丝绸不同,陶瓷器容易保存下来,从考古发掘情况来看,中国生产的陶瓷器已经深入到西日本人民的日常生活中,就连偏远乡村用的都是中国产的日用陶瓷品,①西日本的陶瓷生产也因此受到影响,未在中世形成自己的陶瓷生产基地。这些现象说明,日本处在中国物流体系的内部,因为各自为政的领主经济,需要有更广泛的物流将它们联系起来。直到近世初期,德川幕府颁布锁国令,将对外贸易置于政府的严格管理之下,日本才得以从中国的货币体系,进而从全球的白银货币体系中脱离出来,同时建立起自己独自的商品流通圈。锁国体制不仅使日本摆脱了白银通货的束缚,与朱国祯当初的认识相反,皇朝十二钱停铸数百年后,日本又重新开始大量铸造自己的年号钱宽永通宝。

受东亚整个经济条件的影响,中国长期以来没有发展金银等对外货币,这也是中国可以采取世界上独一无二的高度集权的专制体制、铜钱货币体系得以长期维系的一个重要原因。

使东亚地区贸易和货币状况发生根本改变的,是穆斯林商人。他们在阿拉伯帝国东西分裂后也维持着自由的通商关系,将西至伊比利亚半岛,南至非洲北半部,北至斯堪的纳维亚,东至中国的地区纳入统一的国际贸易体系之中。喀喇汗王朝的建立促进了中亚地区的突厥化和伊斯兰化,这一时期陆路交易频繁,海上交易也非常活跃,宋代的蒲寿庚家族便是这些穆斯林商人的代表。② 根据爱宕松男的研究,穆斯林商人从外部将白银经济带入中国,也让中国的白银流入西亚,这对宋元时期的银价走向产生了重大影响。③ 白银作为对外货币被带到中国后,除了原有的贮藏和赠予功能,还开始行使一部分内部货币

---

① 中国陶瓷器在日本的出土情况,参见日本贸易陶瓷研究会《日本贸易陶瓷文献目录 Ⅰ——发掘调查报告书等——1901～1984年》,1985年。
② 桑原隲藏:《宋时代に於けるアラブ人の支那通商の概况殊に宋末の提举市舶西域人蒲寿庚の事迹》,岩波书店,1935年。后收入《桑原隲藏全集》第五卷(岩波书店,1968年)。
③ 爱宕松男:《斡脱钱とその背景——十三世纪モンゴル=元朝における银の动向——》,《东洋史研究》32—1、2,1973年。后收入《爱宕松男东洋史学论集》第五卷(三一书房,1990年)。

的职能。

在将白银转变为中国的内部货币上,元朝发挥了很大的作用。元朝在中国国内强制发行流通纸币,在钦定支付手段的基础上,纸币还发挥着交易媒介的作用。元朝纸币额面上是以铜钱单位来表示的,但实际上是对白银作价,即一枚纸币可折合多少重量的银两使用。蒙古人在漠北时已与穆斯林商人接触,开始铸造自己的银币,他们将白银这一价值尺度带到中国。[①] 入元以后,民间对白银的评估鉴定,也从原来的上金、中金之类,发展到拥有一套细致的成色评估与鉴定方法,[②]这为白银充分发挥价值尺度作用,且以秤量货币的形式在中国流通创造了条件。正如韦伯所预言的那样,白银从最初的对外货币逐渐转变为内部货币。

一般认为,明朝是中国从铜钱经济向白银经济过渡的时期。白银在元朝时具有了价值尺度功能,充当交易媒介和支付手段的范围也在不断扩大,自 15 世纪中叶始,白银逐渐取得了财政支付手段的地位,充分发挥起货币应有的各项功能。这一变化一方面是白银从对外货币转变为内部货币的过程,同时也表明中国内部货币的转型,不仅有币材方面的变化,还有货币功能方面的演进。

从铜钱到白银的转变,一方面说明随着流通的扩大,需要使用单位价值高的货币。铜钱还在全国范围内行使时,就不便于远距离的大额交易,撇去和国家的关系不谈,单从技术层面来看,票据很早在中国出现有其必要。白银在成为财政支付手段的同时,也在远距离交易中占据了主导地位,而票据也在其后的一段时间里暂时销声匿迹。

除了单位价值不同,铜钱和白银本质上还存在更大的差异。其中

---

① 彭信威:《中国货币史》第三版,上海人民出版社,1988 年,第三章。
② 第 308 页注③引加藤书,第十一章。

之一就是,铜钱和纸钞的价值均由国家决定,必须由财政支付作为其信用保证,而白银的价值纯粹是由其材料价值决定,这从白银从对外货币转变为内部货币的历史中也可以得到印证。特别是在中国,除了特殊用途,政府从未正式铸造过银币,①白银是根据纯度和重量称重行使的,甚至在熔铸时也未像欧洲那样在其上标注价值,白银的价值完全由市场来决定。将这样一种货币作为财政的支付手段,对专制国家是极为不利的。16世纪中叶以后,日本白银生产扩大,银价暴跌,接着新大陆的白银产出又导致国际银价下降,这些都通过既是内部货币又是对外货币的白银,直接对中国造成冲击。

在鸦片贸易导致银贵之前,整个明清时代,银价都呈下跌之势,这意味着财政白银化后国家财政所攫取的财富实际上是在逐渐减少,以当时的基本生活物资大米来计算,清乾嘉时期和明朝开始折银时相比,国家的税收总额减少了好几倍。满洲曾威胁明朝北境,给明朝财政造成了极大的负担,清朝建立后,由于其宫廷生活比较简朴,面对财政收入减少,政府还可以应对,但是,财政收入的减少对国家绝对不利,只是此时,除了白银,再也没有其他货币可以充当财政支付手段了。

铜钱和白银的主要分布场所也不相同。如前所述,一直以来,贮藏在国库中的铜钱数量非常巨大,其余大部分也分布在财政流通领域,考虑到财政收支是铜钱的首要且重要功能,这样的分布也是理所当然的。

白银的分布情况正好相反。要想知道中国确切的白银存量是非常困难的,我们只能通过估算知道一个大概。20世纪30年代初,货币

---

① 中国本来就无根据金属价值铸造货币的习惯。另外,在专制体制下,国家虽有统一的政策法规,但在贯彻执行时经常出现不匹配或偏离的现象,在这样的情况下,全国统一使用一种银币极为困难。

金融问题专家耿爱德估算中国的白银存量为货币17亿盎司,非货币8亿盎司,[①]约等于23亿两白银。当然,这只是对货币领域用银的估算,并不包括与白银挂钩的银行券等票据,耿爱德自己也承认,非货币形式的贮藏量可能更多。明末户部司务蒋臣提出行钞建议,他估算当时的白银流通量为2亿5000万两。[②] 另据推测,从明代到鸦片战争前,共计10亿元以上的白银流入中国。[③] 总之,在明清时期,大概有数亿两的白银作为货币使用,还有几亿两被用于货币以外的领域(作为贮藏手段时则为货币)。另一方面,在鸦片战争后增收田赋、厘金等费之前,包括徭役折银部分、关税、盐税等在内,国家的白银岁入不过三千数百万两,[④]中央国库库藏也只有7000万两。当然,即使是在明清时期,白银以外的库藏也很重要。另外,数千万两的国家财政调配,体量也极为巨大。国家强化课税力度,在货币回流困难的地方释出或回笼白银,都会打破民间白银的货币均衡。在完税期间,根据租税的缴纳方式,银钱比价会发生激烈的波动。不管怎样,与铜钱大量由政府贮藏不同,绝大多数白银都分布于民间。

鉴于这样的货币情况,明代的财政白银化意味着中国的专制国家体制发生了重大的改变。入清以后,除特殊情况外,国家不再自己组织财货的输送,农民售卖自己的产品,以银钱完纳田赋和丁税,各地将收上来的银钱兑换成银两后上缴户部,政府再在适当的地方购买所需的物资和劳动力。从货币的分布状况也可看出,这种财政运行是建立

---

① 宫下忠雄:《支那货币制度论》,宝文馆,1938年,第312页。

②《崇祯长编》崇祯十六年十月丁丑条。寺田隆信:《明末における银の流通量について》,《田村博士颂寿记念东洋史论集》,1968年。

③ 小竹文夫:《近世支那经济史研究》,弘文堂,1942年。百濑弘:《明清社会经济史研究》,研文出版,1980年。

④ 此处并不包括征收过程中私征私派用于行政开支的部分。参见《史料旬刊》所收嘉庆十七年(1812)各直省钱粮出入清单。

在更为广阔的市场流通的基础之上的,此时的政府,已从财政物流的组织者转变为依托市场流通开展业务的主体之一,国家财政也开始了从财政物流到市场流通为依托的转型。在这样的情况下,作为钦定支付手段的铜钱必然会受到市场的影响,国家财政也必须依据白银的市场价值体系来运行管理。宋代财政物流中有一部分是以商业资本的活动和交易嵌入各个财政行为的方式组织起来的,随着市场交易的进一步发展,货币和财政运行机制都发生了新的转变。

白银虽然成为主导货币,但中国的币制并未因此得到统一。白银作为价值尺度和跨地区间的大额交易媒介开始行用,但其行使状况却因时代、地区的不同而呈现出很大的差异。明清时期,特别是在清代,白银作为价值尺度在全国通行,而与白银挂钩的铜钱流通却处于分裂状态,银钱体制中的这种复杂的网状结构,是中国当时市场之网状结构在货币上的表现。

在白银成为财政支付手段之前,这一网状结构并不存在。白银最初只是诸多货币中的一种,并不是全国的价值尺度。当铜钱失去财政支付功能后,钱法大乱,只有少数经济发达地区在日常交易中仍使用铜钱,很多地区行用各种低银以及米谷、布帛、食盐等实物货币。由于失去了国家的信用保证,行钱之地私铸钱泛滥,铜钱的信用由民间市场主导,形成一个个极小的区域性货币市场,市场内部习用的铜钱种类也在不停变动。①

明代到清代的货币发展,不能简单地认定为从钱到银的过渡。这一时期,作为交易媒介的铜钱的流通区域也在不断扩大,而铜钱象征市场交换,故这一时期也是包括农村市场在内的国内市场的形成和发展期。明代中期,以铜钱为交易媒介的仅限于沿海等少数地区,之后

---

① 参见本书第三部第三章及第四章。

行钱之地不断扩大,自清中期始,包括农村地区在内,对铜钱的需求大增。① 为了应对钱贵现象,清廷加大了有利可图的云南铜料的开采,像宋朝一样大量铸造铜钱,这些铜钱又通过军饷发放流向民间市场,政府维持银钱比价的操作,成为政府稳定物价政策的重要一环,这样一来,清朝的制钱在民间交易中再次占据优势。不过,需要注意的是,此时的制钱,其货币地位已发生变化,铜钱的价值是以白银为基准并随市场的变化而波动的。除了制钱,私铸钱也大量在市面上流通,各地习用的铜钱种类不一,各地区、各行业都有自己的货币单位,有的按一定比例当百钱使用,有的则搭配一定比例的私铸钱使用。此时的铜钱,其首要功能已从财政支付手段转变为市场交易媒介,铜钱已成为体现小商品生产的一种货币。

白银虽然成为主导货币,但其成色、重量不一,各地使用的铜钱也不统一,银和钱有各自的使用范围,为两种不同的货币,各自随市场的变化而波动,这样的状况持续到鸦片战争以后。以银元和铜元为代表的中国货币统一的帷幕需等到 19 世纪末,也即中国近代史真正开始之时才得以拉开,而清朝中期,则是中国货币统一进程的先声。

第四节 中国前近代财政史的发展阶段

以上从经济统合的视角对专制国家的财政及其货币作了概括性的论述,其中涉及一些财政史方面的内容,下面再对中国前近代财政发展的历史做一些补充说明。

在古代国家形成的过程中,向共同体缴纳祭祀所用的贡品等负担

---

① 黑田明伸:《乾隆の钱贵》,《东洋史研究》45—4,1987 年。后收入《中华帝国の构造と世界经济》,名古屋大学出版会,1994 年。

逐渐转化为租税,从社会结构层面来看,国家的形成又是建立在小生产经营方式的确立以及阶级分化的基础上的,国家对人民进行编制管理的直接动机是应对国家间的军事对抗。汉武帝确立专制国家体制后,军事仍是物资储备之外国家的主要职能,这从当时实施兵农合一的制度即可得到印证,从四民中直接征发士、农等社会主要成员服兵役,即进行"耕战之士"的军事编制,是小农经营和社会分工不发达社会中财政之特色。

当时财政的另一个特征是,虽然中央掌握了地方的财政数据,而且一些财货需要解往中央或根据中央的指示在地方之间相互移动,但是,财政的主要部分仍存留于地方并为地方所用,[①]因为在当时的条件下,财货都向中央集中极为困难,也没有必要。

由唐入宋的这段时期,是中国财政史上一个重要的转折点,在这一历史转折过程中发挥了重要推动作用的是小生产经营方式的质的跃升。六朝时期,犁耕技术进步明显,农民与土地的结合不断加强,以前的农民,可以世袭占有国家的"分田",只要是编户齐民便需向国家缴纳赋税,后来国家承认了农民对土地的所有权,并依据土地多少来承担国家的赋税和徭役,[②]这是唐宋财政变革的第一个特点。

小生产经营方式的发展使得兵农合一的兵役制度难以为继,集约经营需要农民投入更多的劳动力,自然无法承受兵役负担,政府只好从农民以外招募士兵,兵农合一制度因此走到了终点。[③] 兵农分离这一社会分工是人类史上其他文明也必须经历的一个过程,在封建社会

---

① 第 302 页注①引渡边文。

② 岛居一康:《宋代两税の课税基准と户等制》,中国史研究会编《中国史像の再构成——国家と农民——》,文理阁,1983 年。后收入《宋代税政史研究》(汲古书院,1993 年)。

③ 有关唐宋变革及兵农分离、财政中央化,请参见渡边信一郎《唐代后半期の中央财政》(《京都府立大学学术报告》人文 40,1988 年)一文,该文后收入《中国古代の财政と国家》(汲古书院,2010 年)。

中,武士组成专门进行统治和战斗的集团,从而完成了兵农分离的过程。① 而在专制国家里,兵农分离是通过官僚政治和募兵来实行的,而在两种制度间徘徊的拜占庭帝国,其兵役制度同样呈现出左右摇摆之势。②

兵农分离还引发了唐宋财政变革的第三个特点,即财政扩张。《朱子语类》卷一一〇《论兵》中称:"今朝廷尽力养兵,而兵常有不足之患。自兵农既分之后,计其所费,却是无日不用兵也。"唐中期以来,随着募兵制的推行和周边少数民族军事威胁的加剧,国家财政开支急剧增长,另外,对外防御的需求进一步提高了跨地区间财政调配的必要性。在民间交易也开始发展的条件下,宋代建立起以铜钱为基础的财政及物流体系。在此情况下,汉代时绝大多数存留地方的财政收入,逐步向中央集中,入宋以后,中国基本实现了财政的中央化。财政的中央化是唐宋财政变革的又一重要特点。

如前所述,明代是中国从依托财政物流的财政转向依托市场流通的财政的时期,这个过程也是专制国家的财政在形式上向近代税收制度靠拢的过程。虽然在专制体制下,皇室财政和国家财政的界限难免模糊,但是,随着白银财政的发展,经过明代和明清之交,财政上各自为政的情况逐渐得到改善。以地丁银为标志,国家最终将各项赋役转为地税征收,从而完成了赋税的货币化演进。与封建社会向近代过渡时还需废除领主制不同,中国在向近代转型时,地税制度在形式上已无需做重大的改变,专制国家如何向近代国家转型,才是中国所要面临的问题。

---

① 这里的兵农分离不是日本史上由中世向近世过渡时出现的狭义的兵农分离,就日本史而言,是指中世出现的广义的兵农分离现象。

② 井上浩一:《七〜十二世纪のビザンティオン军制——比较史研究のために——》,《古代文化》41—2,1989 年。

第二章　白银财政初期的岁入与岁出结构

第一节　《明史》有关金花银的记载

众所周知,明代中叶以后财政的白银化,标志着中国的财政、货币和市场发展进入到一个新的阶段。然而,这一变化是在怎样的货币和市场发展的基础上进行的,反过来它又对货币和市场产生了怎样的影响,对于这些问题,以往的研究并未进行翔实而系统的阐述。清水泰次、堀井一雄等人在白银财政形成期的研究中做了许多开拓性的工作,①但还有很多课题有待我们去解决。为了厘清早期白银财政的意义,②本章拟以《明实录》③为素材,对正统至嘉靖初年江南折粮银的运行机制以及早期白银财政的岁入岁出结构作一考察(以下只标注日期者,即《明实录》该日期下的记载事项)。

关于江南折粮银,即所谓金花银,《明史·食货志》中有两条非常有名的记载:

---

① 清水泰次:《明代に於ける租税银纳の发达》,《东洋学报》22—3,1935 年;堀井一雄:《金花银の展开》,《东洋史研究》5—2,1940 年;星斌夫:《金花银考》,《山形大学纪要》9—1,1978 年,后收入《明清时代社会经济史の研究》,国书刊行会,1998 年。
② 有关这一问题,请参考本书第三部第一章。
③ 采用"中央研究院"历史语言研究所校印版本,并根据其校勘记作了适当的文字修改。

> 至正统元年……米麦一石,折银二钱五分。南畿、浙江、江
> 西、湖广、福建、广东、广西,米麦共四百万余石,折银百万余两,入
> 内承运库,谓之金花银,其后概行于天下。自起运兑军外,粮四石
> 收银一两解京,以为永例(食货二·赋役)。

> 正统元年,改折漕粮,岁以百万为额,尽解内承运库,不复送
> 南京。自给武臣禄十余万两外,皆为御用。所谓金花银也(食货
> 三·仓库)。

《明史》中这两段记载的一些内容已被证明与事实不符:①正统元年
(1436)开征折粮银的决定,起初并不包括南直至广西的所有地区(堀
井);②江南折粮银并非一开始就被称为金花银(堀井);③折粮银岁入
百万余两,也并非当初实际征收的数额(清水以及《明史食货志译
注》)。历来关于这些问题的研究很多,但对于江南折粮银被纳入内承
运库,以及作为俸禄发给武官十余万两,其余皆为皇室御用之论述,目
前为止,还没有人正式提出过质疑。

《明史》关于金花银皆入内承运库为御用的记述,可能直接源于
《大明会典》以下的记载:

> 二年令。各处解到秋粮折银,赴部出给长单关填勘合,送内
> 承运库收贮(《正德大明会典》卷三七)。

该指示是在什么样的情况下发出的,现在无从得知。如果将这一记载
按《明史》那样理解,即折粮银尽数被纳入内承运库供皇室御用,以为
永例,就会产生若干矛盾。

第一,江南折粮银很早就被用于边饷等的支出。例如,《明实录》
记载,正统八年(1443)十月癸巳,输折粮银 36 400 两往万全都司籴粮;
九年(1444)三月丁卯,又将江西等处的折粮银 10 400 两输往万全都司
籴粮;十年(1445)九月辛卯,浙江等处的折粮银 11 万两被输往甘肃、

宁、延等地,诸如这样的例子还很多,可见来自浙江、江西等地的江南折粮银,除了十余万两用作武官俸禄,也有部分统一用在一般性财政支出上,并非全部用于御用。

第二,则与折粮银放入内承运库即内库这一问题有关。太仓是与内库不同的财政部门,自成化年间起也大量支出白银。成化八年(1472)四月乙酉,起运太仓银 20 万两往山西、陕西等地;成化十年(1474)十一月壬戌,又起运太仓银 31 万两往陕西、宣府、大同等地;成化十二年(1476)二月丁亥,合计 25 万两的白银从太仓发往宣府、大同等地。此外,从太仓取银入内承运库使用,也是自成化朝始。成化十七年(1481)二月戊子 30 万两,十八年(1482)十月丙子 40 万两,之后纳入内库的白银,动辄上百万两。如果折粮银全部纳入内承运库这一认识是正确的,那么,与内库分属不同部门的太仓,应该还有其他大笔收入来源。据《明史》记载,太仓库的收入有以下几项:

> (正统)七年乃设户部太仓库,各直省派剩麦米、十库中绵丝、绢布及马草、盐课、关税,凡折银者,皆入太仓库。籍没家财、变卖田产、追收店钱,援例上纳者,亦皆入焉(食货三·仓库)。

成化、弘治年间,从太仓支出的边饷常年就达 40—50 万两,平时还有数百万两的存银供内库之需。如此,在中央财政白银化的早期,除了江南的折粮银,派剩米麦、马草、盐课等方面的折银进程也必须非常快,否则就无法满足太仓的支出需要。为了了解白银财政实行的深度和广度,必须厘清白银财政早期的收支情况。

第二节 户部、内库、太仓

明孝宗执政后期,内府和边境军事用度大增,加之武宗继位,又需要一大笔开支,这就导致弘治、正德之际的中央财政面临严峻危机,刘瑾暂停向边镇发放年例银一事,[1]一方面固然成为刘瑾私人敛财的工具,但主要还是财政整顿措施中的一环。正德元年(1506),以户部尚书韩文为中心,围绕财政问题展开了几次论议,《韩忠定公集》辑有当时的奏疏,[2]虽然篇幅较长,兹录其相关部分如下:

> 查得,京库银两,以岁入言之,夏税共该五万五百余两,秋粮九十四万四千八百余两,马草二十三万七千余两,盐课折银二十余万两,云南闸办三万余两,通讥各项,实该一百四十万儿余两。以岁用言之,宣府年例五万两,大同五万两,辽东一十五万两,延绥三万两,甘肃、宁夏各六万两,给散京卫官军俸粮,共三十三万五千余两,内府成造宝册等项,其余不得与知,大约并前折俸银,不下五六十万余两。通计各项,实收一百余万两。其间支剩马草等银,节该本部题准,俱送太仓收候,以备边方紧急支用,不许别项支销。故太仓之积,多者三四百万,少亦不下二百余万。夫何近年以来,前项额办银两,或灾伤减免,或小民拖欠,或诏书蠲免。岁入既亏于原额,而岁用乃过于常数。……追惟其故,银两支用,由于京军屡出,调度频繁。山陕饥荒,供亿加倍。往者孝庙登极,赏赍之费,悉出内帑,户部止凑银三十余万两。今次赏赐,共银一百四十余万两,皆自户部出矣。往者内府成造金册等项,皆取内库金两。今则户部节进过金一万四千八百余两矣。往者户部进送内库银两,止备官军折俸等项支用。今则赏赐无名,无益斋醮,多取而用之矣。此银费所以日增也。

---

① 《宪章录》卷四四,正德三年十月;《明实录》正德五年九月戊辰条。
② 《韩忠定公集》卷二《缺乏银两库藏空虚等事》(正德元年五月二十二日—辛丑—具题)。《明实录》正德元年五月甲辰条、七月癸未条、十月甲寅条也收录了同样的内容。

这一资料所载的岁入白银的运行机制与《明史》不同。根据这一资料，"京库"的岁入包括夏税、秋粮、马草、盐课的折银部分以及云南银课。成化末至弘治初，改开中法为盐商直接纳银与盐运司，这应该是奏疏中盐课银二十余万两的主要来源。① 自正统七年（1442）起，南直隶各府起运的马草开始折银征收，奏疏中的马草部分即为江南、江北各地的马草折银。② 问题在于夏税和秋粮部分，两者合计共 995 300 余两，据全汉昇考证，这部分的主要来源只可能是江南折粮银。③ 即使到了普遍折银的万历年间，以夏税秋粮为主要来源的中央白银岁入，除去江南折粮银 100 万余两与华北诸省的民运改解银，统计不过 40 万两左右，④由此看来，弘治末年 99 万余两税粮的主要来源应是江南折粮银，即金花银。只是，从盐课、马草等万历时已归为太仓岁入的项目，⑤此时仍在"京库"名下来看，夏税秋粮的折银数额中，除了江南折粮银，应该还包括了正统五年（1440）至六年（1441）之前已开征的夏税⑥等其他两税的折银部分。也就是说，一方面，本应为内府收入的云南银课，以及后来全部放入内承运库的江南折粮银，另一方面，后来成为太仓重要收入的盐课、马草等项，总共 149 万余两的岁入，在弘治末年时，是由"京库"统一掌管的。

　　"京库"的支出包括以下三项。一是发往宣府、大同、辽东、延绥、甘肃、宁夏的京运年例，共计 40 万两，另一项是京卫官军俸银 335 000

---

① 藤井宏：《明代盐商の一考察》，《史学杂志》54—5、6、7，1943 年；佐伯富：《中国盐政史の研究》，法律文化社，1987 年，第四章第四节。

② 谷光隆：《明代马政の研究》，东洋史研究会，1972 年，第三部第一章。

③ 全汉昇、李龙华：《明中叶后太仓岁入银两的研究》，《香港中文大学中国文化研究所学报》5—1，1972 年。

④《万历会计录》卷一。

⑤ 同上注。

⑥ 正统五年三月癸亥直隶徽州府夏税苎布折银，同年五月壬子浙江淳安县仿照歙县夏税绢折银，以及正统六年五月戊午直隶繁昌县夏税丝捐折银等。

两和内府成造金册等物的费用,二者合在一起为 50—60 万两,正如上述引文的结尾部分所述,官军折俸等项的支出历来都是由户部进送内库,可见,和内府成造费用合在一起计算的这笔 50—60 万两的银两,是从户部取用入内库使用的。第三,150 万两岁入中,除去年例银 40 万两与转给内府的 50—60 万两,还剩约 50 万两,相当于"京库"一年收入的三分之一,被送往太仓收贮,以备边防紧急之用。

按照韩文的说法,上交中央的白银,被统一收入"京库",然后送往边镇和内库,剩余部分由太仓收贮,这种运行机制与《明史·食货志》"金花银入内承运库"的记载不符,下面就通过《明实录》来验证一下韩文的说法是否正确。毫无疑问,内承运库的主要收入除了云南等地的银课,就是来自江南的折粮银。弘治六年(1493)四月庚戌,

> 内府承运库告,缺少供应金银。户部请,借太仓银十万两应
> 用,移文天下,催取弘治二年至五年折粮银两,以充之。

内承运库存银不足时,有人提议暂时从太仓借银 10 万两,并以弘治二年(1487)至五年(1492)折粮银的拖欠部分来填补太仓。弘治八年(1495)三月丁酉,

> 内府承运库复奏,帑储缺乏,乞遣官开坑取矿,以备供
> 应。……于是户部会廷臣议谓……请先以此(钞关银两)应用,并
> 支太仓库银,买金一千两供应。其浙江等布政司及苏松等府,当
> 输内帑钱粮,尚欠百万。请如数征完,则于经常权宜之策,似
> 为两得。

内承运库存银不足之际,又有人主张先借用钞关银和太仓银,再以浙江等布政司及苏松等府滞纳的应输内帑钱粮(折粮银)填补之。弘治十二年(1499)六月甲寅,

> 内府承运库奏,缺少银两等物。户部议谓,本部原会各处折粮银,自弘治八年以后应解未到、及以前积欠之不在赦免者,其数不少。请各差官催完,送库备用。

此次也是通过催缴折粮银的办法去补内库之不足。从这些资料可知,当时确实是把折粮银视为内承运库的收入来源,然而,这并不意味着所有的折粮银都直接进入了内承运库。嘉靖四年(1525)十一月戊午,

> 太监梁栋奏,内府供用金珠宝石缺乏,请下户部措处。户部尚书秦金等言,内府供用,例取之各解到折粮折草等项数内。

户部尚书所言内府供用取之折粮等项数内,按照其字面意思理解为一定数量的折粮等银两入内库使用较为合理,正因为中间需经过户部这道手续,户部才会提出削减内库供应额的建议。正德元年(1506)五月甲辰,户部提出八条财政整顿方案,其中第三条内容如下:

> 乞令户部,约祖宗以来岁赋之数,查正统以前岁用之则,酌为中制,永示遵守。自今非成造上用器物及王府宝册,不得用金。非圣旦千秋诸重事,不得用银。每年输银于承运库,不得过五十万两之数。

京中官军俸禄335 000余两,再加上宝册的成造费用,户部每年需供应内府白银50—60万两,户部希望将此费用的上限定为50万两,但这一提案最终未获通过。

综上所述,包括一定数量进送内库使用的折粮银在内,岁入白银暂时被置于户部管辖之下,这意味着户部独自拥有一定数量的白银贮存。后面将会述及,嘉靖中期以后,户部管理的银两统一并入太仓,但是,直到嘉靖初年,除了太仓库银,户部仍贮有相当数量的白银。正德

元年(1506)八月庚戌,载:

> 初有旨,令户部,处置银四十万两,送内承运库,供大婚礼用。……户部覆议,太仓银两,仅有四十三万。本部所贮,亦仅八万有余。

此次也是因为内承运库存银不足,要求户部额外进送白银使用。值得注意的是,户部收贮的银两是和太仓银分别列出的。正德十二年(1517)九月庚子,

> 有旨,发户部银一百万两输宣府,以备赏劳。大学士梁储等言……臣等闻,太仓银库正收者,动支已尽。其递年积余,仅有十五万两。户部见在折银,亦止有二十万两,又以备在京军官夏秋二季折俸之数。

从中也可知,太仓贮银和户部贮银是区别开来的。

户部银与太仓银开始出现区别,要早于正德年间。成化九年(1473)七月庚寅朔,"运户部折粮银并太仓银各十万两于陕西榆林城,以给军饷",相较于太仓银,户部银被明确地称为户部折粮银,这也印证了韩文的说法,即折粮银一旦由户部管辖,然后再用于内库进送、太仓收贮以及边饷支出。前已述及,正统初年开征折粮银后,江南折粮银就一直用于边饷的支出,结合上述各种资料来看,史料上输往边镇的"折粮银""江南折粮银""苏松等处折粮银",与"户部折粮银"一样,指的都是暂时由户部管理的折粮银,而户部与太仓、内库属于不同的财政部门。

了解了户部银与太仓银的区别以及折粮银由户部发往边镇之后,再来看一下"京库"与内库之间的区别。"京库"这一称谓有多种涵义,有时也泛指京师库藏,[1]正统二年(1437)三月癸巳有京库阔生绢、四

---

[1] 和田清编:《明史食货志译注》,东洋文库,1957年,第217页。

月丁丑有京库兵器等相关记载,储藏这些货物的是内府库,此处的京库指的是在京的仓库。"京库"不等于内库,[①]"京库"经常和内库一起出现在文献中。嘉靖四年(1525)八月戊子朔,

> 工部会廷臣议,营建仁寿宫,工役重大。……请发内帑,及借户部钞关、兵部马价、工部料价各银两,查取两京各库颜料、各抽分厂木植及司府无碍官银。……上曰……内帑京库银料毋发。他如议行。

贮藏户部钞关等银两的京库与内帑是区别开来的。除了京库,"京仓"也经常拿来与内库对比。成化二十一年(1485)正月己丑,

> 大臣及科道等官,应诏条奏时事。……户部尚书余子俊等言八事。一,天下税粮,先年岁征,过于岁用几倍。……近年宗支益盛,官爵亦多,灾伤亦重,供奉上用不足,京军布花不足,外夷赏赐表里不足,馆待厨料不足。此皆仰给予内库。京官月俸折色不足,京民赈济仓储不足,边方转给军饷不足。此皆取办于京仓。

一般来说,京库与京仓不同,京库收贮银两等物,太仓储存漕粮,在《正德大明会典》等记载中,除偶有混淆外,也是将二者区分开来的。不过,"京库"和"京仓"当时常被混用也是事实,如:

> 成化二十年九月己酉:发京库银 3 万两赈济山西。
> 成化二十年十一月戊戌:发京库银 10 万两、河南布政司兑军运粮五万石于陕西。
> 成化二十一年正月乙巳:发京库银 25 万两赈济陕西等地。
> 成化二十一年九月癸丑:运京仓银 6 万两于宣府。
> 成化二十一年十月癸巳:运京仓银 1 万两于永平等处。

---

① 和田清编:《明史食货志译注》,东洋文库,1957 年,第 395 页。

> 成化二十二年正月乙卯：运京库银 13 万两于陕西及榆林。

这些资料中的京库与京仓，指的应该是同一个实体，京仓银和京库银不会同时出现在史料中，京库是独立于内库的一个概念。

没有必要将"京库"这一概念的内涵限定为户部自己管理的银库，户部、太仓、内库互为相对独立的部门，江南折粮银一旦归于户部管辖，其中一部分固定送往内库，一部分作为户部折粮银发往边镇，剩余部分贮藏于太仓，这些事实足以证实，韩文所说的岁出岁入结构基本上是正确的。

不过，太仓是用来存储的仓库，其支出是非经常性的，这样的认识严格来说也未必正确。自成化年间起，太仓银与户部折粮银一起发往边镇。成化六年（1470）六月乙卯运"太仓见收折草银"5 万两于延绥，明确记载了这笔费用的来源，成化八年（1472）四月乙酉发太仓银 20 万两于山西、陕西等地，发送的数额更大，地区也更为广泛。成化十年（1474 年）十一月壬戌，

> 运太仓银三十一万两，以给边需。陕西七万，大同、宣府各五万，榆林三万，辽东十万，密云一万。

这说明年例银已成为太仓银的支出项。此后，年例银有时由户部支出，有时又由太仓支出，没有固定的规则。同样的情况还出现在军官折俸上，从内库以外支给折俸之事，也屡见不鲜。

前已述及，韩文所说的岁出岁入结构基本属实，但在正德至嘉靖初年，这种结构受到极大冲击。自弘治后期开始，内府用度激增，频繁从太仓额外取用，特别是正德年间奢靡之风盛行，不仅影响到财政，也扰乱了行政机构本身。加之刘瑾等人被抄家时的没官银，临时为内库和太仓带来了一笔庞大的收入，皇帝的赏赐费用日益增多，太仓和内库入不敷出的状态比之前更甚，而暂时为太仓和内库解决燃眉之急

的,是盐课折银以及以华北为中心的新的地区的税粮折银。在财政运行机制的动态变化中,户部、内库、太仓三个财政单位中,户部不再贮藏银两,到了嘉靖年间,与太仓区别开来的户部独自的白银支出,逐渐从文献记载中消失了。

嘉靖二十八年(1549)至二十九年(1550)的户部尚书潘潢上疏曰:[①]

> 查得,户部先年岁入太仓银库,折色夏税银一十五万五百两,秋粮八十七万四千八百两,马草二十三万七千两,盐课二十万两,云南闸办三万两,通计一百四十九万两。十分存三,所以老库常有四百万两之积。随后边方多事,前项岁粮,陆续改派宣大等仓上纳。云南闸办,亦久停阁。至今嘉靖二十八年,岁入止有夏税银一十二万一千两,秋粮三十三万九千六百两,马草连各马房五十四万九千五百两,盐钞四万五千两,盐课折布等项五万一千两。以上正入共银一百一十万六千一百两,以给本年正支文武官员折俸折绢银一十一万五千五百三十八两,官军杂役银四万三千三百四十五两。

除了引文部分的支出,潘潢接着列出了由太仓支出的其他费用,如冬衣布花、马房料草蒭秸、各库局豆稻草稻皮、各边年例等,对财政亏空情况作了详细说明。

这篇奏疏明显因袭了韩文奏疏的内容,夏税折银 15 万余两,秋粮折银 87 万余两,岁入合计 149 万两,这些显然是韩文所说的弘治末年的数值。[②] 尽管如此,与韩文的奏疏相比,潘潢奏疏中又发生了一些重要的变化。

潘潢将 149 万余两的京库岁入换成了太仓岁入,并将边饷支出、

---

① 《皇明经世文编》卷一九八,《会议第一疏》。
② 该数值经常被拿来作为明朝白银财政开始时的岁入额,如《古今治平略》卷三《国计篇》。

内库进送后剩余白银(约三成)的收贮机构,从太仓改为了太仓内的老库。所谓太仓老库,是指太仓帑藏充盈之时被封存不动,直到嘉靖二十二年(1543)都未被支发[①]的特别仓储部分,可见,即便是户部尚书潘潢,也已经搞不清楚京库、太仓、内库三者原本的关系了。

在嘉靖二十八年(1549)年末的时间点上,潘潢对仅仅过去五十年的财政结构产生误解是有原因的。以前户部进送内库的白银,主要是用来支付在京文武官员的俸禄,不过从引文中可知,这些银子已由太仓直接发送内库。此外,户部自身不再收贮白银后,负责供应京运年例银的机构也从"京库"变为了太仓,特别是户部直接管理的收入与太仓合并后,将京库岁入误解为太仓岁入,也就不足为奇了。

然而,潘潢没有注意到的是,在这一变化过程中,夏税、秋粮折银的主要部分已经不包括在太仓岁入中了。实际上,从弘治末年到嘉靖二十年代末,以白银形式解往京师的夏税、秋粮的折银部分明显增多,嘉靖五年(1526)七月戊戌决定将华北诸省的京粮折银,即为其中之一。另外,嘉靖五年十二月甲子,

> 礼部尚书席书等,会廷臣,条议修省事宜。……一,裁省民运。言,山东、河南、北直隶,户部岁派宣府粮草折银,俱系大户解部倒批,前去彼处上纳。但自京师到彼,经由居庸,接连边口,或有疏虞,累其赔败。今宜令户部,将各处解到前项折银,陆续称收寄库,出给批关回照,候每年解送年例银两,委官带运。……上曰……其速给长单、裁省民运等十六事,俱采择施行。

原本由华北诸省直接运至边镇的一部分民运粮(折银部分)已开始改为解送太仓,之后同年例银一起由太仓转发各相应边镇(边镇民运改

---

① 嘉靖二十二年二月庚寅条以及二月壬辰条。

解银）。尽管如此，夏税、秋粮的折银收入却从 995 300 两锐减至 460 600 两，这并不如潘潢所言，是"陆续改派宣大等上纳"的结果，相反地，解送宣大等地的民运银已开始上交中央，税粮折银锐减的原因，是江南折粮银即金花银 100 万余两已不包含其中，此时的江南折粮银不再经由户部之手，而是直接解入内承运库了。

江南折粮银等白银岁入先暂由户部统一管辖，然后再大致分成三部分转给边镇、内库和太仓，这即是白银财政早期的收支结构。迟至嘉靖二十年代末，这种收支结构发生了变化，江南折粮银（金花银）直接纳入内承运库，专供内府支用，其他折粮银、马草、盐课等则解入太仓，用于边饷以及文武官俸等的支出。即使是户部的负责人，对于之前的收支结构，也不甚了了。《明史》的编纂者们，直接依据《明会典》正统二年的记载，并结合《万历会计录》《万历大明会典》等的收支结构，勾勒出"金花银尽解内承运库为御用，派剩麦米、盐课、关税等折银者，皆入太仓库"这样一种图式，也就不足为奇了。

第三节　早期白银岁入岁出的规模与构成

考察了早期白银财政的运行机制后，再来看一下早期白银财政的收支规模与构成。一般认为，在正统元年（1436）征收折粮银之前，中国经济已属"白银经济"，在此基础上，白银财政得以快速发展。在正统至嘉靖末年一百数十年的时间内完成白银财政转型，从这一点来看，其发展速度确实相当快。然而，以江南折粮银为代表的白银财政，其早期的发展并非一帆风顺。

正统元年征收折粮银后，开始向中央输送白银。正统三年（1438）二月庚午江西折粮银 37 万余两解京，此事被认为是折银政策在早期得到贯彻落实的一个表现，但江西布政司的折粮银额，夏税秋粮合计不过 257 500 两,[①]正统三年的解京额,至少包含了大量之前滞纳和未解送部分在内,从韩文等人的奏疏中也可知,即便是在七十年后的弘治末年,包括金花银在内的夏税秋粮的折银额,合计还不到 100 万两。

虽然很难把握历年白银岁入的准确数字,但景泰二年(1451)六月戊寅载:

> 户部言,天下一年折税银,不过七十万两。今岁累次运赴口外辽东、陕西各边,籴米赏军、买草买马,已用九十七万余两。所入不及所出。若不撙节,恐力乏财殚。

依照上一节确认过的当时白银财政的管理原则,户部所言 70 万两折税银中,除了金花银,应该还包括了正统年间就已开征的夏税以及马草的折银部分,把这些白银岁入加在一起,每年也不过 70 万两。江南折粮银的实行虽然给赋税缴纳带来了便利,但实际操作起来并不顺利,又或是因为按照原先的设想,[②]折纳对象除了白银,还包括其他的价值物(广义的货币)。

岁出的构成又如何呢? 由户部管辖并直接支出的是边饷,正德三年(1508)三月己亥,在刘瑾主导的停送京运年例银的过程中,留下了如下记载:

> 户部请,如例以银送诸边,备正德四年籴本及折支官军俸粮。……诏不许。谓,各边既设屯田,又有各司府岁输粮草。天顺以前,初无户部送银之例。其例始于成化二年。盖或因警报,或以旱潦,事变相仍,行权宜接济之术耳。而其后遂为岁额。

---

① 《正德大明会典》卷二四《会计》。
② 正统元年八月庚辰条:

> 命,江南租税,折收金帛。先是都察院右副都御史周铨奏……请令该部,会计岁禄之数,于浙江、江西、湖广、南直隶,不通舟楫之处,各随土产,折收布绢白金,赴京充俸。……至是行在户部,复申前议。……上遂从所请。

据此可知,边镇年例银的发放始于成化二年(1466),但从上述景泰二年六月戊寅的记载来看,这项支出很早就在岁出中占据了重要地位。早在正统十二年(1447)五月庚戌,每年就向辽东发送白银 10 万两,[①]景泰七年(1456)三月甲午,

> 命户部,输银各边,籴买粮料。辽东、陕西、大同各五万两、宣府十万两,永平五千两。

年例银制度已初步成形,其后天顺元年(1457)四月甲午朔合计 16 500两,天顺二年(1458)二月庚戌合计 41 万两,天顺三年(1459)三月己丑合计 43 万两,天顺四年(1460)三月戊寅合计 35 500 两,每年都在一定时期向边镇输送一定数额的白银。天顺年间的数额就达到 40 万两的水平,这与韩文上疏时的额数并无二致。年例银的数额虽然由于军事形势的变化而有所波动,有时需要增加开支,但天顺至弘治期间,基本上保持在 40 万两的水平。

那么,由户部进送内库的数额又如何呢? 和边饷相比,这方面的记载极少,可供参考的是成化九年(1473)九月癸丑的记载:

> 户部言,比者内承运库太监林绣奏,本库自永乐年间至今,收贮各项金七十二万七千四百余两,银二千七十六万四百余两。累因赏赐,金尽无余,惟余银二百四十万四千九百余两。

根据这一奏稿,永乐至成化九年内承运库的总收入为 20 760 400 余两,虽然不知内承运库每年的收入是多少,但可以根据该资料作一推算。正统元年(1436)开征折粮银之前,白银岁入的主要来源是云南等地的银课,在白银财政运行机制确立之前,这些白银一般收贮于内库。正德末年之前的《明实录》逐年年底记载该年的收支情况,据此可知,永乐元年

---

① 从事情的前后关系来看,笔者对每年发放 10 万两之事持怀疑态度。

(1403)到宣德末年银课的总收入为 6 688 415 两,2076 万两减去 669 万两,再除以正统元年(1436)到成化八年(1472)的年数,得到的结果是大约 40 万两。永乐以后,除了银课,内库应该还有其他方面的收入,而且,正统至成化期间,白银岁入逐渐增加,取这些年平均值的算法当然也不准确,但可以将这个平均估值作为一个参考,这个数值与内库白银岁入的实际数额应该相差不大,因为即使在弘治年间,转给内承运库的数额也在 50—60 万两之间,而户部在正德元年试图设定的取用额度上限也是 50 万两。

要想把握内承运库的支出状况就更困难了,真的是"其余不得与知",不过,在京文武官员的折俸应该占了其经常性支出的主要部分,因为江南折粮银的起因正是为了解决在京武官来南京领取禄米之不便,而将武官俸禄折银的。《明史》说折俸部分年额在 10 万两左右,也有说法认为景泰年间一季只有 1.3 万两,[1]但实际上,景泰年间在京文武官员的折俸一季就已达 12 万余两,景泰四年(1453)六月甲寅,

> 户部奏,在廷群臣折俸银数,除公侯驸马伯外,武臣每季该银一十二万四千三百一十二两有奇,文臣每季该银三千五百八十九两。[2]

文武官员加在一起,每年的官俸支出约为 50 万两白银。官俸的支出状况并不稳定,由于传奉授官等原因,文武官员的人数常年增加,当然有时也会削减官员数量,折俸额也随着官员人数的增减不断变化。由

---

[1] 弘治十五年十月辛酉条:

> 户部以今岁天下灾伤,粮税减损,而国家费出无经,乃会计其赢缩之数上之,谓……其加添者,如军官折俸银,景泰六年,一季支一万三千余两。弘治十四年,一季支十三万九千九十余两。多十二万七千两。

[2] 另外,景泰六年二月丁酉条中记载的俸额大致相同:

> 户部奏,请给在京文武官员去年冬季折俸银。文职少傅兼吏部尚书等官王直等一千五百二十员,应给银三千五百五十两。武职左军都督府左都督等官施聚等三万一千七百九十员,给银一十二万四千六百七十两。从之。

于天顺元年(1457)将在京文官的俸粮改回在南京支取本色粮米,[①]或将南京俸粮的一部分于原籍地支取,[②]又或受货币供给状况的影响,官员折俸由内承运库以外的库房以其他形式支给,[③]甚至还出现了几年不支付俸禄的情况,因此,内承运库支出的官俸数额处于不稳定状态,但大体上维持在 40—50 万两之间。如果都按支付原则支付,仅官俸一项就会花光折粮银的内库进送额。

然而,除官俸外,内库支出还包括大量的赏赐,有些支出是固定的,如给朝贡者的赏赐等,而登基和大婚时的耗费,更是巨大。关于宪宗即位时的赏赐金额,有比较明确的记录,至少在天顺八年(1464)里就有以下的赏赐:

文武衙门官旗军匠人等	1 077 954.5 两
摆队官军	44 958 两[④]
辽东至甘肃的守边官军	766 200 两[⑤]
造陵京卫官军	100 936 两[⑥]
合计	1 990 048.5 两

宪宗即位时,一下子就支出了赏银约 200 万两,这还不包括即位本身所花费的开销。英宗复辟时也是如此。弘治、正德年间花在"无名赏赐、无益斋醮"上的费用,更是数不胜数。

---

① 天顺元年三月戊辰条等。
② 天顺元年四月乙未条,准许在京文职官员在原籍养祭者可在原籍地领取俸粮。
③ 成化十六年七月丙申条:
　　定文武官吏俸粮折布例。时官吏折俸,自成化十一年至十三年,皆未支。户部尚书陈钺请,如例十一年者,于太仓,折支银。十二年者,于天财库,折支铜钱。十三年者,于甲字库,折支阔白三梭布。……诏如议。
④ 以上,天顺八年六月丁未条。
⑤ 天顺八年四月壬子条。
⑥ 天顺八年八月甲辰条。

显而易见,在白银财政开始之初,内承运库的岁出就远远超过了岁入。随着折粮银制度的实施,岁入白银日益增多,岁出白银也随之剧增,财政支出毫无节制,将永乐和宣德年间积累下来的白银库存吞噬一空,并开始从太仓和户部取用白银使用。

嘉靖后期,特别是万历以后,年例银在白银岁出中占据了主导地位,[1]与之相比,早期的白银支出是以在京文武官员的折俸和赏赐为主,白银财政中京师开支所占比重较高。随着流向京师的新的物流的形成,以及库存白银大量投放于京师市场,京师的货币状况发生了重大变化。[2]

以上,我们按照不同的路径对户部的白银岁出进行了考察,这一岁出路径,是在岁入逐渐增加的情况下,经过不同的阶段而形成的。边饷、内库、太仓等户部支出项中,最早开始的应该是内库,因为江南折粮银最早为了支付在京武官俸禄而由内库支出的,最晚到景泰初年,内库进送额每年已达40—50万两。自天顺初年始,每年向边镇发放京运年例银约40万两,其间有过中断和额外支出。当白银岁入开始出现盈余时,饷额和内库进送额的多出部分,被送到太仓收贮,弘治年间,太仓存银达数百万两之数。

① 参考全汉昇、李龙华著《明代中叶后太仓岁出银两的研究》,《香港中文大学中国文化研究所学报》6—1,1973年。
② 参考本书第三部第三章。

第三章　明代中叶京师的钱法

　　本章主要围绕明朝正统至万历初年期间京师铜钱出现的各种现象展开分析。国家铸造的制钱数量非常少,是明朝这一时期货币制度的特色之一。明初铸钱量本来就不多,宣德通宝停铸后五十多年未再铸钱;弘治通宝的铸造年份也很短,且数量极少;重新开局铸钱后,嘉靖朝的铸量也不多,且时铸时停。与此不同的是,万历中叶以后,为了补充财政收入,政府在各地开局铸钱,铸量明显增加。

　　这一时期也是京师私铸铜钱泛滥的时期。以前的私铸钱,是历朝历代发行的具有一定成色的制钱的模仿品,与制钱一起混合使用。但进入明代中叶以后,与制钱形制完全不同的私铸钱公然在市面流通且主导了铜钱市场。

　　这一时期同时也是正统元年(1436)开征江南折粮银后,明王朝的财政运行逐渐转向白银化的时期。财政白银化通常被认为是商品经济发展下铜钱经济向白银经济过渡的体现,然而事情并非如此简单。清代的白银经济更为发达,同时清代也是继北宋之后发行铜钱最多的朝代,这表明铜钱与白银之间并非二选一的关系,二者在执行不同货币职能的同时,又都取得了各自的发展。本章从白银财政过渡期京师出现的各种与铜钱相关的现象入手,对"白银经济"之下铜钱拥有的新职能作一考察,这一时期的货币转型也为我们揭示了经济转型可能的发展方向。

第一节　京师私铸钱的盛行

我们先通过几则史料来观察 15 世纪上下半叶之交时,北京的铜钱市场发生的重大变化:

> 正统十二年(1447①):漷县至淮扬一带,一切买卖俱用铜钱。直隶巡按奏请禁使铜钱。(《万历会计录》②)

> 正统十三年(1448)五月六日:京师钞既通行,但市廛仍以铜钱交易。政府下令禁使铜钱。(《明实录》③)

> 景泰元年(1450):直隶巡按李周奏请钱钞兼用,被以此举会使钞法不通为由驳回。(《万历会计录》④)

> 景泰三年(1452)五月十日:以钞法不通为由,重申铜钱禁令。(《明实录》⑤)

---

① 为了方便读者了解年代变化,括号里添加了公元纪年。对于具体日期不明的,以其相应的公元纪年表示,实际年份有可能发生若干变动。

② 《万历会计录》卷四一《钱法》:

正统十二年,直隶巡按周鉴题称,漷县迤南,直抵临清、济宁、徐州、淮扬等处,军民买卖,一切俱用铜钱,钞法阻滞。恐各处亦有此弊。乞除两广行使铜钱不禁外,其南北直隶并浙江、山东等处,禁约军民,买卖暂将铜钱住使,专行使钞贯。

③ 《明实录》正统十三年五月庚寅条:

禁使铜钱。时钞既通行,而市廛仍以铜钱交易。每钞一贯,折铜钱二文。监察御史蔡愈济以为言,请出榜禁约,仍令锦衣卫五城兵马司巡视,有以铜钱交易者擒治,其罪十倍罚之。上从其请。

④ 《万历会计录》卷四一《钱法》:

景泰元年,直隶巡按李周题称,铜钱铸自前古,宝钞造自今朝,二者相为子母,不可偏废。要将先前禁约行使铜钱事例,从宜革去,一遵太祖旧制,榜示天下,俾钱钞二者,相兼行使。尚书金濂覆准,禁约军民行使铜钱,系是洪武年间通行旧例。况今钞法尚未流通。若将铜钱,准令行使,诚恐钞法阻滞不便。

⑤ 《明实录》景泰三年五月壬寅条:

命申明钱禁。以钞法不通故也。

景泰四年(1453)：铜钱阻滞钞法,令行禁止。(《万历大明会典》①)

景泰五年(1454)：南北二京,专用铜钱,令塌房等缴纳宝钞。(《万历会计录》②)

景泰七年(1456)七月十七日：京师用永乐钱交易,苏州等地的私铸永乐钱流入京师。(《明实录》③)

天顺四年(1460)六月二六日：铜钱挑拣问题使得洪武、永乐、宣德等钱无法行使,下令禁止挑拣行为。(《皇明条法事类纂》④)

成化元年(1465)五月三十日：铜钱挑拣使得洪武、永乐、宣德等钱无法通行,奏请门摊税课钱,此请被以违反旧例为由驳回。

---

① 《万历大明会典》卷三一《钱法》：
　　景泰四年,令民间将铜钱折钞,阻坏钞法者,依律究治。

② 《万历会计录》卷四一《钱法》：
　　〔景泰〕五年,尚书张凤题准,圣朝置造宝钞与铜钱,相兼行使。近年以来,南北二京,专用铜钱,不用钞法。欲行移南北二京户部都察院……不分给赐自置,塌房、库房、店房、菜园、果林,并沿街沿门各色大小铺行,但系发卖取利者,通行取勘,该收钞贯,不分软烂,径送内府天财库交纳。

③ 《明实录》景泰七年七月甲申条：
　　中兵马指挥司副指挥胡朝鉴奏,近京在年买卖,惟用永乐钱,其余不用,以致在外苏松等处,纷纷伪造来京货卖。其钱大小不一,俱各杂以锡铁等物,致使在京军匠人等,亦私铸造,日趋于诈。乞通行禁约,敢有故违者,悉置诸法。从之。

④ 《皇明条法事类纂》卷一三,钞法《钱钞相兼行使例》：
　　先该直隶真定府阜平县知县赵忠奏称,有等贪利之徒,凡有买卖,将行使铜钱,号为大样、小样、双边、抄版、圆禄,挑拣使用。又将洪武、永乐、宣德铜钱,不行遵使,小民受害。今凡买卖之家,除假钱、锡钱外,但系历代并洪武、永乐、宣德及铜钱折二、当三,依数准使,不许挑拣,等因。该礼部会官议得,前件合行内外巡按巡街御史五城兵马司并按察司,禁约拿问。天顺四年六月二十六日,本部等衙门官奏准,已经通行禁约拿问去。
　　文中"除假钱锡钱外"之后的决定内容,在会典等史料中景泰四年项下俱有记载。

（《皇明条法事类纂》）①

　　成化元年(1465)七月十二日：诏通钱法，令商税课程，钱钞中半兼收。（《明实录》②）

正统至景泰年间，京师铜钱通行，以至于人们认为是铜钱阻碍了宝钞的流通。据景泰七年(1456)的记载可知，这些铜钱主要是明朝发行的永乐钱。同时，大量的私铸钱开始从江南等地流入京师。天顺年间，随着私铸钱的大量涌入，挑拣问题严重，导致之前的基础货币，也就是明朝铸造的永乐钱等无法行使。

　　成化元年七月的《实录》记载非常简略，沿着正统、景泰这条线看下来，似乎是铜钱流通扩大导致宝钞信用下降，政府于是命令部分商税课程征收铜钱。这一决定一方面确实是钞法上的一次历史性倒退，但是，此次下达的始终是"通钱法之诏"，背后的原因不是别的，正是天顺四年(1460)六月以及成化元年五月所记载的杂钱充斥、明朝制钱流通受阻的情况。成化元年六月一日做出的税收"不收钱"之决定，仅一个多月后就被推翻，可见当时的情况已非常严重。

　　成化元年诏令颁布以后，京师的钱法并未得到改善，私铸钱的流

①《皇明条法事类纂》卷一三，钞法《钱钞相兼行使例》：
　　成化元年五月三十日，都察院左都御史李等题，为陈言恭治事。该锦衣卫镇抚司带管老幼史恕奏⋯⋯切见，大明宝钞、历代铜钱，常年有例，不许阻滞，一例兼使。近年以来，有等顽民无籍之徒，买卖高台物价，宝钞全不通行，铜钱挑拣。功立名色，洪武、永乐、宣德、开元、广钱、抄版、圆眼、洸背，俱称二样。下脚新钱等项，三分折一分行使。挑选一色双边大样，方准一文。大凡买卖，并柴米行使。诸色铺面兑换，俱要白银交易，以此钱钞阻滞不行。即有陈言恭治，犯人悉依律例断拟发落，人皆不惧，愈加拣选。乞敕都察院，照依洪武、永乐、洪熙年间钞例，诸色门摊钞贯，乞将铜钱，每文抵贯办纳。⋯⋯今奏前因具呈到院。看得，老幼史恕奏称⋯仍要将诸色门摊钱钞，每贯用钱一文抵纳一节，缘前项门摊等项，办纳钞贯，系是旧例，准(难)以吏(更)改。⋯⋯次日奉圣旨，是。钦此。
②《明实录》成化元年七月丁巳条：
　　诏通钱法。凡征商税课程，钱钞中半兼收。每钞一贯，折钱四文，无拘新旧年代远近，悉验收，以便民用。

入也没有停止。成化十三年(1477)，"苏、松、常、镇、杭州、临清等"地私铸现象猖獗，苏州卫致仕千户私铸铜钱案爆发，直隶、山东、浙江颁布了禁止铜钱私铸和发卖的命令。私铸钱被客商用白银大量收购，并用船只运输与发售。① 成化十四年(1478)，以王原等为首的团伙在河南许州收购杂铜铸成铜钱，再运至北京，并通过在京为官的王原叔叔的关系卖与铺户，此事被揭发后，成化十三年(1477)的禁令被推行至直隶和十三布政司管辖的所有地区。② 尽管如此，涌入京师的私铸钱仍有增无减，问题越发严重。嘉靖、隆庆两朝铸钱量增加后，私铸钱仍源源不断涌入京师，万历五年(1577)户部尚书殷正茂上奏，对这一情况作了如下的描述：③

　　一，革兴贩。访得，富商大贾，贱收各处杂钱，私载来京，希图规利。近则投落正阳门外钱市各家，远则寄顿张家湾河西务等处暗地，串卖于城中势豪巨室，虽白昼载入，莫敢谁何。合无通行省

---

① 《皇明条法事类纂》卷四二，私铸铜钱《私铸铜钱枷号充军》：

　　　成化十三年六月十六日，刑部尚书董等题，为私铸铜事。该直隶苏州府知州刘瑀等参奏，苏州卫致仕千户申志，先次纠合民人陈惶等，私铸铜钱，事发未曾提问。今又纠合民人姚忠等，买到生铜，在家货卖，似此累犯不悛，全无畏惮，合提问罪。乃访得，近年在京在外，使用新钱，多系苏、松、常、镇、杭州、临清等无籍军民人等，不畏法律，公然铸造，以浩四方。商客人等，多用银两，云集被(彼)处收买，用船装载，各处发卖。奸弊日滋，阻坏钱法，深为未便。

② 《皇明条法事类纂》卷四二，私铸铜钱《通行禁约私铸铜钱若为从及知情买使者俱枷号充军例》：

　　　成化十四年八月十七日，都察院掌院事太子少保兵部尚书兼左都御史王等题，为访获兴贩假钱事。河南道呈，先奉本院劄付本道呈该锦衣卫卫事都指挥同知牛循奏，该校尉李忠丘等，访获兴贩假钱男子六名，到卫审得，壹名王原，招系旗手卫中所军余，一向逃在河南归德州地名丁家道口潜住。成化十四年二月内，原得未获许州民人宋名、何刚、张刚、赵进、宋鉴、张让、侯名、杜礼等家，铸造铜钱货卖，是原不合收买杂铜。问宋名等，兑换铜钱来京，到于今在官叔王端家藏放，有铺户于祥等，发卖肥己回还。又同今在官归德卫逃军张五、山东长山县逃民屈升，合伙收买杂铜，仍到宋名等家，换得假钱万余文，用驴装驮，于七月初九日到京，仍在王端家藏放，有铺户于祥、诈(许)宽、陈铭，各将银两来买，每价钱一千五百五十文，卖银一两，致被体访捉获。乃审张五等，各供相同。

③ 《万历会计录》卷四一《钱法》。

直,各处关津,严加盘诘。至于河西务钞关,并崇文门宣课司,则尤水陆要津。本部劄行各官,大张榜文,用心搜验。遇有兴贩,及夹带来历不明者,俱系私钱,严行究问如律,钱尽数没官。其搜获人役,以原钱之半给赏。

各地的私铸钱和杂钱,源源不断地流入与势豪巨室勾连的北京金融业者手中,次年政府重申了不许贩卖私钱的禁令。①

从15世纪中叶到16世纪后期,也即本章所考察的对象时期,北京出现了好几次"雨钱"现象,②铜钱市场处于极度混乱之中。这一时期私铸钱的特点是形制上与明王朝发行的铜钱截然不同。嘉靖十五年(1536),私钱质量越发粗恶,巡城御史阎邻等奏曰:③

> 国朝所用钱币有二。首曰制钱,祖宗列圣及皇上所铸,如洪武、永乐、嘉靖等通宝是也。次曰旧钱,历代所铸,如开元、祥符、太平、淳化等钱是也。百六十年来,二钱并用,民咸利之。虽有伪造,不过窃真售赝,其于原制,犹不甚相远也。迩者京师之钱,轻制薄小,触手可碎,字文虽存,而点画莫辨。甚则不用铜而用铅铁,不以铸而以剪裁,粗具肉好,即名曰钱。每三百文,才直银一钱耳。作之者无忌,用之者不疑,而制钱旧钱,返为壅遏。

据此可知,以往的私铸钱只是官铸钱的赝品,在形制上与官铸钱没有多少差别,然而,这一时期的私铸钱成色极低,形制已与制钱完全不同。尽管如此,这些私铸钱在市场上仍有一定的信用。此后,私铸钱

---

① 《万历会计录》卷四一《钱法》:
　　本年〔万历六年〕,户科都给事中石应岳等题称,访得,武清、东光等地方,奸徒窝藏,开炉盗铸,京城有势豪巨室,串同兴贩,内外勾结,愚弄小民,致钱法不通。乞通行厂卫五城御史及各地方官缉访。……奉圣旨……今姑依拟。再行申饬。
② 《明实录》成化十三年六月壬子条,《明大政纂要》卷四七嘉靖六年五月甲午等。
③ 《明实录》嘉靖十五年九月甲子条。

的质量越发低劣，到嘉靖三十三年(1554)，市场上甚至出现了夹带纸片的劣质铜钱。①

如前所述，这一时期制钱的铸量很少。嘉靖以后，确实恢复了铸钱政策，嘉靖三十二年(1553)十一月下令铸造嘉靖通宝一千万锭以及洪武至正德九种年号钱各一百万锭。② 但是，按照户、工二部的估算，铸造这些钱币需要花费 3280 多万两工料银，当时的财政状况根本不允许，③"既工料不足，每年陆续造进"之决定，实际也并未执行。④

虽然很难掌握实际的铸钱量，但从留存下来的一些资料中可窥知其大致水平。据《万历会计录》载，嘉靖三十三年四月至四十一年(1562)十月的八年六个月里，铸钱所用的铜价合计太仓银为 13 万两，政府根据这一数值，规定自嘉靖四十二年(1563 年)起，每年铸钱用的铜价支出为 1.5 万两，⑤另据徐阶《请停止宝源局铸钱》可知，嘉靖四十三年(1564)户、工二部的铸钱总经费为 2.8 万两，⑥按当时国家铸钱所

①《明实录》嘉靖三十三年三月戊申条。
②《明实录》嘉靖三十二年十一月甲辰条：
　　谕工部，铸洪武至正德纪元九号钱，每号一百万锭，嘉靖纪元号一千万锭。
③《明实录》嘉靖三十二年十二月乙亥条：
　　大学士严嵩言，户工二部称，铸钱一千九百万锭，合用工料银三千二百八十二万七千七十两有奇，而户部太仓库贮银，止有一百五十三万六千两而已，自不敷京边岁用之数。工部节慎库贮银止七十万两，尽数以铸钱，尚不及十分之一。……得旨，既工料不敷，每年陆续造进。各省不必行。
④ 彭信威认为，从存世的古钱来看，嘉靖期并没有补铸。参见彭信威著《中国货币史》第三版(上海人民出版社，1988 年)第七章第一节二，钱币。
⑤《万历会计录》卷四一《钱法》：
　　〔嘉靖〕四十二年，工部咨称，要将制钱铜价，查照节年用过银两数目，酌量定数，以凭会题。尚书高耀覆，查得，嘉靖三十三年四月起，至四十一年十月止，计八年六个月，通共用过太仓银壹拾叁万两，每年约用银壹万伍千贰百余两。自本年为始，定议，每年动支太仓银壹万伍千两，仍咨工部，委官前赴太仓银库，陆续支领铸造。
⑥《世经堂集》卷三《请停止宝源局铸钱》：
　　若宝源局仍铸不已，有五害焉。户工二部，每年以二万八千两有用之银，投诸无用之地，一也。

需成本估算，①即使在制钱铸造最为稳定的时期，京师一年的铸币额也不过 1 万贯多一点。

云南也曾短期开炉（嘉靖三十三年至四十四年，万历四年至八年）铸钱，但自嘉靖三十三年题准云南开铸，②到三十七年（1558）止，铸钱总数不过 28 740 贯；③南京工部的铸钱费用也寥寥无几；④嘉靖四十三年（1564）十一月北京宝源局停铸时转入司钥库的铜钱，包括南京、云南的新铸钱以及税课司解收的好钱，总计也只有 1 万贯。⑤

受制钱供应量少的影响，京师铜钱市场被私铸钱所占领，"京师市中所用，俱出私铸。前代旧钱及我朝通宝，俱阻革不行"，⑥史料上这样的例子不胜枚举，此为天顺朝以来的常态。

第二节　与国家财政支付的分离

私铸钱在民间大行其势，以永乐钱为代表的明朝制钱反遭排斥，

---

①《万历会计录》卷四一《钱法》：

〔隆庆元年〕及查，宝源局铸钱事宜，其铜炭器具工力之费，约银壹钱，止得钱肆拾伍文。比之用银，亏折过半。

②《明实录》嘉靖三十四年四月戊寅条：

云南地僻事简，即山鼓铸为便。宜敕云南抚臣，以本省盐课二万金，令藩臣一人督造，转运太仓。……上从部议。

③《明实录》嘉靖三十七年七月丙辰条：

巡抚云南都御史王昺奏，云南额派铸钱三千三百一万二千一百文，以盐课银二万两为工费。后因物料艰难，转输不便，盐银之外，又加赃罚银一万一千两，止铸钱二千八百七十四万七百文。费多入少，乞罢之。

④《明实录》嘉靖十八年九月甲寅条：

以南京户部所贮各关余课银五千两，给南京工部，铸造嘉靖通宝。

《明实录》隆庆二年五月戊辰条：

南京户部言，故事铸钱工费，取办芦课。今芦课不足所费。

⑤《明实录》嘉靖四十三年十一月乙卯条：

上谕工部曰，近来钱法阻滞，由于私铸盛行。……今后该局〔宝源局〕，暂停铸造。户部每年将南京、云南及税课司解收好钱一千万文送部，转送司钥库，以备赏赐之用。

⑥《明实录》嘉靖六年十二月甲辰朔条：

针对这种情况政府采取的最基本的方法是将铜钱定位为国家财政的支付手段（包括向国家支付以及由国家支付这两种货币职能）。元朝以后，白银开始发挥其价值尺度的作用，政府将铜钱价格与白银挂钩，并按官定价格收受铜钱，将铜钱纳入国家财政运营之中，以此保障铜钱的价格，控制铜钱流通，这是一种比较传统的货币政策。由国家财政支付作为货币信用保证，这种思想不仅为明朝决策者们所继承，①同样也根植于清末王茂荫的货币论②中，马克思在《资本论》中提到他，称赞他是中国可兑现银行券发行论的创始人。

成化元年（1464）七月颁布的"通钱法之诏"，是明朝在制钱流通受阻的情况下，重新将铜钱纳入国家财政领域的一种货币政策，这之后国家铜钱的收支结构与数量是一个重要的问题，由于其过程非常复杂，此处无法详细展开论述。大致来说，除了从仓储平粜不定时地获得铜钱，铜钱的获取途径还包括钞关税、商税以及户口食盐钞的钱纳部分，这些钱再加上新铸的制钱，主要用于光禄寺等的物品采办，还有一些作为非经常性开支，用于文武官员的折俸、给朝贡者等的赏赐以及赈恤等。

将铜钱纳入国家财政体系是传统货币政策的基本内容，然而从市场调控的角度看，这一时期有两大因素制约着铜钱收放政策的执行。首先，当然是与铜钱在国家财政中所占的比重有关。以万历初年为例，中央的铜钱岁入大约为 8.4 万贯，③按照官方银钱比价，约折银 8

---

① 例如《皇明经世文编》卷二九九靳学颜《讲求财用疏》、王家屏《复宿山房集》卷三六《答李近台抚台论铸钱》等。

② 《资本论》第一编第三章第一节 C，注 83。

③ 据《万历会计录》卷一《天下各项钱粮原额见额岁入岁出总数》载，万历六年太仓和内府的铜钱收入合计 84 325 930 文，该数额与《天府广记》卷一三《户部·太仓考》中所载万历八年数额一致。

万两,这与当时超过 500 万两的中央白银岁入①相比,实在是微乎其微。即使与京师流通的铜钱数量相比,8 万贯也非常有限,正如时人所言:"京师用钱无穷,而宣课所收有限。"②

制约铜钱收放政策执行的第二个因素在于,作为国家支付手段的铜钱的流通与市场上其他铜钱的流通是脱节的。最能体现政府支付功能与市场流通功能分离的是明代中叶以后的宝钞,郭正域在其《改赏夷钞疏》③中,为我们展示了一个非常极端的事例:

> 夷人折赏钞锭,每起动以数万计。一时缺乏,本夷段绢银两,给领已久,为此令其候领。……既领得矣,无所用之。或卖与收钞者,或径与平人者,甚或有弃置之者。……有等奸民,营为钞户,专一收买官钞,每块官价一钱三分,而彼仅出二三,用以纳官,复得一钱三分之价,旋收旋纳,旋赏旋收。……如奸民李河,通同本部办官叶仲达,收买官钞,将仲达问拟徒罪外,司官亲至河家查验,盈房充栋,无虑数千百万。用之纳官,又不知冒若干官价矣。

宝钞发放下去后被钞户收购,然后再回流至政府手中,中间的差价被钞户所得。宝钞完全不具备流通手段的职能,只作为国家的支付手段,维持着其"货币"的地位。

郭正域所看到的,是宝钞政策被弃一百五十多年后的现象,但实际上,类似的情况已经存在了很长一段时间:

> 户口食盐,钱钞兼收,最为民便。如河南钞价极贵,然一千不过直银三两。近以牟利之徒,往往贩买软烂之钞,投托亲识官员

---

① 据《万历会计录》卷一《天下各项钱粮原额见额岁入岁出总数》载,万历六年太仓的白银岁入约 368 万两,加上约 106 万两的金花银以及兵部、工部等处的白银收入,中央的白银收入应在 500 万两以上。
② 《明实录》嘉靖四十四年五月戊午条。
③ 《皇明经世文编》卷四五四。

　　派卖，是致亏官损民。其无钞者，则每贯折钱至五六十文。①

这是成化年间宝钞作为纳税品类被买卖时的情景，与前面提到的国家发放宝钞时的事例刚好相反。虽然不是流通手段，但钞作为国家支付手段，仍发挥着其相应的功能。前引正统十三年的史料说，"时钞既通行，而市廛仍以铜钱交易"，②正是市场交易货币与国家支付手段分离的一种表现，宣德至景泰期间"钞既通行""钞法颇通"等记载，说的也是独立于市场流通、作为国家支付工具的宝钞的循环比较稳定，不应将其理解为宝钞曾在市场上流通过一段时间。

　　宝钞是一种非常典型的只执行政府支付功能的货币，铜钱的情况也是如此。嘉靖初，浙江巡按御史潘仿说：

　　　　杭州等府州县，存留户口盐粮，及税课司局河泊所额设商税课程，俱收钱钞，固为常规。但浙中钱钞，素不通行。官军领出贸易，俱减其价。遂使奸徒射利，平居则半价收买，临期则全估包纳。至官军转鬻，又复如是，转展相欺。③

不仅是纸钞，还有铜钱，也可独立于市场流通，由国家发放给官军，再由"奸徒"收购，然后通过包纳回流到政府手中。

　　同样的情况也出现在京师。与许多地方市场不同，京师市场上流通的铜钱基本上是与制钱形制完全不同的私铸钱。原则上，私铸钱是不能成为财政支付工具的，从这一点来看，制钱—私铸钱的区别与钞—钱的区别是一样的。而且，铜钱的流通存在地域封闭性，不适合作为财政支付货币，关于这一问题，此处不再展开讨论。

　　　　各钞关税课，钱钞兼收。但民间钞法不行，而钱价低昂，所在

---

① 《明实录》成化十一年九月辛未条。
② 《明实录》正统十三年五月庚寅条。
③ 《明实录》嘉靖四年正月己巳条。

各异,以致收纳之际,官民咸称不便。①

这是嘉靖八年(1529)暂准钞关税折银的理由。铜钱市场的分裂也在京师内部进行着,梁材描述说:"臣窃见,京城内外,物价彼此不齐。各坊市集,权量参差迥别",②可见各城、各坊的铜钱市场都处于分裂状态中。万历六年(1578),由于一年前让五城兵马司于每月一日和十五日汇报钱法的命令已成一纸空文,户科给事中石应岳奏曰:

> 合无以后查系某城某坊钱法不行,及有私铸私贩事发者,巡城御史及本部访实,照分管画地,即时参革。③

据此可知,各城、各坊钱法皆不同。在这样的货币体制下,跨市场经营的客商不可能随身携带铜钱至各处结算,当交纳国家的铜钱和市场上流通的铜钱脱节,铜钱不再是客商可以携带的货币时,政府只好采用以下的方式获取铜钱:

> 〔嘉靖四年〕本部委官主事李琪呈称,崇文门宣课分司收税则例,每钞贰拾伍贯,钱伍拾文,该银壹钱。原本司设有卖钱钞铺户贰拾余人,称收商纳银两,代纳钱钞,奸弊滋生。乞比照钞关收银事例,折收商纳银两。④

当时的常规做法是,先从商人那里征收白银,再经名为"卖钱钞铺户"的金融业者之手,兑换成国家需要的铜钱缴纳。

除了收税和铸钱,国家获取铜钱的另一种方式更为简捷。从嘉靖

---

① 《明实录》嘉靖八年九月丙申条。
② 《梁端肃公奏议》卷一《议勘光禄寺钱粮疏》。
③ 《万历会计录》卷四一《钱法》。
④ 同上。

八年至嘉靖二十一年（1542），为确保白银收入，规定钞关税折收银两，①这就造成了光禄寺采办等所需铜钱出现短缺，《梁端肃公奏议》卷一《议勘光禄寺钱粮疏》中载：

> 又臣访得，户部买钱，每月重价，而召商买纳，不无挽杂之弊。及至该寺（光禄寺）关领，又或不能接济应取。财力徒劳，民无实惠。……切见得，天财库该收各处钞关税钱，户部今已题准，折银解部。该库所收者，不过各门门摊等钱，以致不敷关给。况其余召商收买，每钱二千文、钞一千贯，官价银三两三四钱，贵至三两五六钱。及至关领回寺，每钱二千文，本寺估计银二两，领出变卖，价银不上二两，钞一千贯，本寺价银三钱二分，领出变卖，价银不上一钱。

仅凭门摊税一项收入，钱钞不敷使用，政府便以太仓银向商人购买，国家收购时的钱价与光禄寺采办物料时的钱价之间存在很大差异。通过采办等渠道投放出去的铜钱，往往与市面上流通的钱币也不一样，因而无法直接流通：

> 先是太常寺奏，铺户官领物价中，有洪武等钱，市不通行，负累未便。上令户部，查究其故。②

那些不能在市场上流通的铜钱，再次汇集到卖钱钞铺户那里，而后通过征税或政府购买的渠道流入国库，铜钱交易的差价便是这些金融业者的佣金及收入。

综上所述，即使制钱不在京师市面上流通，国家财政领域中制钱

---

① 据第 352 页注①的上奏所言，嘉靖八年九月钞关开始折银，又据《明实录》嘉靖二十一年正月甲辰条所载，由于司钥库钱钞缺乏，应太监之请，恢复用钱钞交纳，在此期间钞关都是折收银两。

② 《明实录》弘治十八年五月己丑条。

的收受与投放仍在进行。这种由于国家财政收支而产生的铜钱流动，是以卖钱钞铺户等金融业者为网络结点，并与民间市场上的铜钱流通脱节，它与失去流通手段职能，只存在于国家财政回流中的宝钞，本质上是相同的。到了嘉靖年间，投放到市场上的制钱数量增加后，制钱作为一种钱币也曾在市面上流通，混在制钱、旧钱之中，私铸钱也曾被收纳进入国库。尽管这些钱币都被称为铜钱，但是，以私铸钱为代表的地区性的流通手段，与制钱（以及旧钱）等国家财政支付手段，从性质上看已经是两种不同的货币了。

第三节　铜钱的信用保证

明代中叶，私铸钱主宰了京师的铜钱市场。为了维护制钱的信用，建立制钱主导的铜钱秩序，政府作了多方面的努力。

针对私铸钱泛滥的现象，政府首先出台了私铸禁令。前已叙及，南直隶、浙江、山东颁布了严格的私铸禁令，对私铸、贩卖的主犯按律问罪，对知情使用人等也要示众一个月，并和全家一起发配至附近卫所充军。[1] 这一禁令自成化十四年（1478）起扩大到全国范围。另外，成化十二年（1476），还将私铸犯与其他重犯一起排除在大赦对象之外。[2] 但是，反复出台的私铸禁令，除了表明禁令无甚成效，在私铸钱占据铜钱市场主导地位后，严格的禁令反而会扰乱铜钱市场秩序。"嘉靖八年，常申禁令，而当时奸党，私相结约，各闭钱市，以致货物翔踊，其禁随弛。"[3]可见，私铸禁令是不可能严格执行的。

---

[1]《皇明条法事类纂》卷四二，私铸铜钱《私铸铜钱枷号充军》。
[2]《明实录》成化十二年二月乙未条。此处的大赦是指成化十一年十一月癸丑立太子时的大赦。
[3]《明实录》嘉靖十五年九月甲子条。

为了扭转明朝制钱遭市场排斥的局面，在禁铸私钱的同时，政府还实施了禁止挑拣的政策，不论明朝制钱还是历代旧钱，都须依照枚数通行使用。继天顺四年（1460）六月禁令之后，成化八年（1472）再次颁布禁令，但始终不见成效。① 私铸钱流通势头迅猛，质量低劣，导致钱价下跌，使得京师百姓的生活条件恶化。成化十六年（1480）十二月十九日，年关将至，据顺天府大兴县民之请，规定除锡钱、破碎铜钱、伪造铜钱外，都强制按枚数通行使用，不许挑拣，凡是拒绝使用洪武等钱之人，处以十倍的罚款。② 但是，和私铸钱禁令一样，该政策也立即遭到了市场的报复。强制禁止挑拣，反而导致私铸钱现象呈扩大之势，到次年二月，政策的重点转到了禁铸私钱上，并将之前因挑拣枷号监问之人释放，事实上取消了挑拣禁令。③ 此后，明确禁止挑拣的禁令

① 天顺四年的禁令，参见第 343 页注④《皇明条法事类纂》以及《万历大明会典》的记载。成化八年的禁令，参见《明实录》成化八年十月戊子以下的记载：
　　巡视京仓监察御史吴道宏奏，京师米价腾踊，实由官军月粮，于通州支给，且铜钱贸易，拣择太过。请自十月以后，俱给京仓，而严禁拣钱为便。……户部议，仓粮铜钱二事，宜如所奏。……诏准议。
②《皇明条法事类纂》卷四二，私铸铜钱《挑拣并伪造铜钱枷号例》：
　　成化十六年十二月十九日，户部尚书等题，为疏通钱法，便益军民，殄息盗贼等事。云南清吏司案呈，户部抄出，顺天府大兴县民人何通奏。……看得，先年每银一两，准使铜钱八百文，以此钱贵米钱（贱），军民安业。近（今）年以来，不料外处伪造铜钱，与（兴）贩来京，在卫货卖行使，每银一钱，准使一百三十文。且如一家有人五七口者，或卖菜或挑脚为生，自朝日暮，觅钱不过三二十文，买柴籴米，一家人口，未能度日，以此贼盗殄日生。推其所由，缘于饥寒切体所致。近于十二月以来，街市选拣铜钱，阻滞不行，米价愈加增贵。如蒙乞敕该部，行移都察院，出榜禁约，及行巡城御史锦衣卫官校五城兵马司顺天府行属，着落地方里老，将拣钱之人，拿送法司。如果洪武〔等〕钱不使者，每钱一文，罚洪武〔等〕钱十文，一百文罚洪武〔等〕钱一千文，拣此样钱。如此则钱法疏通，米价平易，军民便易，贼盗殄息，等因。……次日奉圣旨，是。钦此。
③《皇明条法事类纂》卷四二，私铸铜钱《内外私铸新钱贩卖及行使者通枷号例》：
　　成化十七年二月十三日。户部尚书陈等题，为疏通钱法事。云南清吏司案呈……今访得，京城内外，有等富豪无籍之徒，欺公玩法，恬无忌惮。虽有前项禁约榜文，公然违法，往往私造。及将各处私造铅锡等项新钱，收买在家，乘时贩卖，以规原（厚）利，致使伪钱盛行，物价涌贵。……次日奉圣旨，是。今后只许历代并洪武永乐宣德旧钱，每白银一钱，准钱八十文。能告捕私造的量赏，及私贩的，着官校用心缉拿。有知情容隐不首，一体治罪。见今拣钱枷号监问的，便放了。该衙门知道。钦。

暂时销声匿迹,过去的教训也逐渐被人们淡忘,直到嘉靖末年,又强制推行粗糙低劣的官铸铜钱,结果造成民间闭门罢市,最后不得不停止京师制钱铸造。[①]

如前所述,依靠国家财政来保障制钱的信用,这种方法有其政策上的局限性。国家财政领域中的铜钱"流通"与市场上的铜钱流通已然脱节,在这样的情况下,新铸一些制钱投放市场,也只是杯水车薪,铸行弘治通宝以禁私铸的政策,就在制钱发行两三天后,在私铸钱的冲击下草草收场。[②]

自正统至万历初年,政府经常会出台一些政策,将国家发行的制钱与白银挂钩,又或在白银、制钱以及制钱以外的其他铜钱之间设定一个兑换比例,并通过强制执行这一兑换比例,以达到制钱与市场流通货币挂钩的目的。嘉靖三年(1524),政府决定将洪武、永乐、宣德和弘治通宝与历代旧钱兼行使用,并将钱价定为旧钱好钱 70 文当银 1 钱,低钱 140 文当银 1 钱,[③]然而,每当严格执行这一比价时,就会引起

[①] 徐阶《世经堂集》卷三《请停止宝源局铸钱》(嘉靖四十三年十一月十六日上疏):

且一条棍与私铸之钱,相似而难辨。误受于甲,转眼便不能行之于乙。故民间于一条棍,不肯行使。并将金背等项,亦皆不行。前日内外各衙门,依法禁治,而无籍光棍,乘机以假钱胁制接受。于是民间闭门罢市,买卖不通。官司不得已,只得省令行使金背等钱,而于一条棍,听从其便。钱乃复通。

据此可知,国家试图强制通行宝源局铸造的名为一条棍的低钱,由此导致钱市罢市,市场混乱,政府不得不放弃这一强制政策。徐阶的奏请得到嘉靖帝的批准,关于对铸钱时偷工减料之人进行处罚,以及停止宝源局铸钱一事,参见《明实录》嘉靖四十三年十一月乙卯条。

[②]《国朝典汇》卷二六《召对》:

〔弘治〕十八年四月,上召刘健、李东阳、谢迁至暖阁,袖出数疏,指一揭帖曰……又指一疏曰,太常寺欠行户钱钞。昨有旨查,洪武等钱,缘何市不通使。户部查覆未明,仍须别为处置,务使通行。健等曰……且民间私铸低钱,听其行用,本朝通宝,乃不得行,诚非道理。迁曰,昨令查议,正欲通行。但私钱不禁,则官钱决不能行。前年铸弘治钱,曾禁私钱,不二三日,即滥使如故。

[③]《万历大明会典》卷三一《钱法》:

嘉靖三年,令户部出给榜文,晓谕京城内外买卖人等,今后只用好钱,每银一钱七十文,低钱每银一钱一百四十文。

市场的混乱。嘉靖三十三年(1554)，下令将洪武等年号钱、历代旧钱上品者以及嘉靖通宝以 70 文兑银 1 钱，其余铜钱则按品质高下分别以 10 文、14 文、21 文当银 1 分兑换，从明实录的记载看，其结果为：

> 是时小钱行用久，骤革之，小民颇称不便。俄又出内库钱，给文武官俸，不论新旧年号及钱美恶，悉以七文折算。由是诸以俸钱市易者，亦悉以七文抑勒予民。民益骚然。[1]

面对这样的结果，户部和御史何廷钰之间展开了激烈的争论。何廷钰主张放弃嘉靖钱和前代杂钱一律以 70 文兑银 1 钱的强制比价，并允许私铸的小钱以 60 文兑银 1 钱的比价通行。对此，时任户部山西司郎中的刘尔牧，"暗习钱谷故事"，以他为代表的户部反驳说，允许小钱通行，就如同为私铸打开大门，将王者的利柄给予盗贼，而且一个月不到就将 70 文兑银 1 钱的比价推翻，会让人们觉得法令为儿戏。在辩论中，因为何廷钰明确指出内府浪费造成户部财政空虚而触犯到皇帝的逆鳞，嘉靖帝将其杖责一百并剥夺官职，最后下令"钱法且从民便"。[2]

嘉隆时期大学士高拱也曾上疏说：

> 至于钱法不通已久，乃是指点多端，事体不一所致。盖小民日求升合，觅数钱以度朝夕。必是钱法有一定之说，乃可彼此通行。而乃旦更暮改，迄无定议。小民见得如此，恐今日得钱，而明日不用，将必至于饿死。是以愈变更愈纷乱，愈禁约愈惊惶，铺面不敢开，买卖不得行，而嗷嗷为甚。臣惟，钱法之行，当从民便。试观，当年未议钱法而钱行，近年议之而反不行。外省未议钱法

---

[1]《明实录》嘉靖三十三年三月戊申条。
[2] 同上。

而钱行，京师议之而反不行，则其理可知也。臣愿，陛下特降圣谕，行钱只听从民便，不许再为多议，徒乱小民耳目。①

他认为，国家对铜钱市场的干预、国家为了维持铜钱信用而采取的一系列政策，不仅毫无效果，而且会给独立于国家财政的铜钱流通带来混乱。高拱的奏疏得到了隆庆帝的批准："钱法委宜听从民便，不必立法纷扰。"②

如上所述，政府推行的维持铜钱信用的政策，基本上都以失败而告终。但这并不意味，遵从民便而运行的民间铜钱流通市场，由于使用滥恶的私铸钱而陷入无序和混乱的深渊。正德十二年（1517），访问京师的浙江海盐县人董谷留下了这样的记载：

> 正德丁丑，余始游京师。初至见，交易者皆称钱为板儿。怪而问焉，则所使者，皆低恶之钱。以二折一，但取如数，而不视善否。人皆以为良便也。③

据此可知，单纯的挑拣时代已经过去，人们将劣钱两枚当作一枚铜钱使用，这样的交易体系既稳定又方便。

那么，民间自发的这种铜钱信用究竟是由什么支持的？户部尚书殷正茂指出：

> 京城内外，一应大小人家，无钱必买于各铺，有钱必卖于各铺。有等奸商，积某项钱多，遂倡言某钱不行，转相煽惑，愚弄小民。既贵卖其所积，以图目前之利，又贱收其所弃，以罔他日之利。钱之壅滞，大端由此。④

---

① 《高文襄公集》卷三《议处商人钱法以苏京邑民困疏》。
② 《明实录》隆庆四年四月癸丑条。
③ 《碧里杂存》上，《板儿》。
④ 《万历会计录》卷四一《钱法》，万历五年。

该奏章指责能够让某种特定钱币通行或阻滞的卖钱铺户,通过操纵货币市场牟取不当利益,同时从侧面透露出这些铺户拥有左右货币信用的强大力量。正如殷正茂所指出的,卖钱铺户在白银和铜钱这两种功能各异的货币之间充当中介,由于铜钱市场陷于分裂,一种铜钱不可能在各个市场间流通,铜钱和白银、铜钱和铜钱间的兑换,对于商业的建立至关重要。前已述及,卖钱钞铺户将国家财政领域与民间市场的铜钱流通连接起来,同时他们还是私铸钱流入京师后的对接窗口。卖钱铺户处于铜钱流通的关键节点,并对铜钱流通有着决定性的影响力,国家推行的铜钱政策在他们的罢工面前(钱市停闭)也无能为力。

迨至嘉靖末年至万历初年,国家开始积极利用铺户对铜钱流通的影响力。殷正茂就建议将京城内外的卖钱铺户登记在册,让他们每月调查并汇报钱法通行状况。[①] 另外,他还建议在之前不通钱法的福建,让铺户收受新铸制钱,以此来维持新铸钱的信用。[②] 国家出台的铜钱信用政策基本上以失败而告终,在民间市场上支持着铜钱信用的是这些名为卖钱铺户等的金融业者。

第四节　私铸钱登场的背景

那么,是什么导致私铸钱的突然泛滥并占据了货币市场的主导地

---

① 同第 358 页注④:

合移咨都察院,通行五城御史,将京城内外卖钱铺行,报名在官。令其不论新钱旧钱,照依定拟时估,通融收卖。每月具各样钱法,通行执结,以凭稽察。如此铺收而彼铺不收,此铺卖彼铺不卖,即系阻挠,严行枷号问拟。

②《明实录》万历五年闰八月辛卯条:

福建抚按庞尚鹏商为正,条议钱法十四事。……一,劝导愚民。闽省钱法久废,卒然行之,愚民不无疑惧。议将铺行诚实有身家者,听其愿领铸钱,存留官银,以为资本,即照原定折易之数,以钱还官。盖在官散银与铺行以易钱,在铺行纳钱于官以抵银,则人知钱与银并贵,而铺行与民兼利矣。一,设立铺户。举市镇殷实之家充之,随其资本多寡,赴官买钱,以通交易。其民间有愿赴官领钱者听。

位？早期私铸钱的登场与铜价下跌、铸息丰厚有直接的关系。成化十二年（1476），出现了这样的现象：

> 每铜一斤，止值银五六分，可铸钱一百五六十文。一日之间，一倍两倍利息。此盖盗铸所由与也。①

此铜价与景泰四年（1453）将日本朝贡附进物的给值改为时值时生红铜1斤银6分的价格②一致，数据的可信度很高；另外，按照洪武等钱的铸行规定，生铜1斤铸钱160文，③可见，私铸本身确实有利可图。此时，占据铜材需求很大部分的制钱的铸造已停，日本的红铜也开始流入，④铜价明显低于万历时期。

　　尽管如此，私铸钱的币值远高于其材料价值才是私铸的重要原因。私铸钱出现后，其质量日益恶化，钱价不断下跌，原本80文值银1钱的银钱比价马上降到130文，⑤甚至出现了以四折一的情况。⑥ 嘉靖朝的私钱质量进一步恶化，嘉靖三十三年银1钱竟然易钱600—700文。⑦ 然而，钱价下跌的同时，私钱并未失去其信用，嘉靖末年以后，

---

① 《皇明条法事类纂》卷四二，私铸铜钱《禁约私铸铜钱例》（成化十二年十二月二十六日题本）。

② 《明实录》景泰四年十二月甲申条：

　　礼部奏，日本国王，有附进物及使臣自进附进物，俱例应给直。考之宣德八年赐例，苏木硫黄，每斤钞一贯，红铜每斤三百文。……当时所贡，以斤计者，硫黄仅二万二千，苏木仅一万六百，生红铜仅四千三百。……今所贡，硫黄三十六万四千四百，苏木一十万六千，生红铜一十五万二千有奇。……议令有司，估时直给之。已得旨，从议。有司言，时直生红铜，每斤银六分。

③ 《明实录》洪武二十二年六月癸丑条：

　　且诏更定钱样。主事徐观言，往岁铸钱分两不一，难为定则。今定其制，每生铜一斤，铸小钱一百六十。……制可。

④ 这从本页注②中也可窥见一斑。

⑤ 参见第355页注②。

⑥ 《明实录》正德七年正月庚午条：

　　时私铸之弊，岁久难变，至有以四折一。恶烂不堪者，曰倒四，亦盛行云。

⑦ 《明实录》嘉靖三十三年三月戊申条。

当私铸钱质量得到改善时,仍有大量私铸钱不断流入京师。

在考虑私铸钱需求产生的原因时,必须注意到这种需求主要来自京师。明代中期,许多地方并不行钱,国家在地方推行的铸钱政策也都以失败而告终,与此同时,京师成了唯一一处铜钱汇集之地,来自远方杭州、苏州等地的私铸钱以及各处的杂钱源源不断涌入京师,其与清代铜钱流出京师之势形成鲜明对比。乾隆九年(1744)大学士鄂尔泰奏:

> 一,京城钱文,宜严禁出京兴贩。查国宝本贵流通。但京城都会之地,各省经营贸易,络绎往来,奸商将钱装载出京,于价贵处,兴贩射利。再闽广商船,由海洋直达天津,回空时,概用钱文压载,运至本地货卖。又各省漕船回空,亦多载钱文,兴贩获利。京局所铸之钱,岂能供外省各处之用。……一,近京地方囤钱,宜严行查禁。查近京直隶所属,各村庄镇集,每多富户,将粮草货物卖钱去串,堆积一室,以防盗窃。①

大量铜钱流向了福建、广东以及漕粮起运之地,与此同时,作为支付农产品的对价物,铜钱还大量流进京师周边的农村。与明中期不同,乾隆年间京师铜钱的铸造量很大,而且,此时各省的铸钱量也在几万至十几万贯之间,铜钱大量流出京师的原因与全国性市场的形成有关,②而在明代,对于民间流通手段铜钱的需求,仍主要集中在京师一带。

同样值得注意的是,在 15 世纪前后半叶相交之际,之前相对稳定的铜钱市场突然出现私铸钱泛滥的现象,甚至需要国家出面稳定,而

---

① 《清实录》乾隆九年十月壬子。
② 黑田明伸:《乾隆の钱贵》,《东洋史研究》45—4,1987 年。后收入《中华帝国の构造と世界经济》,名古屋大学出版会,1994 年。

这又正好与明朝实施江南折粮银,向白银财政转型的时期完全吻合。

关于早期白银财政,虽然还有很多问题有待我们去探讨,但正如前一章所论述的那样,在当时为数不多的中央白银收入中,有很大一部分被投放于京师市场,从其数量来看,白银财政开始之初,经常性支出中数额较多的是在京文武官员的折俸部分,每年近 50 万两,[1]占据了当时仅几十万两的白银岁入的很大部分。

在非经常性的支出中,最大一项是皇帝即位等时候的赏赐。宪宗即位时,天顺八年(1464)六月和八月,给官僚和在京的军队共发放了120 万两白银,[2]英宗复辟时,也赏赐了大量白银。[3] 皇帝还将赏赐施与华北边镇的守军,但规模不及京师,虽然后来京运年例银在白银支出中占据压倒性地位,但此时这一制度还未确立。每年都有大量白银投放到京师市场,数量超出了每年的折银收入,其中还包括之前积攒下来的库存白银。

虽然在折粮银正式实行之前已有京粮折银解京的情况,但转为白银财政后,不可避免地需要通过市场流通将被白银取代的物资送入京师,并通过市场来购买这些物资,于是,大量白银被释放出来,而这些白银又需要不断地兑换成铜钱:

一,团营军士题准,四月十月,准支折色,领出银两,多易钱,

---

[1]《明实录》景泰六年二月丁酉条:

户部奏,请给在京文武官员去年冬季折俸银。文职少傅兼吏部尚书等官王直等一千五百二十员,应给银三千五百五十两。武职左军都督府左都督等官施聚等三万一千七百九十员,应给银一十二万四千六百七十两。从之。

[2]《明实录》天顺八年六月丁未条:

礼部奏赐官军人等银钞绢布总数。文武衙门官旗军匠人等银一百七万七千九百五十四两五钱。

《明实录》天顺八年八月甲辰条:

赏京卫官军方荣等,银十万九百三十六两,绢六千八百八十匹,胡椒一千二百四十四斤。以造裕陵工完也。

[3]《明实录》天顺元年三月乙亥条。

> 以便贸易。而卖钱行户，银则多称，钱则少给。军士领银伍钱，止
> 得肆钱有余之用。[1]

前面引用的户部尚书殷正茂的奏章也说卖钱铺户在居间从事银钱兑
换业务。随着投放白银和购买物资的增加，对铜钱的需求量也随之增
加。不断扩大但还稳定的铜钱市场突然面临铜钱需求的急剧增长，在
国家无法大量供应铜钱的情况下，铜钱市场便被私铸钱占领了。

结　语

当明王朝开始从实物型财政转向白银财政时，私铸钱开始在京师
泛滥。明朝铸钱数量少，私铸钱在京师铜钱市场上占据了主导地位。
这些私铸钱在形制等方面与传统铜钱有着明显差异，其信用是由卖钱
铺户等金融业者支持的，与作为国家支付手段的制钱性质不同（尽管
嘉靖之后，制钱也在民间市场上流通），它的出现标志着独立于财政领
域的一种"新型货币"正式登上历史舞台。

当然，铜钱在宋代也曾发挥过流通手段的职能，各行业、各地区都
有自己的"货币"，然而，这些"货币"实质上是财政支付货币铜钱的各
种数量组合（短陌）。[2] 明朝京师私铸钱的盛行标志着独立于国家财
政领域的、作为流通手段的货币的出现，当然，此时对铜钱有着强烈需
求的还只限于京师地区。

---

[1]《万历会计录》卷四一《钱法·万历六年户科都给事中石应岳等题奏》。
[2] 宫泽知之：《唐宋时代の短陌と货币经济の特质》，《史林》71—2，1988年，后收于《宋代中
国の国家と经济》（创文社，1998年）。

第四章　明清时期铜钱经济的发展

　　一般认为，明清时期是中国由铜钱经济向白银经济过渡的时期。随着商品经济的发展，人们对单位价值高的货币的需求越来越强烈，16世纪中叶以后，先是日本，接着是墨西哥的白银大量流入，推动了这一时期从钱到银的转变，白银不仅成为国家财政的支付手段，还为长途贸易提供了方便，这些都是历史事实。然而，中国在明清时期完成了由铜钱经济向白银经济过渡这一说法却不能成立。众所周知，清朝是中国历史上铸钱量最多的朝代之一，仅次于宋朝，其中又以乾隆期为最。与宋朝制钱大量由国家收贮并在财政领域流通[①]不同，清代的制钱除了一部分用于财政领域，大部分通过军饷和俸禄的形式不断释放到民间市场，清朝的制钱、历代的旧钱以及各种类型的私铸钱，都在市面上相对稳定地流通，清朝也是铜钱经济空前发展的时期。

　　在铜钱经济向白银经济过渡的学说中，隐含着一个前提，即白银是比铜钱更先进的货币，更适合较为发达的市场经济与商品经济，这种毫无根据的预设让人们对从钱到银的转变完全没有怀疑，因此，在面对清中叶很多地区出现的以钱代银现象时，只好将其归结于货币史上的一次倒退。

[①] 宫泽知之：《宋代の财政と货币经济》，中国史研究会编《中国专制国家と社会统合——中国史像の再构成Ⅱ——》，文理阁，1990年，后收入《宋代中国の国家と经济》（创文社，1998年）。

　　明中叶以后,白银成为国家财政的支付货币是不争的事实,然而除此之外,关于明清时期,特别是明代货币的研究还十分不足,本章拟从明代铜钱入手,对明清时期铜钱职能的变化以及铜钱经济的发展作一考察。

　　商品生产发展和资本主义萌芽问题是战后明清史研究的一大热点,然而,在对个别产品的商品化进行了一轮史料发掘后,这些研究基本上处于停滞状态。货币是衡量经济发展最重要的指标,通过对铜钱经济的分析,可以更好地认识明清市场的发展方向以及专制国家经济职能的演变。

第一节　明代中叶钱法的变化

　　正统元年(1436)江南折粮银即金花银之征,是明朝财政转向白银化的契机。洪武八年(1375)明朝决定发行大明宝钞后,财政领域中已基本停用白银,在此之前,白银还曾用于边远之地的赏赐,正统元年之后,财政白银化虽然也经历了一些曲折,但白银在财政中的占比不断扩大,到了万历年间,白银财政体系已基本建立。

　　明中叶向白银财政的转变,也即白银成为财政支付的货币工具,给传统货币铜钱的流通也带来了深刻的影响。在上一章中我们已经探讨了白银财政开始后京师钱法所发生的变化,15世纪50年代,当江南折粮银被解送进京并与之前的库存白银一起释放出来时,永乐通宝等明朝制钱突然无法在京师市面上通行,取而代之的是从山东、苏松等地涌入的私铸钱。虽然商税、关税的一部分还课征铜钱,但用于国家财政领域的铜钱数量极少,且与民间市场上的铜钱流通脱节,政府颁布的制钱强制流通政策也屡屡受挫。源源不断涌入京师的私钱,由卖钱钞铺户等金融业者作为其信用保证,不仅形制上与制钱不同,且与国家财政领域分离,成为民间市场上的交易媒介,这就是明中叶财政体制从实物财政转向白银财政后京师地区发生的铜钱的货币职能变化。

明代中叶钱法的变化,出现得最早也最激烈的要数全国物资和货币集中之地京师,之后更向其他地区蔓延。16世纪前半叶,明人朱渊对福建兴化府莆田县的钱法作了如下的论述:[①]

> 国初时,行使宝钞,为法甚严。今皆不用。莆俗习用宋时小钱,每十文重一两,每银一两,直钱六佰文。时或低昂,无甚高下。府县征收此物,民间零碎使用,极为便益。乡村之民,有垂老不识厘秤者。正德初间,漳州南坂地方,私铸新钱盛出,民间买卖,严于拣汰。必取厚实花字分明者用之,稍薄光皮,及黑者不用。后又选择字样,如元祐通宝之类,皆行汰去。习俗推移,不知所自。时太守三峰朱侯衮、知县赵侯叶,严于禁革。第官家不用此物,民间行使不去。樵夫贩妇,朝晡之求,不可得米,势不可强,翻成废阁。尚书林见素先生,作钱荒小诗,以讽切当道。但习俗所趋,非力所及。朱太守当时烦琐有低钱估折之令,民益不知所从,而钱法遂废。青蚨有神,翩翩然入于他境矣。

朱渊的论述涉及了明中期地方钱法的各个方面。明朝初年,每文重一钱的标准的小平钱还是财政支付货币,600文当银一两,银钱比价相对稳定。然而,自正德朝始,私铸钱盛行,铜钱挑拣问题严重,钱法变得极不稳定,就连之前一直行使的宋钱也被挑拣使用。地方政府禁用低钱、在低钱和其他钱币之间设定官定比价的作法也不见成效,铜钱的货币功能下降,白银开始登上历史舞台。

---

① 《天马山房遗稿》卷四《莆中钱法志》。

同样的情况也出现在其他省份。时人董谷在谈到正德前后杭州府海宁县的钱法变化时说：[1]

> 吾乡自国初至弘治已来，皆行好钱。每白金一分，准铜钱七枚，无以异也。但拣择太甚，以青色者为上。正德丁丑，余始游京师。初至见，交易者皆称钱为板儿。怪而问焉，则所使者，皆低恶之钱。……既而南还，则吾乡皆行板儿矣。好钱遂阁不行。不知何以神速如此。……自是银贵，而钱贱矣。

明初至弘治很长一段时间里，普通好钱 700 文当银 1 两行使，价格稳定，但自正德十二年（1517）始，与京师一样称为板儿的低钱迅速取代了好钱，白银地位上升，铜钱地位下降。下面就对朱淛和董谷文中出现的各种现象逐一进行探讨。

首先需要注意的是，在钱法发生变化前，明初时沿海很多地区都使用铜钱。弘治末年，上海人陆深进士及第进京后目睹了京师钱法之乱象，他回忆年少时上海通行铜钱，市面上流通的主要是宋钱等古钱，新铸钱也按一定比率折算行使。[2] 又据万历《江浦县志》记载，洪武年间该地兼行宝钞与古钱，后来又通行开元等钱。[3]

关于明初铜钱的流通范围，一般认为仅限于广东和福建两地，其主要依据就是明人丘浚的议论。[4] 然而，除了广东、福建，如上所述，

---

① 《碧里杂存》上，《板儿》。
② 《燕间录》：
　　予少时，见民间所用，皆宋钱，杂以金元钱，谓之好钱。唐钱间有开通元宝，偶忽不用。新铸者，谓之低钱，每以二文，当好钱一文，人亦两用之。弘治末，京师好钱复不行。
③ 万历《江浦县志》卷六《钱法》：
　　洪武间，用宝钞，与古钱兼行。其后钞废，杂用类朝通宝并开元钱。嘉靖以来，止用开元。今本府行万历通宝，实遵用之。
④ 《大学衍义补》卷二七：
　　国初以来，有银禁，恐其或阋钱钞也。而钱之用，不出于闽广。宣德、正统以后，钱始用于西北。

浙江、南直隶也使用铜钱。另外，

> 正统十二年，直隶巡按周鉴题称，漷县迤南，直抵临清、济宁、徐州、淮扬等处，军民买卖，一切俱用铜钱，钞法阻滞。[1]

从上述这则资料可知，在白银财政开始之前，北起京师、南至闽广的沿海各省都行使铜钱。[2]

另外需要注意的是，作为政府的主要支付货币，明初宝钞也在一定程度上执行着流通手段的职能。朱淛就说："国初时，行使宝钞。"万历《江浦县志》小云："洪武间，用宝钞，与占钱兼行。其后钞废，杂用累朝通宝并开元钱。"这些都说明宝钞曾在明初流通过。读《御制大诰》，特别是其续编和三编就会发现，用宝钞行贿的事例超过了使用银、绢的数量。如上一章所述，到了明中叶，宝钞已经退缩为一种纯粹的财政支付工具，只在国家与宝钞领取人以及被称为钞户的金融业者之间往复循环，而在洪武年间，宝钞尽管贬值严重，但由于是财政支付货币，因此仍执行着货币应有的各种职能。

在向白银财政过渡的过程中，除了朱淛在兴化府、董谷在杭州府所目睹的情况与京师大体相同，沿海各地都出现了私钱取代规范钱，铜钱的部分功能被白银所取代的现象。嘉靖《常熟县志》卷四《食货》载：

> 往时邑类以钱博弈。其肉倍好而铸古。民视资之高下以为

---

[1] 《万历会计录》卷四一《钱法》。

[2] 这与明初先进地区已是白银经济的成说有不符之处。不过，铜钱的广泛使用与白银成为交换媒介之间并不矛盾。另外，关于明初白银在市场交易中的作用，尚有进一步探讨的必要。例如，《明实录》洪武三十年三月甲子条载："禁民间，无以金银交易。时杭州诸郡商贾，不论货物贵贱，一以金银定价，由是钞法阻滞，公私病之。故有是命。"这则史料通常被解读为该地民间零细交易也使用白银，然而，史料中记载的只是以金银定价，即以白银作为价值尺度或计价单位。同样的道理也适用于铜钱，以铜钱表示价格不一定就是用铜钱交易，实际上也有可能是以谷物作为交易媒介。

藏,若北土之以积镪为富。自天下盗铸起,而钱益浮滥,钱入邑中,仅以通有无,未尝以为藏积,钱之必废,不可以为居也。

以往使用的成色高的古钱被私铸钱取代之后,铜钱丧失了货币的贮藏功能,只能作为有限的流通手段使用。

在明人莫旦编纂的弘治元年(1488)的《吴江志》中,记载了当地有"生米""生钱"即以米或以铜钱和白银放高利贷的习惯,①但是,嘉靖《吴江县志》(卷十三《风俗》)在引用弘治《吴江志》后说:

其贷银钱者,则出息五分。民曰生钱。按此莫志所载,乃成化以前事。近年钱法不行,而银息自二分以至五分,米息自四分以至七分,绝无所谓倍偿之事。

可见,该地的钱法也是在弘治至嘉靖期间开始崩坏,铜钱失去了以往与白银一样拥有的借贷功能。

钱法开始蜕变并走向崩溃的时期因地区不同而有所差异。杭州府、兴化府始于正德年间,而在与国家财政联系紧密的留都南京,古钱一直使用到嘉靖中期,之后劣质的私钱开始盛行。② 时人杨循吉曾客居庐阳,他对弘治十四年(1501)左右该地银钱行使状况的议论值得我们关注。当地曾使用掺杂了铜的低色银,后来铜的比例越来越高,银的成色越来越差:

于是时,守始大禁恶银,下令民毋遏钱。久之如故,悉逮系群侩,捶楚荷校,俾通良银,竟不变。未几守易。其年弘治十四年,

---

① 弘治《吴江志》卷六《风俗》:

　　其小民乏用之际,借富家米一石,至秋则还二石,谓之生米。其铜钱或银,则五分起息,谓之生钱。

②《客座赘语》卷四《铸钱》:

　　南都自开国至嘉靖中,开局铸钱,独洪武、宣德、弘治、嘉靖四种耳。正嘉中,民间用古钱。其后悭滥之极,至剪铁叶锡片,伪为之。后乃稍稍厌弃,而更用开元通宝钱。

银忽良好。钱亦间有用者,而货币始通。盖出于自然也。①

这里也出现了与兴化府相同的情况,守令针对钱法混乱采取的行政禁令完全没有取得实效,极具讽刺意味的是,当守令离任后,铜钱和良银的流通又自然而然地恢复了。

正如彭信威所指出的那样,明代中叶以后,铜钱只能在狭小的范围内流通,甚至在流通区域内部,习用铜钱的种类也在不断变化。② 前述朱渷就说,人们挑选字样使用,元祐通宝等钱遭到排斥,而据《江浦县志》记载,在江宁府周边,铜钱的流通范围是以县或镇为单位的。③ 在福建,不仅每个县习用的铜钱种类不一样,即便是在同一县内,铜钱种类也在不断变化。以漳浦县为例,嘉靖三至四年(1524—1525)、七至八年(1528—1529)、九至十年(1530—1531)、十三至十四年(1534—1535)分别行使的是元丰钱、元祐钱、圣元钱、崇宁当三钱和熙宁折二钱,万历三年(1575)开始专用熙宁钱,万历五年(1577)改用万历钱,再后来又改为用银。④ 京师的情况也是如此。上一章中曾提到,京师的铜钱行使已经零碎化到了坊一级,每个区域行使何种钱币,受到为铜钱提供信用保证的金融业者的左右。当铜钱的职能只限于地区性流通手段,不再是国家财政的统一支付工具时,除非政府保证

---

① 《长松筹堂遗集·庐阳客记·物产》。
② 《中国货币史》第三版第七章,上海人民出版社,1988年。
③ 万历《江浦县志》卷六《钱法》:
　　滁和六合,故行开元大钱,肉好皆有周郭。吾浦次之,浦子口又次之,江南则轻小甚矣。今浦钱反不逮浦子口,其轻小几类江南。虽万历遵行,而开元终不复故。
④ 《天下郡国利病书》所引《漳浦县志》:
　　我朝钱法,遇改元,即随年号,各铸造通用。但民间使用,则随其俗。如闽中,福兴汀邵福宁,皆不用钱。漳泉延建间用之。泉漳所用之钱,与延建异。泉又与漳异。……以吾一邑言之,嘉靖三年四年,用元丰钱。七年八年废元丰钱,而用元祐钱。九年十年废元祐钱,而用圣元钱。十三十四年废圣元钱,而用崇宁之当三熙宁之折二钱。万历三年废崇宁钱,专用熙宁钱。五年废熙宁钱,而用万历制钱。方一年尔,万历钱又置不用,用者以抵铜而已。

有充足的通货供应,否则铜钱流通的地区性分裂和不稳定状态是不可避免的。此外,这种情况还会削弱铜钱作为流通手段的信用,导致某些地区暂时出现铜钱流通停止,转而以白银作为交易媒介的现象。

第二节　铜钱行使的地域性

明朝转向白银财政后,京师和沿海省份的钱法陷于混乱,在政府无法规制的情况下,铜钱开始通行,其中就包括了不能作为财政支付货币使用的低钱,因此铜钱的很多货币职能被白银所取代。

值得注意的是,在前述历来行使铜钱的地区,尽管铜钱已经丧失了相当一部分货币功能,但铜钱流通并没有完全消失。北京、南京自不必说,海宁县、常熟县、江浦县等地或多或少还在使用铜钱,虽然朱渠说莆田县的钱法已废,但福建省内很多地方,铜钱仍在流通。①

内陆省份的情况则与沿海地区大不相同。弘治十六年(1503),当沿海各省钱法开始蜕变崩坏之时,工科给事中张文批评户部的铸钱政策:②

> 又户部言,旧未行钱地方,务要设法举行。臣以为,土货之产殊,则贸易之情异。云南专用海蚆,四川、贵州用茴香花银及盐布。江西、湖广用米谷银布,山西、陕西,间用皮毛。自来钱法不通,骤欲变之难矣。且诸司职掌不开云贵湖广等四处,宣德年,亦止行浙江四处,必有深意。臣愚谓,宜先将两京样钱,暂发前地,试一行之,势能渐革,民知所造趋,而后开铸未晚也。若其习俗难变,姑听顺之。

---

① 例如第 370 页注④。
②《明实录》弘治十六年三月戊子条。

可见,除了闽广至北直隶的沿海地区,当时中国很多地方并不行钱,这些地方的交易媒介是低色银、米、布、盐、毛皮,甚至还有海贝等物。需要注意的是,张文认为这些地区不行铜钱并不是因为铜钱匮乏,而是原本就没有使钱的习惯,即使有铜钱供给,也不一定会流通。

广大地区不流通铜钱而使用"实物货币",这给人一种很奇异的感觉,然而实际上,云南地区长期使用海贝作为货币,广西边远的钦州农村由于钱银短缺,地方政府不得不允许百姓以实物纳税,①就是在中部各省,也有很多地区不使用铜钱。

毗邻南京和苏松地区的江西长期以来不通钱法。万历四年(1576)四月,诏各省开铸制钱之后,铜钱才开始在江西流通。② 在省会铸造的铜钱必须通过行政渠道发放到江西各府,而不是经由钱商之手。由于省会的铸造量极其有限,官府还从其他行钱省份购回铜钱并

---

① 《林次崖先生文集》卷一一《钦州驿传议》:

钦州之民,能拙而生计少。农耕之外,商贾百工技艺,下至坭铁裁衣,一无所能。……民间所入,稻谷之外,一文一分,不可得。……后因人户难征(驿传银),去任杜知州,始令该县,自征米谷猪鸡,陆续准折。中间钱银,十无一二。

② 《皇明经世文编》卷三六一,杨成《与谭二华大司马书》:

钱法乃足国富民之端也。某不揣鄙陋,窃循大疏旧勘合,仿而行之。缘江右从古不通钱法,始意其多有未便。幸仗洪庇,一运用,而遂见流通。……但所虑者,四方钱商未集,以致各郡县有司,持官银求之会省,而省中有司,又惧其源之易竭,不敢令流于外郡。

然而,开局铸钱的诏令是在万历四年四月发布的,实际开铸为十月,收件人谭纶于万历五年四月去世,再从当时铜钱的投放情况来看,对于文中"遂见流通"之记载,不能简单地从字面上去理解。

以一定比价出售,但这些铜钱在民间市场上的可兑换性和接受性非常低。①

"钱币乃生财之大道,而鼓铸又疏通之良法。江西地瘠民贫,日中为市,多用米谷,盖金银甚寡,而钱法未行也。"②广大的不行钱之地,不仅不通钱法,就连最主要的流通货币白银也严重短缺,谷物于是成了集市上的交换手段。江西很多边远地区缺少折纳用的银两,工科给事中张文所说"江西、湖广用米谷银布",实非夸张之词。

西北诸省也为不通钱法之地。西安府武功县人康海(1475—1540年)言:③

> 此县自国初至今,惟纳边钱粮,方用足色。其余用使,常五六成耳,八九成则太高者也。今欲一切悉用足色兑使。……今被抚公之命,市井之徒,动勒卷桶。卷桶者,此间足色银之别称,彼贫寒之家,安得有卷桶耶。抚公之意,以两直隶、山东、河南、江淮等处俱行用细丝银。盖此数处,钱法不通,故不得不用细丝。今若能使百姓,如彼通用钱法则可。不行一人,而自无低银矣。况民

---

① 《潘司空奏疏》卷五《条议钱法疏》:

　　题为疏通钱法,以裕经用事。据江西布政使司清军右布政使司何子寿呈,奉臣并巡按江西监察御史张批允,先借税契等银,收买铜锡,鸠集匠工,照式鼓铸。自万历四年十月二十日始,至今止,每日四十炉。仅选中式铜钱七十余万文。……查得,江西一省,原非行钱地方。近该前任都御史杨,要得疏通钱法,与民兴利,听民前到别省行钱处所收买,前来发卖。每银一分,准行八文,意甚善矣。而百姓竟不乐从。臣接管后,复申前案,扩八文为十文。又谕令,新钱七文,兼旧三文,而百姓阻塞如故。臣等细询之,盖由贩户鲁华杜林等,前去各省贩钱,惟欲多得利银,不顾美恶。甚至用银一钱,收钱二百文者。质轻铜假,字文磨糊,皆系民间私铸,原非前代并我朝所铸制钱。各商惟见官府,不为主张,辄腾怨谤,而不知穷民自食其力,岂肯以有用之物,易无用之钱耶。

　　潘季驯认为,从外省购入的铜钱品质低劣是人们不愿意接受铜钱的原因,但从将比价定为银一分当钱十文,十文中新钱占七文仍无法让人们接受来看,铜钱本身就缺乏信用。

② 《潘司空奏疏》,同上。

③ 《康对山先生全集》卷二一《为乡人论银禁书》。

溺于所安而难动,钱法又未可遽行。此银亦岂能遽变。

与直隶、山东、河南、江淮等行钱之地相比,武功地区长期不用铜钱,该地的交易媒介是低色银。康海认为,就如钱法无法通行一样,巡抚颁布的使用足色银、禁用低银之政策,实际上也根本行不通。

山西也有用低银交易的现象。据《皇明条法事类纂》记载,大同地区街市买卖长期使用一种含银量只有六七成的茴香花银,①虽然使用假银有时会给货币市场带来混乱,但强制推行足色银的政策也很难取得成功。

> 况事安于相习,疑生于骤见。诸边之民,习于布帛银谷之交。即使易之以金,彼且疾痛不欲,以为无用也。……况前此,只收银粟与布,无妨于用。今易之以钱,则能可以不惧乎。②

这是康海反对铸钱、反对强制推行钱法的论据之一。从中可以看出,西北地区不流通铜钱,交易基本用银,同时也使用布帛和谷物。

综上所述,不仅云、贵二省以及广西边远地区,甚至包括长江中游和西北在内的广大地区,都为不行钱之地。考虑到铜钱的流通范围非常狭小,因此,在这些不行钱地区的内部,肯定也存在一些行钱之地,但从整体上看,这些地区长期都属于不行钱之地。铜钱之所以能成为流通手段,是因为它是由国家强制发行流通,并由国家财政收支作为

---

① 《皇明条法事类纂》卷四二,私铸铜钱《伪造假银及知情行使之人各枷号一个月满日发落例》:

> 弘治四年八月二十四日,都察院右副都御史白等题,为立法禁约行使假银事。……照得,大例(同)地方,军民杂处,商贾辐辏,比之他处有同。但街市买卖,行使银两,多系茴香花银,止有六七成色。易买物货,折算白银,价值相等,因循已久,率难变更。有无籍军民人等,不务本等,恣肆非为,通同本地方久惯,并外来光棍银匠,专用铜铅,伪造假银,号为瀼灰挤描瓜发添过街红长道鬼等项名色,混同行使,愚弄良善。……以后街市银两,止许足色白银或茴香花银,两平买卖,随时用使,不许故违。

② 《康对山先生全集》卷二一《铸钱议》。

其信用保证,这类货币的代表就是宋钱,这种货币体系一旦瓦解,铜钱的货币流通职能也就很难维系了。

此外,如果我们将明中叶行钱和不行钱地区加以分析就会发现,虽然铜钱失去了其原有的一些功能,但在闽广至北直隶等沿海省份,作为独立于财政领域的流通手段,它仍然发挥着一定的作用,而内陆省份使用的金属货币则为低银而不是铜钱。[1] 商品经济相对发达的地区银钱并用,[2]而历来商品经济不太发达的地区则皆用银而不用钱。[3]

实际上,这些不用钱而用低银的地方的"白银经济",其交易手段一般都很落后。撇开白银、铜钱都不使用的广西钦州不论,钱法不通的江西,就连白银都极为匮乏,集市交易都是以物易物,而布帛谷物之于西北的意义已在前面论述过了。

> 是以天下省分,有旧钱者则用,无者遂止用银。然用银极不便于小民。且如山陕用银,即隶卒而下不得食菜,通衢大邑,无卖饼之家,行路者必自炊爨而后得食。以不行钱故也。[4]

---

① 滨口福寿在《明代の米价表示法と银の流通——明代通货史觉书二——》(《新潟中央高等学校研究年报》15,1969 年)一文中对明代银钱流通情况作过考证,他将从明代至清初地方志的灾异志中收集而来的米价信息,按时代和地区进行了分类汇总。由于正德之前的事例很少,况且用银钱计价不代表实际上也是用银钱交易,因此,对于文中的一些问题尚有待于作进一步的考证。此外,滨口预设的"流通货币从铜钱演进到白银"这一发展模式,也影响了他对统计数据的研判。不过,江苏、福建、山东等地明初习惯用钱计价,西北等广大地区原本就用银计价,这些都与本章的结论相吻合。
② 在发达地区内部,如果钱法不稳定,铜钱失去作为流通手段的公信力后也会退出流通领域,不过该问题不在本章讨论范围之内。
③ 流通手段由何种货币充当与能供给何种货币有极大的关系。西北地区早年确实通过与西亚和中亚的交流获得了国际货币白银,但明代中叶的银钱流通状况无法从对外贸易的视点去解释,这是因为和内陆省份相比,沿海地区不仅对外交流频繁,白银贸易活跃,而且铜钱流通一直存在且还在不断发展。
④《葛端肃公集》卷二《广铸制钱足用疏》。

这是葛守礼《广铸制钱足用疏》中的一节。从中可知,即使到了16世纪中叶,山陕地方铜钱仍未通行,与此同时,白银成为单一的流通媒介还会影响商品经济的发展。认为白银是比铜钱更先进的货币,明清货币史的发展主要表现为铜钱经济向白银经济的过渡,这些观点显然值得商榷。相反地,铜钱经济的存在和发展才是市场经济发展的表现。

第三节　银与钱

从明代开始,白银成为国家财政的支付货币以及跨地区的结算货币。同时,作为贮藏手段,白银也占据了优势地位,这从籍没刘瑾的财产种类中也可窥见一斑。白银还进一步拓展了元朝以来的价值标准作用,铜钱的价值现在完全以白银来衡量,而不是相反。钱价的波动用银,而银价的波动则一般用米谷来表示。铜钱作为国家财政支付手段以及统一的价格计数单位的历史走到了尽头。在铜钱市场不断分裂、域内习用种类又不断变化的情况下,在某一地区某一时间存在不同类型的铜钱、各种铜钱单独又或者组合起来作为货币单位使用的情况下,[①]铜钱很难取代白银成为价值标准。

铜钱价值大小一般用白银来衡量,但这并不意味铜钱是白银的辅助货币,实际上,白银和铜钱是两种不同的货币,有各自的使用范围。"凡市巷间,荷担而贩,负耒而耕,手尺布肩斗粟,所需于钱独多",[②]又或者"盖小民日求升合,觅数钱以度朝夕。必是钱法有一定之说,乃可彼此通行",[③]诸如此类的史料还有很多,说明平民百姓在日常生活中

---

① 参见《皇明经世文编》卷二八六萧端蒙《铸钱议》中有关"杂钱"、卷四一一赵世卿《钱法疏》中有关假钱的记载。
②《明实录》万历十三年八月丁卯条。
③ 高拱:《高文襄公集》卷三《议处商人钱法以苏京邑民困疏》。

使用铜钱。另外，"今留都文武百官，日食蔬菜，皆以银易钱散买。差役所易之钱，即街市现行钱也"，①官员领取俸银后，须将银子兑换成铜钱，以便购买日常用品。前面提到的葛守礼也说，如果想要食菜、购买加工食品、在旅途中用餐，没有铜钱是万万不能的，旅行者必须在出发前或路途中将银子兑换成铜钱，以备旅途日常之所需。②

铜钱作为人们日常生活的交易媒介，有着与白银不同的货币职能，其价格波动也和白银保持着相对的独立性。王万祚在谈到万历三十年代后期的南京时说：③

> 父老士民咸言，四五年前，官钱充裕，不见私钱。虽稍稍互杂，民犹惴恐。今则都城内外充斥，街市行使为常，恬不知怪。询诘其繇，则官钱之价贵，私钱之价贱，入市买物，止输文数，略无差别。民性好利，谁肯舍贱趋贵。

尽管官铸钱与私铸钱有各自的对银比价（官钱价贵，私钱价贱），但在铜钱流通领域，仍习惯计枚行使。铜钱与谷物等日常性的市场经济联系在一起，对银的比价有其自身的波动规律，这也是失去财政支付功能后，铜钱质量日益低劣却仍能流通的最主要的原因。

钱价受谷物市场影响有其自身的波动规律，这在饥荒时表现得最为突出。《泉南杂志》卷下，载：

> 丙午旱魃为虐，米价腾贵。兼一时私钱盛行，即官钱骤亦不用。……不浃旬而海米来集，其价遂平，钱亦复故。

---

① 胡我琨：《钱通》卷二所收《万历年王万祚疏》。

② 旅途中兑换铜钱之事在明末著名的旅行家徐弘祖的地理名著《徐霞客游记》中也有记载，如《粤西游日记》一，崇祯十年六月初四日载："是日，余换钱市点，为启程计"；《滇游日记》十，崇祯十二年五月二十四日载："而崔君亦至。遂与同人市，换钱畀夫，市鱼烹于酒家，与崔共酌"；等等。另外，明末的铜钱流通区域已与明中叶不同。

③《钱通》卷二。

377

粮食短缺导致米价上涨,对交易媒介铜钱的需求急剧增加,导致低钱短时间内充斥了市场。[1]

如上所述,钱价虽与白银挂钩,但又受谷物等终端市场商品的影响,保持着自己相对的独立性。通过固定银钱比价来控制钱价波动,从而保障市场和税收的稳定,是明清两代货币政策的核心。

与作为日常交易媒介的铜钱相比,白银发挥了高额跨地区支付、贮藏、价值标准等作用。白银同时又是一种流通手段,在不行钱之地,使用的是低银,而在行钱地区,白银被普遍用于农产品交易。农民在交易中使用假银,[2]即是实物白银用于农产品交易的佐证;给雇工的工钱银子成色要足,[3]说明雇佣劳动的报酬是用银子支付的,劳动者普遍对银的成色有一定的了解。

不过,需要注意的是,明朝的白银还是一种称量货币。即使作为国家财政的支付货币,在支付官员俸禄时也是将银子切割后使用;[4]在税粮折银早期,解到府里的也都是一些零碎银两。[5] 日常买卖中需

---

[1] 同样的事情,崇祯《吴县志》卷一一《祥异志·嘉靖二十七年条》中也有记载。

[2] 例如万历《嘉定县志》卷二《风俗》中载:

市中交易,未晓而集。每岁绵花入市,牙行多聚少年,以为羽翼⋯⋯其狡者,多用赝银。有撋铜、吊铁、灌铅、淡底、三倾、炼熟诸色,溷杂贸易,欺侮愚讷。或空腹而往,恸哭而归。

[3] 《补农书》总论:

至于工银酒食,似乎细故,而人心得失,恒必因之。纹银与九色银,所差不过一成,等之轻重,所差尤无几。假如与人一两,相去特一钱与三分五分耳。而人情之憎与悦远别,岂非因一钱而并失九钱之欢心,因三分五分而并失九钱之欢心乎。

[4] 刘一焜《抚浙行草》卷三、牌案《申饬兵饷足色足数》:

为军事事。照得,分散兵饷,系于重务。近据司道酌议,较置新等,委两县正官监督,錾凿分散。见在会详,期于一清宿弊,无容别议。为照分给一节,每一锭,计两营兵役,錾至六十余块。军营兵役,錾至一百余块。合数虽足,分数已差,加以银两色数不等,愈益亏折。

[5] 许孚远《敬和堂集》公移《议革积弊行各道》:

查得,属县往年解来钱粮,类皆散碎银两,向不倾销成锭,以致库役每每侵费。今后凡起解本府粮银,数多者,每五十两为一锭。即数少者,亦尽其银数,倾销成锭。

要用银子交易时,需将银子切割后上秤称量,①当时的人们就曾以"法马夹剪""厘秤"等作为使用白银的代名词。

中国在前近代时期,从未发行过白银货币作为民间的交易媒介。但是,白银除了像明代这样纯粹作为称量货币使用,还曾以其他形式流通。清代时洋银和银票就先从沿海和城市普及开来,虽然白银仍是清朝的价值标准,但称量白银已逐渐衰微。与清朝的白银货币制度相比,明朝这种称量白银制度显得更为粗糙,它依赖于白银天然特质所构建的公信力。在铜钱失去财政支付作用、价值变得极不稳定的情况下,人们自然更愿意接受使用白银。然而,称量白银作为流通手段势必受到各种限制,例如在第一节中,我们看到了弘治年间庐阳地区银两成色变得极不稳定且不断恶化,又在第二节中见证了山西大同地区各种低银和假银的充斥,诸如此类的现象在各地频现,无从避免。即使在同一个市场上,低银种类繁杂,而且主要行用的银两成色也经常变动,在这样的情况下,银两很难成为稳定的流通手段,在市场经济发达地区,对铜钱的需求一定会非常强烈。正是在这样的背景下,明代中叶的经济落后地区,很多地方不通钱法,即便有铜钱供应,人们也不愿意接受使用;而在经济发达地区,铜钱虽然失去了财政支付功能,变得极不稳定,但作为流通手段仍发挥着一定的作用。从某些方面来看,铜钱比白银更能体现明代中叶市场经济的发展情况。

---

①《金瓶梅词话》第二十三回:

　　妇人立在二层门里,打开箱儿拣,要了他两对鬓花大翠,又是两方紫绫闪色销金汗巾儿,共该他七钱五分银子。妇人向腰里摸出半侧银子儿来,央及贲四替她凿,称七钱五分与他。

第四节　铜钱经济的发达

值得注意的是,清朝乾隆年间是铜钱行使快速扩张的时期。[1] 自乾隆初年始,清代前期缓慢攀升的钱价开始显著上涨。造成这一现象的并不是铜材价格的上涨,这一时期,由于滇铜的大量开采和铜禁的解除,铜的市场价格比较稳定,钱贵的原因在于农产品市场的扩大拉升了对铜钱的需求。由于政府发行的铜钱质量稳定,数量充足,铜钱在各地的使用范围不断扩大,明代中叶不行钱地区的制钱流通也在不断扩大,而在铜钱流通早已有之的沿海地区,铜钱的使用范围持续扩张,一些大额交易也开始用铜钱结算。铜钱流通的这一变化,一方面是受清朝铸钱量增大的影响;另一方面,正如《锡金识小录》[2]所示,作为流通手段,人们对铜钱的信任度要大于白银。乾隆以后,低银假银造成的市场混乱现象得到很大改善:

> 邑中市易,银钱并用。而昔则用银多于用钱,今则有钱而无银矣。康熙中,自两以上,率不用钱。虽至分厘之细,犹银与钱并用。其时多色银,九成八成七成不等。其精于辨银色者,若八二八三,俱能鉴别无误,稍一蒙混,多致被欺。其伪造假银,亦不绝于市。雍正中犹然。……自乾隆五六年后,银渐少,钱渐多。至今日率皆用钱,虽交易至十百两以上,率有钱无银。市中欺伪,较少于昔。

---

[1] 黑田明伸:《乾隆の钱贵》,《东洋史研究》45—4,1987 年,后收于《中华帝国の构造と世界经济》(名古屋大学出版会,1994 年)。岸本美绪:《清代の〈七折钱〉惯行について》,《お茶の水史学》30,1987 年,后收入《清代中国の物价と经济变动》(研文出版,1997 年)。
[2]《锡金识小录》卷一《备参上·交易银钱》。

铜钱直到晚清仍在城市和农村中发挥着其流通手段的职能,正如张之洞等人所言,[①]中国主要地区都成为行钱之地。站在流通手段的角度看,明清时期的货币发展经历了一个以钱代银,即"从白银经济向铜钱经济"发展的过程。

清朝中期,除了铜钱的使用范围不断扩大,白银的流通形式也发生了变化。白银在明代纯粹作为称量货币使用,明朝末年一些地方开始直接使用洋钱,到了清代中期,洋钱使用急剧增加。[②] 在长江下游地区,乾隆二三十年之前开始大量使用铜钱,之后同样出现了洋钱盛行的状况。[③] 到开埠时,洋钱已取代银两成为主要的流通手段,其使用范围也已从苏杭扩大至芜湖、黄河一线,[④]开埠后,洋钱又经通商口岸向内地扩展。

清代中叶同时也是信用货币发展的时期。使用信用货币的记录最早见于清中叶的文献史料,当然,信用货币的实际起源可能更早。[⑤]

综上所述,明清时期中国的货币状况发生了很大的变化。明代中叶铜钱还只是相对发达地区的交易媒介,入清以后,铜钱流通逐渐扩大,开埠后由于国内市场的发展造成铜钱供应紧张,政府还发行了名

[①]《张文襄公全集》卷六三《虚定金价改用金币不合情势折》(光绪三十年八月十六日)。

[②] 百濑弘:《清代に於ける西班牙弗の流通》(上)(中)(下),《社会经济史学》6—2、3、4,1936年,后收入《明清社会经济史研究》(研文出版,1980年)。

[③]《明斋小识》卷一二《洋钱》:

闻古老云,乾隆初年,市上咸用银。二十年后,银少而钱多,偶有洋钱,不为交易用也。嗣后洋钱盛行,每个重七钱三分五厘。

[④]《一斑录·杂述》卷六《洋钱》:

乾隆初,始闻有洋钱通用。至四十年后,洋钱用至苏杭。甚时我邑(苏州府昭文县),广用钱票,兼用元丝银。后银价稍昂,乃渐用洋钱。……今中国沿海江浙闽广等处,洋钱盛行。若长江溯流而西,至芜湖即不用。北上过黄河亦然。

[⑤] 陈其田:《山西票庄考略》,商务印书馆,1936年。加藤繁:《清代に於ける钱铺钱庄の发达に就いて》,《东洋学报》31—3,1947年,后收入《支那经济史考证》下(东洋文库,1953年)。

目货币铜元，①直到清末民初，②制钱仍是相对落后地区的交易媒介。白银虽然仍是清朝的价值尺度和计价单位，但此时的流通货币已从称量白银转为更为方便的洋银、银元和银票了。值得注意的是，从称量白银到银元的演变，最初也是从明代就行使铜钱的相对发达地区开始，而在相对落后地区，清末民初之前，也形成了称量银流通的格局。

清中期包括农村地区在内的铜钱流通的扩张，最早可以追溯到什么时候？清初除了云南、四川、东北等地，各地对铜钱的需求相当高，这一情况又是始于何时？对此笔者将另外行文探讨。

结　语

当明朝转向白银财政，铜钱失去财政支付货币的地位后，铜钱也就无法充当流通手段了。广大的落后地区不再流通铜钱，低银成为主要的金属货币，民间交易中还使用各种实物货币；而在相对发达地方，铜钱虽然缺乏稳定性，但仍在日常交易中使用。明清时期中国货币的发展，是适合市场交易的铜钱不断排挤银两，扩大其流通范围的一个过程。

铜钱流通的扩大过程，同时也是包括广大农村在内的国内市场逐渐形成的过程，是小商品生产发展在货币史上的反映。铜钱在这一时期已由执行财政支付功能的庞大的国家内部货币，转变为反映市场经济的货币了。

---

① 黑田明伸：《清末湖北省における币制改革——经济装置としての省权力——》，《东洋史研究》41—3，1982年，后收入《中华帝国の构造と世界经济》（名古屋大学出版会，1994年）。
② 关于清末民初全国的货币情况，请参看东亚同文会编写的《支那省别全志》（1917年）。

第五章　清代前期的国家与铜钱

第一节　钱法不通

一般认为,明清是中国由铜钱经济向白银经济过渡的时期,但是,通过第三部前几章的考察可知,这一时期同时也是铜钱流通不断扩大、铜钱的首要功能由财政支付转为交易工具的时期。本章拟在前面各章分析的基础上,对明代后期至清代前期铜钱流通的发展,特别是铜钱与国家之间的关系作一探讨。

从15世纪中叶开始,铜钱流通就处于极度混乱之中。私铸钱取代了稳定性较好的制钱与旧钱,且质量不断恶化。铜钱以县、镇,又或以城市中的坊郭为单位,分裂为狭小的流通圈,各流通圈内习用的铜钱种类不同,即使在同一个流通圈内,铜钱种类也不断变化,极不稳定。在这场始于京师,并不断向地方蔓延的钱法危机中,很多不行钱地区浮出水面,除了京师和沿海地区,全国大多数地区都使用低色银、米谷和盐作为交易媒介,例如一直以海贝为货币的云南等偏远地区,以及与发达地区距离相近的江西、山西等省。即使在铜钱流通地区,也有地方因为铜钱的各种货币职能遭到破坏而不再使用铜钱。钱法崩坏的背后,不是铜钱不复存在了,而是包括行钱之地在内的广大地区失去了对铜钱的信任。

钱法开始崩坏的时间，与明朝开征江南折粮银，继而向白银财政过渡的时间吻合。国家财政中铜钱以及与铜钱挂钩的宝钞的规模日益减少，作为政府支付工具的铜钱的流通，也与民间市场流通脱节。在制钱无法流通的情况下，关税等征收铜钱的部分实际上交纳的是白银，然后再由金融业者兑换成铜钱后包纳，国家财政所需的铜钱也是直接从金融业者手中用白银购买的。

当时的政策制定者们普遍认为，将铜钱排除在财政支付之外，特别是不允许百姓用铜钱纳税，是铜钱信用丧失的原因。[①] 面对京师也出现钱法不通的情况，王家屏、魏时亮等认为，只有将铜钱纳入财政支付体系才能疏通钱法。陕西道御史冯应凤就言：[②]

> 如官给之民，则银钱参用，如民输之官，则尽去其钱。夫上所必弃，而欲强令其下，谁则应之。……谓宜通行京城直省各官司，凡房号税赎，以及存留起运钱粮，一切收支征解，俱银钱相兼。

顾炎武也说：[③]

> 今之钱则下而不上，伪钱之所以日售，而制钱日壅，未必不由此也。请略仿前代之制，凡州县之存留支放，一切以钱代之。

事实上，本着这样一种想法，政府屡下赋税收钱之令。成化元年(1465)七月通钱法诏，就是在钱法崩坏早期朝廷经过无数次讨论之后颁布的，目的是要把铜钱与宝钞一起列为纳税品类。[④] 万历四年

---

① 例如王家屏《复宿山房集》卷三六《答李抚台》；《明实录》隆庆三年七月辛卯条谭纶的奏疏，靳学颜《讲求财用疏》（《皇明经世文编》卷二九九）；《钱通》卷二所收魏时亮、胡我琨的奏疏；周良寅《疏通钱法以裕经用疏》（《万历疏钞》卷二七《钱盐类》）；《万历会计录》卷四一《钱法》张学颜的按语。

② 《万历疏钞》卷二五，财计《仰承明旨敬陈理财末议以备采择疏》。

③ 《顾亭林文集》卷六《钱法论》。

④ 见本书第三部第三章。

(1576)四月,户科给事中周良寅奏请存留钱粮兼收银钱,得到了皇帝的批准。[1] 之后国家又屡次重申收钱命令,[2]但据《钦定续文献通考》记载,直到万历十八年(1590)六月,情况也和冯应凤上疏时并无二致,收钱之令徒具形式,赋税折银趋势依旧。[3]

当时也有人认为,钱法崩坏是国家发行的制钱数量不足造成的。[4] 有明一代,总体来说铜钱的铸造量确实不多,宣德之后,随着白银财政的开始,很长一段时间完全没有铸钱,弘治通宝的铸造年份很短,嘉靖钱也是时铸时停,铸量其实并不多。在这样的情况下,品质极为低劣的铜钱暂时占据了流通领域,制钱与市场流通分离,只执行部分财政支付功能。

铸钱量上升是在明万历时期。万历四年二月在两京开铸万历通宝后,[5]四月又下诏各省一体开铸,[6]但在许多完全不流通铜钱的地区,这一开铸政策并不为人们接受,[7]终于在万历十年(1582)三月,由于将市面上二十文值银一分的新铸钱以十文一分的官价支付兵饷,引

---

① 《明实录》万历四年四月壬申条。

② 《明实录》万历五年十一月乙亥条;《续文献通考》卷一八《钱币考》,万历六年。

③ 《钦定续文献通考》卷一一《钱币五》。

④ 例如葛守礼在《葛端肃公集》卷二《广铸制钱足用疏》中就说:

  我太祖之有天下也,即铸洪武制钱,累朝因之。永乐、宣德、弘治、嘉靖,皆有制钱。但皆铸于京师,流布未广。是以天下省分,有旧钱者则用,无者遂止用银。……至如北直隶、河南、山东用钱,又苦钱不足用。盗铸之人,因而窃大利。……法在必禁。然制钱不足用,虽欲禁私铸,不可得也。故总民生国计物理事势观之,非广铸不可也。

  除此之外,还有《钱通》卷二所收王万祚疏、傅宗皋疏,丁宾撰《丁清惠公遗集》卷二《留都钱法大坏疏》等。

⑤ 《明实录》万历四年二月乙酉条。

⑥ 《明实录》万历四年四月壬申条。

⑦ 潘季驯《潘司空奏疏》卷五《条议钱法疏》等。

发浙江兵变,①九月皇太子诞生,大赦天下,各省一体开铸的政策也随即停止。②

大量增铸始于万历十三年(1585),这一年诏令铸造铜钱十五万锭,③万历二十七年(1599)、二十八年(1600)之后增铸势头日益强劲。④ 留都南京一地,万历二十年代不断增添钱炉,⑤三十年代前半期时已增至六百座,⑥所铸之钱不仅供南京城内之需,还流往南京周边地区。⑦ 其他地方也纷纷效仿,万历二十八年湖广、三十二年(1604)贵州开始起炉铸钱。虽然朝廷增铸的目的在于弥补财政亏空,用于铸钱的铜材也有限,但随着制钱铸量的增加,明代后期,不仅私铸钱,制钱也在一些地区流通起来。

当时有人认为除崇祯朝外,明朝的制钱在京师地区一直能够维持其法定价格,⑧清初制定钱价时,还参考了明朝的比价。然而,自万历以后,制钱的官定比价就无法维持了。万历金背钱初铸时规定每十文值银一分,万历十三年升至五文一分,城市百姓生活因此陷于困顿,⑨二十七年官价五十文作银一钱,三十九年(1611)市价跌至六十六文一

---

① 陶允宜《镜心堂草》卷三《答张使君问民兵书》:

　　承平以来,给赏绝矣。所赖以供朝夕,备寒暑,逮父母妻孥者,独银二分三厘耳。一旦而减为二分,是去五之二也。而所为二分者,又以三分之一为搭钱。夫浙不便钱也。浙而用钱,则二十为一分,而官法为十,又去六之一也。

　　另外,平定此次兵变的张佳胤著有《居来先生集》,关于此次兵变与铜钱之间的关系,请参见此书附录所收《张大司马定浙二乱志》《大司马张公经略浙镇兵变始末》等文。

② 《明实录》万历十年九月辛酉条。

③ 《明实录》万历十三年九月壬申条。

④ 《续文献通考》卷一八《钱币》,万历二十七年四月。《明实录》万历二十八年三月丁未条。

⑤ 《钱通》卷二《王万祚疏》。

⑥ 《钱通》卷二《李云鹄疏》。

⑦ 《钱通》卷二《王万祚疏》。

⑧ 据《谈往》记载,京师钱价六百文一两,基本上没有什么变化。

⑨ 《明实录》万历十三年八月丁卯条。

钱,给商人搭放造成了不利影响,①可见,国家并无能力设定和维持铜钱的固定比价。

明末的铜钱流通表面上似乎得到了国家信用的保证,因为只要出现政治动荡,钱价就会暴跌。从天启朝开始,制钱质量明显下降,但直到崇祯初期,钱价都还能维持,钱价是在明王朝即将灭亡的崇祯朝开始下跌的,明朝灭亡时,铜钱的面值已跌破其金属价值,当时的人们将其视为废铜烂铁。② 清朝建立之初,顺治钱也不被信任接受,此后钱价虽有所上升,但三藩之乱时再次出现暴跌。③

然而,失去国家信用保证从而导致钱价暴跌只是一种假象,真实的情况在于,人们预期未来朝代更替,前朝的钱币会被禁用,因而不愿意接受使用,实际上,被弃用的铜钱之后又会恢复流通。明朝鼎盛时也出现过同样的情况,万历十五年(1587),嘉靖金背钱突然无法在市

---

① 《明实录》万历三十九年十月戊子条。

② 王通《蚓庵琐语》:

　　自崇祯六七年后,其价渐轻。至亡国时,京钱百文,值银五文,皮钱百文,值银四分。甚至崇祯通宝,民间绝不行使。本朝顺治四五年间,崇祯钱百文,止值银一分,每钱重一斤,值银二分五厘。

　　根据叶梦珠《阅世编》卷七《钱法》记载,崇祯初年,虽然崇祯钱的质量日益低劣,但还能和嘉靖至天启年间铸造的制钱一起通行,之后不断贬值,"迨乎乙酉,大兵既下江南,前朝之钱,废而不用。是时每千值银不过一钱二分,较之铜价,且不及。而钱之低薄,虽鹅眼蜓缳,不能喻矣"。

　　又据叶绍袁《启祯记闻录》载,顺治四年崇祯钱被清廷禁用,只能当作铜料处理。

③ 叶绍袁《启祯记闻录》:

　　〔丙戌岁——顺治三年〕然钱价每千易银二钱,贱已极矣。独顺治新钱,必欲每千纹银一两四钱,又嫌太贵,官欲通行,而民不便,未能奉令也。

　　《阅世编》卷七《钱法》:

　　顺治通宝初颁,官实每千准银一两。然当钱法散极之后,奉行甚难。……而民间所用,惟七一色之低银。……至〔康熙〕十二年甲寅四月,闻八闽之变,三吴钱价顿减。初犹五六钱一千,后直递减至三钱。积钱之家,坐而日困,典铺尤甚。有司虽严禁曲喻之,而不可挽。十五年以后,封疆渐宁,钱价次次渐长。

面上流通,①万历皇帝精心打造的万历钱,随着他的死去一时也被抛弃。②

制钱本身已与政府的信用支持无关,与政府推行钱法的意图相反,不断在通行和弃用之间徘徊:

> 世庙制钱,曰金贝,曰旋边,钱一也。围径厚薄同,范铜液同,制文同,泉府不能高下之。初时旋边盛行,市肆贸易,唯旋边为准。如贯钱内,偶一金贝,乱于其中,则谨别而出之,不得与旋边同售。人之见金贝也,则铜视之。……曾未三年,而金贝复盛行,民间所积旋边,则缀之破笥中。余因问诸市人,曰钱金贝精乎,曰一也。奈何不行旋边,曰市不行故不行。曰有据乎,曰无。嗟乎世之无所据而用舍者,独钱也与哉。③

从这则资料可以看出,铜钱不仅失去了政府信用支持,也不再反映其本身的金属价值,只是作为流通圈内部的一种货币符号在使用。

在狭小的流通圈内,为铜钱创造信用的是当地的金融业者,在他们的操控下,铜钱的习用种类不时发生变化,因而常常成为政府取缔的对象。④ 当时的人们认为,这些金融业者可以任意决定某种铜钱的流通与否,这样的看法未免有些夸大。但是,当铜钱不再是政府的支付工具时,其信用只能依靠民间的金融业者来维持,这些金融业者不仅掌握着区域内的货币兑换业务以及域外的货币流入,还负责向独立

---

① 《明实录》万历十五年六月辛未条。
② 《明实录》万历四十八年七月壬寅条。
③ 刘尧诲:《大司马刘凝斋先生虚籁集》卷一《制钱》。
④ 《万历会计录》卷四一《钱法·万历五年户部尚书殷正茂题》:
　　一,编铺行。京城内外,一应大小人家,无钱必买于各铺,有钱必卖于各铺。有等奸商,积某项钱多,遂倡言某钱不行,转相煽惑,愚弄小民。既贵卖其所积,以图目前之利,又贱收其所弃,以图他日之利。钱之壅滞,大端由此。

于民间市场的财政领域输送铜钱。[1]　由于还未建立起统一的市场体系，铜钱只能在区域内部流通，价值也不可能稳定，在这样的情况下，米谷、盐、布以及同样是实物货币的称量白银，更容易获得公众的信任。

铜钱的区域性信用、流通不稳定、私铸钱泛滥、实物货币盛行，凡此种种，并非这一时期新出现的现象，在专制国家的财政不以铜钱为主导货币的时代，这些现象时有发生。[2]　作为贱金属货币，铜钱的货币性本来就不强，当不再依靠政府信用支持，只是作为市场的交易工具广泛流通时，铜钱才真正具有了新的意义。

明代中叶出现的钱法崩坏现象，与清中叶以后铜钱流通范围和规模的扩大形成了鲜明的对比。清代后期，除了华中以南的沿海城市按枚计数使用银元，绝大多数地区都成了行钱之地，[3]中国实际上是用钱而不是用银的国度。清末使用银元的江浙等地区，清中叶也曾是铜钱流通地区。[4]　关于雍正朝的铜钱问题，佐伯富已作过详细论述，[5]而对于乾隆朝急增的铜钱需求和钱贵现象，黑田明伸也有专文论述，[6]以下就在这些研究的基础上，从清代前期国家与铜钱的关系入手，对铜钱流通扩大的历史意义作一探讨。

---

[1] 见本书第三部第三章。

[2] 关于这种受到限制的铜钱流通，请参见《明夷待访录》财计一。

[3] 关于清末银、钱流通圈的概况，参见《张文襄公全集》卷六三《虚定金价改用金币不合情势折》。

[4] 关于江浙闽沿海地区铜钱行使范围的扩大，参见《锡金识小录》卷一《备参上·交易银钱》以及《清实录》乾隆八年八月是月条、同九年七月甲申条等。

[5] 佐伯富：《清代雍正朝における通货问题》，《东洋史研究》18—3，1959 年，后收于《中国史研究》第二（东洋史研究会，1971 年）。

[6] 黑田明伸：《乾隆の钱贵》，《东洋史研究》45—4，1987 年，后收于《中华帝国の构造と世界经济》（名古屋大学出版会，1994 年）。另外，岸本美绪也注意到以钱代银的这一转变，参见其《清代〈七折钱〉惯行について》，《お茶の水史学》30，1987 年，后收入《清代中国の物价と经济变动》（研文出版，1997 年）。

第二节 铜钱的需求与供给

清代中叶以后铜钱的广泛流通,确实与清朝铸钱量的增加有关,以下就分阶段对铜钱的需求以及铸造、供给情况作一考察。

一、顺治初至康熙九年

这一阶段,除京师外,政府还在地方各省开局铸钱,但旋即停歇。政府铸钱的主要目的是获取铸息。清朝建立之初,中央财政极其困难,不得不从内库取银支用,顺治年间还发行了钞贯,[1]地方上也未建立起稳定的税收制度。为了弥补财政不足,国家对铸钱十分重视,[2]一贯把铸钱作为获利的要途之一。[3] 和铸钱量相比,户部更关心的是铸息,[4]事实上,现存的很多史料都是关于铸息的报告。这一时期的铸钱动机与明代后期一脉相承。

这一铸钱动机直接影响到铸钱的收支计算方法和铸钱的用途。政府以上好铜材一斤六分五厘的官价强制收购原材料,又将所铸之钱一律以一两一千文的法定价格搭放兵饷,通过这样操作产生的利益即为铸息。这一做法在康熙八年(1669)至九年(1670)关于各省停铸的

---

①《皇明文献通考》卷一三《钱币一》,顺治八年。

②《清代档案史料丛编》第七辑《顺治年间制钱的鼓铸》(以下简称为《档案丛编》)中所收顺治四年六月十二日偏沅巡抚高斗光题本。

③《档案丛编》顺治四年四月十三日河南巡抚吴景道题本,《明清档案》顺治五年十一月闽浙总督陈锦揭帖,《明清档案》顺治十三年三月两江总督马鸣珮揭帖,等等。

④《档案丛编》顺治十三年三月十七日户部尚书戴明说题本。

争议中受到批判,①但问题早在之前就已经显现出来了。②

　　尽管政府一心通过铸钱获利,但这一时期的铜料供给十分困难。当时,滇铜的开采还未正式开始,由于郑氏集团掌握了海上贸易,日本铜的进口也不顺利,和明代后期相同,这一时期也面临着铜料不足的问题。为了保证京城铸局的原料供给,京局所需之铜由各税关的关差负责收购,相比之下,地方铸局的铜料来源极不稳定。福建、河南等非产铜地区,各铸局主要通过里甲强行收买铜器、旧钱作为铸钱原料,但铜器、旧钱很快就被搜刮一空,③就连日本铜、滇铜收购相对容易的江南地区,也不得不去币材办运本就艰难的山东、河南收买。④

　　由于受到原料供给等条件的限制,地方各省的鼓铸极不稳定。清政府首先在华北军事重镇开局铸钱,之后随着清军的节节推进,各地相继设立铸局开铸铜钱,但在顺治八年(1651)大幅减炉,⑤各省一局减为 50 炉以下,宝泉局、江宁局各减为 100 炉,⑥十年(1653)江南等地

---

① 《历史档案》1984 年第 1 期《康熙八至十二年有关鼓铸的御史奏章》(以下简称为《历史档案》84—1)所收康熙九年二月二十四日户科给事中姚文然题本,康熙八年十一月十一日刑科给事中张登选题本。

② 康熙二十五年铜的收购价提高到每斤一钱(《清实录》康熙二十五年四月戊子条),以往经常将其视为铜价上涨的结果,但实际上这只是对现有价格差的调整,根据《康熙起居注》二十五年二月十日以及二月十二日的记载,铜的实际收购价格为每斤一钱五至六分,和每斤一钱的定价相比,仍有七至八分的差距。

③ 有关福建的资料,见《明清档案》顺治九年五月福建巡按王应元揭帖和《明清史料》已编第三本、顺治十三年二月二日福建巡抚宜永贵揭帖,河南参见《档案丛编》顺治十三年闰五月十三日河南巡抚亢得时题本和《档案丛编》顺治十三年四月二十九日河南巡抚亢得时题本。

④ 《档案丛编》顺治十三年三月十七日户部尚书戴明说题本中引用的顺治十一年铜料采购报告。

⑤ 《清实录》顺治八年十月癸亥条。

⑥ 《档案丛编》顺治九年七月十一日户部尚书车克题本。另外,《档案丛编》顺治十一年正月二十六日户部尚书车克题本还记载了各地的停铸经过。

复开 304 炉,①十四年(1657)九月又罢,②十一月至十二月各地陆续停铸,③十七年(1660)复开,其中就有新开的云南铸局,④但在各省铸钱还未见成效时,康熙元年(1662)又宣布停铸。⑤ 康熙六年(1667)⑥户部不顾地方官员的反对,复开各省鼓铸,⑦九年(1670)遭到都察院等部门的强烈反对,⑧地方再次停铸,⑨之后直到雍正朝,都未再在全国范围内铸钱。

当铸钱的目的是获取铸息时,钱价过低就会导致停铸,而当时市面上的钱价往往低于政府的期望价格。顺治初期全国开局铸钱时,就谨慎地将铜钱接受度低的云南、贵州、四川、广西等省排除在外,盛京、延绥开铸后不久也因"钱文尚非急需"而暂停铸造,之后也未见恢复。⑩ 除了这些边远地区,其他省份开铸后不久就出现了钱贱以及铜钱过剩等问题。名义上银一两折合制钱千文,但即使在京师,钱价除了顺治初年有所上升,⑪一直处于极低的水平,⑫地方上也多以制钱接

① 《清实录》顺治十年六月己未条。
② 《清实录》顺治十四年九月己巳条。
③ 《明清档案》顺治十五年十二月督理京省钱法杜笃祐揭帖。
④ 《光绪大清会典事例》(以下简称为《清会典事例》)卷二一九《直省鼓铸》。
⑤ 同上。
⑥ 同上。
⑦ 《历史档案》84—1,康熙八年十一月十一日刑科给事中张登选题本。
⑧ 同第 391 页注①。
⑨ 《清会典事例》卷二一九《直省鼓铸》。
⑩ 《皇朝文献通考》卷一三《钱币一》,顺治五年。
⑪ 据《明清档案》顺治元年七月二十六日工部左侍郎叶初春启本记载,钱价从每两 1500 文上升到 1080 文,这是顺治二年将新钱比价定为 1 两 700 文的原因所在,从《清实录》顺治三年五月庚戌中"制钱渐广,旧钱日贱"的记载来看,这种趋势一直持续到顺治三年左右。
⑫ 载有京师钱价变化的资料如下:顺治八年正月二十七日 1 两 1400 文(《档案丛编》户部尚书巴哈纳题本),九年五月二十八日 1 两 1600 文(《明清档案》福建道试监察御史石应泰题本),九年七月十一日 1 两 1600 文(《档案丛编》户部尚书车克题本)。康熙八年十一月十一日 7 钱 1000 文(《历史档案》84—1 刑科给事中张登选题本),九年二月二十四日 8 钱 1000 文(《历史档案》84—1 户科给事中姚文然题本),十二年十月二日 7 至 8 钱 1000 文(《历史档案》84—1 巡视中城御史鞠珣题本)。

受度低、铜钱过剩、钱贱等为理由停铸。顺治八年户部尚书车克上疏说铜钱积压,各省因此减炉;①顺治十四年又因"钱愈多愈贱,私钱公行,官钱壅滞",②地方全面停铸;康熙元年停铸的原因是钱贱;③九年停铸是因为铜价比官定价格高,钱价又比官定价格低,通过铸钱获利的期望落空,④总之,对铸钱需求的疲软是地方停铸的主要原因。

关于这一阶段的铸钱量还没有一个确切的统计数字。《清实录》中每年岁尾所载铸钱量⑤从何而来,目前还没有定论。有学者认为,该数字应为宝泉一局的铸钱量。⑥ 但是,随着档案资料的公开,可知

---

① 《档案丛编》顺治九年七月十一日户部尚书车克题本。

② 《清实录》顺治十四年九月己巳条。

③ 《皇朝通典》卷一〇,钱币。

④ 同第 391 页注①

⑤

顺治元年	71 664
顺治二年	443 752
顺治三年	624 824
顺治四年	1 333 385
顺治五年	1 449 494
顺治六年	1 096 910
顺治七年	1 682 425
顺治八年	2 430 509
顺治九年	2 097 633
顺治十年	2 521 644
顺治十一年	2 488 544
顺治十二年	2 413 878
顺治十三年	2 604 872
顺治十四年	2 340 871
顺治十五年	140 174
顺治十六年	191 806
顺治十七年	280 394
顺治十八年	291 585

说明:单位贯。不满一贯四舍五入。

⑥ 彭信威:《中国货币史》第三版,上海人民出版社,1988 年,第 883 页。

顺治前十年宝泉局的年铸钱量加上工料也不过 23 至 25 万贯,①而《清实录》所载年铸钱量最高时达 260 万贯之多,即使将宝泉和宝源局的数字相加也远远不够,考虑到地方铸局的开停情况,②顺治朝,甚至雍正朝的实录数据,可能是宝泉局和户部所掌地方局的铸钱量之和。

地方各钱局的铸钱量也无从考证,目前只知道一些零散数据,如江宁局顺治七年(1650)铸钱 30 万贯多,八年约 20 万贯,③现存资料主要也是一些关于铸息的报告。不过,这一时期计算铸息时铜价和钱价是固定的,因此,铸钱量与铸息应该成正比。④ 本章文末所附表 1 为主要地方铸局的铸息数据,表 2 为宝泉局、江宁局以及顺治八年之前停铸的地方铸局的获息情况,从表中可知,除京师外,江宁局等沿海地区的铸钱量也相当多,《实录》末尾所载数字,可能是宝泉局和地方主要铸局的数字之和。

但是,最高一年达 240 至 260 万贯的铸钱报告数据,不一定就代表实际增加的铜钱供给量,因为这时的铸钱原料主要是旧钱、废铜,因此,大部分新铸钱不过是旧钱的强制销毁改铸罢了。此外,报告的真实性也值得怀疑。当时的铸钱本质上是将收缴来的铜料(铜钱是最容易获取的铜料)销毁改铸成制钱后搭放,铜料和钱价都与市价无关,⑤

---

① 《档案丛编》顺治十二年正月二十五日督理京省钱法户部右侍郎郝杰题本中采用四柱法详细记载了顺治十一年宝泉局的收支情况,这一年期初余铜 141 万余斤,新增铜 302 万余斤,使用其中 220 万斤,包括工料钱在内,共铸钱 247 808 贯。又据《档案丛编》顺治十三年二月十日督理京省钱法户部右侍郎朱之弼题本,以及顺治十八年三月一日户部右尚书车克题本记载,顺治十二年和十七年分别铸钱 250 230 贯和 231 314 贯。

② 顺治八至九年、十四至十五年,地方铸局停铸时铸钱量锐减,顺治十年地方铸局复开时铸钱量增加,雍正年间地方铸局利用废铜鼓铸时的情况也是如此。

③ 《档案丛编》顺治八年正月二十八日江南总督马鸣珮题本,同顺治九年六月十六日总督江南江西等马国柱题本,同顺治四年二月九日陕西等巡抚雷兴题本,同顺治八年二月十一日总督宣大山西等佟养量题本等。

④ 一斤五分六厘的铜料收购价格并不是一成不变的,据第 391 页注③所引资料记载,还有比这更低的各种收购价格,影响铸息和铸钱量之比的因素很多。

⑤ 《明清史料》已编第三本,顺治十三年二月二日福建巡抚宜永贵揭帖。

鼓铸可谓多此一举,如果有其他财政来源作为铸息银两上报,对于地方政府来说,不铸钱才是最好的办法。另外,考虑到清初政治局势紧张对地方官员的压力,最多一年 260 万贯的铸钱量很有可能是虚报的数字。但不管怎样,这一阶段铸造了大量制钱,但由于得不到市场的充分信任,地方铸钱旋即停止。

二、康熙九年至康熙末年

这一阶段京师的鼓铸情况较为稳定,地方上只有个别铜料供给比较容易的铸局进行过短期的鼓铸。

京局所需铜料的承办人先后从关差变为盐差、内务府商人、八省督抚等,这一时期日本铜进口顺畅,京师铸钱的铜料大部分从日本进口。[①] 康熙前半期宝泉局岁铸钱 20 多万贯,宝源局 10 多万贯,康熙五十年(1711)左右开始增加,宝泉局达到 45 万贯,宝源局 22 万贯余。[②]

地方鼓铸仍是旋开旋停,极不稳定,当时日本铜只供应京师,滇铜产量还不旺盛。关于地方铸局的开停情况,《清会典事例》所载较《实录》、地方志等文献详细,以下即为《清会典事例》所载各地方铸局的开铸与停铸年份:[③]

> 广西,康熙十八至二十年;广东,二十五至三十一年、三十四至三十七年;福建,十九至二十一年、二十四至三十四年;台湾,二十八至三十一年;浙江,三十五至三十八年,云南,二十至二十八年;湖北,二十六至三十八年;湖南,二十二至三十九年。

---

① 任鸿章在其所著《近世日本与日中贸易》(六兴出版,1988 年)一书中,对利用日本方面资料所做的各种研究进行了整理。

② 具体情况不明,但《清实录》中每年岁尾的铸钱量,《皇朝文献通考》卷十四《钱币二》末尾的统计数据,以及《清会典事例》中户部和工部的增卯数、每卯铜斤数所表现出来的变化趋势总体上是一致的。

③ 其他时期的档案资料显示,从决定到实际开铸,需要一年左右的时间。

这一时期,铸钱的目的已发生变化,主要是解决铜钱或制钱无法流通的问题。康熙二十五年(1686)广东开铸,目的是疏通两广钱法;[①]康熙二十四年(1685)福建开铸,则是为了禁用明钱,独行清钱;[②]康熙二十七年(1688)台湾开铸,也是平定台湾后为了禁用郑氏伪年号钱而为之。[③]

然而,这一目的在任何地方都未充分达成。康熙二十年(1681)云南开炉鼓铸,如果所铸之钱是为了就地使用,铸钱一开始就注定会失败,因为云南本就是不行钱之地,康熙二十四年和二十五年,巡抚以钱价过贱为由请求减铸,[④]二十七年,按照千文值银一两搭放的铜钱,时价只值银三至四钱,[⑤]二十八年(1689)终于停铸。三十四年(1695)广东复开铸局,三年后的三十七年(1698)三月,铸钱数量增加一倍,但钱价日贱,一千文只值银三钱二至三分,[⑥]由于所铸铜钱搭放出去后会进一步降低钱价,在还有大量铜钱库存的情况下,[⑦]广东局至五月停铸。[⑧] 湖南、湖北的鼓铸持续了较长时间,但两地相继于三十八年(1699)、三十九年(1700)停铸,理由也是"钱易壅滞,价值过贱。"[⑨]

从铜钱的需求关系来看,云南的供需错位情况最为严重,湖北、湖南的情况则大不相同,出现这样的情况本身就很耐人寻味。总之,与上一阶段相比,这一阶段的铜钱需求状况并未发生显著的变化,除了

①《清史列传》卷九《吴兴祚传》。
②《清史列传》卷一〇《徐乾学传》;《东华录》康熙二十四年七月;《康熙起居注》二十四年五月二日。
③《东华录》康熙二十七年十一月。
④《康熙起居注》二十四年五月二十九日,同二十五年三月一日。
⑤《清史列传》卷一一《范承勋传》。
⑥《清史列传》卷一二《萧永藻传》。
⑦《清实录》康熙三十七年五月己亥条。
⑧《清史列传》卷一二《萧永藻传》。
⑨《皇朝文献通考》卷一四《钱币二传》。

京师流向地方的铜钱，国家对地方的铜钱供给并不多。

三、雍正时期

这一阶段铜钱需求开始发生明显变化，但在全国范围内，铜钱的铸造和供给还满足不了日益扩大的需求。

乾隆年间十分突出的钱贵问题此时已在京师显现。康熙六十年（1721），制钱由原来的每两银 880 文上涨到 780 文，[①]次年皇帝还就钱贵一事要求大臣们拿出新的对策。[②] 与康熙朝偶尔出现的钱贵现象不同，雍正朝的钱价昂贵一直持续到乾隆初年。钱贵现象其实可以追溯到更早的时期。康熙五十三年（1714）六月，皇帝在和大学士的谈话中就提到钱价已涨至 1 两 920 文。[③] 雍正六年（1728），钱价降至 900余文，低于过去数十年来的水平，雍正皇帝自负地认为这是自己实施铜禁政策的结果，[④]这样看来，钱贵已持续了相当长一段时间。考虑到康熙四十五年（1706）左右，京师至山东一带私铸盛行，钱贱问题严重，[⑤]京师的钱贵现象应该始于康熙五十年（1711）前后，康熙五十年开始增加每卯用铜量，[⑥]可能就是针对钱贵现象所采取的应对措施。

雍正年间，钱贵现象持续在地方上蔓延，同时全国仍有很多地区不用钱而用低银等实物货币。贵州省大额交易用散碎色银，小额交易

---

① 《清会典事例》卷二二〇《钱价》。

② 《清实录》康熙六十一年九月戊子条。

③ 《康熙起居注》五十三年六月十九日。

④ 《宫中档雍正朝奏折》（以下将康熙、乾隆等朝的奏折都简称为《宫中档》）雍正六年三月四日河南总督田文镜奏折中所引谕旨。

⑤ 《清实录》康熙四十五年四月己亥条、七月辛酉条，《康熙起居注》四月九日、十二日、五月十五日、七月六日等。

⑥ 《皇朝文献通考》卷一四《钱币二》。

用盐，①四川的交易媒介是一种名为吹丝银的低银，只在完粮时熔铸成足色银交纳，两地都不使用铜钱。②这不禁让人联想到明中叶时的江西和山西等省。云南省的鼓铸由于只重视省外需求而不考虑本地实情，铸钱量的增加反而使原本每两 1150 至 1160 文的钱价，跌至 1500 余文。③

尽管如此，很多地区的制钱价格确实超过了官定比价。与军事行动短期拉升对铜钱的需求从而引起的钱贵现象④不同，云南所铸的铜钱在湖广等地可以卖出 1 两 900 余文的价钱。⑤ 雍正时期已经开始从钱价高昂的京师往地方贩钱，雍正九年(1731)左右朝廷已经注意到了这一问题的存在，这是乾隆年间大量铜钱从北京贩往地方各省的先兆。⑥

当时的人们将京师出现的钱贵原因归结于私销导致的铜钱减少，雍正二年(1724)下令近京省份上交民间使用的铜器，此后又数度下旨收缴，五年(1727)正式颁布禁铜令，在全国范围禁用、收缴铜器。⑦ 从雍正五年开始，回收的废铜旧钱被用于京局定额之外的加卯鼓铸，⑧然而，加铸也是时断时续，从雍正末年开始，每年由云南铸钱 34 万贯解京后，⑨京师的铜钱供给才真正开始扩大。

---

① 《清实录》雍正元年七月壬午条，同雍正五年正月壬子条。《宫中档》雍正七年九月十九日云贵总督鄂尔泰奏折。

② 《康熙朝汉文朱批奏折汇编》康熙五十四年十一月六日，四川巡抚年羹尧奏折。

③ 《宫中档》雍正三年五月二十六日云贵总督高其倬奏折，同雍正三年十一月十二日云贵总督高其倬奏折，同雍正四年三月八日云南布政使常德寿奏折，同雍正七年十一月七日云南巡抚沈廷正奏折。

④ 例如《宫中档》雍正六年十一月十六日署甘肃巡抚西安布政使张廷栋奏折、同雍正十一年九月二十二日云贵巡抚张允随奏折中所载陕西发生的钱贵现象。

⑤ 《宫中档》雍正二年十一月二十一日云贵总督高其倬奏折。

⑥ 《清实录》雍正九年七月戊辰条。

⑦ 《清会典事例》卷二一四《办铜》；《清实录》雍正四年正月己未条，同五年九月乙卯条等。

⑧ 《皇朝文献通考》卷一五《钱币三》。

⑨ 同上，《钱币三》中的十二年条。

雍正七年(1729)地方各省也开始用收缴来的废铜铸钱,但多数铸局在废铜库存告罄后旋即停铸。通过这种方式鼓铸的铜钱数量并不多。雍正七年十一月至十年(1732)九月,江西开炉鼓铸,①一共用去废铜 136 200 斤,其中主要是雍正五年十月至七年九月收缴来的铜器,根据宝泉局关于废铜铸钱的规定,②铸出的钱文估计在 1.3 万至 1.4 万贯之间。湖南于雍正八年(1730)三月二日开铸,九年九月十九日停铸,雍正九年的铸钱量只有 1.2 万贯,③而广西、广东等地收缴的废铜④数量就更少了。⑤ 这一阶段的铸钱,与其说是为了解决铜钱供不应求的状况,不如说仍然是出于疏通钱法和应对私销的需要。⑥

如果铸钱是为了满足不断扩大的铜钱需求,当时的铜料供应情况正处在持续改善之中。虽然日本铜的进口数量减少,但每年仍可以输入近 300 万斤,有些年份还可以超额购买。⑦ 从雍正五至六年起,滇铜产量迅速增长,⑧雍正末年时,京师宝泉局铜铅库存充足,可供好几年

---

① 《明清档案》雍正十年十一月十二日江西巡抚谢旻揭帖。
② 据《明清档案》雍正八年八月三十日江宁巡抚尹继善揭帖记载,按规定,宝泉局应用废铜 12 万斤铸钱 12 480 贯,除去工料钱后实铸 10 111 贯多。
③ 《明清档案》雍正十年五月九日湖南巡抚赵弘恩揭帖。
④ 《宫中档》雍正六年四月十一日两广总督孔毓珣奏折,同雍正七年三月三日署理广东布政使王士俊奏折。另外,有关河南的情况,见《宫中档》雍正六年三月四日河南总督田文镜奏折。
⑤ 《清实录》岁尾反映的是用京师废铜所铸之钱的数据,雍正中期铸钱量开始增加,九年和十年特别突出,分别为 105 万贯和 91 万贯,有可能是加上了地方废铜的铸钱数据。
⑥ 《宫中档》雍正七年三月三日署理广东布政使王士俊奏折,同雍正五年十月十八日江西巡抚布兰泰奏折等。
⑦ 《宫中档》雍正五年正月二十八日苏州巡抚陈时夏奏折,同雍正十三年六月四日直隶总督李卫奏折,第 395 页注①引任鸿章书。
⑧ 雍正初年,滇铜产能仍然不足,参见《宫中档》雍正元年六月二十一日刑科给事中赵殿最奏折等。雍正五至六年的产量激增情况,参见《清实录》雍正五年六月戊申条、《宫中档》雍正六年四月二十六日云贵总督鄂尔泰奏折等资料。

之用。① 但是,除云南等铜材产地外,其余各省鼓铸之数仍然有限,除了来自云南的铜钱,地方各省的铜钱供给并不充足。

和其他省份相比,江苏省的废铜收缴工作却显得异常踊跃。雍正八年八月时已收缴废铜 69 万斤,计划鼓铸钱文 7 万余贯,②至十三年(1735)闰四月,已收缴废铜 140 万斤,③高其倬任江苏巡抚时收缴废铜 125 万斤,他向朝廷请求继续鼓铸,理由是江苏的铜钱需求甚大,④由此可见,发达地区已经有了改变政策的迫切需求。

四、乾隆时期

这一阶段钱贵现象从京师快速蔓延至全国,受此影响,全国各地开始大量铸钱。

钱贵现象最早出现在直隶、江苏等地,然后波及全国,⑤和其他地方相比,京师的钱贵现象最为严重。⑥

为了因应高昂的钱价,乾隆五年滇钱解京停止后,京师开始增铸,乾隆十六年(1751)、二十一年(1756)相继加卯鼓铸,乾隆二十五年(1760),包括工匠物料钱在内,宝泉、宝源两局的铸钱量达到 145 万余

---

① 据《明清档案》乾隆二年七月三日大学士管户部张廷玉题本记载,雍正十三年、乾隆元年宝泉局铜铅的期末余额为 848 万余斤和 1523 万余斤,分别相当于 2 年和 3.7 年的原材料数量。
② 《明清档案》雍正八年八月三十日江西巡抚尹继善揭帖。
③ 《宫中档》雍正十三年闰四月十三日苏州按察使郭朝鼎奏折。
④ 《清实录》雍正十三年十月己卯条。
⑤ 《清实录》中各地奏报钱贵及其对策的顺序如下。直隶,元年十月戊子条;江西,二年六月己巳条;江苏,二年十二月是月条;湖广,三年六月戊戌条;台湾,四年九月己酉条;浙江,五年正月甲寅条;河南,五年四月丙戌条;福建,六年六月辛丑条;陕西、山西,六年九月己卯条;贵州,九年五月辛丑条。钱贵现象发生的时间与上书建言的时间不一定一致,但可以看出其中的倾向性。
⑥ 《宫中档》收录了乾隆十八年五至八月全国各省的钱价报告,虽然此时钱贵现象已开始趋缓,且有很多地方官员不愿将钱贵情况上报朝廷,但从这些报告中可以看出,与经济水平相比,铜钱供应不足的江苏和安徽的钱价较高,四川和贵州则较低。

贯的高峰。① 地方铸局除了云南因为要供应全国而一直没有停铸,地方各省相继复开,乾隆四年(1739)福建、五年(1740)江苏和浙江、十四年(1749)山西等局开铸,至乾隆二十年代后半期时,地方的铸钱量也达到了高峰,包括人工物料在内,全国的额定铸钱数已超过 350 万贯。②

以上即是清中叶以前铜钱需求和制钱鼓铸的情况。乾隆朝发行的制钱对之后铜钱成为交易工具无疑起到了积极的作用,但是,乾隆朝的增铸本身是铜钱行使范围扩大以及钱价高昂的结果,而

---

① 《皇朝文献通考》载有这一时期京师制钱的鼓铸情况。

② 对《清实录》《清会典事例》《皇朝文献通考》等进行校验后推算出乾隆二十五年左右的额定数,如下表所示。云南数据依据严中平在《云南铜政考》(1957 年)中的推算。另外,严中平认为,云南铸钱量于乾隆三十二年达到顶峰,为 92 万贯。很多史料显示的都是额定数字而非实铸数额,有时还不包括工料钱,因此只能作一个大体上的参考。

京师	1 453 920
直隶	47 923
山西	44 180
陕西	93 618
江苏	111 820
浙江	128 613
江西	69 600
湖北	98 300
湖南	168 758
福建	45 000
四川	291 200
云南	728 969
贵州	172 000
广东	?
广西	96 000
合计	3 549 901＋

铜钱行使范围扩大又是明中叶钱法崩溃后铜钱转型过程在清朝的延续。

明代中叶,铜钱只在沿海诸省有一定程度的流通,到了清朝初年,铜钱行使已经相当广泛。尽管如此,康熙皇帝"自古钱法,未有如本朝流行之广者"的说法,①颇有夸大之嫌,因为除了云贵、四川等不行钱之地以及东北、西北的边远地区,从全国范围来看,顺治至康熙年间铜钱需求并不强烈,雍正朝之前地方鼓铸也多因铜钱接受度低、供应过剩而不得不停止。最早出现在京师的钱贵现象于雍正年间蔓延至多数地方,就连明代中叶不行钱的江西、湖广、山西等地钱价也呈上升趋势,但是,国家对地方的铜钱供给还未正式展开,在江西等铜钱流通的中等发达地区,当时行使的主要是私铸钱和旧钱,乾隆年间价格高昂的也是这些钱币。②

清朝制钱在台湾也不通行,当地习用小钱,可与番银兑换,乾隆初,钱价从一两1500至1600文涨至1000余文,最后涨至812文。③江西流通的是千文重量只有四斤的无法成串的低钱,字迹模糊,破损严重。④ 湖广、两广、西北钱贵现象也比比皆是。⑤ 私铸钱的质量极其低劣,但却以高于官定铜价数倍的价格在市面上流通,⑥皇帝本人对此也十分清楚。⑦

---

① 《康熙起居注》五十三年正月二十一日。

② 雍正时期的私铸钱问题,请参照第389页注⑤引佐伯文。

③ 《清实录》乾隆四年九月己酉条。

④ 《宫中档》雍正五年十月十八日江西巡抚布兰泰奏折。

⑤ 《宫中档》雍正十三年八月四日湖北巡抚吴应棻奏折,《清实录》乾隆六年二月是月(湖广总督那苏图),《宫中档》雍正三年三月一日福建漳州总兵官高世定(广西部分),《清实录》雍正七年正月甲戌(广西左江镇总兵官齐元辅),《宫中档》雍正七年三月三日署理广东布政使王士俊,《清实录》雍正四年十月壬午(山西总督伊都立)等。

⑥ 据《宫中档》雍正五年十月十八日江西巡抚布兰泰奏折记载,当地低钱一千文重四斤,当作废铜卖只值银二钱,而市面上通行的铜钱千文从五钱二至三分到五钱七至八分不等。

⑦ 参见《宫中档》雍正十三年八月四日湖北巡抚吴应棻奏折所引上谕。

雍乾时期,以私铸钱为主的铜钱流通从中等发达地区扩展到云南、贵州、四川等地,往来旅店之中,乡僻苗猓之人,皆知铜钱交易之便并开始使用铜钱。[1]

第三节　国家财政支付与铜钱

铜钱流通之所以扩大并不是货币供给增大的结果。那么,流通扩大是否受到了国家财税收支的支持? 长期以来备受关注却又一直被搁置的赋税收钱政策,是否在清朝得到全面恢复? 从中等发达地区铜钱流通扩大的主导力量是私铸钱来看,答案显然是否定的。

清政府将铜钱摒弃在财政支付体系之外,这从明末清初顾炎武对各地的游历中也可以得到证实。顾炎武注意到赋税折收银两会造成当地出现白银短缺、缴税困难、交易货币不足导致的市场停滞等状况,主张将铜钱纳入征税品类,以保证铜钱的公信力,对于山东德州在实际运作中搭收铜钱一事,顾炎武认为这只是一种例外。[2]

清朝确实从顺治时期就制定了铜钱搭放、搭收的方针。明末清初铜钱信用崩塌之时,政府就表明将铜钱纳入征税品类,顺治二年(1645)规定新钱七文当银一分征纳,[3]顺治十四年(1657),面对钱多壅滞的局面,下令各省钱粮按银七钱三的比例搭收,白银尽数起解入京,铜钱则充存留之用,永为定例。康熙七年(1668),又下令将存留部分中的驿站官役俸工杂支等按银七钱三的标准搭放,康熙八年(1669)、十一年(1672)又重申此令。[4] 当时有人认为,与搭放结合在

---

① 《宫中档》雍正八年正月十三日云贵总督鄂尔泰奏折,《清实录》乾隆九年五月辛丑条。
② 《顾亭林文集》卷一《钱粮论》。
③ 《清会典事例》卷二二〇《钱价》。
④ 以上内容见《清会典事例》卷二二〇《搭放省饷》。

一起的搭收政策,为铜钱信用的产生提供了保障。① 但是,各地起运与存留的比例不同,而且解京部分要求全额交银,存留部分又按银七钱三的比例搭放,政策上也缺乏整合性。实际上这一模糊且混乱的政策并未得到真正落实,②考虑到当时的实际情况,这样的结果也不意外,因为当时很多地方还未通行清朝制钱,制钱虽在京师流通,但钱价极低,1500 至 1600 文才能兑银一两,按照官定钱价搭放兵饷实质上等于减饷,搭收政策对地方财政也不利。

不仅如此,康熙末年到雍正年间,就在地方铜钱需求不断高涨之时,地方政府不仅对银七钱三的规定置之不理,中央还正式否决了零星钱粮可以纳钱的奏议。康熙四十三年(1704),湖广巡抚刘殿衡向皇帝条陈四事,其中一项就是零星钱粮交纳碎银与制钱听由百姓自便,但四项请求中唯独这一项没有被批准。③ 雍正三年(1725),太仆寺卿提议在原来银七钱三的规定上退一步,纳税数额在三至四钱以下者,听从民便,银钱并纳,制钱存留本省搭放,但户部拒绝了这一要求,④理由如下:

> 查交纳钱粮制钱,似于百姓易便。但银有一定分两。钱则价有贵贱。今将所收制钱于存留项下支销,钱贵之时,支给兵饷工食,兵丁夫役,自欣然乐从。倘遇钱价减贱,则兵役断不肯领贱价之钱,亏其应得银两之数,州县又未必能捐资赔补,恐致生事。

户部认为,在铜钱流通极不稳定,钱价波动激烈的情况下,除了按照

---

① 《阅世编》卷七《钱法》。
② 《历史档案》84—1,康熙十二年十月二日巡视中城御史鞠珣题本。
③ 《东华录》康熙四十三年十二月。
④ 《宫中档》雍正三年十二月二十三日总理户部事务亲王允祥等奏折。

"分两"就能行使价值尺度的白银,其他货币都不能作为国家财政支付工具。

即使在铜钱流通已经非常普遍的情况下,政府仍不允许赋税收钱,直到雍正十一年(1733)六月,经安徽巡抚徐本奏请,为避免熔铸过程中产生损耗,才正式允许钱粮在一钱以下者可以完纳制钱。[1] 随着铜钱流通的不断扩大,不仅收钱的范围越来越广,很多地方一钱以上者也不再勒令交银,[2]然而,乾隆年间的钱价在完粮期间仍会下降,这表明赋税交纳仍以白银为主。[3]

不管怎样,政府允许人们用铜钱纳税,但从国家信用保证的视点来看,这一时期的收钱有两点需要注意。一是关于钱价的问题,包括雍正十一年的规定在内,一直以来制钱的搭放、搭收都是以千文一两的官价为标准,但当市价涨至一两 800 文左右时,情况发生了变化。乾隆五年(1740),乾隆帝答复河南巡抚奏请时说:

> 朕思,制钱价值,各府州县不能划一,即一邑之中,早晚时价亦不相同。今若随时计算,无一定之准则。

虽然担心按时价折纳后法定比价将无法维持,乾隆帝仍下令改为按市价折纳,试办一年。[4] 第二年,山西允许折纳铜钱时,加上火耗 1000 文合银一两,[5]这在之后成为常态。政府的法定钱价,处

---

① 《清实录》雍正十一年六月壬子条。

② 《清实录》乾隆元年十月戊子条(直隶永平府),同乾隆十年十一月己卯条(陕西)等。

③ 《宫中档》乾隆十七年九月十二日直隶总督方观承奏折,同乾隆十八年五月二日署理山东巡抚杨应琚奏折。另外,有关纳税时将钱兑换银两的事例,见《宫中档》乾隆十七年九月三日广西巡抚定长奏折,《清实录》乾隆十三年闰七月己巳条(山东)。

④ 《清实录》乾隆五年四月丙戌条。

⑤ 《清实录》乾隆六年九月己卯条,另外,见本页注②乾隆十年十一月己卯条。

于名实俱亡的状态。① 乾隆皇帝后来也不太愿意再行干预之举,②钱价高昂之时,便是放弃法定比价之时。

另外一点需要注意的是,征收的铜钱并未进入财政领域,这是因为钱价昂贵和铜钱短缺,需要尽快将铜钱回流市场。乾隆八年(1743),批准福建存留钱粮陆续易换银两,以资流通,③乾隆二十年(1755)又具体指示之前发给牙铺、典商易换的钱文必须在三日之内交给钱桌易银。④

平粜钱是国家收受铜钱的另一个主要渠道,其处理方式亦照钱粮办理。康熙六十年(1721)由于钱价日昂,遂下令将京师平粜钱易银交库,等钱价平稳后再停止易换。⑤ 雍正八年(1730),命将平粜钱改在兵饷内搭放,⑥第二年七月改回发五城钱铺兑换,⑦乾隆年间又屡次下令平粜钱发铺易换。⑧ 甘肃、湖北等省长期以来把平粜钱存于州县库内,乾隆十年(1745)正月,命令各省易银,并将执行情况上报审查。⑨

用于兵饷搭放的都是新铸钱。根据顺治初年的规定,宝泉局所铸之钱用于兵饷,宝源局鼓铸的制钱则充各工之用,⑩但在钱贵导致制钱搭放率提高的情况下,经过雍正元年(1723)和四年(1726)两次调整,雍正五年下令除预留所需工价外,宝源局所铸之钱也全部用于搭

---

① 虽然兵饷仍按 1000∶1 的法定钱值搭放,但从政府对钱价的调控来看,正如明朝以后许多评论家所认为的那样,铜钱的回收比释放更为重要。
②《清实录》乾隆十九年四月是月条。
③《清实录》乾隆八年八月是月条。
④《清实录》乾隆二十年八月是月条。
⑤《清会典事例》卷二二○《钱价》。
⑥《清实录》雍正八年十二月庚戌条。
⑦《清实录》雍正九年七月戊辰条。
⑧《清实录》乾隆二年五月癸丑条,三年三月己巳条,三年六月甲申条。
⑨《清实录》乾隆十年正月辛巳条。
⑩《皇朝文献通考》卷一三《钱币一》。

放兵饷。① 地方鼓铸之钱,除了工料,主要仍用于搭放兵饷,②其余部分则用来易换银两。③

地方铸钱期间兵饷搭放有新铸钱作为保证,而当征收来的铜钱无法进入财政领域时,官俸搭放制钱也就变得有名无实。浙江从存留项下支付官俸是按钱一银九的比例造报的,实际上却一概给银,乾隆五年命令根据实际情况改为用白银表示。④

国家收受铜钱的途径还有很多,⑤钱价昂贵之时,确实有铜钱存储在州县库内的现象,但总体来说,国家层面的铜钱回流有两个体系,即铸造→兵饷的搭放,以及钱粮搭收、平粜→兑换,搭放和搭收之间互不关联。搭收在乾隆朝之前还没起到实质性的作用,进入乾隆朝后开始普及,但征收的铜钱也未真正进入财政领域,钱价随市场而变动,铜钱在很大程度上仍只是地方财政回流入口处的一种交付媒介。政府收购铜钱维持钱价的操作也只是康熙朝采取的暂时性的例外措施。⑥18 世纪末以前,⑦铜钱通过兵饷这一渠道单方面地从国家流向市场,除了顺治、雍正朝采取过回收旧钱、私钱改铸新钱等政策,清朝一直单方面地向市场供应钱币,一开始由于是在错误中摸索,供应量还比较少,后来则在市场强大需求的驱动下迅速增长。

---

① 《清会典事例》卷八九一《出钱》。

② 显示地方铸钱与搭放关系的事例如下:

　　广西:《清实录》乾隆十四年八月乙未条。铸钱 96 000 贯,用于搭放兵饷 62 000 贯、工料局费钱 13 680 贯、兑换 20 318 贯。

　　陕西:《清实录》乾隆十六年十一月己卯条。铸钱 93 618 贯 300 文,用于搭放兵饷 68 169 贯 400 文、工食杂费 13 552 贯、兑换 11 896 贯 900 文。

③ 后对河工等也开始搭放制钱。

④ 《清实录》乾隆五年七月甲戌条。

⑤ 例如《清实录》乾隆二年十二月是月条、五年六月辛未条、甲戌条中所载江苏征收漕米时需要缴纳的津贴耗费银等。所收钱文,也是旋收旋放,尽量不积留于州县库内。

⑥ 《清实录》康熙四十五年四月己亥条,七月辛酉等条。

⑦ 乾隆末年钱价下跌,兑换不易,致使地方积留了大量钱文(《清实录》乾隆五十四年九月是月条)。

第四节　铜钱的复活

铜钱在明中叶由于失去国家信用保证而被逐出流通领域,经过大约三百年的岁月,清中叶铜钱不仅恢复了流通,流通范围还不断扩大,此时铜钱的流通职能并不是由财政支付作为信用保证,铜钱流通范围的扩大也与政府的鼓铸、供给没有直接关系。

由于独立于财政回流,因此这一时期的铜钱基本上无法克服私铸的问题。以中等发达地区为中心,铜钱流通的扩大表现为私铸钱流通的扩大,并导致钱贵现象的产生。即使在政府供给增大之后,私铸钱依然存在,为了缓解铜钱短缺现象,有时是因为制钱供应比禁止私铸更重要,[①]很多时候政府公开允许制钱以外的铜钱继续存在,乾隆后半期又成为低钱泛滥的时代。

尽管这一时期铜钱的行使范围很广,但已失去它曾拥有的多种货币职能。顺治、康熙年间地方出现的钱贱现象,以及乾隆年间的钱贵现象,并没有被当时的人们看作是银贵或银贱。过去铜钱作为价格计数单位拥有绝对的优势,银价也是以铜钱来表示的,但此时白银已成为价值标准,人们对"银有一定分两,钱则价有贵贱"之说深信不疑。从明中叶开始,当人们提到银贵时,要么是因为米贱导致的银价相对昂贵,要么是指白银相较于其他货币而言的主导地位,直到19世纪,人们才开始将银贵现象与铜钱结合起来。至少在乾隆时期,白银和铜钱还未形成真正意义上的复本位制,二者虽按各自的价值流通,但货

---

① 据《清实录》乾隆十四年七月庚午条记载,由于担心钱价昂贵,朝廷曾暂时默许宽永通宝在民间流通。又据《宫中档》乾隆十九年四月十一日载,乾隆皇帝认为官钱充裕才是解决私钱问题之本,因此拒绝了江西巡抚时绥查禁私钱的奏请,并下令各省督抚照该旨意行事。

币体系更接近银本位制,这是农民缴纳零星钱粮时户部不愿收钱的原因,也是政府必须按时价收钱并将所收之钱进行易换的原因。

没有财政支付作为信用保证,价值尺度功能也遭到破坏,作为流通手段又是以白银这种价值标准的存在为前提的,在这样的情况下,推动铜钱重新在各地流通的是市场的力量。白银和铜钱的流通范围并无明确的界限,二者之间可以相互替代,部分流通领域中以钱代银的变化确实逐渐抬升了钱价,然而,铜钱本来就与百姓的日常生活紧密相连,早在明代,城市居民的生活就离不开铜钱了,钱价还直接受到米谷市场的影响。① 另外,前已叙及,乾隆时期的钱贵现象也与农产品市场密切相关。②

另一方面,当人们对铜钱失去信心时,和米、盐等实物货币有其公信力一样,白银在各地登场。但它以称量货币的形式流通,并不一定适合在农村的日常性交易中使用,"江南则民多识字,村农孺子,多知平色书算",③这种看法恐过于片面,"银色平法,乡愚罕能辨识"④、"乡民不谙银色戥头"⑤可能更接近历史真实,很多史料也将以钱代银的原因归于铜钱使用的便利性。

铜钱流通的扩大与市场的扩大密切相关,自明至清铜钱流通在地域上的发展也说明了这一点。铜钱把许多货币功能转让给白银,自己作为一种流通工具发展起来,同时克服了自身在明朝时的不稳定性,它是粮食、棉花、大豆(豆饼)等为主的全国商品市场形成在货币史上的表现。

---

① 见本书第三部第四章。
② 第 389 页注⑥引黑田文。
③《宫中档》乾隆十八年七月十三日署两江总督鄂荣安等奏折。
④《宫中档》乾隆十七年九月六日直隶总督方观承奏折。
⑤《宫中档》乾隆十八年五月十日河南巡抚蒋炳奏折。

附表1　顺治十四年地方局铸息

钱局名	铸造时期	息银（两）
山东省	正月—十一月	32 985
山西省	正月—十二月二日	11 588
临清镇	正月—十一月	14 935
阳和镇	正月—十一月	10 746
河南省	正月—十二月	8 103
陕西省	正月—十二月九日	11 121
湖广省	正月—十二月二十三日	11 157
宣府镇	正月—十月二十五日	9 257
蓟州镇	正月—十二月	8 146
浙江省	正月—十二月	15 220
江南省	正月—十月	14 799
江西省	四月一日—十二月	1 922
合计		149 978

资料来源：《明清档案》第33册，顺治十五年十二月督理京省钱法杜笃祜揭帖。

说明：两以下四舍五入。

附表2　宝泉局、江宁局以及顺治八年停铸地方局等铸息

钱局名	时期	铸息	时期	铸息	时期	铸息
宝泉	元年五月—七年终	1 012 672两	—八年终	89 287两	—九年终	83 668两
江南	三年六月—七年终	930 808两	—八年十月	72 103两	—九年终	23 982两
临清	二年五月—七年终	55 706两	—八年十月	13 833两		
密镇	二年五月—七年十一月	19 498两	七年十二月—八年十月	2 043两		
蓟镇	七年十二月—八年十月	1 991两				

钱局名	时期　铸息		时期　铸息		时期　铸息	
阳和	七年二月—七年终	5 613 两	一八年十月	8 084 两		
宣府	元年十一月—七年终	72 100 两	一八年十月	6 946 两		
郧襄	五年十月—六年十一月	11 453 两	七年十一月—八年十一月	9 963 两		
荆州	五年四月—七年六月	10 741 两	一八年七月	6 081 两		
延绥	三年六月—四年四月	2 648 两				
大同	元年十月—五年六月	118 327 两				
甘肃	四年六月—四年九月	1 641 两				

资料来源:《档案丛编》顺治十一年正月二十六日户部尚书车克题本。

说明:钱以下四舍五入。

第六章　透过中国看日本货币史二三事

　　"中国史研究会"的成员致力于中国专制国家的研究，近年来也开始关注中国的货币问题。[①] 在此过程中，笔者有幸接触到日本货币史方面的一些研究，让笔者感到如果将中日两国的货币问题结合起来考察，可能会为我们提供一条认识日本货币史的不同途径。本章拟对中国货币史的几个问题作一概述，并在此基础上，对日本货币史的相关问题作一探讨。不同于把货币与市场经济直接联系起来的传统货币观，承认前近代社会中非市场性因素、国家财政（或领主经济）因素的决定性作用，重视货币的财政支付功能，是笔者撰写这篇文章的出发点，因此，文中在论述货币的更新演变以及各种货币现象时会省去这些问题与商品经济之间的联系，但这并不意味笔者否认货币发展与商品经济存在某些方面的联系（特别是发展到小商品生产阶段之后），更不意味笔者否认商品交换背后蕴含的社会分工的发展在日本经济史上的意义。笔者自知外行而斗胆妄陈陋见，还望各位方家对文中的疏漏和讹误之处提出批评指正。

---

① 宫泽知之：《唐宋时代の短陌と货币经济の特质》，《史林》71—2，1988年；同《北宋の财政と货币经济》，中国史研究会编《中国专制国家と社会统合——中国史像の再构成Ⅱ——》，文理阁，1990年，这些文章后收于《宋代中国の国家と经济》（创文社，1998年）。另外，请参阅本书第三部各章。

第一节　专制国家与铜钱

铜钱是最常见的古代货币,其成色、重量并不统一。1 文通常用来表示铜钱最小的计数单位,正是在这一点上,铜钱与商品经济发展到一定水平的其他地区的货币,有着本质的区别。其他货币的单位都是以贵金属的重量来定义的,虽然各种货币之间也有差异,例如两和英镑从重量单位演变为货币单位,美元、日元与贵金属的重量挂钩,但本质上这些货币单位所表示的就是货币中的金属含量,德拉克马和德纳里乌斯等古代银币的情况也是如此。

然而,铜钱 1 文为铜钱一枚之意,它和铜钱中的金属含量无关。诚然,一枚铜钱的重量通常在 1 钱左右,但这并不意味 1 钱重的铜钱就是 1 文。以清代为例,制钱一枚的规定重量时有改变,大约在 1.4 钱至 1.6 钱之间,而规定重量与实际重量之间的差距更大。即使各种铜钱的实际流通能力存在差异,所有铜钱也都按一枚 1 文计数,不会变成 1.4 文或 0.6 文,一枚可当二枚、十枚使用的折二钱和当十钱,也是一枚 1 文,更有甚者,金钱、银钱的情况也是如此。[①] 所谓 1 文,不过是一种单纯的货币计数单位,从这点来看,铜钱与以个数计算的海贝区别不大,当我们惊讶海贝为什么能成为货币时,也应该对铜钱抱有同样的质疑。

既然"文"的含义不是由贵金属等材料的重量决定的,那么,它是由什么决定的呢?"文"是铜钱这种货币的枚数计数单位,那么,文的含义就与铜钱的含义密切相关,在各种圆形方孔的铜片中,哪些才是

---

① 参见第 412 页注①引宫泽文《宋代の財政と貨幣経済》。将日本近世的真输当四钱和天宝当百钱称为四文钱和百文钱并不正确,但在打破一枚即一文的传统观念上是有积极意义的。

铜钱,它又具有多少价值,要回答这些问题,必须从铜钱的行使范围说起。

在中国历史上,铜钱行使范围最广的是宋代。宫泽知之的研究表明,宋代铜钱的首要职能是专制国家的财政支付手段,而不是市场交易媒介。[1] 唐中期以来,随着兵与农的相互分离,国家财政不断扩大,而财政运转需要大量的货币,这正是宋代大量铸钱的原因。宋朝每年不仅有大量的铜钱存放在国库之中,还有超过市场流通量的铜钱(又或是政府以铜钱为基准发行的纸币)在国家和百姓之间往返流动。在财政运行中,铜钱成为全国统一的价格计数单位,进而成为与国家财政关系密切的民间市场的交易媒介。当铜钱以这种形式存在时,决定何谓铜钱的是国家财政,政府赋予满足了一定标准的铜钱以一定的价值,再由国家稳定地发行和回收,通过这样的操作对铜钱进行定义,并将对铜钱的这一认识深植于大众心中,这便是"文"的内涵之所在。

马克斯·韦伯将货币职能分为钦定支付手段和一般交换手段两种,钦定货币的历史更为悠久,它起源于共同体内部的支付,与市场交换无关,[2]韦伯将这种货币命名为内部货币。以欧洲为例,用于城邦内部支付的铸币即为内部货币,其货币价格与自身的材质并无多大关系;另外,只在领地内部溢价流通的封建铸币也是内部货币。和欧洲这些可以充当国际货币的金银铸币不同,铜钱不仅规模体系巨大,社会公众对其的信心也源于国家财政而非其内在价值,铜钱可以说是一种更为典型的内部货币。铜钱随着专制国家的建立而产生,汉武帝在确立了大一统的财税制度后开始大规模铸造铜钱,而六朝以后的历史也清楚表明,当专制国家削弱了铜钱的财政支付功能后,铜钱作为交

---

① 第 412 页注①引宫泽文。
② 黑正岩、青山秀夫译:《一般社会经济史要论》下卷,岩波书店,1954 年,第三章第六节,原著为 1924 年出版的马克斯·韦伯的著作。

易媒介的功能也会大幅度减退,可见,铜钱并不是随着商品流通的发展而自然产生的一种货币。

韦伯认为,和内部货币执行钦定支付功能不同,货币的一般交换手段功能起源于对外交易,当对外交易货币获得了在共同体内部的流通能力时,一般交换手段功能也就形成了。韦伯的这一学说运用到中国时会碰到一些问题,例如内部货币铜钱的首要功能是财政支付,但铜钱很早就发挥起交易媒介的作用,尽管如此,韦伯的主张仍颇有意义。就中国而言,当内部货币还是铜钱时,白银作为对外货币登场,其背后的推手正是将伊比利亚半岛和中国连为一个商业圈的穆斯林商人,在原先以铜钱为内部货币的中国,白银的交易媒介功能逐渐发展起来,与西亚商人关系密切的元朝又将白银的价值尺度功能引入中国。

明代是对外货币白银夺取中国钦定支付手段地位的时代。在价值尺度转向白银、民间市场银货流通崛起的情况下,明朝从 1436 年开始,经过一百多年的时间终于完成了向白银财政的过渡。白银财政的确立过程同时也是钱法崩溃的过程。钱法崩溃始于 1460 年左右的北京,随后蔓延到全国各地,正如当时的政策制定者们一致认为的那样,钱法崩溃的原因在于铜钱被排除在纳税品类之外。当国家财政不再对铜钱加以保障时,私铸盛行、私钱逐渐劣质化的现象也就无法避免。依赖国家信用建立起来的铜钱体系解体后,唐宋以来无论大小都以一文计数的旧钱、明朝制钱等各种铜钱之间产生了差异,只有具有特定年号、一定成色的铜钱,才能在各市场圈内部流通,其货币信用主要由具有金融能力的商业资本主导,铜钱变成了一种符号,一种在某个区域内部流通的信用货币,铜钱一文也有了非常具体的含义。

及至明代中叶,钱法已是混乱至极。在商品市场相对发达的沿海地区,铜钱还能在流通中发挥一定作用,而内陆诸省则通行盐、谷物、低银等"实物货币"。由明至清,随着农村市场经济的扩大,一度被驱逐出市场的铜钱又恢复了流通,并逐渐扩大到全国各地。与成色不一的称量银相比,铜钱更适合农村小额商品交易,虽然已不再充当财政支付手段,但随着农产市场的不断发展,清代中叶之前,作为象征市场的货币,铜钱又重获了新生。

第二节　日本版专制国家与皇朝十二钱

根据荣原永远男的研究,皇朝十二钱是日本版专制国家发行的用于财政支付的铸币。[①] 庆云至养老年间,随着律令制国家财政体系的建立,为了支付大规模营建工程的工钱,政府开始铸造铜钱,后来在重整律令制时也鼓铸过铜钱,10 世纪中叶,随着律令制的终结,皇朝钱在日本货币史上落下帷幕。

皇朝钱以支付工钱的方式从国库中释放出来,再通过税收回流到国库,其价值也由政府决定,和同开珎一文等于一天的工钱,五文等于丁男一年应纳的谷物。与此同时,在与律令财政关系密切的民间市场,皇朝钱还作为交易媒介发挥着一定的作用,供应给官司的各种物品必要时也会折成铜钱,用以维持官司的运作,在实物贡纳财政[②]中,铜钱扮演了不可或缺的补充性角色。

从货币的本质来看,中日两国铜钱的铸造都与市场经济关系不大,财政支付功能才是第一位的。日本发行铜钱时,民间市场的发育比中国还不成熟,加之中国的专制体制是建立在小农经济发展和农民

[①] 荣原永远男:《律令国家と钱货——功直钱给をめぐって——》,《日本史研究》123,1972年;同《和同开珎の诞生》,《历史学研究》416,1975年;同《律令国家の经济构造》,讲座《日本历史》I,1984年。这些文章后收入《日本古代钱货流通史の研究》(塙书房,1992年)。
[②] 鬼头清明:《日本古代都市论序说》,法政大学出版局,1977年。

阶层分化的基础之上,和中国相比,日本版专制国家的基础要脆弱得多,因此,相较于中国的铜钱,皇朝钱与市场经济的关系更弱,作为财政支付手段的属性也更强。律令政府不仅详细规定了一文的价格等于一天的工钱,还对新旧铜钱的兑换比率进行了硬性规定,即一文新钱相当于十文旧钱,姑且不论这些措施是否得到长期贯彻执行,但却反映出律令政府对铜钱发行进行了强有力的规制。尽管日本版专制国家后来发展为封建社会,其中央集权程度远不及中国,但由于日本的市场经济对国家财政的依赖性更高,所以在充当交易媒介时,国家对皇朝钱的干预也更强。

如果日本古代货币的功能比中国更偏向于财政支付而不是市场交易,那么之前将各种钱币现象与市场经济联系在一起的认识就需要重新考虑了,例如,除了京畿地区,日本几乎不行使铜钱,以往将这一现象的原因归结为只有京畿地区的经济发展到了可以流通货币的水平;钱价下跌是因为货币的供应量超过了流通所需的货币量;铜钱流通是在白银成为交易媒介的基础上发展起来的,等等。

后期皇朝钱逐渐走向劣质化,但仍用于土地买卖,维持着其价值标准的作用。和中国一样,随着律令制的瓦解,皇朝钱的货币功能也遭到极大破坏。

第三节　纳入中国内部货币体系的中世日本

为什么日本幕府宁愿向中国输出铜料也要从中国输入铜钱而不自行铸造?为什么随着铜钱流通的不断扩大,铜钱供给不足催生了私铸钱登场,而铜钱流通却在 15 世纪末突然出现混乱并停止?日本中世货币史上似乎还有很多未解之谜。

众所周知,整个中世日本都没有再铸年号钱,填补这一时期货币流通空白的是中国的铜钱及其仿制品。前文述及,铜钱一文的含义只有与它所在的社会结合起来才有意义,而当时对铜钱进行定义并支撑铜钱体系的是中国的国家财政,因此,中世日本通行的铜钱便也具有了同样的性质。

中世日本之所以没有铸造铜钱,既不是因为铜材的供应问题,也不是因为领主权力弱小而无法强制发行流通货币,其根本原因在于日本无法建立一套自己的铜钱体系。铜钱体系是在地域很广且财政性流通占优势的基础上建立起来的,在封建领主制下,土地被各地的领主以及各级领主所分割,领主管辖的范围和财政规模都非常有限,在这样的条件下是无法发育出铜钱体系的。在日本,像欧洲那样借助于金银本身的价值发行金银铸币或许可行,但却无法发行铜钱这种高度抽象化的货币。

是自行铸钱还是加入中国的铜钱流通圈,是否将铜钱作为货币使用,并非一个简单的政权强弱或商品经济发展与否的问题,日本和朝鲜的差异就很好地说明了这一点。① 高丽、李朝两代的铜钱流通不如日本活跃,政治上对中国的从属性也更强,但高丽、李朝不仅铸造了自己的国号钱,中国钱的流入也比较少,这是因为与封建制的日本不同,尽管不如中国那样彻底,朝鲜仍是一个专制国家,有发行内部货币的动机和条件。日本建武新政时朝廷计划发行铜钱却没有成功,这与重振专制国家的失败有着密不可分的关系。

朝鲜虽然铸造了自己的国号钱,但其铜钱流通不如日本活跃,这也不能简单地归因为朝鲜商品流通落后,李朝将粮食和布两种"实物货币"作为财政支付手段和价值标准,是因为粮食与布才是李朝主要的交易媒介。

---

① 有关朝鲜的货币问题,承蒙李荣熏、李宪昶两位不吝赐教,在此深表感谢。

　　一般来说，一个社会选用何种材料作为货币，以及如何使用这种货币，并不由商品经济的发展阶段来决定，尤其在前近代社会，一种材料之所以成为货币，与统合该社会的财政结构、决定财政结构的社会组织和统治结构，以及当时国际通用货币的状况有着密切的关系。

　　12 世纪后半叶开始，铜钱在日本恢复了流通，这一现象产生的原因，与其说是日本社会发展到需要铸币的商品经济阶段，[①]不如说是皇朝钱体系崩溃后日本又从外部获得了一套新的铜钱货币体系。具体来说，这一时期，在平清盛等人的推动下，日宋贸易急剧增长，商船不仅为日本带来了一种名为铜钱的财货，还带来了价值尺度，被人们遗忘已久的圆形方孔的铜片之所以能在日本成为货币，中国的铜钱体系和将其带入日本的国际贸易，二者缺一不可。

　　铜钱是中国的内部货币，但对于日本来说，它最初是一种用于国际贸易的对外货币，然而，"典型的氏族和部族贸易对某种本地无法生产而价格高昂的物品赋予一种交换手段的职能，这种对外货币在进行商业支付，如缴纳关税或通行税时，就具有了对内的职能。……如此一来，对外货币也就打入共同体内部了"。[②]

　　铜钱是一种特殊的商品。在中国，它是由国家提供信用保证的、表示价格计数单位的商品，而对日本来说，它是表示日本输往中国以及中国输到日本的商品价格的一种特殊的商品。

　　中国商品在中世日本商品流通中占据着主导地位，这在容易保存的陶瓷器皿上得到了充分体现。除了瓷瓶等大型器皿，高品质的进口陶瓷器与粗制的土器相比具有更强的竞争力，深受乡村中小领主的欢

---

① 从考古发掘的情况来看，中世前半期渡来钱的出土地点集中在以东日本为中心的相对边远的地区，随着时间的推移而逐渐向先进地区扩散。参见是光吉基《出土渡来钱の埋没年代》(《考古学ジャーナル》249，1985 年)。
② 第 414 页注②韦伯著书日译版，下卷，第 72—73 页。

迎，甚至对西日本瓷器产地的形成造成阻碍。棉布的情况也是如此，虽然从考古学的角度看棉布很难保存下来。[①] 和谷物、盐、鱼等地区性商品不同，在全国性商品流通中，中国商品占据了很高的地位。

和中国商品一同被带入日本的是铜钱所具有的全国性价值尺度功能，日本中世的领主们用铜钱来计算年贡，使得铜钱的货币功能得到进一步强化。由于无法自行建立一套由统一的财政体系支撑的铜钱货币信用体系，日本中世的领主们在中国已经形成的铜钱一枚即一文的信用基础上，建立了以"贯"计"高"的贯高制。

日本的铜钱体系长期依附于中国，当中国的铜钱体系崩溃时，这一情况以非常戏剧性的方式展现在我们面前。

一般认为，战国时期私铸钱的突然出现与日本商品经济快速发展拉升了铜钱需求有关，但是，私铸钱的出现反而严重扰乱了货币流通秩序，导致铜钱流通走向终结，也就是说，铜钱私铸的前因与后果是相互龃龉的。

值得注意的是，仅用劣钱混入无法说明铜钱流通秩序混乱和选钱的原因。如前所述，铜钱的成色在铸造时就不统一，依赖国家信用流通时，其种类本就繁杂多样。另外，由于铜钱混乱始于 15 世纪后半期，也有学者认为应仁之后的战乱对钱币的损坏是选钱的原因之一。然而，与其他货币一样，钱币在使用过程中不可避免地会出现破损，而且，即使是在铜钱流通稳定的时期，仍有极少数品质明显低于渡来钱

---

① 小野晃嗣在其著作中指出，日本早期的棉花种植主要集中在东日本，整体分布极不均衡，并认为这可能与西日本大量进口优质棉布有关（《日本产业发达史の研究》，至文堂，1941年），但永原庆二认为不存在分布不均衡的问题（《新·木棉以前のこと——苧麻から木棉へ——》，中央公论社，1990年）。有关均衡与否的问题虽然还有待进一步论证，但小野的观点值得注意。

的皇朝钱在流通。① 正如小叶田所言,②尽管以前市面上流通的铜钱质量也是参差不齐,但政府并未出手干预,选钱的本质不在于铜钱的混淆不清,而在于对混用的铜钱进行甄别使用。

中国钱法崩溃始于 15 世纪 60 年代的北京,随后蔓延到全国各地,其间所发生的事情已在第一节中论述过了。比中国稍晚一步,中世日本也出现了钱法危机,1485 年日本颁布了最早的选钱禁令,值得注意的是,此禁令的颁布者正是日中贸易的参与者大内氏。此后日本各地出台了一系列政策,内容包括禁止民间选钱,规定只有某些铜钱才可使用,禁止私铸,制定各种铜钱之间的兑换比率,等等。面对铜钱危机,中日两国不仅采取了相同的对策,就连事态发展的结果也是一样的,铜钱的各种职能遭到破坏,最终退出了货币流通领域。③

长期以来,学界关于选钱有两种不同的看法,一种认为所谓选钱就是良币被收藏而退出流通领域,另一种则认为是劣币被驱逐出流通领域。需要注意的是,这两种看法都将选钱看作是对币材优劣的选择,这是把铜钱当作是和金银一样的,由其自身素材价值决定的一种货币。在中国,铜钱挑拣确实是为了将劣质铜钱和其他铜钱区分开来,但同时它又是将一直以来按一文计数的各种铜钱区分开来的行为,从而赋予了一文以更具体的含义。兹摘录中国早期(1481 年)有关选钱的史料如下,以资参考。

> 近年以来,有等顽民无籍之徒,买卖高台物价,宝钞全不通行,铜钱挑拣。功立名色,洪武、永乐、宣德、开元、广钱、抄版、圆眼、洗背,俱称二样。下脚新钱等项,三分折一分行使。挑选一色

---

① 埋于经冢之中的皇朝钱的比率远远大于大规模的窖藏铜钱,这说明皇朝钱作为珍品面临贮藏的风险,尽管如此,窖藏铜钱中仍有少量皇朝钱存在。

② 小叶田淳:《日本货币流通史》,刀江书院,1930 年,第 58—59 页。

③ 参见第 423 页注①所引浦长濑的一系列论文。

双边大样,方准一文。大凡买卖,并柴米行使。诸色铺面兑换,俱要白银交易,以此钱钞阻滞不行。[1]

1485年大内氏的选钱令就规定:"利钱并买卖钱事,不论上下大小,永乐、宣德不得挑拣。"室町幕府颁布的第一个选钱令也规定:"至根本渡唐钱者,今后可交易之,若有违令者,可速处罪也。"颁布这些禁令,虽然也有应对铜钱质量日益低劣的一面,但本质上是将永乐、宣德通宝以及根本渡唐钱与其他钱币区分开来。

如果将选钱现象直接和币材的优劣联系起来,会无法解释之后出现的各种现象。一般认为,明钱在日本普遍不受欢迎,但是,在以东日本为中心的地区,只有永乐钱充当了价值尺度,这一现象从币材优劣的角度是无法解释的。其实问题的根本并不在于币材的优劣,当所有铜钱无法再以一枚一文的方式流通时,就如同在中国,一文钱只能以更具体的形式,在东日本则是以永乐钱的形式在一定区域范围内表现出来。近世初期德川幕府采取的铜钱政策也可以在这一脉络中加以理解,幕府在指定永乐钱和恶钱的比价为1∶4后禁用了永乐钱,又按照与恶钱相同的比价发行了宽永通宝。如同其名一样,恶钱是一种素材价值极低的劣质铜钱,使用时容易破损,如果按照成说是很难理解幕府强推劣钱这一行为的。实际上,幕府是想通过否定永乐钱在价值尺度上的特殊地位,让其他一般的铜钱与后来铸造的宽永通宝一起不经挑拣流通,从而达到重建铜钱货币体系的目的。

第四节　锁国与日本货币的独立

中世日本被纳入铜钱这一中国内部货币体系之中,当中国的铜钱

---

[1]《皇明条法事类纂》卷一三,钞法《钱钞相兼行使例》。

体系瓦解时,日本的铜钱体系也随之解体,浦长濑隆的一系列研究[①]表明,在 16 世纪 60 至 70 年代,西日本地区的税收支付几乎同时又从铜钱回到大米的状态。

其实,当日本开始进入中国的铜钱体系时,中国的对外货币已经在穆斯林商人的推动下转变为白银(日本可以说名副其实地进入中国货币体系内部),而当日本的铜钱体系崩溃时,曾经的对外货币白银已经变为中国的内部货币,作为价值尺度、财政支付手段以及大额交易媒介发挥着主导作用。失去铜钱这一货币支柱的日本早晚会被白银经济的洪流所淹没。

从天文年间开始,日本国内的白银产量大幅上升,随着银价的低落,白银开始广泛用于赏赐和军饷。日本国内银价的低落导致与中国的价格差异,于是,中国的主币白银成为日本对华贸易的支付手段。16 世纪 70 年代,由澳门葡萄牙商人主导的中日转口贸易正式展开,加之 60 年代后期海寇的最后荡平以及海禁的取消,使得日中勘合贸易不断扩大,这些都昭示了日中贸易新时代的到来。与 12 世纪后半叶贸易将铜钱的价值尺度作用引入日本一样,16 世纪 70 年代以后的日中贸易,进一步扩大和强化了白银在日本的价值尺度和交易媒介功能,根据浦长濑的研究,从 16 世纪 80 年代的京都开始,西日本的税收支付手段又逐渐从米转为白银。与此同时,除了大判金银,德川幕府开始铸行具有实际流通意义的小判和一分金等货币。[②]

---

① 浦长濑隆:《一六世纪后半西日本における货币流通——支払い手段の变化を中心として——》,《ヒストリア》106,1985 年,以及作者关于奈良、北近江菅浦和京都的研究。作者从土地买卖文书入手,对整个西日本的支付手段或价值尺度进行了考察。另外,通过对京都的考察发现,交易媒介也出现了同样的转变,参见《一六世纪后半京都における货币流通》(《地方史研究》35—3,1985 年),该文后收入《中近世日本货币流通史——取引手段の变化と要因——》(劲草书房,2002 年)。

② 第 421 页注②引小叶田书,第 412 页以后。

然而,这一时期金银价格的剧烈波动严重影响了白银和黄金货币职能的进一步完善,当时价格波动主要有国内、国际两方面的因素。16 世纪的银价波动主要是由国内因素造成的。随着天文以来金银开采量的增加,金价下跌,银价的跌幅更大,金银比价从最初的 1∶5 发展到天正期的 1∶8,17 世纪初更是达到了 1∶12 的水平。[①] 而 17 世纪上半叶银价的实质性下跌则是由国际因素引起的。日本白银自生产扩大之后,源源不断流入银价较高的中国,与此同时,来自另一产地中南美洲的白银也大量涌入中国,17 世纪初,日本和美洲大陆金银比价几乎持平,两地的白银迅速涌入中国,导致 17 世纪 60 年代中国银价贬值到和国外差不多的水平。根据木村正弘的研究,白银的迅速贬值抬高了生丝等中国商品的进口价格,这也是德川幕府实施丝割符制度、锁国令等一系列贸易统制政策的重要动机。[②]

随着铜钱体系在日本的崩溃,贯高制也难以为继,[③]白银在日本货币经济中的地位越来越高。然而,在找到新的货币取代铜钱之前,白银虽可用于领主的税收支付,但由于贬值严重,因此,在很长一段时间里白银还无法成为价值尺度,[④]从这个意义上来说,纳银或纳钱都是不可行的,唯一可行的只有石高制。站在货币的角度,似乎没有必

---

① 第 421 页注②引小叶田书,后编第三章。

② 木村正弘:《锁国とシルバーロード》,サイマル出版会,1989 年。木村的观点非常新颖,但也存在诸多问题:①国际货币并不始于美洲白银的兴起,白银在穆斯林商人的推动下早已成为国际货币,巴格达和广州之间长期以白银作为结算货币。②由于国内白银产量的上升,17 世纪初日本的金银比价已基本达到国际水平,16 世纪前半期的通胀现象应该只和对华贸易条件恶化有关。③日本锁国时东亚各国的白银价格已经持平,锁国是为了防止价格革命波及日本一说很难成立。另外,木村对 16 世纪前半期物价和钱价的认识也有问题,在此就不深入讨论了。

③ 浦长濑的研究表明,各地从纳钱向纳米的转变发生在支付手段、流通手段转变为米之后,而不是之前。是米的价值尺度作用催生了石高制,而不是石高制这一税收体制的建立导致米成为交易媒介和价值尺度。

④ 在国际银价低落之前,中国就已将白银作为纳税的货币工具,朝廷无法将白银贬值的损失转嫁给农民,导致明清时期国家税收大幅减少。

要把价值尺度从铜钱到米的转化理解为货币经济退回到实物经济状态。虽然失去适当的价值尺度和交易媒介会阻碍商品流通,但可以肯定的是,从贯高到石高的转变,标志着日本领主的税收已经开始摆脱对中国货币体系的依赖。

在防止国际市场影响金银价格稳定性、建立近世货币体制方面,锁国起了不可估量的作用。德川三百年与清朝三百年在时间上大致重合,但两国的货币演进大相径庭。在中国,称量银是主币,执行着财政支付等职能,但其成色因地区、行业、官僚机构而异,秤的标准也不相同,成色一定的白银铸币只有洋银,清代后期才传入东南沿海地区。和中国相比,日本近世建立的金、银、铜三货制度,确实令人感叹。幕府统一铸造了金、银、铜三种货币,并设定了三种货币之间的官方兑换比率,虽然市场上的兑换比率时有浮动,但直到幕末,三种货币间的兑换比率基本上可以维持;进入19世纪,金、银货币成色虽然明显下降,并引起流通的暂时混乱,但仍可强制通行;南镣二朱银流通以后,银币脱离内在实体,成为名目上的货币,并逐渐转化为金币的辅币,凡此种种,都与只信任白银实体的中国形成了鲜明对比。钱币的情况也是如此。18世纪中叶,出现了铁钱、宽永通宝真鍮四文钱等具有信用意义的钱币,打破了铜钱一文的传统观念,天保百文钱的广泛使用表明钱币出现了更具信用意义的进步。而在中国,鸦片战争之后,从1853年开始,清朝铸造大钱的尝试均以失败告终,使用洋式机械铸造一枚当制钱十文的铜元,必须等到20世纪初也即中国经济真正开始近代化之时。

日中之间的这种差异,很大程度源于两国之间巨大的社会结构差异。此时的专制体制对社会的统合能力日益减弱,而日本却加强了幕府集权。在中国,不存在可与中央抗衡的独立的个人与团体,从这个意义上说,在中国能够进行集权管理的只有国家,而国家对社会的管控又非常松散,政府可以借助财政的力量对铜钱进行宽泛的界定,但却无法发行统一的白银铸币。即使是和领地内部行使的、名目和实体分离的其他封建铸币①(封建内部货币)相比,日本的三货制度也极为突出,从金、银、铜三种货币逐渐名目化来看,它的封建铸币性质更加纯粹。其形成与幕府实行的锁国政策不无关系,幕府通过切断日本货币市场与其他基于素材价值而流通的国际货币的联系,同时将所有贸易置于幕府的管理之下,控制贸易的品类和支付手段,从而将国际通用货币的影响阻隔在国门之外。锁国政策对日本货币发展的积极作用,在开埠时中日两国的货币表现中得到了充分证明。

近年来,日本近世货币研究发展较快,在藤本隆士、岩桥胜等人的努力下,有关西日本和东北的钱币研究取得了很大进展。② 岩桥他们想证明的是,钱币不仅用于尾数处理和小额商品交易,实际上还执行着价值尺度的职能,和东、西日本的主币分别是金、银一样,钱币也拥有自己的流通圈。他们对当时的钱币使用情况进行了考察,诸如现钱和大额钱札的使用;用一定枚数的钱当银一匁使用的匁钱习惯;在此基础上发行的钱匁札,例如钱十匁的纸币,意即该纸币可兑换折合十匁银的铜钱;还有一些藩札,表面上打着银札的旗号,实际上是以铜钱代替银钱等;钱币为主币的地区包括九州全境,东北的一部分,以及四国、中国*的许多地区,随着研究的深入,钱币的流通范围还有可能扩大。

---

① 包林(Sture Bolin):《マホメット、シャルルマーニュ、及びリューリック》,1939 年,收于佐佐木克巳编译《古代から中世へ》(创文社,1975 年)。

② 藤本隆士:《近世西南地域における银钱勘定》,《福冈大学商学论丛》17—7,1972 年。岩桥胜:《再び德川后期の"钱遣い"について》,《三田学会杂志》74—3,1981 年;同《南部地方の钱货流通》,《社会经济史学》48—6,1983 年;同《伊予における钱匁遣い》,《濑户内社会の形成と展开——海と生活——》,雄山阁,1983 年。

* 此处指日本本州岛西部的中国地方,由鸟取、岛根、冈山、广岛、山口五个县组成。——译者注

关于近世铜钱流通的历史性质问题,学界一般把九州和东北等周边地区的铜钱流通看作是中世铜钱流通的继承和延续,因为这些地区在近世初期充当交易媒介的金银短缺。然而,最新的研究表明,中世末至近世初,至少在西日本的广大地区,铜钱一度退出流通领域,先是大米,然后是白银,成为当地货币流通的主导力量。实际上,虽然和史料的保存状况也有关系,现存的有关钱匁札的史料,最早只能追溯到18世纪后半期,因此,用中世的继承和延续来解释近世的铜钱流通可能有些牵强。相反,铜钱的交易媒介功能可能是从近世某个时期开始增强的,这从幕末、明治初年一些地区在行钱的基础上开始发行大额钱札中也可得到印证。

如前所述,钱法在明代瓦解后,铜钱又在经济发达地区作为地区性的信用货币恢复流通,入清以后,随着农村市场的形成,铜钱流通不断扩大,清代后期大多数地区都成为行钱之地。在日本,金银货币是成色一定的铸币,可以计数使用,加之藩札普及,和中国相比,铜钱以外的货币使用起来更为便利,但作为农村市场的交易媒介以及最小的计数货币,铜钱的作用也不容忽视。明治初期铜钱的货币总量比金银少,但由于金银铜三种货币各自的功能不同,相同金额的货币所代表的商品流通量也不同,其对各个阶层的意义更是不同,因此,不能仅凭货币总量去断定铜钱的作用。从中国来看,开埠时以白银计算的铜钱数量远低于白银,但在农村市场上流通的铜钱数量远在白银之上。日本近世的铜钱铸量只占金银铸币总量的几个百分点,却也高达5300万贯(不含钱札)之多,而此时铜钱的很多货币职能已被金银所取代,仅充当农村的交易媒介,从中世到近世,铜钱的货币职能发生了哪些变化,更应该引起我们的关注。

第四部
流通与经营结构

第一章 明清社会的经济结构

第一节 从单线发展论到多线、系统发展论

不论是战前还是战后，日本的中国史研究都深受欧洲模式的历史发展单线论的影响。特别是二战后，日本的历史研究在探索"世界历史发展的普遍规律"中重新起步，为了将单线论运用到中国，学者们积极在中国史上寻找奴隶制和封建制存在的依据。

在此过程中，一方面是奴隶制、封建制概念发生了变化，封建制概念被地主佃户关系所取代，长期以来对地主制的评价一直是学界论争的焦点；另一方面，在关于中国社会结构的论述中，许多历史现象，特别是社会史方面的现象被有意无意地忽视，与欧洲、日本封建领主制密不可分的封土封臣制度、自治的村落共同体以及家长制家庭等现象，因为很难套用于中国而被从封建制概念中拿掉。在这些趋势影响下，相关的社会结构发展理论变得极其狭隘。

在这种情况下，日本的明清史研究开始摈弃中国封建制论，在乡绅研究领域尝试从个别地主佃户关系之外去寻找封建制的存在。与此同时，包括法制史在内的中国社会史研究的发展，揭示了中国的社会团体具有与封建社会不同的结构特点。跳出单线发展的理论框架，全方位地解读中国历史的各种现象，构建新的中国历史发展理论的条

件已然成熟。

本章正是为此而作的一个尝试。历史发展的单线论催生了经济发展的单线论。人们认为生产和流通数量的扩大会引起结构上的变化,并设想了中国经济经历了从自然经济到商品经济,又或是从早期的跨地区市场到近代区域市场、再到全国性市场这样一个发展过程。但是,所有的经济活动都具有社会性,一个社会的经济结构必然受到其社会结构的制约。以下我们就从经济结构入手,对中国的社会结构作一考察,以此为世界的多线发展提供理论素材。考察的顺序为先经营后流通。

第二节　明清社会的经营结构

明清时期经营的特点是同一经营之中嵌入了其他经营,下面就以几个行业为例作一探讨。

在海运史研究方面,松浦章发表了一系列研究,填补了很多空白。[①] 从他的研究来看,海船经营由多个拥有自身业务的经营主体组成,海船不管是船头自己的还是从船主那里租借来的,船头都具有客商的性质,通常会在沿途各港口买入商品,并在目的地出售。乘船的客商自不待言,旅客往往也是一个经营者,官吏赴任,劳动者返乡,有时也携带货物上船,卖掉货物后以充船资。不仅如此,船员们也有自己的买卖,他们一方面是海船经营内部

[①] 松浦章:《唐船乗组员の个人贸易について——日清贸易における别段卖荷物——》,《社会经济史学》41—3,1975 年;同《十八～十九世纪における南西诸岛漂着中国帆船より见た清代航运业の一侧面》,《关西大学东西学术研究所纪要》16,1983 年;同《清代江南商船と沿海航运》,《关西大学文学部论集》34—3、4,1985 年。不过,松浦将航运的经营形式分为租赁运输型、交易型以及介于其间的折中型,其论点与本文略有不同。

的劳动者,接受船头的管理,同时自己也是商人,携带货物上船并在目的地销售。[①] 海船不仅是一个包括了客商、旅客在内的商人集合体,在海船经营内部还嵌入了船工个人的买卖,呈现出复杂的结构特点。

这种结构特点反映在农业经营中就是分种制,草野靖曾对其作过详细研究。[②] 与农民经营独立性较高的租佃制不同,在分种制下,地主不仅提供土地,还提供农具、耕牛,甚至种子,收获也根据投资情况按所定的比例分成。这种经营方式与出租土地换取地租的地主制不同,属于地主与农民的共同经营,地主提供各种生产资料,农民提供劳动力,同一地主经营之中混入了多个农民的经营。在分种制下,地主与农民的实际经营状况非常复杂。地主招募农民耕种某块土地,而中耕除草和收割的时期则由地主来安排,根据情况地主还需向农民额外

---

① 临时台湾旧惯调查会编《台湾私法》第三卷下,第八章"海商"第四节"出海财副及舵水人"(1911 年)中有如下记载:

与出海、财副相同,舵水人(各类船员)的薪酬包括工资、小司也即自己货物的销售利润以及海运贸易的收益分成,有的只有工资和小司,又或者只有小司和收益分成⋯⋯

(关于舵水人的利润分配)舵工 三份;大缭 一份五;头锭、押口 一份二五;舱口、总铺 一份二五;水手 一份。

工资:一份的金额根据航路的长短及难易度而定。

小司:以五担或五件为一份,出海、财副及舵水人可携带不超过规定重量的货物,销售所得全部归他们自己所有。

收益分成:船主货物的销售利润,由船主、出海、财副以及舵水人按比例分配。

由此可见,各类船员即是领取工资的劳动者,也是有自己生意的商人,同时还是合股经营的参与者。

② 草野靖:《中国の地主经济——分种制——》,汲古书院,1985 年。

提供耕牛的饲料，或另外添派人手进行中耕除草。[1] 农村雇工经营中也存在同样的情况。对于受雇一年的长工，有的地主将长工耕种的某块土地的收获作为其工值，有的则将长工耕作土地的收成按一定比例支给长工，有的长工甚至拥有自己的土地。

在商业领域中，被称为牙人、牙行的中间商人发挥着流通的枢纽作用。牙店里除了几位管账的常驻人员，大多数"店员"都是在外活动的跑街，负责招揽商人进店，从中说合，按传统领取计件工资，交易成立时按一定比例抽取佣金。在这些被雇的"店员"周边，还有一些与他们职能相同的中间人，这些人在米谷交易中被称为经手、坐门皮箱、流动皮箱、上行等，与跑街一样，也从牙行那里获取佣金。[2]

与牙行的经营活动密不可分的还有称重、装袋、搬运业者。称重业者在特定的牙行工作，给货物称重时抓取其中一部分作为自己的酬劳。"管行"等搬运业者一方面是牙行的雇工，从牙行的搬运业务中获

---

[1] 地主招募农民代耕自己的土地，有时还需额外负担农民的口粮、饲料、工钱等情形还可见于以下农书记载。

丁宜曾《西石梁农圃便览》：

岁：……照邑农夫狃于习俗，不特牛具、房屋田主出办，正月以后，口粮、牛草亦仰给焉。

四月：……锄地最为紧要。……此时当每晚传齐犁户，商量明日该锄何地，登记地册，次日遍查之。……犁户放粮，固不可缺。雇人添工，更难少缓。亦有此时不放粮添工者，使犁户为他人作佣。

六月大暑：……锄小暑所种之豆，务于立秋前锄完。……须算计立秋前日期，设凑钱米，添工锄治。务必立秋前锄完，动镰后不及顾矣。舍弟亮工，犁户锄豆，添工千钱，主认三百，亦劝农意也。可仿而行之。

七月立秋：……当查现在未锄豆田条段，开写一册，逐日亲查，添工速治，务必锄完。

[2] 天野元之助：《支那における米の流通机构と其の流通费用》，东亚经济研究所，1941 年。

取利益;另一方面又有人将这一职务买卖、典当,还有人拥有自己的商号。① 上述这些人员的活动,究竟哪些属于牙行业务,哪些不是,二者很难分清,同一牙行的经营中混入了很多这样半独立的经营主体。

　　之所以会形成这种复杂的经营结构,可能与经营者还无法实现对劳动者的完全支配有关,其中最具代表性的事例就是中国商店的店员没有专心本职工作的义务。《台湾私法》第三卷上第三章"商业使用人"中规定:"除经理外,如无特别规定,伙计可以私自经商,又或者为自己或第三者从事某种商业行为。……不会过问伙计私自经营的是否为商店的同类业务。习惯上把私下合伙或单独从事商行为的伙计称为小伙。"可见,除了商店的负责人,普通店员可以以个人或团体的形式自行经商,而且可以经营与店铺相同的业务,②这样一来,自然难

---

① 从以下的巴县档案中可以看出管行生意的多面性。

　　《清代乾嘉道巴县档案选编》下,五,力行,(二)脚力生意

　　[嘉庆十年七月九日谭元泰等供状]:

　　　问据谭元泰、张廷明、朱志光等同供:小的们在渝城三牌坊仁和药材行,管行生理,因行基窄小,行主仁和另起房屋,雇小的们在新行帮工。有刘祥万、杨大学、谭芳周们是旧日在行帮工,因不听约束,行主不肯用他,就雇小的们帮工。他挟行主不用他,就与小的们寻非,每年要给他银子十两,把持住小的们帮工。小的们不服,才来案下的。今蒙审讯,只求作主。

　　　问据刘祥万、谭芳周、杨大学同供:小的们旧日在三牌坊仁和药行内,管理行务。因行主刘仁和嫌行小,另起房屋,不肯请小的们管行,反雇谭元太、张廷明帮工。小的们心怀不忿就说,行户原有顶打帮工银两,把持行户,要他们每年给小的们银子十两。

　　[道光十六年六月三十日刘宗志等告状]:

　　　情蚁等籍隶湖南茶陵州,于乾隆年间蚁等故祖来渝,在朝天坊太和行,顶打食力当差,经今百余载。行户从济丰改泰来,又更正太源盛,又更福盛等行,惟蚁等食力从无更换。不特蚁等充该行夫,抑且渝各行脚力皆然。

② 从以下资料中也可见类似情况。

　　周东白《实地调查　中国商业习惯大全》(上海世界书局,1923 年)第三类"商业使用人"

　　[商业使用人之权限及限制……湖北全省]:

　　　又经理人非得主人允许,不得在同一营业所为自己或第三人经营同一之商业。但营其他之商业,或为以营利为目的之行为,则虽未得主人之允许,亦得为之。

　　[号伙之自营商业……湖北汉阳麻城巴东罗田等县]:

　　　号伙筹集资本,于号内营本号不同之商业,俗云做小货是也。

以分辨哪些是店家自己的业务,哪些是店员的私人业务。店员向店里借支一部分工资,年终分红时再行结算的做法,也造成了商店与店员业务界限的混乱。在社会观念面前,无论是商店的投资者还是管理者,都无法要求员工专心本职工作并对商店进行统一管理。

由于无法在经营内部实现对劳动力的支配,因而往往需要借助外部的力量和资源。在是否存在工场手工业的问题上,苏州的踹布业曾是研究的焦点。[①] 从事棉布买卖的商人通过叫作包头的承包人将棉布交与踹匠踹光,并付给踹匠加工费。包头负责置备踹布用的房屋设备,招募踹匠,组织生产,但加工费的发放对象是踹匠,踹匠再向包头支付设备使用费,三者之间的关系颇为复杂。这是前述同一经营之中混入其他经营之复杂结构的又一体现,"包"是经营无法实现内部整合的一种表现。值得注意的是,出面协调踹匠劳动报酬、工作条件的既不是名为字号的棉布商人,也不是招集踹匠的包头,而是当地的地方官员。踹匠们自己组成同业行会,为了加薪和工钱的支付问题举行罢工,从而让当地官员作出了增加工钱的决定。[②]

将工匠纳入雇主组织的同业组织之中,是雇主从经营外部对工匠行为进行约束的又一方法。很多资料显示,为了防止工匠粗制滥造和

[①] 横山英:《清代における踹布业の经营形态》,《东洋史研究》19—3、4,1960—61 年;同《清代における包头制の展开——踹布业の推转过程について——》,《史学杂志》71—1、2,1962 年,后收于《中国近代化の经济构造》(亚纪书房,1972 年)。寺田隆信:《苏州踹布业の经营形态》,《东北大学文学部研究年报》18,1968 年,后收于《山西商人の研究》(同朋舍出版,1972 年)。

[②]《明清苏州工商业碑刻集》(江苏人民出版社,1981 年)

　　[元长吴三县会议踹布工价给发银两碑]:

　　江南苏州府元和、长州、吴县正堂加十级纪录十次贾,为已沐博济等事。……乾隆六十年□月□□日,奉护理江苏巡抚部院□宪行内开,据踹匠蔡士谨呈称,身籍丹阳附治,踹匠生理。聚同(中缺十一字)正仪□□裹请增工串,不料众匠无知,停工观望,以致县主拘拿倡讼之人,分分胁从。详诣□□□□□落。而工价钱串,荷大宪洪恩,谕定章程,嗣后坊户给匠工价,即照所发陈平九八兑九六色银,□□□除□□以□□□□□之用,余□□□分给匠,听其自行换钱,毋庸坊户代为经理。……

携原材料潜逃,同业组织会制定行规加以约束并请求地方官的承认。①

　　在难以按照经营目标对劳动力进行管理和支配的社会条件下,经营内部普遍采用利益共享的方式来统一员工的意识,合股就是其制度表现之一。

　　合股分为三种类型:一是投资人之间的合股,投资人共同出资并按出资数额确定各自的赢利分配,一至三年结算一次;二是投资人与委托经营者之间的合股,按照一定的年限,以投资者六经营者四或二者对半的比例分成;三是投资人与劳动骨干之间的合股关系,投资人按出资数额确定其所占股份,劳动者则以劳务贡献多少作为人力股参加。经营被视为利润的源泉,因此,除了为将来亏损时预留一些资金,所有收益都被分配殆尽。合股经营的特点是,在利益共享的原则下,资本和劳动在同一层次上的结合关系。经营内部对劳动者的整合不是建立在经营者对劳动者的支配上,而是通过利益共享这种方式实现的。这也是为什么在中国使用带有伙伴意思的帮、伙、搭、友之类的词语表示雇佣劳动者,这与日本使用含有"对劳动者支配"之义的"奉公人"(侍奉主子的下人)等词形成鲜明对比。

　　在经营内部嵌入其他半独立实体的情况下,经营收益和劳动报酬大多按照每笔生意并根据固定的比例或金额来支付,将总收益按股分配的情况比较少,这也是通过利益共享来整合员工的一种方法。

　　近世日本的商店员工从小就以"丁稚"(学徒)的身份住在店里,为

---

①《江苏省明清以来碑刻资料选集》(生活·读书·新知三联书店,1959 年)
　　[江宁县缎机业行规碑……光绪十七年]:
　　　　钦加同知衔即补直隶州正任清河县调署江宁县正堂加十级纪录十次赵,为给示勒石以垂久远事。……合行给示勒石,为此示仰缎号机业东伙匠工诸色人等,一体知悉。……一议,各号料友,恐有拐带丝经缎匹,逃避地方,毋论远年近月,归来,将前拐欠号内丝经缎匹钱文,偿还清楚,方可生易。……一议,各料友开赈时,必须询明前织何号之件,歇时有无亏空丝经钱文,是否算还清楚,查明方能交易。

店主工作。他们相当于店主的家庭成员，衣食由店主提供，偶尔发放的奖赏往往也由店主保管。原则上店主不辞退他们，他们就不能离开，有些地方还明文禁止劳动者因为个人原因辞职。店员们的思想和行为受到既是店主又是家长的商家强有力的制约，他们的奋斗目标是在店内实现升迁，将来能够得到店主允许开设自己的店铺。

中国商店里的店员在年底分红后就可以自由离开，当时的习惯是如果不出席新年酒席就表示脱离雇佣关系。[①] 在中国，经营者对内部劳动力的控制比较松散，缺乏严格、统一的管理制度。

第三节　明清社会的市场结构

市场是经营与经营之间或经营与个人之间结成的一种社会关系，其具体情况将在以下各章论述，[②]这里仅对明清时期的市场结构作一概述。明清时期参与商品流通的主体有两类：一是携带商品至交易地买卖的商人，二是在两者之间充当中介的商人。农产品被农民带到集市，通过牙人的中介卖与小商贩，再由小商贩们用自己的船或者雇用船户和脚夫运至集散市场，由宿于牙人家中等候收购的客商接手。客商再将这些商品运至消费地市场，委托牙人出售给具有零售功能的商家。有的商品流通经过生产者与消费者在集市上进行面对面的交易

---

① 周东白《实地调查　中国商业习惯大全》(上海世界书局，1923 年)第三类"商业使用人"。
　　［雇伙无契约……福建惠安县］：
　　　惠安商店，雇佣伙友，每于阴历岁始，备酒席以招之。入座者，即为情愿受雇一年，毋庸再立契约。不入座者，虽上年在店为伙，从兹脱离主佣关系。
　　　另外，参见［伙友聘辞……湖南长沙县］、［伙友……陕西长安县］、［雇订铺伙……陕西鄠邑县］。
② 参见本书第四部第二章、第三章，以及拙作《中国における近代への移行──市场构造を中心として──》(中村哲编《东アジア专制国家と社会、经济──比较史の视点から──》，青木书店，1993 年)。

就可完成,有的在集散地市场之上还有更高一级的集散地市场,商品流通需经过几道贩运才能完成。虽然商品流通的形式多种多样,但一般都由客商与代客买卖的牙人或牙行来完成。

卖者、买者以及中介,这种看似任何地方都存在的流通形式,未必就是一种普遍存在的现象。同时期的日本,其流通的主要形式就与中国不同。江户的批发商向大阪的批发商发出书面订单,大阪的批发商收到订单后开始采购,并委托船运业者将货物运往江户,江户的批发商再将货物售与零售商,同时以汇票的方式向大阪的批发商支付货款。日本的商业活动建立在铺户间长久性商业关系的基础上,因此不需要中介介入,日本的"仲买人"并非介绍买卖之人,而是垄断了某一地区货物收购的商人。

日本的商家无需贩运货物。在中国,客商承担采购资金的运输、商品的选定、货款的支付、货物运输等多种商业职能,而在近世日本,这些职能都由专门的商人,即邮递商、批发商、船运业者以及汇票业者来执行。

与近世日本相比,明清时期的商业流通缺乏固定化分工。在某一时间点上,各种商人分别在执行销售、购买、中介等职能,从这个意义上说,商品流通存在专业化分工。此外,中国商人的经营规模普遍较小,商人数量众多,给人以分工很细的错觉。不过,虽然商品流通是由众多的商业主体构成的,但这些人之间并没有固定的分工,客商除了买卖货物,还需运送货物,近世日本已经分离出去的金融、通信业务,也属于客商的职能范畴。另外,已经分化的商业职能很少固定在某个特定的经营体上。客商经营的商品内容、采购地点、销售地点都不固定,即使依靠经验和人脉继续经营某一类商品,由于缺乏外在的强制力,其业务内容也经常发生变化。牙人一般是中间商,但在资金允许、市况良好的情况下,也会从事商品买卖,船户根据情况也会执行客商的职能。总之,商品流通还未形成固定化的分工关系。

经营的情况也是如此。彼此之间界限不明的经济主体混在同一个经营内,其结果就是每个人都各行其是,无法朝着统一的经营目标分工协作,形成合力。

之所以会形成这样的情况,是因为无法通过契约去制约成员的思想与行为,市场缺乏专业化分工,也是因为各个经营体之间很难通过契约建立相互稳定的分工合作关系。生产力的发展从组织化的角度看就是分工的发展。在经济自由化的今天,建立在分工基础上的规模化经营、实现了专业化分工的市场流通,这些都还是先进生产力的表现。中国的情况则不同,其经济是在未能制度化的情况下不断发展成长的。

第四节 人类社会发展史上的中国经济结构

日本和明清中国经济结构的差异,是两国社会政治结构差异的一部分。[①] 封建社会确立于日本近世,各种形式的自治团体是其存在与发展的基础。以日本的村落为例,它有自己特定的领域和成员,有自己的法律和决策执行机构,还有自己的财政用来管理村内公共事务。团体性很强的"家"是构成村落的基本单位,各个村落选派代表组成村落联合组织,这些联合组织又受领主集团选出的藩主的统治。

这些团体都具有团体规范能力,因此,一个团体即是一个公权力的主体。从"家"到村落,再到幕府,各种自治团体构成了日本封建权力的等级结构。

自治团体的存在,是以成员自觉服从与执行团体的协议结果为前

---

① 拙著《专制国家史论——中国史から世界史へ——》,柏书房,1998 年。

提的,换言之,社会成员的思想和行为可以通过契约去制约。无论是在经营层面,还是在市场层面,封建社会的这种团体特性都对建立在契约关系上的专业化分工的发展有着积极作用。中世后期随着社会日益朝着团体化的方向发展,日本的经济结构也发生了很大的变化。当运输、金融等职能独立出来后,原本建立在商人相遇基础上的市场关系,逐渐转变为铺户之间的长久性商业关系。运输业方面,也由商人合伙出海的朱印船贸易,发展到以收取运费进行商品运输托运的"回船"运输,市场在整合中不断发展。① 最后,出现了三井这样的大规模经营实体,各部门总共雇用了千余名店员,通过层层协议来决定公司的经营,这与同时期欧洲封建化进程中所产生的变化是一致的。②

　　相比之下,中国建立在非团体性社会的基础之上。中国的家庭只是某个时间点上共同居住、财产共有的宗族的一个部分,无法像日本的"家"一样长期稳定地存在。村落不是管理村内公共事务的组织,因此也就没有自己的财政与财产。村里既没有协议决策机构,也没有一个经选举产生的执行机构。社会是由个别成员之间的信赖关系,也即双边关系联结在一起,社会团体也是以具有政治、经济、道德影响力的某个个人为中心而形成的。与同样建立在个人关系基础上的东南亚社会的不同之处在于,中国的社会团体在规模和数量等方面都取得了很大的发展。

---

① 岩生一成:《朱印船贸易史の研究》,弘文堂,1958 年。柚木学:《近世海运史の研究》,法政大学出版局,1979 年。宫下正司:《西回り海运と江差商人の北前船经营について》,《日本海水上交通史》,文献出版,1986 年。
　　　航运经营形态从传统的朱印船贸易,到保留客商性质的北前船运输,再到收取运费的回船运输,商人合伙贸易和船员参与经商的情况逐渐得到改变。
② 股份公司并非是由克门达(commenda)或合伙(societas)等商业组织演变而来,而是由贸易对象地区商人组成的行会发展而来。东印度公司是第一家股份有限公司,其公司结构仿照了各国的国家制度与议会组织,是一个"政治化团体化的组织"(约瑟夫·库利舍尔著《欧洲近世经济史》,东洋经济新报社,1982—1983 年,原著出版于 1929 年)。

没有自治团体的社会无法从内部产生稳定的公权力主体。秦汉帝国创建的基层行政组织得以长期维系,而不是像封建社会那样,土地和人民被具有公权力的团体或领主所分割。市场随着参与者数量的增加而扩大,"社会分工"主要表现在空间分工而不是职能分工上,从终端市场到集散地市场,再到中心城市市场,形成了一个由客商—牙人结构串联在一起的市场体系。经营规模虽有扩大,但内部没有形成目标统一的分工协作关系,为了适应经济的发展,各种半独立的经营实体集合在一起,或者采取包含很多人力股在内的合股经营方式。从某种意义上说,明清中国的市场和经营结构是中国社会应对经济发展的产物。

人类发展的历史同时也是社会不断组织化的历史。自然人类学、文化人类学、考古学的研究表明,人类早期社会并不是牢固且庞大的共同体社会,而是由分散的个人和松散的家庭组成的社会。中国在高度发达的部落酋长制的基础上发展出专制国家体制,而日本古代国家形成的时间短,国家制度极不完善,在这样的国家中发展出团体型的社会,最后演变为封建社会。中日两国正是多线演进的两种不同的历史发展模式。

第二章　明末的流通结构
——《杜骗新书》的世界

序　言

二战后,中日两国的学者都认为中国的商品经济起步很早,宋代或更早的时期中国的商品经济就很繁荣,其表现即为将农村集市和城市市场连接在一起的全国市场的形成、商人和运输业者之间分工的细化及其组织结构的完善、发达的信用制度,等等。但另一方面,近代史研究表明中国的商业发展并不是一帆风顺的,和日本等国相比,开埠之前中国市场的发展水平很低,这已是不争的事实。

中国早期商业发达与近代落后之间显然存在矛盾,不过,大冢久雄的共同体论以及共同体间分工论,帮助人们暂时解决了这一逻辑难题。大冢提出了共同体内分工以及本地市场圈的概念,他认为共同体内部的分工使得作为前近代社会基础的共同体解体,而本地市场圈的形成又促进了共同体内的分工;反之,共同体之间的分工与长途贩运贸易则能起到维持共同体再生产并强化共同体的作用。在这样的"理论"支撑下,中国的商业资本源自商品经济的发展,但商业资本的发展反过来又阻碍了商品生产的发展,商人从地区差价与季节差价中获取利润,这些再一般不过的现象被拿来作为立论的依据。商品经济在自己内部找不到发展的出路,只好把希望寄托在依靠农民斗争打破官僚、地主、商人三位一体的制度上。

共同体论把前近代社会的发展过程看作是共同体演变的过程,从共同占有土地的原始共同体开始,在与生产资料私有化的对抗中,共同体也在不断发展,并最终走向解体。可是,随着各国史学实证研究的进展,共同体论已失去其理论意义,中国商业史的逻辑自洽建立在该理论的基础之上,因此我们有必要回到原点,对那些前后矛盾的史实重新进行审视。

对商业史进行批判性考察时会发现,以往的商业史研究大多是一些农产品及其加工品的商品化研究,或是交通运输工具的研究,对流通过程本身知之甚少。尽管如此,明清史领域还是取得了一些研究成果,如藤井宏对新安商人、寺田隆信对苏松地区棉商、北村敬直对湖州南浔棉布批发商的研究等。[①] 但是,商品从生产者到商人,再到消费地的消费者手中,其流通机制及历史特征仍有很多部分需要厘清,商业资本早期发达之理论也需要在此脉络中重新加以审视。

从这个角度出发重新考察商业史的研究,首推黄仁宇的《从〈三言〉看晚明商人》。[②] 在这篇文章中,他以小说为线索,进入传统史料难以深入的世界,证实了笔者在本章中也将再次确认的很多历史事实,并得出资本主义萌芽论是错误的这一结论。在该研究的基础上,本章试着把围绕商业和商人出现的各种现象连接起来,不仅针对资本主义萌芽问题,更想以此为线索去揭示中国的流通特质。既然商业是一种社会活动,那就必然被打上该社会的烙印,既然专制国家的国家

---

① 藤井宏:《新安商人の研究》,《东洋学报》36—1、2、3、4,1953—1954 年。寺田隆信:《苏松地方における都市の棉业商人について》,《史林》41—6,1958 年。北村敬直:《清代に於ける湖州府南浔镇の棉布问屋について》,《经济学杂志》57—3,1967 年,后收于《清代社会经济史研究》(朋友书店,1978 年)。
②《香港中文大学中国文化研究所学报》7—1,1974 年。

机构和社会是相互制约的,中国的商业也会受到专制国家的制约。

利用的史料是内阁文库所藏《江湖历览杜骗新书》,共 2 册,册纵 13.5 厘米,横 12.5 厘米。作者张应俞为浙江人,生平不详。全书共四卷,自脱剥骗始到引嫖骗止,将骗术分为二十四类,每类由一至八个故事组成,每个故事一般都加有一个简单的按语。这些故事包括"炼丹骗""法术骗"等多种题材,但主要内容还是围绕商人展开,如"牙行骗""在船骗""假银骗"等,所加按语提醒世人如何小心防范,这也是书名"杜骗"一词的由来。①

该书成书时间不详,但因其使用了应天府等明代地名,且《诈称公子盗商银》(引用 G)一则故事发生在万历三十二年(1604),故推测成书时间应为明末。作者曾于万历壬子年(万历四十年即 1612 年)秋在书店入手一本内容为如何鉴别银两真伪的小册子,这些内容抄录在《冒州接着漂白鏹》(引用 H)故事的按语中,据此推断此书写于 17 世纪 20 年代前后。

故事主要发生在福建建宁府及苏州。书中出现的各种地名都与商人活动有关,其中对建宁府一带的叙述尤为详细,故事内容也非常具体。不过这些故事的故事性太强,应该不是发生在福建的真人真事,且故事中出场的牙人,姓名多为陈四,可见书中所载故事多已程式化。作者应该对当地比较熟悉,且具有一定的商业知识,但故事内容基本上都是虚构的,与同一时期涌现出来的"百科全书"、②"商书"③等名目繁多的书籍一样,该书的主要目的在于为商人或将来有可能成为

---

① 明和七年,作为商人和旅行者的指南书,京都一家书肆选取了其中十七则故事以同样的书名出版。京都大学文学部桑原文库藏。

② 仁井田陞:《元明时代の村の规约と小作证书など》(一),《中国法制史研究 家族村落法》,东京大学出版会,1962 年。

③ 寺田隆信:《山西商人の研究》,同朋舍出版,1972 年,第六章"商业书にみる商人と商业"。

商人的一般大众提供行走"江湖"所必需的知识,同时随处穿插一些男女之间的危险轶事,极富娱乐性。因此,我们在作为史料使用时应注意,该书记载的故事不能直接等同于史实,而是经过作者的加工润色,为了突出故事性,难免存在夸张成分。尽管如此,本书为我们还原明末商业的真实面貌提供了极为宝贵而全面的素材,相信大家在以下的论述中可以明白其史料方面的价值。

第一节　牙人

《杜骗新书》中出场的商人主要有客商与牙人,整个流通的框架结构就是由这二者构成的。虽然它们互为存在条件,很难分开讨论,但我们还是先从牙人说起。为了方便读者了解该书的写作样式,尽管篇幅略长,还是将其中第二十一则故事《贫牙脱蜡还旧债》①全文引用如下:

> 张霸,四川人,为人机关精密,身长力勇。一日买蜡百余担,往福建建宁府丘店发卖。此牙家贫彻骨,外张富态,欠前客货银极多。霸蜡到,即以光棍顶作鬼名来借蜡,约后还银。数日后,霸往街游玩,其蜡遍在诸铺。及问其姓名,皆与帐名不同。霸心疑必有弊,故回店讯问牙人曰,你脱我蜡去还前帐,可一一实报帐来。若不实言,你乘我几拳不得。丘牙哑口无应。霸轮拳擒打,如鹰擒雀,如踢戏球。丘牙连忙求饶曰,公神人也,此蜡真还前客旧帐,并家用去矣,何能问各店重取。张霸曰,你将还人的,及各店买去的,都登上帐,只说他揭借去,俱未还银。我将帐去告取,你硬作证,怕他各店不再还我。丘牙依言,一一写成发货帐。张

---

① 以下以本文中的故事标题为准,与目次中的标题略有差异。

霸即具状告府。署印梅爷看状,掷地不准,霸心伤失本,两眼自然垂泪,再三哀告。梅爷乃准其状,先差皂隶,往查各店蜡。霸以银贿公差。回报曰,各店果有张霸印号蜡。梅爷曰,那有揭借客蜡都不还银者,即出牌拘审。各店在外商量曰,我等买张客蜡,俱已还银牙家收讫,又牙人自用蜡还我者,是他所合抽得牙钱,何得今更重告。吾与汝等敛银共用,投一分上先去讲明,然后对审。敛银已毕,即将银一百两投梅爷乡亲。梅爷刚正之官弗听,即拘来审。内有江店客人,乃惯讼者,先对理曰,蜡乃丘牙明卖,与我公平交易,张霸安得重取。即未全交付,亦牙家刻落,与我辈何干。丘牙曰,蜡非卖他,是小人先欠诸店旧帐。张霸蜡到,他等诈言揭借,数日后即还银,及得蜡到手,即坐以抵前帐,非小人敢兜客银也。梅爷曰,丘牙欠债,须问彼自取。安得坐客人货,以还彼债。你众等可将价还张霸,免你等罪。江店时有分上,再三辨论,说是明白交易,并无对债之事。梅爷触怒,将江店责十板,江店又辨论不已,又被责二十板。后诸人惊惧,皆称愿赔求饶。以江店监禁,诸人讨保,断蜡银限三日不完再重责。三日果追完。霸领银讫,深感梅爷恩泽,顶戴香炉,到于堂下,叩拜而去。

按:出外为商,以漂渺之身,涉寡亲之境,全仗经纪,以为耳目。若遇经纪公正,则货物有主。一投狡侩,而抑货亏价必矣。是择经纪,乃经商一大关系也,可不慎哉。如其人言谈直率,此是公正之人。若初会晤间,上下估看,方露微言,则其心中狡猾可知。若价即言而不远,应对迟慢,心必怀欺。若屋宇精致,分外巧样,多是奢华务外之人,内必不能积聚。倘衣补垢腻,人鄙形猥,肩耸目光,巾帽不称寒暑,此皆贫穷之辈。若巧异妆扮,服色变常,必非创置之人,其内必无财钞。若衣冠不华,惟服布衣,此乃老实本分,不可以斯之曰贫。商而知此,何至如张霸被牙所脱也。

况非刚正之梅爷,肯听分上,几乎素手归矣。故录之以示为商者。当货物发脱之初,细审经纪,对手发落,方可保无虞矣。(引用 A。以下会在《杜骗新书》各个引文的末尾用英文字母表示引用顺序,以供读者查阅。)

丘姓牙人在建宁府开了一家店,把客商的蜡交给"诸铺"售卖。客商张霸在街上闲逛时随处可见自己的蜡摆在店铺售卖,由此可知"诸铺"是一些具有零售功能的商店。[①] 丘姓牙人代客商将货物卖给各个店铺并从他们那里收取货款,扣除牙钱后本应交给客商,然而他却因为缺钱挪用了这笔款项,其中一部分用来支付与张霸一样委托自己售卖的先来的客商了。

面对这种情况,心思缜密的张霸让牙人伪造了发货账本,将诸铺告上官府,声称他们赊买张霸的货,却因对丘姓牙人的债权关系,以物抵债,拒绝支付赊账的货款。实际情况是丘牙伪造赊账账簿,但官府却判定是店铺以物抵债。[②] 牙人和零售商之间,既可以现金销售,也可以赊销。不管怎样,牙人是代客居间撮合、从货款中收取佣金的受托代销商品的商人。

接下来再来看看《狡牙脱纸以女偿》中的情节。

施守训,福建大安人,家资殷富,常造纸卖客。一日自装千余篓,价值八百余两,往苏州卖,寓牙人翁滨二店。滨乃宿牙,叠积前客债甚多。见施雏商,将其纸尽还前客,误施坐候半年。家中又发纸五百余篓到苏州。滨代现卖,付银讫,托言系取旧帐者,复候半年。知受其笼络,施乃怒骂欧之,滨无言可应。当凭乡亲刘

---

① 肩挑贩夫等应该也从这些零售店铺进货。
② 判案的前提与近代的习惯做法相同,即商人自己的账簿可以作为书证使用,这从一个侧面反映了中国的契约理念。

光前,议谕滨立过借批银八百两,劝施暂回。次年复载纸到苏州,
滨代现卖,只前帐难还。施又坐待半年,见其女云英有貌,未曾许
配,思此银难取,乃说刘光前为媒,求其女为妾,抵还前帐。滨悦
许之。其女年方十五,执不肯从,滨与妻入劝曰……(引用 B)

父母最后以缇萦救父的故事成功说服女儿嫁与施守训为妾。年过六
旬的施守训婚后仅四年就死去了,牙人很快将女儿再嫁他人,又收了
一次彩礼。该故事接着又讲述了施守训之子与牙人之间的纠纷。在
这个故事里,一个来自福建的客商长期住宿在苏州牙人店里,并委托
牙人代为销售货物,牙人也是将通过现金销售等方法得到的货款支付
给了前面来的客商,并以没有收到货款为由,让客商等候了半年之久。
半年之后以及第二年的货物都是以现金交易的方式售出的,客商也在
当时就收到了货款。再来看一则牙人的事例,《奸牙人女被脱骗》载:

经纪廖三,号龙潭者,有女名淑姬,年方二八,尚未配人。容
如月姊,貌赛花仙,真个女子中班头,绝世无双者。客人张鲁,年
二十余岁,磊落俊雅,颇谙诗书,浪迹江湖。一日买闽笋数十担,
在廖三店中发卖。不时遇风,都放帐未收。日久,见其女,丰姿娇
媚,日夜想慕,不能安枕。奈廖三家中人众,难以动手。而女亦时
于门后,偷眼觑鲁,鲁以目挑之,女为俯首,作娇羞态,二人情意已
通。只阳台路隔,鹊桥难渡矣。一日,廖三家中,早起炊饭,与商
人上乡讨帐。张鲁心喜乘机,潜入其房,与廖女成奸。偷情之后,
时有私会。其母知之,与夫商议曰,吾女几多豪门求婚,未肯轻
许。今被鼠客所玷。须密捕杀之,以消其恨。廖三曰,不可。
凡妻与人私通,当场捉获,并斩呈官,律方无罪。今女与人通
奸,并杀则不忍。单杀客人,彼罪不至死,岂死无后话。现今
笋帐已完,其银皆在我手。密窥女与奸时,当场捉之,打他半

死，以锁系住，勒其供状，怕他不把笋银献我，彼时亦何说？ 妻然
之。……（引用 C）

落入牙人圈套的张鲁向官府申诉，但官府只是将牙人的女儿淑姬判给
他做妻子，同时把 100 余两货款充作彩礼，无奈之下张鲁将此女以 30
两转嫁他人，有了这笔钱作盘缠后回家去了。牙人让客商久宿其店并
代为销售，"放帐未收"说明这里实际进行的是赊卖交易。另外，案发
时 100 多两的货款已在牙人手上，可见，讨还货款一事是由牙人来完
成的。

综上所述，虽然客商与牙人之间属于代销关系，但这并不意味收
到商品到交付货款的整个过程都完全委托牙人处理，客商在销售过程
中也有一定程度的参与。上述《贫牙脱蜡还旧债》（引用 A）中，张霸在
城中闲逛时发觉自己的蜡在各处店铺售卖，而这些店铺却与账簿上的
名称不符时，即怀疑其中有诈，这说明客商被告知了自己货物的去向。
《奸牙人女被脱骗》（引用 C）中男女二人发生"奸情"是在牙人一家与
客商一起外出讨要货款之时。另外，后面将要提到的《高抬重价反失
利》（引用 U）也表明，是否出售商品是由客商根据市况自己决定的。
从上述故事中可知，货款虽一度由牙人保管，但在牙人的销售行为中
客商的参与度其实并不低。

在考察客商与牙人的关系时，需要注意的是他们之间关系的短暂
性，关于这一点，在前述《贫牙脱蜡还旧债》（引用 A）按语中有很明确
的记载。远道而来的客商与消费地的零售商之间没有长期固定的关
系，对于充当中介的牙人，要根据其外表和言谈举止慎重选择。对客
商来说，如何挑选牙人十分重要，缺乏经验的施守训自不必说，就连老
道的张霸也被看似有钱实则困顿的牙人所骗。客商与牙人之间的这
种关系，绝不是《杜骗新书》为了情节需要而编造出来的，当时的商业

书普遍认为牙人甄别对于客商来说极为重要。著名商书《新刻天下四民便览三台万用正宗》商旅门之《客商规鉴论》载：①

> 到彼投主，须当审择。不可听邀接之言，须要察貌言行动静。好讼者，人虽硬，而心必险，反面无情。会饮者，性虽和，而事多疏，见人有义。好赌者，起倒不常，终有失。喜嫖者，飘蓬不定，或遭颠。已上之人，恐难重寄。骄奢者，性必懒。富盛者，必托人。此二等，非有弊，而多误营生。直实者，言必忏。勤俭者，必自行。此二般拟着实，而多成买卖。语言便佞扑绰者，必是诳徒。行动朴素安藏者，定然诚实。

通过这样的方法选择牙人，加之二者之间非固定性的关系，客商对牙人的信赖度其实并不高。前述《奸牙人女被脱骗》故事中，审判时牙人认为，如果与别人的女儿通奸后还能娶之实在不成体统，对此判官的回应是：

> 吴爷曰，汝牙家，常以妻女赖人奸，而脱其银。吾岂不知。

另外，《狡牙脱纸以女偿》中的按语甚至说：

> 按：脱骗之害，首侠棍，次狡侩。侠棍设局暗脱，窃盗也。狡侩骗货明卖，强盗也。二者当与盗同科。凡牙侩之弊，客货入店，彼背作纲抵偿，又多窃取供家。每以后客货，盖前客帐。此穷牙常态也。（引用D）

这也是客商不得不对赊买者有所了解，必要时还与牙人一道前去讨要货款的原因之一。

客商委托牙人代为销售，其间住宿在牙人店里，有自己的房间。

---

① 参见第445页注③引寺田文。

《奸人婢致盗去银》讲述了这样一则轶事：

> 宁城一人姓李名英，年二十余岁，聪明脱洒，雅耽酒色。常买
> 夏布，往苏州阊门外，寓牙人陈四店。其店兼卖白酒，邻家林廷
> 节，常遣婢京季来买酒。季年方十八，国色娇媚。李英爱之，因而
> 调戏成奸，买簪圈等送之。同店多有谏其勿惹祸者，英与季，两少
> 相爱，情深意美，那肯割断。后廷节察知季与英有奸，呼季责曰，
> 你与李客私通，我姑恕汝，可密窥英银，藏于何处，偷来置些衣装
> 与你，后得享用。一日英饮酒娼家，季潜开英房，盗去银一百余
> 两。及英回店，知银有失，向店主逼取。客伙吴伦曰，你房内有
> 银，不可远饮娼家，即饮亦宜早归，今荡饮致失，何于主人事。今
> 午见京季入你房中，必此女偷去，你可告于官，我与店主为证。英
> 待两日，季不来店，乃告于府。廷节诉英欺奸伊婢，情露惧告，先
> 以失银诬抵。本府张爷，审问于证。吴伦、陈四证曰，亲见季入英
> 房，盗去银是实。张爷诘曰，客人房、室女床，二者岂容妄入。季
> 入英房，汝等见何不阻。（引用 E）

正如李英最初指责牙人陈四那样，店中钱财被盗，责任应由牙人承担，
借用张知府的话说，分配给客商的房间就如同室女的床，任何人不得
擅入，这里也表现出客商有他自己的主体性。《盗商伙财反丧财》中有
以下的描述，由于后面还会从不同方面提及该则故事，在此作较长的
引用。

> 张沛，徽州休宁人，大贾也。财本数千两，在瓜州买绵花三百
> 余担。歙县刘兴，乃孤苦茕民。一向出外，肩挑买卖。十余载未
> 归家，苦积财本七十余两，亦到此店买花。二人同府异县，沛一相
> 见，乡语相同，认为梓里，意气相投，有如兄弟焉。花各买毕，同在
> 福建省城陈四店卖，房舍与沛内外。数日后，兴花卖讫，沛者止卖

小半,收得银五百余两。兴见其银,遂起不良念,与本店隔邻孤身一人赵同商议。我店一客,有银若干,你在南台,讨荡船等候,待我拿出来,即上船去,随路寻一山庵去躲,与你均分。赵同许诺。兴伴谓沛曰,我要同一乡亲到海澄,买些南货,今尚未来,要待几日。一日有客伙请沛午席,兴将水城挖开,将沛衣箱内银五百余两,悉偷装在自己行李担内,倩雇一人,说是乡里来催,欲去之速。兴伴曰,行李收拾已定,奈张兄人请吃酒,未能辞别。沛家人曰,相公一时未归,我代你拜上。兴即辞主人陈四。(引用 F)

之后,老练的牙人陈四亲自带队追缴,故事结局也如标题所示,可见,无论是身家数千两的巨商大贾,还是小本经营的小商小贩,都会给其分配一间房间居住。

黄仁宇也指出客商在牙人店里的停留时间往往很长。《狡牙脱纸以女偿》(引用 B)中的施守训虽然资历尚浅,但在店里等待了一年之久。正是逗留时间过长,才会导致《奸牙人女被脱骗》(引用 C)和《奸人婢致盗去银》(引用 E)中的问题。客商长期滞留的原因,就如《奸牙人女被脱骗》(引用 C)所示是"不遇时风,都放帐未收"。市场滞销,零售商的货物卖不出去,账目无法回收,客商只好长期滞留。黄仁宇就曾犀利地指出,所谓赊卖,不过是无法偿付货款的代名词罢了。又如后述《傲气致讼伤财命》(引用 K)所载,虽然天气原因也会阻碍客商行程,但花在路上的时间似乎比我们想象的要少。再请看《诈称公子盗商银》,因为后面还要提及,引用内容较长。

陈栋,山东人也。屡年往福建建阳地名长埂,贩买机布。万历三十二年季春,同二仆带银一千余两,复往长埂买布。途逢一棍,窥其银多,欲谋之。见栋乃老练惯客,每迟行早宿,关防严密,难以动手。诈称福建分巡建南道公子,甚有规模态度。乃带四

> 仆，一路与栋同店。棍不与栋交语，而栋亦不之顾也。直至江西铅山县，其县丞姓蔡名渊者，乃广东人也。与巡道同府异县，素不相识。棍往拜之，县丞闻是巡道公子，待之甚厚，即来回拜送下程。栋见县丞回拜，信其为真公子。是夜棍以下程请栋，栋欢领之，而心中犹谨防他盗，不敢痛饮，棍犹动手不得。次日经乌石宿。其地非大口岸，栋欲办酒回礼，以无物可买而止。又次日到崇安县宿。栋心谓，此到长埂旧主不远，犹其外之故家也，且来日与公子别矣。不答敬，殊非礼也。遂买肴馔请之。（引用 G）

客商从铅山到乌石，再从乌石到崇安，每日跋山涉水，与这样的行程相比，他们在牙人那里逗留的时间明显要长得多。客商背井离乡多年不归是常有的事，即便一次旅程要去好几个地方，他们在牙人店里停留的时间应该在整个旅程中占了相当大的比重。

如上所述，在消费地（或生产地）的商业与客商之间起着中介作用的是牙人，但有两种情况不需要牙人中介。其一就是庙会。《冒州接着漂白鐠》是这样描绘山东药王庙庙会情景的：

> 钱天广，福建安海人也。时买机布，往山东冒州药王会卖。会期四月十五日起，二十五日止。天下货物，咸在斯处交卸。无牙折中，贸易二家自处。一棍以漂白鐠银来买布，每五两一锭。内以真银如假银一般，色同一样。棍将丝银先对，广以铁椎凿打，并无异样。打至十余锭，通是一色。广说，不须再凿椎打。棍遂以漂白鐠出对，共银六百余两。内止有细丝乙百余两，余者皆假鐠也。（引用 H）

该集市很大，汇集了来自全国各地的商人，虽然涉及的金额高达 600 余两白银，但交易没有经过牙人，属于直接交易。不过，一般庙会是否没有牙人中介是需要另外考察的问题。

自拥资本的批发商也是一种不需要牙人居间撮合的交易方式。请看《乘闹明窃店中布》中的例子。

> 吴胜理,徽州府休宁县人,在苏州府开铺,收买各样色布,揭行生意最大。四方买者极多,每日有几十两银交易。外开铺面,里藏各货。一日有几伙客人凑集买布,皆在内堂作帐对银。一棍乘其丛杂,亦在铺叫买布。胜理出与施礼待茶毕,安顿外铺少坐。胜理复入内,与前客对银。其棍蓦其铺无守者,故近门边,诈拱揖相辞状,遂近铺边拿布一捆,拖在肩上,缓步行去。虽对铺者,亦不觉其盗。(引用 I)

这则故事中的苏州布商是一家向来自全国各地的客商销售棉布的大商家。其店规模较大,分外店与内堂,外店设有铺面,摆有存货,内堂是与顾客结算的地方。该店"收买各样色布",而且"里藏各货",将自己收购的棉布成批卖给客商,可见是一家自备资本、承担批发业务的批发商。这则故事之后的《诈称偷鹅脱青布》①中布匹交易甚大的店铺也极有可能是自拥资本的批发商。《垒算友财倾其家》②中应天府

---

① 现摘录其中主要部分如下:

　　有一大铺。布匹极多,交易丛杂,只自己一人看店。其店之对门人,养一圈鹅,鸣声嘈杂,开铺者恶其聒耳。尝曰,此恶物何无盗之者,与我耳头得沉静些。忽棍闻之,一日乘其店中闲寂,遂入店拱手,以手按柜头一捆青布,轻轻言曰,不敢相瞒,我实是一小偷,爱得对门店下一只鹅吃,只大街面难下手。我有一小术,只要一个人赞成。店主曰,如何赞成。小偷曰,我在这边问立,可拿去否。汝在内高声应曰,可。又再问曰,我真拿去。汝再应曰,说定了,任从拿去。我便去拿,方掩得路人耳目。

② 金从宇、洪起予,俱是应天府人。相隔一十余店,皆开大京铺,各有资本千余金。但从宇狡猾奸险,起予温良朴实。时常贩买客货,累相会席,各有酒量,欢相劝酬。……从宇曰,此人好酒,须以酒误之。乃时时饮其福、打平和、邀庆纲,招饮殆无虚日。有芳辰佳景,邀与同游,夜月清凉,私谈竟夕。起予果中其奸,日在醉乡,不事买卖。从宇虽日伴起予游饮,彼有弟济宇在店,凡事皆能代理。起予一向闲游,店中虚无人守。有客来店寻之不在,多往济宇铺买。

的大商户、《京城店中响马贼》①中南京的丝绸店等，均是与客商打交道的自备资本的商人。这些店铺有很多共同之处：它们都位于苏州、南京这样的全国商业中心，经营的都是棉布、丝绸等市场化程度极高的商品，且处于商品流通的上游。关于这些自备资本的批发商、商店所具有的意义，我们将在后面讨论。

在流通的末端，除了零售商，还有那些走街串户的小商贩，但《杜骗新书》中有关他们的记载很少。如《明骗贩猪》②中贩卖小猪的肩挑贩夫、《盗商伙财反丧财》(引用 F)中以客商面貌出现的挑夫刘兴、《入闻官言而出骗》中的挑贩、《哄婶成奸骗油客》中的卖油郎等，都是小商贩的写照。

第二节　客商

以上以牙人为中心介绍了一些商人与商业类型，接下来考察在牙人与牙人之间贩运商品的商人，即所谓的"客商"。下表对《杜骗新书》中出场的客商进行了汇编整理。为了增加故事的趣味性，书中出现的商人形象与一般的商人之间会有一些偏差，但偏差应该不会太大，不然会破坏故事的真实性。

---

① 董荣，山东人也。往南京廊下邓铺中，买丝绸三匹，价银四两四钱。以天平对定。只差银色，讲议未成。
② 福建建阳人邓招宝者，常以挑贩为生。一日贩小猪四只，往崇安大安去卖。行至马安岭上，遇一棍。

客商行动一览表

标题	客商名	籍贯	采购地点	销售地点	商品名、量、价格	组织
假马脱缎	陈庆	江西	○	南京承恩寺前	马一匹 40余两（卖价）	
先寄银而后拐逃	苏广	通州	松江	福建	梭布	1+1子
	纪胜	同府	松江（?）	福建	布 20余两（卖价）	
遇里长反脱茶壶	赵通	延平府南坪县	○	杭州		1+仆
成锭假银换真银	孙滔	泉州府	南京	○	布 100余两（本银）	
绞牙脱纸以女偿	施守训	福建大安	福建大安	苏州	纸1000余篓 800余两（卖价）	
贫牙脱蜡还旧债	张霸	四川	○	福建建宁府	蜡100余担	
诈称公子盗商银	陈栋	山东	福建建阳		机布 1000余两（本银）	1+2仆
炫耀衣妆启盗心	游天生	徽州	福建建宁府		铁 500余两（本银）	1+1仆
盗商伏财反丧命	张沛	徽州休宁	瓜州	福建省城	棉花 小半500余两（卖价）	1+仆
	刘兴	徽州歙县	瓜州	福建省城	棉花 70余两（本银）	
傲气致讼伤财命	魏邦材	广东	湖州	广东	生丝 100担	1+仆
高抬重价反失利	于定志	云南西河县	云南	四川	栀子 80余两（卖价）	
			四川	江西樟树镇	当归,川芎 80余两（本脚）	
京城店中响马贼	董荣	山东	南京	○	丝绸	

续表

标题	客商名	籍贯	采购地点	销售地点	商品名、量、价格	组织
买铜物被梢诳死	罗四维	凤阳府临淮县	松江	福建建宁府	梭布 100余两（本银）	1＋1仆
行李误挑往别船	陆梦麟	江西进贤	福建海澄	芜湖	胡椒 10余担	1＋1仆
昌州接着漂白鐪	钱天广	福建安海	○	山东昌州	机布 600余两（卖价）	
异省娶妾惹讼祸	蔡天寿	广东	广东	苏州	广锡 30余担	
因蛀露出谋娶情	陈彩	徐州	瓜州	广州	棉花	二人同本
	潘璘	徐州	瓜州	广州	棉花	
奸人婢致盗失银	李英	宁城	○	苏州	夏布	
奸牙人女被脱骗	张鲁		福建		笋数十担 100余两（卖价）	
诈封银以砖换去	赫天广	建宁府	建宁府	福建省城	米十余船	1＋2仆
信僧咮惑儿染祸	丁达	徽州	福建海澄	临青	椒木	同行
	林泽					

说明：○表示采购或销售地点极有可能为客商的籍贯地或籍贯地周边。
组织一栏空白时，表示无同行人记载，表示客商大多应是客商的单独行动。
登载信息很少的商人，不在本表格所列范围之内。

这些客商从广东到苏州,从云南到四川、江西、福建,进行着跨区域的长途贩运,这与传统的客商形象一致。这些商人贩运数量各不相同,既有经手价值 1000 多两布匹、800 多两纸张的大商人,也有只能采购几十两货物的小商人。《盗商伙财反丧财》(引用 F)中的商人形象就很有象征意义,拥有资本数千两、采购 300 多担棉花的大商人与资本仅 70 余两的孤苦挑夫经由相同的店家收购棉花,都在福建省城的牙人店里开房住宿并委托牙人销售,虽然经营规模有大有小,但都遵循客商的贩运模式。可见,客商中既有富商,也有贫穷商人。

不过,即便是资本规模较大的客商,除了《傲气致讼伤财命》(引用 K)中收购 100 多担湖丝、富甲省内的魏邦财比较引人注目,书中其他客商买卖货物的数量并不多,这与动辄携资几万两的山陕商人有着很大区别。另外,如前面《盗商伙财反丧财》(引用 F)所示,资本数千两的大商人在福建卖出小半部分货物,其售价①总额为 500 余两,可见他只用了部分资本来收购货物。资本大并不一定意味其经营规模也大。

客商的组织结构很简单。他们大多单独行动,携带大量商品和银两时会带上一名,极少数情况下会带上二名仆人同行。就如同《盗商伙财反丧财》(引用 F)和《先寄银而后拐逃》等故事中那样,有时他们也会结伴而行,在治安情况差、运输不可靠的情况下,结伴而行对客商

---

① 在《高抬重价反失利》(引用 U)中,除去成本运费外获利三倍(本脚银 2.6 两,卖价 10 两和 6 两)是在货物尽数卖完的基础上计算出来的,但在这则故事中,商人不愿意以这个价格出售,必然蒙受损失。

的意义重大。不过,除了《因蛙露出谋娶情》①是特殊原因导致,《信僧哄惑几染祸》中的关系不明确,同行的客商之间并没有明确的同伙关系,在《杜骗新书》中经常使用的商伙、伙客等词,并不意味合伙出资关系。

有关客商的收购方法,《杜骗新书》中鲜有记载。从其他史料②和近代的调查资料来看,货物极有可能是委托牙人收购的。《诈称公子盗商银》(引用G)中长埂的"旧主";《盗商伙财反丧财》(引用F)中两客商"到此店买花",后来"花各买毕",其间二人投宿的瓜州之店,应该都是产地牙人开设的店铺。另外,如前所述,在苏州、南京等大城市里还有很多自备资本的批发商,收购棉布、丝绸等物,然后转售客商。

客商自己管理和运输货物,为此,他们必须在旅途的各个阶段安排好交通工具。以华东地区为背景的《杜骗新书》中,最常见的交通工具是舟船。一位客商可以包下一艘小船。《炫耀衣妆启盗心》如是说:

> 游天生,徽州府人,丰采俊雅,好装饰。尝同一仆徐丁,携本银
> 五百余两,往建宁府买铁。始到崇安县,搭一青流船,稍公名李雅,
> 水手名翁迈。雅先以嫖赌破家,后无赖而撑船。其时船至建阳县,

---

① 徐州人陈彩,家资巨富,机智深密,有莽操之奸,年三十岁,妻妾俱无子。邻舍潘璘,常借彩银,出外为商。彩往璘家,见其妻游氏,美貌绝伦。遂起不良心,邀璘同往,往瓜州买绵花,发广州等处卖。货卖完,二人同归,路经西关渡。此幽僻之处,往来者稀。璘上渡,以篙撑船。彩暗忖此机可乘,从后将璘一推落江。璘奔起水面,彩再以篙,指落深渊。浸死之后,彩故叫渔翁,捞其尸,以火焚之、裹骨归家。彩穿白衣,见璘父母。……彩乃将所卖帐薄并财本,一一算明,交还璘之父母。满家反怀其德。
　　接下来的故事是,陈彩娶潘璘妻为妾,二十九年后的某一雨天,陈彩屡次想将跃起的青蛙挑入水中而不得,不觉漏出潘璘之死的原委。值得注意的是,是陈彩邀约潘璘合伙以及潘璘死后陈彩将账簿和本钱核算后归还给了死者家属。

② 兹引用《木棉谱》中一段有名的记述:
　　明季从六世祖赠长史公,精于陶猗之术。秦晋布商,皆主于家。门下客常数十人,为之设肆收买。俟其将戒行李时,始估银与布,捆载而去。其利甚厚,以故富甲一邑。至国初犹然。

天生起岸,往拜乡亲。将衣箱打开,取出衣服鲜丽,所带用物俱美。
雅一见生心,至晚天生叫稍公买些酒馔,雅暗将陀陀花入酒中。陀
陀花者,乃三年茄花也。人服此,则昏迷不能语。是夜天生主仆中
了此毒,醉不能醒。三鼓时候,雅邀水手行谋……(引用J)

客商带着一名仆人,租用一艘由艄公和水手行驶的青流船,运送货银。
如果是大船,就会好多人一起搭乘。《傲气致讼伤财命》中载:

魏邦材,广东客人,富冠一省。为人骄傲非常,辄夸巨富,出外为
商,无人可入其目。一日在湖州,买丝一百担,转往本省去卖。在杭
州讨大船,共客商二十余人同船。因风有阻,在富阳县五七日,其仆
屡天早争先炊饭,船中往来,略不如意,辄与众斗口。……(由于屡屡
与别人发生冲突,遭到了以汪逢七为首的同船客商们的反击)逢七乃
与材在船中,相殴数次,材极受亏,奔告在县,状已准矣。逢七将材丝
挑去一半,藏讫。以材买丝底帐、各处税票,悉皆灭矣。(引用K)

如果是大船,即便是广东最富有的商人,也必须将商品以及买丝底账、
各处税票等文件载于船上,与其他客商同乘。

码头上停泊着大量船只,船只多少因码头大小而定。《行李误挑
往别船》①中仆人错将行李装在了别的船上而不自知,就很有代表意
义。与此同时,这则故事也表明船户与客商之间并无固定关系。在客
商和船户之间居中撮合的也是牙人,《船载家人行李逃》说道:

倪典史,以吏员出身,家实巨富。初受官,将赴新任,在京置

---

① 陆梦麟,江西进贤人。往福建海澄县,买胡椒十余担,复往芜湖发卖。有一客伙,将硼砂
一担对换,余者以银找之。次日叫店家,写舵公陈涯四船,直到建宁。诸货都搬入船,只
一仆詹兴挑实落行李一担,跟梦麟同行。途中陡遇一乡亲,动问家中事务,语喇喇不能
休,乃命仆先担行李上船,再来此听使用。仆挑往别船去,收在船仓已讫,再来寻主,尚与
乡亲谈叙未决。见仆来,即差之别干,始辞乡亲到船。查行李未见,即将家人打骂,又坐
舵公偷去,状告本县胡爷。

买器用什物,珍玩缎匹,色色美丽,装作行李六担,打点俱备,先遣三个家人,押往江边搭船,以一家人在船中守护,其二人复归。次日同倪典史,大伙人俱到江边寻船,并不见前船。其守船家人,不知载在何去,知被贼梢所拐矣。倪典史不得已复入京城,向乡知借觅盘缠,欲往在京衙门,告捕船贼。同选乡友阻之曰,凡讨船,须在捕头写定,其柁公有姓名可查,方保稳当。若自向江头讨船,彼此不相识,来历无可查,安得不致失误。且江边常有贼船,柁公伪装商贾,打听某船有好货,多致江中劫掠者,皆是在头查访去。若不识者误上他船,虽主人亦同被害。何况载走一仆乎。今你赴任有限期,岂能在此久待。船贼又无名姓踪影,虽告何从追捕,不如罢休。倪典史依劝,复在京中,再置切要之物,急往赴任也。此不识写船而致误者,故述为舟行之戒。(引用 L)

旅行者可以根据需要雇船运输。可以在码头上直接雇船,但素不相识的船户无法信赖,牙人的中介则为客商提供了些许保障。《买铜物被梢谋死》中的客商,也是委托牙人陈四雇用的箭船。

> 罗四维,南京凤阳府临淮县人,同仆程三郎,带银一百余两,往松江买梭布,往福建建宁府卖,复往崇安买笋。其年笋少价贵,即将银在此处,买走乌铜物,并三夹杯盘诸项铜器,用竹箱盛贮,并行李装作三担,崇安发夫,直到水口陈四店写船。陡遇表亲林子达亦在此店中。达问买甚货物。维曰,只买些铜器去,更带杯盘等,欲留家用。达同牙人陈四,代讨一箭船柁公赖富二水手李彩。翁暨得,搬其行李上船甚重。柁公疑是金银,乃起不良心,一上船后,再不搭人。(引用 M)

《行李误挑往别船》(第 461 页注①)中的船也是通过牙人雇用的。可是,即使是牙行雇来的船只也不可信任,《杜骗新书》讲述的虽为故事,但下面引用的几则按语都印证了这一点。《买铜物被梢谋死》的按语写道：

> 按：溪河本险危之地，柂公多蠢暴之徒。

另外，《炫耀衣妆启盗心》也载：

> 按：游天生之召祸，良由衣服华丽，致使贼梢垂涎。大凡孤客搭船，切须提防贼梢谋害。昼宜略睡，夜方易醒。煮菜暖酒，尤防放毒。服宜朴素，勿太炫耀。故老子曰，良贾深藏若虚。孔子曰，以约失之者鲜。此诚养德之言，抑亦远祸之道也。（引用 N）

可见，人们对船户的信赖度极低。客商与脚夫之间的关系更是如此。比如《脚夫挑走起船货》载：

> 建城溪边，凡客船到岸，众脚夫丛集，求雇担代挑入城。有老成客，必喝退众夫，待船货齐收上岸，都数纪定，然后分作几担，叫几名脚夫，自相识认，乃发入城，急令人跟行其后，方保无失。若雏家到，众脚夫不管物件检齐否，即为收括上担，及急跟夫去，多致遗物在船中未尽收。有侯官县一田秀才出外作馆，年冬归得束金四十余两，衣被物件，亦十余两，共作两大笼。经过建城，欲入拜乡亲，命一脚夫挑笼先行。田乃儒家，从后缓步随之。脚夫见其来迟，一步紧一步，攒入城门，人闹攘处，更是疾行。遂挑入曲巷逃走。田从后虽叫止步，那能止得。入城曲巷多歧，何处可寻。
>
> （引用 O）

对脚夫一拥而上擅自抢货的行为必须加以制止，从众多的脚夫中挑选出合适的人选，客商自己监督指挥，只有这样，才能确保运输的安全。

轿夫也无信用可言。通过牙人中介，多少可以建立起一些信赖关系，《诈以帚柄耍箸夫》中的按语道：

然凡远出,若雇篝夫挑夫,须从店主同雇。彼知役夫根脚,斯
无拐逃失落之虞矣。(引用 P)

交通工具不可靠,小心谨慎对于客商来说就显得格外重要。《诈称公
子盗商银》(引用 G)中说,精明老练的商人会"迟行早宿,关防严密",
正如《炫耀衣妆启盗心》(引用 J)中的按语以及《买铜物被梢谋死》(引
用 M)所示,财不外露是保护自身和商品安全的必要条件。

商人自己运送商品和货币的这种行为模式,并非商业中的普遍现
象。在商业发达的地方,人们通过订单订货,然后收到货物,并利用汇
兑进行远距离结算。从这个意义上说,《杜骗新书》中展示的是商业和
运输职能还未分离的一种比较低级的商业形态,这从上述的交通运输
条件中也可窥见一斑。商人和运输业者之间缺乏固定关系,对运输业
的信赖度极低,在这种情况下,运输行为极难从商业体系中分离出来,
客商也只能是客商。

如前所述,客商到达目的地后会选择合适的牙店投宿,并委托
其销售。据前表可知,除《高抬重价反失利》(引用 U)中的江西省
樟树镇外,客商的目的地和销售地都是苏州、南京等大城市,或是
诸如府城、县城一级的城镇,再往下的商品流通,则是由其他商人
去完成的。

与客商关系密切的金融业的发展水平也很低。从《杜骗新书》可
知,无论是采购用银,还是售货所得之银,无一例外都是由商人自己运
现。《诈称公子盗商银》(引用 G)中即使购买资金高达 1000 多两,也
必须依靠现银运送。《成锭假银换真银》①讲述了运送货银 100 多两以

---

① 泉州府客人孙滔,为人诚实,有长者风。带银百余两,往南京买布,在沿山搭船。陡遇一
棍,名汪廷兰,诈称兴化府人。乡语略同,因与孙同船数日甚欢。习知滔朴实的人,可骗
也。因言他旅往芜湖,起岸买货。舟中说,他尚未倾银,有银一锭,细丝十二两重,若有便
银打换为妙。意在就孙换之。

及因地方、商品不同使用银锭也不同的故事。售货所得之银,有时需要在当地换成适当的银锭带回家。

> 孙滔,河南人也。常买绵布,在福建建宁府卖。一夜在银匠王六店煎银,倾煎已讫,时对二包在桌,二人复在对银。有一盗径入其铺,将石灰撒其目,二人救目不暇,盗即将桌上所包之银拿走。(引用 Q)

这是节选自《石灰撒眼以抢银》中的一段,客商正在当地银匠的店里把卖货所得之银浇铸成银锭。值得注意的是,故事发生在夜晚可能是出于情节需要,但即便是在夜晚,也只有银匠一人在依照委托人的要求浇铸银锭。《膏药贴眼抢元宝》中的情节设定也是如此:

> 县城有一银匠。家颇殷实,解户领秋粮银,常托其倾煎。一日倾煎元宝,心内尚有系未透处,夜间又煮洗之。其铺门有一大缝,外可窥见其内。一棍买一大膏药,夜间潜往窥之,见其把两元宝洗讫,放于炉边。棍在外作叫痛声。呼曰,开门。银匠问曰,是谁。棍外答曰,被贼坏打得重,求你炉边,灼一膏药贴之。银匠开门与入。棍作瘸行状,且手战呼痛,蓬头俯视,以一大膏药,在炉边灼开,把两手望银匠,当面一贴,即抢一元宝以逃。(引用 R)

县城里身家殷实的银匠也是夜里一个人在浇铸解户的秋粮银。虽然银锭铸造是出于在两地之间运送现银的需要,从金融服务上看还很低级,但从中可知,当时远距离贸易中占据重要地位的银匠,其经营组织也极为简单。

至于铜钱兑换,情况就更简陋了。《诈匠修换钱桌厨》的开头是这样的:

> 建宁府凡换钱者,皆以一椅一桌厨,列于街上,置钱于桌,以

待人换。午则归家食饭,晚则收起钱,以桌厨寄附近人家,明日复然。有一人桌厨内,约积有钱五六千,其桌破坏一角。旁有一棍,看此破桌厨内多钱,心生一计,待此人起身食午,即装做一木匠。(引用 S)

之后,棍徒以铜钱兑换商托他修桌为由,把桌子偷走了。即使被称为"此破桌厨内多钱"的这家店,其金额也不过五六千文,且没有营业店面。

第三节　商人间关系

在上一节中,我们考察了商品流通中牙人、客商这样的核心环节以及围绕在他们周边的几类商人。下面则以同业商人为中心,探讨一下商人间的社会关系。

从《杜骗新书》来看,没有任何社会因素限制人们参与商业活动。《狡牙脱纸以女偿》(引用 B)中的施守训是位富裕的造纸业者,以前他把产品卖给客商,六十多岁时自己也加入客商的队伍中。《盗商伙财反丧财》(引用 F)中的刘兴虽是穷苦的挑贩,却以多年辛苦攒下的 70 余两为本钱,成了一名贩卖棉花的客商。《因蛙露出谋娶情》(第 460 页注①)中陈彩的邻居是一名客商,陈彩经常借钱与他,为了将邻居的妻子据为己有,遂与邻居一起合伙做起了贩商的买卖。《诈封银以砖换去》①中的郝天广本是建宁府的地主,听从管家罗五的劝告,趁着省城米价高涨时贩卖米谷。不仅对客商,对坐贾也不存在行业进入壁垒。《银寄店主被窃逃》讲述了这样一个故事:

---

① 建宁府郝天广,世家巨富,有几所庄,多系白米。时建宁无价,其管家罗五,闻省城米价高腾,邀主人带二仆,以米十余船,装往省粜。

　　　　有三棍合帮,共骗得银三百两,未肯遂分,更留合装骗棚,以
　　　　图大骗。先遣一人过省,离会城两日之府,用银七十两买屋。内
　　　　系土库城外,铺舍开一客店。又用银五十两,娶一妻,买一婢,又
　　　　买一家奴。更有数十两在手上,调度供家。人见其店,有家眷奴
　　　　婢,食用丰足,多往宿其店。(引用 T)

棍徒用骗来的 300 两作为资本,在府城中新设了一家牙店。

　　围绕商人的社会关系,书中没有出现同业者团体,这可以说是《杜
骗新书》的一大特点。全书涉及商人关系的八十几个故事中,均无同
业团体的记载,当然,光凭这一点还不足以判定同业团体的有无,但这
至少说明当时还不存在可以有效规范商人行为的同业团体。如《贫牙
脱蜡还旧债》(引用 A)中"建宁府城内的各蜡店"成为案件的被告,他
们是众多经营同类商品的商人,如果他们有所属的同业团体,面对不
当指控,这些商人应该凭借团体的力量采取某种行动才合乎故事的情
理,可商人们只是在擅于诉讼的江店客人的个人领导下采取了一些集
体行动。

　　行业进入自由与同业团体的存在符合人们的一般常识,但两者实
际上是相互矛盾的,进入自由至少与具有规范能力的团体之间难以并
存。实际上,明末还未出现能够规范同业者行为的团体,关于这一点,
将另文论证,本章则以没有为前提展开论述。

　　《杜骗新书》中不仅没有出现同业团体,也没出现同乡团体。对于
伶仃一身漂泊异乡的客商来说,同乡总是让人倍感亲切,如《盗商伙财
反丧财》(引用 F)中徽州府出身的两名商人之间,《成锭假银换真银》
(第 464 页注①)中相邻的泉州、兴化(诈称)府出身的二人等都是如
此。对客商来说,"乡语相同"有助于彼此交心,有时也会促使他们联
合起来采取共同行动。

故事中经常会出现一些同乡对主人公有所帮助。在《狡牙脱纸以女偿》(引用 B)中,住在苏州的乡亲刘光前设法让牙人立下借据,并为施守训做媒娶得牙人之女为妾,《买铜物被梢谋死》(引用 M)中,表亲林子达与牙人一起为客商雇船。此外,《炫耀衣妆启盗心》(引用 J)、《行李误挑往别船》(第 461 页注①)、《脚夫挑走起船货》(引用 O)等故事,都描绘了客商在途中与乡亲会面的场景。每个同乡都对客商起到不小的作用。尽管如此,《杜骗新书》中并没出现同乡的团体及其设施,这说明对于商业行为而言,至少在书中同乡团体尚未发挥其应有的作用。

结语——非定型的流通结构

以上,我们对以商品贩运为职能的客商、在消费地或产地代客买卖的牙人,以及客商—牙人这一长途贩运的商业体制进行了分析。在此基础上,最后再来看一下客商—牙人体制在历史发展阶段上以及流通结构上的意义。

客商—牙人体制绝非先进的商业形态。如前所述,这是商业尚未与运输分离的一种形态,其历史相当悠久。贩运途中充满了危险,利润本身也不稳定,特别是资本的周转速度非常慢。客商携带现银去往各处,宿于牙人家中进行采购,然后自己运送商品,长期逗留于牙店等待货物售出,商品出售后才能收回货款。如果将其与通过订单订货,收到货物后再通过汇票结算的方式相比,两者之间的差别是显而易见的。客商一人或主仆二人的商业组织也极为简单。那么,客商—牙人体制在什么情况下才会存在呢?

与一般的看法相反,中国的商业活动缺乏团体规范而且行业进入容易,封建社会则大为不同。在封建社会中,就如同村落、城市一样,商业领域中的同业者也有自己的共同体，对内约束成员行为，对外实行垄断。这些团体从领主那里获得某些特权，凭借自身的团体规范，成为领主统治的基层组织之一。①

同业团体规范的缺失必然会影响到行政权力对社会的规范效力，在这样的社会里，商业经营极不稳定。在缺乏制度信任的商业社会里，商人的眼光必须敏锐，这样才能从众多无法信赖的船户、脚夫中选出合适的人选并对其进行监督管理；牙人将互不相识的零售商店、船户与客商联系起来，客商需要对其进行严格挑选。在此情况下，交通工具提供业者很难向商品运输业者转化从而提高运输信任度，为远距离贸易服务的金融业也不可能发达，货币和商品只能由客商自己携带、看管并运送。

没有团体规范、进入容易的社会，同时也是商人竞争激烈的社会。对于所有的商人，以及那些拥有商业知识和资金的潜在进入者，市场都是开放的，运输方面的情况也是如此。吸引客商的，是交易是否对自己有利。虽然对特定地区、特定商品的熟悉度会影响客商贩运商品的种类及其活动区域，但客商的行动是自由的，买什么、何时买、何地买、何时卖、何地卖，这些都是客商成功的必备知识，正因为此，各类商书多强调商人应掌握各类物品的相关知识及其价格变动，只有在此基础上才能做出正确的判断。客商与船户之间只能建立临时性关系的原因，归根结底也在于此。《高抬重价反失利》一则所反映的，正是由无数可以自由选择商品和销售地、相互之间无法预测对方行为的客商所形成的竞争性市场的典型事例：

---

① 关于专制国家与封建社会里中间团体、团体规范能力、公权力之间的关系，请参见拙稿《中国专制国家の发展》（《历史评论》515，1993 年）以及拙著《专制国家史论——中国史から世界史へ——》（柏书房，1998 年）。

于定志,云南西河县人,为人心贪性执,冒昧于利。一日买栀子,往四川处卖,得银八十余两。复买当归、川芎,往江西樟树卖,每担止着本脚银二两六钱。到时归芎虽缺,然比前价稍落些,牙人代发当归十两一担,川芎六两一担。定志怒责牙人曰,前日十二两价,如何减许多。牙人辩曰,若到二三担,则可依前价。今到二十余担,若从前价,何以服行情。公欲重价,凭公发别店卖之,何必怒焉。定志与牙角口。旁有一客伙张淳者劝曰,公货获利三倍,当要见机。倘价若落,未免有失渡无船之悔矣。定志坚执不听。数日后,到有当归三四担,牙人发价十两卖讫。淳又劝之曰,此客已卖十两价耳,公何不卖也。彼亦不听。后又二客人有十五担到,牙人发价七两亦卖讫。过数日,又有十余担来,止卖四两。定志暗悔无及。众客又背地代他扼腕。定志又坐一月余,价落货贱,与牙不合。遂转发到福建建宁府,止卖三两七钱一担,比樟树价又减,更废船脚又多。(引用 U)

实际上客商会在注意市场动向的同时,反复选择同一地区、同一牙人进行销售,这是因为在缺乏制度信任的社会里,人际关系的作用十分重要。此外,在有些生产地和消费地之间,有形成较为固定的商品流通之势,但这种趋势也是由无数不稳定的、非定型的流通累积而成的。

在这样的条件下,代客买卖的商人不容易转化为自拥资本的批发商,消费地的商人自己订货、收货、售货之体系也很难成立。由于客商供货极不稳定,从利润获取来看,代客买卖、收取牙钱比自备资本、赚取商业利润更加稳定。只要是以客商为前提的流通,那么这种流通就必然采取客商—牙人体制。

在能够长期稳定吸引客商的地方,牙人比较容易向批发商转化。如前所述,在南京、苏州等手工业产品集中的大城市里,棉布、丝绸等大宗商品流通的上游部分已出现自备资本的批发商。在一些商品的主要产地，流通的上游部分可能比下游更能稳定地吸引客商的到来，《诈称公子盗商银》(引用 G)中棉布产地的牙人，就被客商亲切地称为旧主。

此外，在客商—牙人体制下，资金积累很难与扩大经营联系在一起。对客商来说，规模经营优势较小，《盗商伙财反丧财》(引用 F)中的例子就很有其代表性。资本数千两的富商和资本仅 70 两的小商贩同在一个店铺收购，用同样的方法运输，并在同一家店铺销售，除了有一二仆人相随，富商的行动与旁人并无区别。对富商来说，除了单位差旅费和运输成本略有下降，扩大经营规模几乎没有什么益处。

相反，资本额增大反而会带来许多不利之处。正如《诈称公子盗商银》(引用 G)、《炫耀衣妆启盗心》(引用 J)、《买铜物被梢谋死》(引用 M)等故事所示，持有巨额的货币和商品，会使客商原本就很危险的旅途变得更加危险。书中按语也说，钱财不可外露是客商必须注意的事项之一。

另外，在无法了解进货地、销售地情况的条件下，大量购买或贩运商品会陷自己于被动。《高抬重价反失利》(引用 U)中的客商因为自己进货太多导致市场价格降低，后续不断的到货又造成市场滞销；在《盗商伙财反丧财》(引用 F)一则故事中，小商贩已经售完货物拿到货款，富商的货物却还未售罄，不得不继续等候。

黄仁宇也指出，资本积累并没有带动经营组织的扩张，坐贾中个人单独经营的情况也很多。《乘闹明窃店中布》(引用 I)中苏州的大型棉布商店、《垒算友财倾其家》(第 455 页注②)中应天府的大京铺，都只有一人经营。从《诈称偷鹅脱青布》(第 455 页注①)、《膏药贴眼抢元宝》(引用 R)、《石灰撒眼以抢银》(引用 Q)等故事来看，铺商的组织结构都非常简单。

不管怎样，对于客商来说，规模经营可能弊大于利。正如我们在分析客商的采购额时所看到的那样,大资本商人未必进行大规模的采购。这也是商人往往将积累起来的资本用于分散借贷而非扩大经营的原因之一,关于这一点,《杜骗新书》中只能在《因蛙露出谋娶情》(第460 页注①)一则故事的开头窥见一些端倪,在此就不作深入的探讨了。

客商—牙人体制,一方面与当时流通所处的发展阶段有着密切的关系,另一方面,既然流通属于社会活动的一部分,其必然也会受到社会结构的制约。

与日本相比,明清时期的商业与室町战国时期似乎具有更多的共同点。当时在日本,既有商人一边运输商品一边往来于各地的旅店兼商店,又有运输业者兼商人的现象。然而在中世纪的日本,已有相当一部分商人结成了团体,对产地、销售地以及交通路线实行垄断,规范商人活动的条件与中国已然不同。

日本近世也有与牙人类似的代客买卖的商人,但是,从 17 世纪下半叶开始,这些商人逐渐被自备资本进行交易的专门的批发商所取代。还在近世早期,常陆的商人①就与东北各地的商人建立起长期稳定的销售关系,他们通过江户的批发商向大阪商人下达棉花订单,收到货物后再以运现或汇兑方式结算,这些委托代理商不能简单地等同于牙人。

元禄以后,中日两国在流通结构上的差异更为明显。开埠后,中国总体上延续了客商—牙人体制,这一方面是基于商业发展的水平,另一方面也是受中国社会结构的影响。

以上,从带有虚构色彩的《杜骗新书》入手,对明清时期的流通结构展开了多方面的考察。当然,有关明清时期的流通问题,还需要结合其他史料进行综合论证。另外,从前近代到近代,中国的流通结构

---

① 林玲子:《江户问屋仲间の研究》,御茶水书房,1967 年。

又发生了哪些变化，这些问题将另文考察。需要指出的是，《杜骗新书》所描绘的世界，与一直以来备受关注的商业书的记载是一致的，商人从最有利的地方购买最有利的货物，精心挑选牙人与交通工具，小心运送货物，看准时机将货物脱手，这些也是著名商书《新刻天下四民便览三台万用正宗》商旅门中叙事的前提条件。商书中呈现出来的也是一个自由、危险、非定型的客商—牙人体制。

第三章　阿寄与西门庆

——明清小说中商业的自由与分散

在上一章中，笔者以《杜骗新书》为素材，分析了晚明商品流通中的各个商业主体，其中客商扮演了重要角色，联系起集散地和消费地的牙人。另外，在《中国的近代转型——以市场结构为中心》一文中，[①]笔者将明清的市场结构视为中国专制国家体制下社会的组成部分之一，并通过中日对比指出，自由且不固定的中国的客商—牙人体制不适于商业制度化的发展，中国很难自发走上近代化的道路；进入近代以后，客商—牙人体制也未发生根本变化，这赋予了中国近代经济以固有的特性。不过，上述两篇文章中前者仅以《杜骗新书》为分析素材，后者基本上是在先行研究的基础上所作的理论分析，很多问题仍有待实证考据，本章就是这些工作的一部分。

史料方面采用明清时期的小说，主要围绕《醒世恒言》卷三十五《徐老仆义愤成家》中的阿寄与《金瓶梅词话》中的西门庆[②]来分析，根据需要还会涉及其他中篇、短篇以及公案小说中的主人公。在日本的明清史研究中，很少运用小说作为史料，原因之一可能是担心小说有虚构成分。另外，与研究课题的性质应该也有一些关系。但是想要了

---

① 中村哲编：《东アジア专制国家と社会、经济——比较史の视点から——》，青木书店，1993 年。
② 《醒世恒言》采用的是顾学颉校订、根据叶敬池刻本订正出版的人民文学出版社 1987 年版。《金瓶梅词话》为万历丁巳序、戴鸿森校点的中国图书刊行社 1986 年版。

解一个国家,就必须了解其社会,而经济又是社会的组成部分之一,在反映社会经济面貌方面,小说具有其他史料所没有的魅力,尽管其中存在某些夸张的成分。在第二章中,笔者介绍了已有外国学者试着以小说为素材对中国的商业结构展开分析,①本章即以明清小说为线索,考察在某种自由状态下发展起来的明清商业的分散特性。

第一节　阿寄

关于《徐老仆义愤成家》中阿寄这一人物,贾永吉(Michel Cartier)曾作过专门研究,②黄仁宇对其也有过论述。需要注意的是,阿寄是从零星资本起家的客商的代表。

阿寄是嘉靖时期浙江省严州府淳安县真实存在的人物,《明史》曾为他列传,小说中有些部分是根据实事而录。他在徐家为仆,年过五十,因徐家小儿子的遗孀颜氏在分家产时受到不公待遇而义愤不平,随即为主人颜氏做起了生意。他带着颜氏卖掉首饰筹来的 12 两银子,到附近的庆云山买漆,再运到苏州售卖,往来奔波于庆云山、苏州、杭州、兴化府等地,一年辛苦下来,赚了 2000 多两银子,回到村子后,从地主的败家儿子手中购入 1000 多亩土地和宅院。

阿寄的行为模式是典型的客商模式。很多次采购都委托产地牙人进行。为了避免在牙店停留时间过长,加速资金周转,用酒买通牙人是阿寄生意成功的开始。又如"教脚夫挑出新安江口""遂雇船直到

---

① 黄仁宇:《从〈三言〉看晚明商人》,《香港中文大学中国文化研究所学报》7—1,1974 年。李瑚:《关于清初商人和商业资本的几个问题——读〈聊斋志异〉札记》,《中华文史论丛》1983—1 期。
② 《明末の商业观念に对する一考察——〈徐老仆义愤成家〉をめぐって——》,故村松祐次教授追悼论文集《中国の政治と经济》,东洋经济新报社,1975 年。

苏州"所描述的那样,商品购入后需要随时调配脚夫、舟船等交通工具,将货物运送到最佳消费地点。与众多商业书所写的一样,在运送过程中,"此时他出路行头,诸色尽备。把银两逐封紧紧包裹,藏在顺袋中。水路用舟,陆路雇马,晏行早歇,十分小心"。其商品也是通过城市里的牙人销售:

> 到杭州也不消三两日,就都卖完了。算本利,果然比起先这一帐又多几两。……与牙人算清了账目,收拾启程。

从资料中可知客商与牙人的关系。客商在牙人的店里停留一段时间并参与销售过程,在离开之前与牙人结清账目。旅行期间,阿寄始终独自一人,轻装简行,不断选择商品种类和交易场所。阿寄的故事表明,如果选择得当就能获得成功。当然,阿寄的成功与客商的高利润也是分不开的,除去采购和若干的旅行、运输费用,做客商这一行几乎不需要什么资本。阿寄第一次贩漆时:

> 正遇在缺漆之时,见他的货到,犹如宝贝一般。不勾三日,卖个干净。一色都是见银,并无一毫赊帐。除去盘缠使用,足足赚对合有余。

除去各种经费,纯利也超过了本钱,可知售价是原价的三倍左右。第二次、第三次交易的纯利甚至超过了第一次,第三次回程购米,以三石一两的价格买入,以一石一两二钱的价格卖出,而且因为两地斗斛大小各异,阿寄又从中赚了一笔。成功的话卖价一般是进价的三倍,这应该是当时的商业常识。从阿寄身上,我们可以发现客商的诸多特质,这些都与《杜骗新书》中的商人是一致的。

阿寄的故事还告诉我们有关客商的其他一些情况。首先,每个人都可以自由地进入客商这一行业,也即客商这一行业对外界是开放的。正如阿寄妻子所言:"啊呀,这是那里说起。你虽然一把年纪,那生意行中,从不曾着脚。"阿寄活到五十多岁,从来没有从商的经验,可是阿寄"遂不听老婆,自去收拾了衣服被窝,却没个背囊,只得打个包儿,又做起一个缠袋,准备些干粮。又到市上买了一顶雨伞,一双麻鞋",带着 12 两本银和几件行装,靠着贩漆有利可图的信息,出外经商。可见,成为一名客商,其进入的社会壁垒很低,事先也不需要做多少准备。

其他小说中也有很多突然就决定做客商的轶事。《律条公案》记载:①

> 抚州府崇仁县吴嘉庆,娶妻林氏,家颇殷富。生子郁文,年十八,庆为之娶雷氏为妻,夫妻和睦,孝顺公姑。一日,庆谓郁文曰,家中虽则优裕,吾思创业难若登天,败易如燎毛。今家中所食者众,所入者寡。吾恐所入不足以供所用,乌可守株而不营谋。尔今年当少壮,正好营为,欲令汝出外经商。倘获微利,亦足赡家。不知汝意何如。文曰,老父严命,即当就行。但不知那项生意好做。庆曰,四川成都最好卖机布,汝可将本银一百两,往福建收买机布,到川发卖,不消一年,可以回矣。

就这样,郁文在绍武购入机布,数月后到达成都,在张牙人的店里发卖。同样,温州富人袁圣也认为守着家产什么也不做的话只会坐吃山空,就在他外出经商时,妻子和小妾之间却因为财产发生了命案。② 王成的祖父曾是衡王府的仪宾,到他这里已是家道中落,狐狸化为老婆婆给了他 40 两银子,让他做起了客商这一行当。③ 这些故事的主人

---

① 《新刻海若汤先生汇集古今律条公案》卷四,窃盗总类《冯县尹断木碑追布》。另外,《龙图公案》《详细公案》等许多公案小说中也有相同的故事情节,但《律条公案》中父亲的训诫简洁,且涉及客商的内容较多。
② 《律条公案》卷六《韩代巡断嫡谋妾产》。
③ 《聊斋志异》卷一《王成》。

公大致可分为两类,一类是生活窘迫之人,如阿寄、王成等,他们靠着仅有的一点钱出外经商;另一类是像吴郁文、袁圣以及后述文若虚这样拥有一定资产的人,他们当客商是为了财产的保值和增值,这也显示出客商在资金规模等方面内在的多样性。总而言之,商业本身并没有成为这些人的进入壁垒。

不仅行业进入自由,客商自身的行动也不受约束,通常是看当时的情况来决定自己如何行动。面对颜氏不安的询问,阿寄的回答就很说明问题:

> 颜氏道,你打帐做甚生意。阿寄道,大凡经商,本钱多便大做,本钱少便小做,须到外边去,看临期着便,见景生情,只拣有利息的就做,不是在家论得定的。颜氏道,说得有理,待我计较起来。

经商的话,本钱多有多的做法,少有少的做法,如何行动不是事先能决定的,应该根据市场情况而定,见机而行,选择最有利的方案。事实上,阿寄也是这么做的。闻得贩漆有利就去往庆云山买漆,再运去较远的苏州销售,打听到籼米到货甚多就买米,如何行动通常是看当时的情况而定,正确的判断和强大的运气是阿寄成功的关键,[1]选择合适的商品才能获取利益。

> 女曰,凡商贾之志在利耳。妾有术知物价。适视舟中物,并无少息。为我告翁,居某物利三之,某物十之。归家妾言验,则妾为佳妇矣。……生以所言物价告父。父颇不信,姑以余资半从其教。既归,所自置货,资本大亏。幸少从女言,得厚息略相准。以是服秋练之神。生益夸张之,谓女自言能使己富。翁于是益揭资

---

[1] 一来是颜氏命中合该造化,二来也亏阿寄经营伶俐。凡贩的货物,定获厚利。

而南。……女乃使翁益南，所应居货，悉籍付之。媪乃邀婿去，家于其舟。翁三月而返，物至楚，价已倍蓰。

以上摘取的是《聊斋志异·白秋练》中的一节。十六岁的生员慕蟾宫放弃科考之路，跟随父亲当起了客商，在武昌，他与美丽的鲟鳇精白秋练相恋，为了讨得其父的欢心，白秋练告诉他应该购买何种商品。购买货物，一定要小心挑选，选对的话，可能会以进价的好几倍卖出，否则就可能赔掉本钱，这个故事告诉我们客商的选择具有随意性和不确定性。事实上，在明清小说中，既有通过适当判断和强大运气赚取丰厚利润的成功之例，也不乏好几次输掉本金的失败人士。泽州人邢德，善拉强弓，商人们喜欢邀他一同经商，这样路上就不怕强盗土匪的骚扰，但性格粗鲁的他不适合做生意，总是亏本；①河间府人夏商，同村的富人看好他，借钱给他出外经商，可他总是亏本，有一次遭遇飓风，货物损失殆尽；②家住苏州阊门外的文若虚，家道中落，看见别人经商经常获利几倍，就也想做些生意，有一次他运扇子去北京卖，不料那一年北京阴雨不断，扇子非但没卖出去，还全部报废了，人们称他"倒运汉"，即倒霉蛋的意思。③ 经商的大门始终敞开，只要运气好就能获取丰厚的利润，但失败也会如影随形，这就是客商的世界。

市场行情也极不稳定。前面提到的王成开始做葛布生意后立即遭遇了以下状况：

> （妪曰）可将去悉以市葛，刻日赴都，可得微息。……（妪）嘱曰，宜勤勿懒，宜急勿缓。迟之一日，悔之已晚。王敬诺。囊货就路，中途遇雨，衣履浸濡。王生平未历风霜，委顿不堪，因暂休旅

---

① 《聊斋志异》卷三《老饕》。
② 《聊斋志异》卷八《钱卜巫》。
③ 《初刻拍案惊奇》卷一《转运汉遇巧洞庭红　波斯胡指破鼍龙壳》。

> 舍。不意淙淙彻暮,檐雨如绳。……信宿乃行。将近京,传闻葛价翔贵,心窃喜。入都解装客店,主人深惜其晚。先是南道初通,葛至绝少。贝勒府购致甚急,价顿昂,较常可三倍。前一日方购足,后来者并皆失望。主人以故告王。王郁郁不得志。越日葛至愈多,价益下,王以无利不肯售。迟十余日,计食耗烦多,倍益忧闷。主人劝令贱鬻改而他图,从之。亏资十余两,悉脱去。

虽然这里讲述的是一个狐仙预言成真的故事,但从中可知,受市场需求和客商到来的影响,市场行情每天都在剧烈波动,对此客商也毫无办法,只能在牙人店里旁观等候。不是依靠固定的供货系统有计划地组织供应,而是由众多凭借自身判断且判断材料并不充分的客商聚集而成的供应市场,这种供应市场的可预测性和稳定性自然很低。以个人自行判断为基础的客商体制,不但造成了市场的不稳定性,也使客商需要持续不断地做出判断,从而使客商的经营具有很大的投机性。

对于客商的采购来说,市场既狭小又不稳定。《龙图公案》"兔带帽"的故事是这样开始的:

> 话说武昌府江夏县民郑日新,与表弟马泰,自幼相善。新常往孝感贩布,后泰与同往一年,甚是获利。次年正月二十日,各带纹银二百余两,辞家而去,三日到阳逻驿。新道,我你同往孝感城中,一时难收多货,恐误日久。莫若二人分行,你往新里,我去城中何如。泰说,此言正合我意。

孝感城的市场不大,不能同时容纳两名客商,虽然他们各自的本钱不过200多两。在采购市场上二人属于竞争关系,分开行动比较好。同样地,为了方便采购,阿寄也需要收买牙人。

由于市场缺乏组织化,因此,无论是采购市场还是销售市场,其规模都很狭小,市况也难以预测,在这样的情况下,客商的经营规模不宜过大。《律条公案》就把仅带一仆赴广东大获其利、销售额在 1000 两以上的西安的毡绒商称为西安巨商。① 正如李瑚所指出的那样(参见第 475 页注①),明清小说中出场的客商,其交易额都很小,200 至 300 两已是中等规模了。

第二节　西门庆

与零散资本起家的客商阿寄形成鲜明对比的是拥有巨额资产的城市坐贾西门庆,且看媒婆文嫂对其的介绍:

> 这文嫂方说道,县门前西门大老爹,如今见在提刑院做掌刑千户,家中放官吏债,开四五处铺面。缎子铺、生药铺、绸绢铺、绒线铺。外边江湖又走标船,扬州兴贩盐引,东平府上纳香蜡,伙计主管约有数十。东京蔡太师是他干爷,朱太尉是他卫主,翟管家是他亲家,巡抚巡按多与他相交,知府知县是不消说。家中田连阡陌,米烂陈仓,赤的是金,白的是银,圆的是珠,光的是宝(第 69 回)。

西门庆在山东清河县城经营药铺,与官场相通,兼营缎子、绒线等铺,并涉足盐业,还负责向东平府交纳贡品,是县里屈指可数的富户。

前面已经提到,商品一般由客商运到消费地,再经牙人中介到达各种坐贾手中。《金瓶梅词话》写道:

---

① 《律条公案》卷一,谋害总类《陈府尹判问恶仆谋主》:
　　陕西西安府有一巨商,姓刘名永太。同恩养家仆进兴,往广东潮州府,发卖毡绒等货,大获其利。结帐得银千有余两,遂命进兴,收拾行李回家。

玳安说,家中有三个川广客人坐着,有许多细货要科兑与傅二叔,只要一百两银子押合同,其余八月中旬找完银子。……西门庆道,你不知贼蛮奴才,行市迟,货物没处发脱,才来上门脱与人,迟半年三个月找银子。若快时,他就张致了。满清河县,除了我家铺子大发货多,随问多少时,不怕他不来寻我。……西门庆一直带着个眼纱,骑马来家。铺子里有四五个客人,等候秤货兑银,批了合同,打发去了(第16回)。

西门庆的生药铺也从川、广等产地客商那里购买药材。如后所述,绒线铺也是因为买下了湖州客商的货物而开张的。不过,小说又道:

正说着,只见韩道国进来,作揖坐下说,刚才各家多来会了,船已雇下,准在二十四日起身。西门庆吩咐,甘伙计攒下账目,兑了银子,明日打包。因问,两边铺子里卖下多少银两。韩道国说,共凑六千余两。西门庆道,兑二千两一包,着崔本往湖州买绸子去。那四千两,你与来保往松江贩布,过年赶头水船来(第67回)。

西门庆所开的一系列店铺也采取了后述缎子铺开业时的进货方法,也即派遣伙计携带现银去产地采购。由此可见,这些店铺是内置了客商职能的自备资本的大型零售商店,这样的经营模式也只有清河县的首富才能办到。在大城市设店的坐贾,其经销货物,部分通过牙行买入,部分由伙计外出采购,这在中国为数不多的经营文书中,同样可以得到印证。①

与客商一样,这些资本雄厚的铺户也具有进入自由与不稳定的特点,尽管表现形式有所不同。西门庆原本经营的是生药铺,当他得知湖州客商急于出手价值500两的生丝时,便抓住这个机会,将已有的

---

① 刘永成、赫治清:《略论清代以来万全堂的经营形式及其特点》,《北京史苑》1,1983年。

房产改装后开为绒线铺，招募拥有经验、商品知识和计算能力的伙计，由此踏进一个全新的商业领域。其经过如下：

> 西门庆便告说，应二哥认的湖州一个客人何官儿，门外店里堆着五百两丝线，急等着要起身家去，来对我说，要折些发脱。我只许他四百五十两银子。昨日使他同来保拿了两锭大银子作样银，已是成了来了，约下今日兑银子去。我想来，狮子街房子空闲，打开门面两间，倒好收拾开个绒线铺子，搭个伙计……月娘道，少不得又寻伙计。西门庆道，应二哥说，他有一相识姓韩，原是绒线行，如今没本钱，闲在家里。说写算皆精，行止端正，再三保举。改日领他来见我，写立合同（第33回）。

西门庆以同样的方法不断扩大经营范围：

> 西门庆因对老婆（韩道国之妻）说道，等你家的来，我打发他和来保崔本扬州支盐去。支出盐来卖了，就交他往湖州织了丝绸来，好不好（第50回）。

> 西门庆进来对吴月娘说，如此这般，韩伙计货船到了临清，使了后生胡秀送书帐上来。如今少不的把对门房子打扫，卸到那里，寻伙计收拾，装修土库，开铺子发卖。……伯爵就说……哥，若寻卖手，不打紧，我有一相识，却是父交子往的朋友，原是这缎子行卖手，连年运拙，闲在家中。今年才四十多岁，正是当年汉子。眼力看银水，是不消说，写算皆精，又会做买卖。此人姓甘名润字出身，见在石桥儿巷住，倒是自己房儿。西门庆道，若好，你明日请他见我（第58回）。

差绒线铺的人去扬州贩盐，再用贩盐得来的钱去湖州买绢缎，等待商品到货之时，租了对面的房子装修，再聘请有经验的人开起缎子铺。

此外,西门庆还开了解当铺①和绸绢铺。② 西门庆给仆人来旺银子开酒楼,虽说是为了陷害来旺而设的奸计,但也说明西门庆本来就有开酒楼的打算。③ 正因为西门庆能够抓住机会和人才,才积攒下这一节开头所见西门家丰厚的家业。不过,西门家的发展模式不是建立在资本积累基础上的内涵式发展,而是不断投资各种行业的外延式发展。与客商一样,坐贾领域也没有出现妨碍行业进入的制度性制约。最后嫁与西门庆为妾的李瓶儿,给入赘的第三任丈夫蒋竹山300两银子,让他在西门庆药铺旁边开药店,从而招致西门庆怒火一事就很具有代表性。④

进入行业的速度快,退出的速度也快。

> 我死后,缎子铺是五万银子本钱,有你乔亲家爹那边多少本利,都找与他。教傅伙计把货卖一宗交一宗,休要开了。贲四绒线铺,本银六千五百两,吴二舅绸绒铺,是五千两,都卖尽了货物,

---

① 又打开门面二间,兑出二千两银子来,委傅伙计、贲地传开解当铺。女婿陈敬济只要掌钥匙,出入寻讨,不拘药材。贲地传只是写账目,秤发货物。傅伙计便督理生药、解当两个铺子,看银色,做买卖(第20回)。

② 西门庆照旧还把钥匙教与他管绒线铺。别打一间,教吴二舅开铺子卖绸绢,到明日松江货船到了,都卸在狮子街房内,同来保发卖(第78回)。

③ 一日,西门庆在前厅坐下,着人叫来旺儿近前,桌上放下六包银两说道,孩儿,你一向杭州来家,辛苦要不的。教你往东京去了,恐怕你蔡府中不十分熟些,所以教来保同吴主管去了。今日这六包银子三百两,你拿去搭上个主管,在家门首开个酒店,月间寻些利息孝顺我,也是好处(第26回)。

此外,很多从西门庆处拿钱做小买卖之人,在其死后,挪用遗产又开起了新店。

④ 过了三日,妇人(李瓶儿)凑了三百两银子,与竹山打开门面两间开店,焕然一新的(第17回)。

西门庆道……那蒋太医贼矮王八,那花大怎不咬下他下截来。他有甚么起解,招他进去,与他本钱,教他在我眼面前开铺子,大剌剌做买卖(第18回)。

先是一个问道,你这铺中,有狗黄没有。竹山笑道,休要作戏,只有牛黄,那讨狗黄。又问,没有狗黄,你有冰灰也罢,拿我瞧,我要买你几两。竹山道,生药行只有冰片,是南海波斯国地道出的,那讨冰灰来。那一个说道,你休问他,量他才开了几日铺子,他那里有这两庄药材。咱往西门大官人铺中买去了来(第19回)。

收了来家。又李三讨来批来,也不消做了,叫你应二叔拿了别人家做去吧。李三黄四身上,还欠五百两本钱,一百五十两利钱未算,讨来发送我。你只和傅伙计守着家门这两个铺子吧。缎子铺占用银二万两,生药铺五千。韩伙计来保松江船上四千两。开了河,你早起身往下边接船去。接了来家,卖了银子交进来,你娘儿们盘缠。前边刘学官还少我二百两,华主簿少我五十两,门外徐四铺内还本利欠我三百四十两,都有合同现在,上紧使人催去。到日后,对门并狮子街两处房子,都卖了吧,只怕你娘儿们顾揽不过来(第79回)。

这是西门庆临终前的嘱咐。他下令把住家兼店面的生药铺、解当铺之外的生意全部变卖兑现,此处我们看不到西门庆对经营有一丝的执着,很多经营不过是他当时资产运作的一种形态罢了。

西门家这些店铺的本银都在5千到5万两之间,以当时中国店铺的一般标准来看,其规模非常大,而且这些店铺都由少数人管理。缎子铺开张那天的情形如下:

家中收拾铺面完备,又择九月初四日开张,就是那日卸货,连行李共装二十大车。……甘伙计与韩伙计都在柜上发卖,一个看银子,一个讲说价钱,崔本专管收生活。不拘经纪买主进来,让进去,每人饮酒二杯(第60回)。

甘、韩、崔三人中,韩道国还有绒线铺等需要打理,甘、韩、傅、崔、贲、陈等几名伙计管理着西门庆的所有店铺,同时还负责商品的采购。

西门庆拥有的这些可以随时开业与脱手的店铺,是其资产运作的一部分,这些店铺由少数几名伙计分散经营,采取的是合伙经营的方式。

且说西门庆新搭的开绒线铺伙计,也不是守本分的人,姓韩

名道国字希尧。……那韩道国坐在凳上,把脸儿扬着,手中摇着
扇儿说道,学生不才,仗赖列位余光,在我恩主西门大官人做伙
计,三七分钱(第33回)。

书中称韩道国为"新搭的开绒线铺伙计",收益按三七分成,他不是领
取薪酬的雇工,而是按身股分红的伙计。

> 西门庆叫将崔本来,会乔大户那边,收拾房子卸货,修盖土库
> 局面,择日开张举事。……当下就和甘伙计批立了合同,就立伯
> 爵作保。譬如得利,十分为率,西门庆分五分,乔大户分三分,其
> 余韩道国、甘出身与崔本三分均分(第58回)。

在缎子铺开业之际,西门庆与伙计订立合同,约定利润由西门庆、店铺
所有人和三名伙计按比例分配。比别人早一步得知朝廷开始搜集古
董玩器,随即投资古董买卖时西门庆采取的仍是合伙的方式:

> 今有朝廷东京行下文书,天下十三省,每省要万两银子的古
> 器。咱这东平府,坐派着二万两,批文在巡按处,还未下来。如今
> 大街上张二官府,破二百两银子,干这宗批要做,都看有一万两银
> 子寻。小人会了二叔,敬来对老爹说。老爹若做,张二官府拿出
> 五千两来,老爹拿出五千两来,两家合着做这宗买卖。左右没人,
> 这边是二叔和小人与黄四哥,他那边还有两个伙计,二八分钱使。
> ……西门庆听了说道,比是我与人家打伙而做,不如我自家做了
> 罢。敢量我拿不出这一二万银子来(第78回)。

二八分成指的不是西门庆和张二官之间,这二人五五出资,再与伙计
按二八分成。合伙一般被认为是聚集零星资本的一种手段,但至少在
西门庆这里,合伙是资金分散管理的一种基本运作方式。与客商合伙
时,资金的配置可能更为分散,《聊斋志异》卷七《柳生》中就讲述了将

资金交与百余名商人后自己参与提成的故事。①

由于资金匮乏，通过合伙开展共同经营的事例当然也存在。前述之倒运汉，常常是"不但自己折本，但是搭他做伴，连伙计也弄坏了"。② 另外，《廉明公案》下卷《袁侯判追本》也记载了佣工被骗滴酒立誓合伙贩鱼的故事。③ 但是，包括共同出资在内，在合伙经营的模式下，其经营是否实现了一元化管理还需谨慎判断。在海外贸易中，有很多共同出资的例子，有些确实也是按比例分成。让文若虚从倒运汉变为转运汉的海外贸易，④其合伙方式是，"一日，有几个走海贩货的邻近。做头的无非是张大、李二、赵甲、钱乙一班人，共四十余人，合了伙将行"，一行人到达目的地后，

> 船中人多上岸打一看，原来是来过的所在，名曰吉零国。……众人多是做过交易的，各有熟识的经纪歇家通事人等。各自上岸，找寻发货去了。

又或是：

> 不几日，又到了一个去处，却是福建地方了。才住定了船，就有一伙儿惯伺候接海客的小经纪牙人，攒将拢来，你说张家好，我说李家好，拉的拉，扯的扯，嚷个不住。海船上众人拣一个一向熟识的，跟了去，其余的也就住了。

其商业行为，完全是在客商—牙人框架之下进行的，合伙的参与者各

---

① 女持家逾于男子。择醇笃者授以资本，而均其息。每诸商会计于檐下，女垂帘听之，盘中误下一珠，辄指其讹。内外无敢欺。数年伙商盈百，家数十巨万矣。
　　另外，李珣也曾在文章中提到过该史料。
② 同第479页注③。
③ 乐平县吴计状告，为脱骗妻本事。身皆佣工，攒银二十两完聚。枭恶陈清，饵诱合伙贩鱼，滴酒立誓，术笼痴听。
④ 同第479页注③。

自出售自己的商品。这些商人虽然以一定的共同关系为前提，但其商业行为属于个人行为。①

由于受到非制度化市场的制约，本质上客商的经营规模较小。在客商—牙人体制下，坐贾的经营也不稳定。缺乏团体规制，行业进入自由，商人们随时要面对新进入者的竞争与挑战。资本不是用于扩大某一特定的经营，而是在各种经营里自由流动。坐贾的经营也因此变得分散。从某个角度看，合伙是资本运作的一种方式，市场的自由与分散在这里得到了充分的体现。

以上，以阿寄和西门庆为中心考察了客商、坐贾的一些特质。进入自由、行动选择自由等诸多特质，可能被认为是无需史料考据的自明之事。但从这些特质中显现出来的市场性质，与早期商业资本支配市场、封闭性的封建市场等中国商业的一般常识是不相容的。为了更好地诠释充满自由的市场与专制国家体制下的社会这两者之间的关系，需要对一些历史常识重新进行考证。明清小说中还有很多有关商人活动的记述，待以后有机会再作论述。

---

① 另外，该小说之蓝本《泾林续记》对合伙是这样记载的：

闽广奸商，惯习通番。每一舶推富豪者为主，中载重货，余各以己资市物，往牟利恒百余倍。

第四章　牙行经营的结构

第一节　明清社会与商业经营

在第一届中国史学国际会议上,笔者作了题为"明清社会的经济结构"的报告,对明清时期的经济结构进行了概括性论述。[①] 在报告中,笔者分析了明清时期各行业的经营状况,指出同一经营之中嵌入其他半独立经营的现象在当时普遍存在,之所以形成这种复杂的经营结构,是因为"商业资本"或经营者还无法实现对劳动者的完全支配。

在非团体性的传统中国社会里,由于缺乏建立在共同商议基础上的稳定的团体规范,一般很难让成员在思想信念和行为准则上保持一致。各个经济主体无法以固定的形式分工承担流通中的各项职能,建立起制度化的市场,同样地,由于无法有效地约束成员行为,也很难在分工协作的基础上实现一元化的经营管理。部门之间、劳动者之间通过利害共享松散地结合在一起,这就是明清中国的经营模式。

为了构建历史发展多线理论,从社会分析的角度出发研究多线的经济发展史就显得极为必要。经济是社会的一部分,而社会又具有多样性,这就要求我们对市场和经营等经济问题进行具体分析。去年的

[①] 2000 年 9 月 14 日至 17 日于东京。会议提交稿收于《中国の历史世界——统合のシステムと多元的发展——》(东京都立大学出版会,2001 年)。参见本书第四部第一章。

会议报告为大家勾勒出明清经济的基本框架,本章则是为了验证这一结构框架而作的一次实证分析。

具体方法是以清代后期的四川省巴县为例,利用巴县档案对牙行经营进行考察。对于"经营"的内部结构这一极为具体而个别的事象,依靠归类为史部的传统史料很难分析清楚,而文集中的各种记述也很零碎不连贯,这给研究某个特定行业的经营造成了极大困难。在中国,由于无法像日本近世史那样利用第一手的经营史料,发掘新的史料来源就显得尤为重要。笔者之前曾尝试使用商业书和小说来分析市场结构,①与流通过程不同,考察经营时需要对经营有一个整体性的把握,即使是小说也有其不足的一面。巴县档案主要以诉讼类文书为主,其中有很多关于经营方面的记载。不过需要注意的是,这些文书传递的可能是当事人一方的主张,使用时不能对其所言一概听而信之。尽管如此,这些档案资料不仅反映了个别具体的事象,围绕某个特定行业留存下来的史料数量也非常丰富,具有很高的史料价值。

本文所用资料出自四川大学历史系和四川省档案馆主编,1989年、1996 年由四川大学出版社出版的《清代乾嘉道巴县档案选编(上、下)》。根据此书的"编辑说明",编者在选编资料时对公文套语等内容进行了删节。此外,书中还存在一些文字错误,由于笔者没有对原始档案进行核查,无法确认错误是出自原始档案还是编辑排印,引用时原则上以刊行的档案汇编为准。巴县档案现存十一万余卷,是迄今为止中国地方档案中保存数量之最,汇编只是其中的一小部分。本章是笔者利用地方档案考察经营所作的初步尝试,山本进曾借助巴县档案对牙行进行过研究,②本章参考了其中部分内容。

---

① 本书第四部第二、三章。

② 山本进:《清代四川的地域经济——移入代替棉业の形成と巴县牙行——》,《史学杂志》100—12,1991 年,后收于《明清时代の商人と国家》(研文出版,2002 年)。

另外，史料引用时标注为［道光16年6月尹特贤等诉状：下24］，是指史料收录在《清代乾嘉道巴县档案选编》下卷二十四页，编者将其题名为［道光16年6月尹特贤等诉状］。如果标记为［道光16年6月尹特贤等诉状：下24］（495页），则表示该史料引用在本章第495页。

第二节　巴县经济中的牙行经营

中国传统的商品流通是通过具有移动性的交易主体的相遇而实现的，而在买卖两个主体之间居间撮合的是被称为牙人或牙行的牙商。无论是集市上农民与农民的相遇，还是集散地客商与客商的相遇，本质上都是一样的。由买卖两个主体以及中介构成的这种流通，又被称为客商—牙人体制，随着市场规模和范围的扩大，这一体系会以环节状的形式增长。在缺乏契约稳定性和排他性垄断的情况下，买卖主体之间难以形成固定的分工关系，随着流通的扩大，农村市场、地方集散地市场等市场间的层次关系不断加强，从而形成了一个由无数客商—牙人结构串联在一起的市场体系。

在这样的市场体系中，巴县处于湖南、湖北沿长江溯流进入四川以及四川各地的货物输往省外的枢纽地位。朝天门等码头汇聚了来自长江中游的客商，他们运来大量货物，通过巴县牙行的中介，由四川省内的客商、船户们接手。在长江流域的商品流通体系中，巴县的牙行占据着相当高的地位。

正因为牙行在中国的商品流通中发挥着重要的枢纽作用，国家为了保障财政收入，维持市场秩序，对牙行实施管理。明万历年间，各地开始给牙行发放营业执照即牙帖，并开征牙税。[①] 清朝时牙行管理逐

---

① 新宫学：《明代の牙行について——商税との关系を中心に——》，《山根幸夫教授退休记念明代史论丛》下，汲古书院，1990年。

步走向制度化,雍正十一年(1733)设立定额牙贴制,将牙帖的发放权限集中到各省布政使手里,增添牙帖数目,须经布政使批准。① 然而,与清朝的许多政策一样,国家对牙行也没有实行全国性统一管理,各省之间存在很大差异,广东、广西二省向无定额,而河南一省的额帖就多达 77 000 张左右,四川省的定额为 798 张,属于发放数量较低的省份。因此,虽然大家都是领有牙帖的牙行,但在各省流通环节中所占的地位有所不同。从四川省的情况看,户部登记在案的主要是那些在流通环节中占据上位的牙行。

19 世纪后期巴县的额设牙行为 151 家,分别受县衙工房、礼房等各部门管辖,这样的管理办法,可能与领有牙帖者须承担各种差役有关。② 有人退帖,便推荐新人顶补,③但不能超过牙帖的定额,招募到合适的人选后,由县到府,再由府呈报给布政使,办理牙帖的更新手续。山本的研究指出,嘉庆六年(1801)巴县实际发放的牙帖数只有

---

① 参见《清国行政法》第二卷《牙行》。

② [工房书办李星吉禀状:上 364]:

工房书办李星吉禀状

渝城额设牙行一百五十余家,书房内经理八十二家,现有事故歇业者,每年课税不足,系书塾项批解。况渝城额设牙行,向有开贸处所,例载不准移地把持等因。今有礼房经理之牙户段锦丰不寻原地开设。

③ 原则上是县衙接到牙人的退帖申请后再招募新人顶补,如[道光 11 年 10 月巴县申:上 383]载:

为缴恩详补事。道光十一年十月初一日,据卑县民杨汝汉禀称,情蚁父杨洪辉于乾隆五十年请领麻帖一张,在渝开设麻行,每年纳课银一两。今蚁父物故,蚁实无力更换开设。是以遵例将帖缴案,恳乞另募顶补等情。据此,随据里邻匡丰顺、王松亭,并同行户严吉泰、徐三元等,具保智里五甲粮民孙瑞亭承认顶补。

但实际上是由退帖者推荐顶补者,又或者本来就有顶补者存在的情况下进行更换,如[乾隆 58 年 1 月 25 日巴县申:上 382]载:

为恳详顶补事。乾隆五十八年正月十九日,据行户周公韬呈禀称,窃身于乾隆三十二年,承顶油行部帖一张开设,每年认纳课银一两,并无违误。今身年老患病,难以开设,情愿辞退,将帖呈缴,顶与周悦来仍于原地开设,照例纳课。恳请转祥给帖。计缴原帖一张,等情。据此……

关于县、府、布政使的行政处理流程,参见[巴县详册:上 365]、[四川省布政使司札:上 366]、[重庆府札:上 366]。

109 张,其余牙帖处于"存滞"状态。①

领帖者每年需要支付 1 两左右的牙税,②看起来确实有点儿微不足道。但据[道光 6 年 6 月王宗信等禀状:上 379]载:

> 情民等与刘洪裕均在千厮厢开设粮行生理,每客卖货一石,民等抽□六分,以四分作为行用外,余二分以为办差补用。历来民等五家应办各大宪差务无违。(下略)

卖货 1 石可抽取牙钱 6 分,其中 2 分用来应差。虽然牙行的话不可全信,但从这则资料可知,牙行应差所花的费用远在 1 两之上。另外,在办理牙帖更新手续时,还需支付一笔不菲的费用。[道光 3 年 11 月初 10 日谭志隆诉状:上 351]载:

> 蚁祖谭贵英,自雍正二年颁请部帖开设靛行。蚁祖故,蚁父正昂顶补牙帖,更名谭行正,历年已久。不幸蚁父故,因蚁外贸未归,有远族谭九鉴闻揽代理行务,去春被吴兆熊具禀故帖在案。沐恩招募更换蚁帖名谭迪徽承充。今春蚁经闽楚客长并行邻戚族人等,在公所清算更贴一切使费,共用银八百余两,凭众交清九鉴领讫。外索蚁银一百二十两。系伊胞弟谭绍周亲笔,书立约

---

① [嘉庆 6 年 6 月 24 日八省客长禀状:上 252],因为后续还会涉及,兹引用如下:

具禀八省客民何康远、韩小亭、李成才、李定安、刘景融、郑德新、彭青云、潘同兴,为据实陈明事。

前奉钧谕,转奉府宪札示内云,谕八省客长首土知悉。照得诸色牙行,必须身家殷实,诚实可信之人,始准承充。……今查渝城各行户,大率俱系外省民人领帖开设者,虽有殷实之户,并有以些小本资装饰齐整行面,有意哄骗客商货物,任意花销者甚多。……合行谕知。谕到该客长等,确查渝城有帖户户,共有若干,某人系何省民人,开设何行,其无帖开行之家,共有几家,所开何行。……

民等捧读之下……查得……向来渝城原额引帖修计有一百五十一张,现在开行者计有一百零九张,余帖存滞。

② 根据嘉庆重修《乾隆巴县志》卷三《课税》,雍正年间设立定额牙帖制时,共发放牙帖 152 帖,计牙税 191 两。另外,参见第 492 页注③所引资料[乾隆 58 年 1 月 25 日巴县申:上 382]。

据。抄电。

仅变更帖名时的手续费就花去了800两白银。

虽然牙税只有1两多,但实开牙行数未达定额,这一现象的背后正是因为有这样高额负担的存在。不过,高额负担同时也意味执有牙帖或经营牙行是一种有利可图的买卖。

当然,持有牙帖并不意味获取了对市场的垄断权。[道光13年2月14日陈世明禀状:上384]记载了如下内容:

> 情乾隆年间邓宗榜请领牙帖开烧酒行,代客买卖,输纳税课,供应恩辕、理民两署差务。……各处运来烧酒,向来投行发卖无紊。因宗榜物故,伊孙元泰以故帖开行,致卖酒者多不投行。故元泰缴帖辞退,蚁赴辕呈请顶补,沐准详请更帖承充在案。弟先年酒行系造大船二只,湾泊千斯门麻柳湾河坝开设,大小两河运来之酒,投行发卖。今蚁照旧于原处开设招牌积义酒行。无如运酒者窥章程紊已久,竟有不来投行发卖而自行私售。

另外,[嘉庆4年8月初5日巴县详:上386]也载:

> 查杨鼎丰、陈隆泰请领山货牙帖,在太平门城处开行,代客买卖。先年燕孙谋盐鱼牙行,亦在该处开设,从前各货各行发卖,两无紊乱。迨后燕孙谋病故,无人顶补承开,鱼货来鱼投归山货行售卖。嘉庆元年,赵杨玉接顶燕孙谋鱼帖,更换新帖开设,因赵杨玉初充行户,客面生疏,远来鱼客未遽信服。所有盐鱼来渝,间有仍投杨鼎丰等行内售卖。

可见,想要维持牙行经营仅靠牙帖是不够的,还需与客商建立人脉关系以便得到客商的信任。不仅如此,嘉庆六年知府下令清查牙行时,公开要求上报"无帖开行之家"的数据,[1]由此可见,实际存在很多无

---

① 第493页注①所引资料[嘉庆6年6月24日八省客长禀状:上252]。

帖开设的牙行。不过，就如下一节将要详细论述的那样，在牙行经营中，牙行自身与众多经济行为主体之间存在复杂的利益关系，从很多诉讼案件中也可看出，牙行还会面临来自利益相关方的攻击，在这样的情况下，牙帖持有对于牙行经营来说是一种有利的保障手段，牙帖本身就是一笔很可观的资产。[吴宏钊等合伙约：上 340]载：

> 立合伙合同字人吴宏钊同侄之渚、之泮、王有常、李元贵。缘钊叔侄在千厮门正街开设正太山货花行，因连遭贩骗，以致负欠客贩不能填偿。兼钊年迈，侄等浑朴，无力承交。自思客贩终难归款，是以叔侄相商，将行底门面家具什物等项并原帖一张一并在内，共作银四千两，凭众言明，出顶一半与王有常、李元贵二人名下开设。王李共出本银二千两正，钊叔侄各下以行底作本银二千两正，共成四股生意，所获盈利作四股均分。其行帖名，新更吴常贵，招牌改为中正。……嘉庆十九年二月十七日

合股时，牙帖与房屋、什器等合起来估价为 4000 两。另外，在[方曰刚租帖约：上 341]中，租帖人除了需承担验帖编审费，每年还需支付帖主100 两租金：

> 立租领牙帖字人方曰刚。今租到屠际昌更名庆有牙帖一张，凭众议定每年租银一百两正。其银屠姓每年家用银五十两，下存银五十两作还屠姓以前客账。其有每年帖课，惟屠姓承纳，至若验帖编审等费，方姓承办。

由上可知，由于牙行在跨地区流通中发挥着重要的枢纽作用，在巴县从事该项经营具有相当可观的收益。但是，当我们把目光投向某个具体的牙行经营时会发现，它不仅与我们想象中的市场垄断者相去甚远，即使与嘉庆六年知府札示中牙行必须"身家殷实"的要求也还有一段距离。虽然篇幅略长，兹将[道光 16 年 6 月尹特贤等诉状：下 24]引用

如下：

> 情道光二年，职等江西永新县莲花厅人民买朝天坊房屋一
> 向，招佃获租，作每年追荐亡人中元会用。前佃户开济丰花栈，原
> 无管行脚夫在内。五年花栈改开正大糖行，始招力夫。因正大歇
> 业，孟乾春于十一年佃作糖栈，遭力夫谭世龙、曾学贵与贺开才等
> 争背客货，控前高主，讯断开才等堆糖一包，给世龙等钱五文，各
> 具遵结硃断在卷。十二年乾春退佃，十三年职等另佃福盛糖行，
> 去（十五年）腊福盛退佃。今二月怪懋糖行吴远材佃此房屋堆货，
> 遭刘宗志等以奸牙朋故，控远材于杨主，讯照高主断案，开才每包
> 给宗志等钱五文，复具甘结存案。前月十一宗志逞刁，以夺佃绝
> 生，翻控宪辕，批录词面。二十三宗志等以据实泣陈，越控府宪，
> 批亦录面。远材以违祸越害，诉准添唤职等在卷。切职等房租，
> 原为追荐亡魂三千余人而设，遭宗志等藉滋久祸，叠控佃户，畏害
> 不佃，无资追荐，存殁两惨。为此屡诉讯究，杜祸安贸。

江西省吉安府永新县的同乡组织买有房屋出租，以租金作祭祀之用。
这一房产被人租来开设牙行，自道光二年(1822)永新人买下之后，该
房产几经易手。道光五年(1825)从济丰花栈改为正大糖行，十一年
(1831)孟乾春佃作糖栈，十三年(1833)由福盛糖行承租，十五年
(1835)末福盛糖行退租后，十六年(1836)二月吴远财变为承租人，经
营怪懋糖行，十几年来，租赁该房开设牙行的经营者和牙行的经营内
容总是在不断变化之中。该资料还显示，替牙行运送货物的脚夫、力
夫与牙行之间存在复杂对立的利益关系，作为事件的当事人，牙行经
营者和房屋所有者也被牵扯进无休无止的诉讼之中。可见，牙行经营
并非一个完全独立的、稳定性高的行业。有关这些问题，将在下一节
中详细考察。

第三节　牙行经营与管行经营

在牙行经营的外围,存在着与牙行有着复杂利益关系的脚夫这一群体。首先来看牙行经营与脚夫的关系。

巴县面向长江和嘉陵江,有七个主要的码头和城门,这些地方聚集了众多搬运货物的脚夫。

> 朝天厢码头,乃三江总汇,客商去集起货之所。因无夫头统率,以致货物拢岸,脚夫拥挤抢背,往往失落。甚有脚夫背货藏匿,或于中抽取货物,不一而足。前沐仁宪在码头□□赏示,设立夫头,将散夫清查造册。客船起货,唯向夫头雇人,每货一背,多给钱一文,倘有失落,着令赔偿。……蚁等遵示,现在议立夫头。
>
> ［乾隆 36 年 4 月 10 日徐殿扬等禀状:下 1］

从该资料可知,过去并未在朝天门码头脚夫中设置夫头一职,与所有码头情况无异,货物抵岸,脚夫们便蜂拥而上,互相推挤,导致货物或掉落地面,或被盗遗失。乾隆三十六年(1771)行政开始介入,设立夫头,对散夫进行登记和管理。客商通过夫头中介雇用散夫,一背货物收手续费一文,货物如有遗失,夫头负责赔偿。这一年正值第二次金川之役,有学者认为官府设置夫头是为了督促散夫支应兵差,[①]而巴县的同业者组织大多也建立于这一时期。在夫头的管理下,平常每天需派夫六名应差。[②]

---

① ［嘉庆 25 年 5 月 8 日南帮夫头声明:下 6］

　　情晚等自乾隆三十六年间,在朝天门码头背运客货。因金川回兵,仲主给牌设立西南两帮夫头,承办各文武大宪差役,各背运上下各帮货物,迄今数十载无紊。

② ［道光 7 年 4 月 8 日温远发等禀状:下 10］、［道光 7 年 5 月 8 日温远发等结状:下 10］。

从下面的资料可知,"夫头"设置后,虽然一直发挥着其应差职能,但在规范"脚夫"行为上似乎作用不大。

> 为札饬传谕,据实议复事。照得渝城各门码头,为三江总汇,客商云集之处。凡遇客货抵渝,驳船起载时,自应由该管夫头等,指明客货,饬令散夫,轮流次第,各背各货,自有一定之规,以专责成而免争竞。兹访闻朝天门码头及各行栈等处,无聊脚夫等,遇有驳船装运客货抵岸,不听该管夫头轮流派拨次第背运,辄敢蜂涌人船,希冀恃强抢搬,乘机透漏,彼此肆闹不堪,以致客货每多倾坏遗失,实是不成事体。除饬差严密查拿外,合即札传谕禁。为此,札谕该处承管各行栈夫头并码头脚夫人等知悉,嗣后……
> [嘉庆 16 年 3 月 27 日巴县札:下 3]

此外,值得注意的是,该资料还显示脚夫分为了两个组织。如"朝天门码头及各行栈等处""各行栈夫头并码头脚夫人等"文所示,一是上述资料中提到的由夫头统领的码头脚夫,二是在行栈夫头管理下的脚夫。[嘉庆 15 年 10 月 7 日宁毓济禀状:下 3]记载:

> 蚁等在朝天坊同人花行内,承做脚力生意,照管客货上下背运。如有疏失,责成蚁等赔偿。蚁等间因背运不及,雇请代背,不惟押挤争抢滋闹,且多中途透窃。嘉庆十三年经行主等禀请前恩,设立夫头,给牌轮背,上下货物钱包,均有议定脚价,以免争竞而杜滋闹。

此文中的脚夫属于经营棉花业务的牙行,负责货物的搬进与搬出。为了避免行业进入者引起混乱,于码头脚夫设置夫头很长时期后,在这一部分脚夫中也建立了夫头制度。

牙行所属的脚夫,除了前述被称为"行栈"散夫,还有"铺内伙夫"(第 499 页注① [道光 6 年 2 月姚万森禀状:下 9])、"行户伙房"([乾隆36年4月19日徐殿扬禀状：下1]）等称谓。牙行设置属于自己的脚夫，可以把握商品的搬运情况，提高运输的可靠性。①

从这些脚夫被称为"铺内伙夫""行户伙房"来看，他们是牙行内部的仆人，牙行从自己收取的行用中抽取一部分作为搬运费支付给他们。

> 问据谭进德供，小的们是官致德行里脚夫。道光十一年夏美祥来行买去桐油四十只，是小的们经手发油下河。不料夏美祥把油下去，不与行主算账兑清银两，私自逃合州。小的们查知，即往合州寻找，总不见面。迨后小的们行主在小的们下力银内，把夏美祥该的银两扣除。[道光14年12月5日谭进德等供状：下24]

但另一方面，从上面的资料可知，他们又被认作是牙行的雇工。

> 问据谭元泰、张廷明、朱志光等同供，小的们在渝城三牌坊仁和药材行，管行生理。因行基窄小，行主刘仁和另起房屋，雇小的们在新行帮工。有刘祥万、杨大学、谭芳周们是旧日在行帮工，因不听约束，行主不肯用他，就雇小的们帮工。他挟行主不肯用他，就与小的们寻非，每年要给他银子十两，把持住小的们帮工。小的们不服，才来案下的。今蒙审讯，只求作主。

> 问据刘祥万、谭芳周、杨大学同供，小的们旧日在三牌坊仁和药行内，管理行务。因行主刘仁和嫌行小，另起房屋，不肯请小的们管行，反雇谭元太、张廷明帮工。小的们心怀不忿就说，行户原有顶打帮工银两，把持行户，要他们每年给小的们银子十两。

---

① [道光6年2月姚万森禀状：下9]

（上残）系川茶两帮脚夫背运无异。至千厮门正街钱铺，历来钱包系铺内伙夫自己背运，以便收取回票，并杜途次透漏走失之害。道光元年，因恒丰钱铺背送钱包，遭脚夫等不由主雇，蜂拥铺内，恃强抢背。

……今蒙审讯，实是小的们错了，不该把持他们的，求施恩。[嘉庆10年7月9日谭元泰等供状：下17]

从这两段叙述可知，受雇于牙行的脚夫，他们的经济行为一般称为"管行"。由于牙行以前的房屋狭小，行主刘仁和借着搬迁新址的机会，辞退了工作态度不好的前脚夫刘祥万、杨大学和谭芳周，新雇谭元泰等人做"帮工"。

然而，这一资料也表明，管行脚夫并不是单纯的雇工，被解雇的刘祥万等人就主张新雇的脚夫应该每年支付他们十两白银。该资料的结尾显示，此案最终以前脚夫们的主张毫无根据而告终，但这一审理结果并不具有普遍性，从本章第二节末尾所载[道光16年6月尹特贤等诉状：下24]（495页）中可知，前脚夫获得了每包货物五文的抽成。由此可见，管行生意一方面又相对独立于牙行经营。

蚁等与彭芳宗等七人，先年在信德麻行内，承做管行下力生意，照管客货。至嘉庆二十四年，帖主杨洪辉改开洪胜麻行，仍系蚁等七股照旧承做，取去蚁等押扛银一百五十两。洪辉凭彭行健等立有收约，注明行贸发达停歇，无论上交下接，银两永无退还。此后随帖随主，永远蚁等七股管行，杨姓不得招添股份，亦不得加增银两。字据临审呈电。不料年余停歇未开，迄今四载，蚁等下力苦民空赔本利数百金。今年六月洪胜复开全泰麻行，携蚁等随帖进行承做，遭房主刘正隆、韩天福不思佃伊街房，收取租银，乃为富不仁，串开麻铺恶棍刘东林雇工八人，先踞行内，霸守管行生意。[道光3年6月17日谭成盛等人告状：下19]

谭成盛、彭芳宗等七人向牙行行主杨洪辉支付了一笔权利金，获得了管行经营的七股股权。牙行无论经营好坏，也无论经营者是谁，该牙帖所涉及的管行权益，都归拥有管行股权的这七人所有，对此，牙行行主杨洪辉不得干涉。管行生意已经从牙行经营中独立出来，成为一个独立的收益部分。

从牙行经营中独立出来的管行生意还被拿来交易。在《清代乾嘉道巴县档案选编》中，有相当多出顶管行生意的史料，其中［谭仕龙出顶约：下 19］因与后续论述有关，在此全部引用如下：

> 立出顶脚力生意文约人谭仕龙
>
> 情因负债无从出备，愿将己手接正大糖行众添二股生意之内一股，愿出顶与人。尽问亲疏，俱称银钱不便。自托中证朱肇琪、尹泰瑞，召到胡达德名下，出银承顶为业。当日得受顶价市银九十两正，其银随约亲手领足，并无下欠分厘，一并无准折等项。其生意未顶之先，一并未在人上重行抵当。自出顶之后，任凭胡达德执约进行管理经做，谭世龙再无异词。当议生意以四年为率，又以挂横直招牌为年限，期满仍照价收赎，两无阻滞。诚恐行主不开，后开之日，依照挂横直招牌之年数补足。倘谭姓未到场者，日后若有异论，一力有出顶人自行承担，无干承顶者之事。所出所承二家甘愿。今欲有凭，立顶生意文约为据。
>
> 道光七年丁亥正月二十六日，立出顶脚力生意文约人谭世龙立。

糖行脚力生意一股，因为可以优先承顶的亲属中无人接手，就以白银 90 两、四年后赎回的条件出顶给了别人。接下来的［谭世龙出顶约：下 20］也是一份出顶契约书，出顶人同意将同一管行一股股份中的五成以及另一股的三成，合计八成股份，以银 72 两、八年为期出顶与人。[1]

---

[1] 立出顶脚力生意文约人谭世龙

　　情因负债难偿，无从出备，愿将己手所接王复兴名下正大糖行八股生意之内一股，股内老约均作十成，原得顶五成。又手所接弟辉荤名下八股生意之内一股，今又均作十成，内将三成出顶。两约生意共八成，情愿出顶与人。尽问亲疏，俱称银钱不便。自托中证朱肇琪、尹泰瑞，召到陈锦龙名下，出银承顶为业。当日得受顶价银七十二两正，其银随约亲手领讫，并无下欠分厘，一并无准折等项。

这些事例清楚地表明,管行经营作为牙行经营的附随业务,其一股的股权不再代表一个人的具体劳动,而成为收益的对象。从各个事例来看,①嘉庆、道光年间,以几年为限出顶管行生意时,脚力生意一股的价格平均在 100 两左右,管行生意一股的价格有可能不再根据各个牙行的具体情况而定,而在朝着定价标准化的方向发展。另外,牙行停业期间行内如有货物堆放,管行脚夫仍可从中抽成。②

由上可知,牙行经营受到来自内部的管行利益的制约,在牙行和管行之间,还涉及房屋所有者的利益关系。从上引[道光 3 年 6 月 17 日谭成盛等人告状:下 19](500 页)可知,脚夫们以 150 两换来的管行生意,被房主刘正隆、韩天福霸占,房主还请来了新的脚夫。按照脚夫与牙行签订的合约,管行生意应该"随帖随主",不得与牙行分开,但实际上合约保障不了管行的权益。

不过,还有另一种说法认为巴县的管行经营通常是随店铺而不随牙行。例如[道光 17 年 11 月 10 日阳福顺等供状:下 26]就有这样的叙述:

> 问据阳福顺、谭双和、李作龙同供,小的们都是湖广茶陵州

---

① [乾隆 57 年 4 月 25 日脚夫刘文宗诉状:下 16]7 人,银 84 两。[乾隆 57 年 4 月 28 日行户江其焕禀状:下 16]同前。[嘉庆 15 年 9 月 28 日杨文献告状:下 17]一股 100 两。[(嘉庆 23 年)刘凤章出卖约:下 18]一股 36 千文。[王复兴出顶约:下 19]。[谭仕龙出顶约:下 19]一股 90 两。[谭世龙出顶约:下 20]一股之中八成,72 两。[孙氏出顶约:下 22]半股 50 两。[韩瑞龙抵借银约:下 22]二股 150 两,每两每月一分行息。[(道光 12 年)曾学贵出加顶价约:下 23]半股 45 两。[(道光 12 年)曾学贵出顶约:下 23]半股 60 两。[谭辉尊等出顶约:下 24]一股 132 两。[道光 18 年 9 月 5 日李国益禀状:下 27]38 两。[道光 19 年 4 月 24 日贺王氏诉状:下 27]一股 100 两。
② [道光 7 年 7 月 9 日毛德立等供状:下 20]
　　问据毛德立等供,小的在渝朝天坊开设糖行生理。这李仕杰帮小的生贸。今年二月间客货来多,无处安放,才佃同街李大有的空行装寄,每包糖给柜上银二分,大班银一分五厘,都已议定明确。迨后小的糖包卖与文盛合去讫。六月二十一日文盛合雇倩文玉盛往彼装桶,无人经理,叫他请的余福江即余姓照管。不料大有管行的彭老八、李相寿、江文合、蒲老么们,从中勒要钱文无给,把余福江殴伤。……不料原管大有行的大班彭老八等,从中勒要钱文无给,当把余福江殴伤。

人，先年来渝置买房屋收取佃租，以作小的们财神会敬神费用。道光三年，小的们同把会内房屋，佃与何楚善，开设棉花栈房。招收陈新九们五人，在栈堆花。佃约注明，所招堆花之人，随主出栈。不料去年何楚善误欠客帐，停栈未开，没有交给小的们佃租银钱。小的们敬神缺少费用，挪欠帐项。今年九月间，小的们把这房屋佃与张天兴开设花栈，陈新九们不肯出钱（栈?），说他们原有脚力生意，仍要在栈堆花，又不认给小的们会资钱文，小的们无奈才来案下具告的。今蒙审讯，断令小的们会内房屋佃与张天兴仍开花栈，应归陈新九们，照旧栈经理客货，堆放棉花。每年遇逢小的们财神会期，陈新九们演戏一部，倘后小的们会内房屋不开棉花栈，陈新九们不得在栈估踞。……

　　问据陈新九、李荣贵、谭福隆、阳汉周同供，嘉庆二十二年，孙三阳招募小的同阳乡才们五人，在他开的棉花栈里，经管客货，堆放棉花。小的们出过押钱银两，遵照渝城脚力行规，随店不随主。

县官无视"随主出栈"的契约内容，认可了脚夫一方的主张，即巴县脚力的行规为"随店不随主"；同时规定，若该房屋不再用来开设棉花栈房①时，"随店"之原则也将不复存在；另外，作为利益交换，每逢房屋的所有者茶陵同乡会祭祀办会时，脚夫须负担演戏的部分费用，以此来协调各方的利益关系。

　　但是，脚夫的主张在这起诉讼中获得认可，并不意味"随店不随主"这一规则在任何情况下都适用。前引[嘉庆10年7月9日谭元泰等供状：下17]（500页）中，虽然房屋发生变化，但脚夫仍主张自己一方对于管行生意拥有权益；[道光3年6月17日谭成盛等人告状：下

---

① 从棉花栈房之称谓来看，可能有人觉得这不是牙行而是仓库。然而，由于牙行很多时候也称"行栈"，就如文中"误欠客帐"所示，这显然是一个既提供仓储又代客销售的牙行。

19〕(500 页)中,不仅合同内容是"随帖随主",管行脚夫们的主张也是如此。

在牙行经营的内部,作为雇工的管行脚夫可以按股分成,而在管行经营和牙行经营之间,还牵扯到店铺所有者的利益,彼此之间的界限模糊不清,利益结构复杂。牙行经营者的经营范围与管理权限极不明确。

第四节 牙行经营不稳定的主要因素

在知晓牙行经营的外围部分是如何复杂之后,下面再对牙行的内部状况作一探讨。从本章第二节末尾引用的〔道光 16 年 6 月尹特贤等诉状:下 24〕(495 页) 中可知,牙行的经营状况很不稳定,从道光二年(1822)到道光十六年(1836),永新县同乡组织所有的房屋先后更换了五次经营者。

经营状况不稳定的事例还很多。根据〔吴宏钊等合伙约:上 340〕的记述,嘉庆十九年(1814)千厮门正街的正太山货花行因无力偿还客商货款,在获得有关商人的同意后,通过合股重组为中正山货花行,可是,嘉庆二十四年(1819)中正山货花行又因经营不善,①于嘉庆二十五年(1820) 拆伙解散,这一过程记载于〔王有常等拆伙约:上 340〕中,因为后续还要提及此案卷,在此全文引用如下:

> 正泰行吴宏钊叔侄等负客账,无力承开,于嘉庆十九年请凭各宝号,与王有常、李元贵合同生理,行改名中正,以挣客账。王

---

① 〔李元贵退字约:上 340〕

出立退字约李元贵。情因嘉庆十九年在渝千厮门正街,与吴宏钊、王有常,伙开中正花行,原立合约。元贵项系四股之一,吴宏钊等系四股之二,王、李二人已于是年,各出本银一千两整,吴宏钊将行底门面家具什物等项并原贴尽在内,共作银四千两正。所以王、李二人各出本银一千两整,吴宏钊叔侄名下得分生意一半。至二十四年,连遭外骗,负客账八千余两,均无填偿,是以元贵于二十五年六月初二日,请凭各号账主,情甘将应得分生意四股之一,并原本银一千两整,一并扣除,辞退出伙。

李二人共出本银二千两正。至嘉庆二十五年七月,李元贵名下生理拨与王有常名下承顶,李姓下岸。于道光元年九月吴宏钊身故,逐年行账未曾核算。伊室请凭各宝行本行客,清算七年账项,各该客银八千余两,王吴按分公还。今将王吴二家支用账,开列于后。

王有常名下支用共银一千六百两正。又支用原本银一千两正,此银除十九年合同内本银。又支用银二百七十一两七钱四分,私号买花。又除收下该派佃银四百两正。王有常四共支用银三千二百七十一两七钱四分。

吴宏钊叔侄等共支用银一千六百两正,又付还正泰行客账支用银一千两正。吴姓等二共支用银二千六百两正。

以上支账算明两抵,王姓名下长支用银六百七十一两七钱四分。日后另贸,行中只公提银一千两正。除王姓长支用银六百七十一两七钱四分,下只公找王姓银三百二十八两二钱六分,王姓出行上岸。其有行帖行底前后房屋家具等项,俱归吴姓名下,不与王姓相涉。因吴宏钊身故,伙账算明,其有所该客账,邀求客恩,或合伙,或将行变卖摊还客账。日后如若仍复生理,每年公认佃银二百两正付吴姓,又地租银四十余两。恐口无凭,特立此算明字约二纸,各执一纸存据。道光元年十月初二日,立算明字约人王有常、吴杨氏、吴兆仪。

后面将要引用的[方曰刚等拆伙约:上 341](508 页)中的情况也是如此,道光二年(1822)合股开设的义生花行在道光六年(1826)拆伙解散,改为方曰刚一人经营。[1]

除了经营者变更和破产停业的事例,还有一些牙行的情况有所不

---

①[方曰刚租帖退字约:上 341]。

同。如前引[道光 3 年 6 月 17 日谭成盛等人告状：下 19]（500 页）所示，信德麻行于嘉庆二十四年（1819）改名为洪胜麻行，开业一年多后关停，四年后的道光三年（1823）又以全泰麻行之名复开，经营者前后皆为同一人。

从脚夫所签出顶管行生意的合同中也可以看出，牙行的停业和歇业是一种很常见的现象。在上引[谭仕龙出顶约：下 19]（501 页）中，在约定四年后回购的合同中，特别规定牙行停业时期不计在四年期限之内，这是出顶管行生意时一般都有的条款。

如前所述，巴县在商品流通环节中占据了很重要的位置，客商的交易数量相当大。以棉花为例，一个客商的贩运量大概在银 1000 到 3000 两之间：

> [嘉庆 11 年马干一等告状：上 339]……各个商人的货物分别为 1000 两、3520 两、2740 两、365 两、1190 两
>
> [嘉庆 13 年 1 月 20 日刘志成告状：上 339]……2530 两
>
> [嘉庆 14 年 8 月初 4 日江清供状：上 339]……1537 两

而与之相对应的牙行的资本规模，也与这些客商相差无异。资金比较雄厚的有前述王有常等人合股经营的花行，资本合计 4000 两（[王有常等拆伙约：上 340]504 页）；而下面方曰刚等人合股经营的花行，其资本构成为一人出牙帖、一人出房屋家具，另外二人出银 410 两；接受唐大受出资开设的泰丰棉花行，有 2000 两的借款（[道光 18 年 4 月唐大受哀状：上 343][1]）；合股开设靛行时的资本总计为 800 两[2]（[王玉

---

① （上略）蚁乡居农民，未经理生意。道光十三年，有戚方林邀蚁合伙开设泰丰棉花行生理，套蚁挪借银二千两入本，每年伙内认给利银一百四十两。（下略）

② 假设附属于牙行的脚夫拥有七股股权，一股的金额为一百两，由此可以推算出牙行的资本规模与管行的相差不大。

堂等合伙约：上 360]①）。虽然牙行是代客买卖，但以这样的资本规模，很难实现对客商的稳定支付。为了支付各个客商的货款，牙行经常是拆了东墙补西墙，勉为应付，②经常陷于"负债难偿""误欠客帐"的境地，债务动辄数万两。③ 牙行开开停停的背后，是因为有这样一种资本状况的存在。

然而，导致牙行经营不稳定的，不仅是资本规模，还有只把经营当作牟利手段的经营态度，下面再以上引[王有常等拆伙约：上 340]（504 页）为例作一分析。从[吴宏钊等合伙约：上 340]（495 页）以及[李元贵退字约：上 340]（504 页注①）中可知，嘉庆十九年组成的合伙生意，包括牙帖和房屋等估价在内，四股共计资本 4000 两，七年后拆伙时欠客商银 8000 余两，④负债原因据[李元贵退字约：上 340]说是"连遭外骗"。但从清算时核查王、吴二人的账目可知，二人分别支用银 3200 余两和 2600 两，都超过了合股时各自的出资部分，这应该才是负债的主要原因。合伙人从合股经营的牙行中提取了远超一般生活开支的费用，在他们看来，经营不过是谋取利益的一种手段罢了。

而且值得注意的是，在王有常支用的银两中有 271 两 7 钱 4 分用来私号买花。王有常是该棉花行的合伙人，他挪用店里的资金自己购买棉花，亏损后这笔钱被当作支用看待。在同一经营内部做着自己的

---

① 立合约开设靛行人王玉堂、林国圣。

　　情因心性相投，义气相符，凭中合伙开设三亦靛行生理。此行原系林姓开设多年，行中押平、押佣以及家俱、土地会头银等项，约计作本银三百两正。王姓出银五百两，内除两抵林姓本银三百两，余银二百两，公上凭利每年一分二厘扣算，额外添本，公上认利。……

② 本书第四部第二章。

③ [嘉庆 9 月 4 月 17 日陈大丰等告状：上 338]

　　情有金海望、吴起彦等伙开裕兴棉花行，该蚁等众号银二万九千七百余两。

④ 虽然资料上为"各该客银八千余两"，但从两年前经营不善时所欠金额也是 8000 余两来看，应该不是二人各自负债 8000 余两之意。

生意,这看起来似乎有点儿不可思议,但在中国的商业活动中并非特殊现象。正如第四部第一章《明清社会的经济结构》所示,无论店员单独还是合伙做自己的买卖,这些基本上都在习惯允许范围之内。合伙人自己做生意,也可以顺着这条线去理解。

合股经营的这种分裂性质在[方曰刚等拆伙约:上341]中也有体现:

> 立出分晰认还拆伙合约人方曰刚、林士魁、屠际昌、郝兆典。情因道光二年屠姓以帖作本,方姓以行房家具作本,林郝二人出本银四百一十两零,四人合伙开设义生花行,赚折四股均认。做至道光六年,生意欠顺,兼伙内支使银两,以致负欠各号客花银二千余金无偿。四人自知生意难复,伙众商议,请凭众客行帮向各号客央情,将伙各名下支亏客银,按数算明,林郝二人各归本外,四人甘愿书立欠字,分晰认还各号,以便拆伙,各寻生业,挣还各欠。自拆伙认还之后,四伙各立欠字,如某名下应承还某号之账,永不累及别人。各号俱已姑念允悦。以使帖归帖主屠姓、行房家具悉归方姓管业。至义生行伙众添修晒楼及些微家具等物,凭中林郝屠三人甘愿议定价银三十两,将后添修各项等,概归方姓管理。银归林郝屠三人收领清楚,四人不得别生枝节。……道光六年十一月初四日

四年多后,义生花行也因资不抵债而解散,负债2000余两的原因之一又是合伙人挪用银两("伙内支使银两")。负债的是花行,但在清算时,各人出资的银两和实物没有作为花行的资产用于偿还债务,而是各自拿回后再分别偿还自己名下的债务。这种偿还手法与[王有常等拆伙约:上340](504页)中基本相同。王有常等人拆伙时,支账算明两抵,出资人拿回自己出资的银两和实物后,各自再向债权人进行

偿还。

　　牙行在核心商业城市巴县的流通中发挥着重要的枢纽作用,呈现在档案资料中的经营状况,与之前"明清社会的经济结构"报告中所展示的经营特质是一致的。在牙行经营的外围存在着管行经营,二者之间的界线模糊不清。从合股事例来看,经营内部也是各自为政,成员缺乏对经营的身份认同,经营被看作是用来牟利的手段,因而很不稳定。商业书和小说中呈现的牙行形象,绝不是脱离事实的虚构与夸大。

终章　18 至 19 世纪中日社会组织结构的比较

序　言

　　14 世纪后半期,中日两国的社会都迎来了划时代的变革。在日本,表现为个别主从制的"封建"关系和宫座(祭祀集团)等松散的团体关系开始萌芽,在此基础上,"家"(不分割财产的日本世袭家族)以及建立在"家"基础上的"一揆"(通过契约结成的团体)、"惣村"(自治村落)等团体日臻成熟,与此同时,团体之间的武力对抗日趋严重,在此背景下,最终形成了以团体为基础的封建社会。

　　而在中国,14 世纪后期确立的明初里甲体制是唐宋变革以来社会关系的归结点。[①] 这一体制融入了在野士人阶层的意识形态和他们的社会实践,伴随着明朝建国以来历次的大清洗和徙民,拥有土地的人户全部需要承担正役,专制国家下的国家统合达到了新的高峰。

　　此后,两国内部虽然存在各种地域差异,不过,随着农民经营独立性的提高,小商品生产也在不断扩大。两国社会发展的后续结果如何,基层行政组织又有怎样的变化? 本文即以开埠之前的 18 至 19 世纪作为考察对象,试对中日两国的情况作一比较。

[①] 伊藤正彦:《宋元乡村社会史论——明初里甲制体制的形成过程——》,汲古书院,2010 年。

　　日本以熊本藩、①中国则以四川省巴县为例，这是因为两地拥有各自国内最大级别的地方文书，这为相关研究提供了可能。熊本大学收藏着以"永青文库"为主的熊本地方史料，该文库正在整理研究之中，由总计多达二十多万件的"古文书"②和"古记录"③组成。虽然从件数上看很多文书只有一页，但数量上占多数的是地方团体书写的文书，并附有行政机关的处理结果，属于"以古文书为主要素材的古记录"。

　　《巴县档案》是中国现存乾隆中期以来数量最大的地方行政文书，发现于四川省的重要流通节点重庆市，总计十一万三千卷，按日本的分类标准，同样是由古记录和古文书组成的。其中十万卷为裁判文书，除了诉状、供状和结状，还有作为书证提出的契约书和书面口供等，若干文书组合成一个案卷，同属于"以古文书为主要素材的古记录"。县衙各部门遗留下来的行政古记录，也同样保存在《巴县档案》之中。

　　对于熊本藩，笔者拟在前辈、同辈学者研究成果的基础上，在和全国情况进行对比的同时，尽可能地描绘出其在近世中后期的社会面貌。④ 考察巴县时，笔者运用的是四川大学历史系、四川省档案馆主编的《清代乾嘉道巴县档案选编（上）（下）》（四川大学出版社，1989、1996 年）、四川省档案馆编《清代巴县档案汇编（乾隆卷）》（档案出版社，1991 年）以及《巴县档案胶片·乾隆朝·司法》，以下分别简称为

_____

① "熊本藩"的地域与今天的熊本县大体一致。

② 向特定个人或群体传达意思的文字数据，如信件、契约书、给领主的申请书和领主的命令书等等。

③ 指公私为记录而书写的文字数据，如经营账簿和土地册籍等。

④ 在本文的写作过程中，伊藤正彦给予了关于里甲制度的知识和书目的指点，在日本史方面，吉村丰雄、三泽纯、稻叶继阳等给予了许多具体的指导，在此致以谢意。包括论文的理解在内，如有错误皆由笔者负责。

《巴县档案选编》《乾隆汇编》和《乾隆胶片》，引用时标注各资料集编纂者所添加的文书名、资料名和页码，比如[嘉庆 6 年 6 月 24 日八省客长禀状：《巴县档案选编》上 252]，即表示该资料收录于《巴县档案选编》上卷第 252 页，编者将文书整理命名为"嘉庆六年六月二十四日八省客长禀状"。此外，由于篇幅有限，不得不将引用内容限制在最小范围，胶片以外的资料烦请读者自行参阅。至于档案收录的诉状等材料能否客观地反映事实，这一点不无疑问，笔者是在"空穴来风，必有其因"的前提下展开论述的。

在对比两大地域社会之前，先对两地的概况作一说明。首先是面积，明治维新前熊本藩的面积约为 5000 平方公里，[①]巴县面积大约是 3300 平方公里，[②]熊本藩在总面积上要大一圈，但两者都属于大藩、大县。耕地面积上，熊本藩与农民团体间确认的"内高"为 868 平方公里，而巴县在雍正时期土地清丈的面积是 1008 平方公里。虽然很难断言这即是两地的真实数据，但熊本藩内有广阔的阿苏外轮山地区和九州山地，耕地所占比例相对较低。如后所述，在社会性质的制约下，两者的人口呈现出不同的发展趋势。附表为若干时间点上两地的人口统计，由于巴县的人口资料缺乏连续性，表中还添上了四川全省的人口数据。乾隆以前的统计没有反映出全部人口情况，故不予收录。[③]

---

① 从现在的熊本县面积中去除作为天领（幕府直辖领地）的天草、五家庄和人吉藩领，加上现属于大分县竹田市的"久住手永"的一部分，再去除玉名、八代等明治以后的填海造地部分，得到大约 4840 平方公里的面积。在这一数值的基础上，加上包括散落在丰后街道沿线的 3 个手永的面积，也即肥后"内高"74 万石和 3 手永"内高"约 2 万石，合计约 5000 平方公里。

② 根据民国《巴县志》所附"巴县山水全图"以每 5 公里（40 毫米）进行分割，各区块接近一个长为 40 毫米的长方形（包括正方形），再合计推出巴县面积。以长江、嘉陵江为县境时，大体以河流的中线为分割线。

③ 栾成显：《明清户籍制度的演变与其所造文书》，《中国社会科学院历史研究所学刊》第 6 集，2009 年。

根据地域文书复原出来的社会能否视作两国的普遍状况，这一点值得保留。从商业角度来看，巴县是长江上游最重要的流通节点，相比于熊本藩在全国的地位，其商业色彩更浓。另外，包括巴县在内的四川省清代流入了大量人口，宗族处于形成过程之中，这一现象在本文所涉及的乾隆时期达到了顶峰。① 熊本藩所整理出来的事实还没有在全国其他地方得到确认，从构成社会关系的生产力基础来看，西日本地区和北关东以北地区在小农经营的安定程度上显然存在差异，在此基础上形成的共同体和共同体间关系可能也有所不同。但是，某些局部现象有些在其他藩领地以及幕府领地得到了验证，有些则是具有普遍性的现象，②并且，唯有这样的认知才可能与结语中所要论述的近代日本有机地衔接起来。

第一节　日本封建社会成熟化的基本过程

对于日本从中世到近世的过渡情况，其评价已发生很大变化。③在中世后期领主团体之间、农民团体之间、领主团体与农民团体之间日益激烈的抗争中，各团体为了自身的存续建立起内部规范，孕育出作为法治共同体的自律性。抗争升级促使领主团体趋于集中，催生出大名（领主团体的领袖）以及幕府的"公仪权力"。

过去一般认为，产生于中世的农民团体后来遭到镇压，政府通过刀狩（从农民处收缴武器）解除其武装，在以大名为首的武士集团的管

---

① 山田贤：《移住民の秩序——清代四川地域社会史研究——》，名古屋大学出版会，1995 年。
② 关于藩内的团体组织，参见定兼学《近世の生活文化史》（清文堂，1999 年），职能方面参见久留岛浩《近世幕领の行政と组合村》（东京大学出版会，2002 年）。
③ 稻叶继阳：《日本近世社会形成史论——战国时代论の射程——》序章"近世社会形成史研究の课题"，校仓书房，2009 年。

理下,社会以暴力的方式实现了和平。然而,近年来的研究以自治村落的存在为前提,重新构建起一个排除了个别领主统治的领主团体(公仪领主权力)与农民团体相互对峙的近世史框架。以不断抗争中形成的秩序为基础,社会在"惣无事"(禁止大名之间的领土私斗)的秩序下走向了和平。[1] 农民有刀、洋枪等武器的持有权但不使用,[2]年贡(封建地租)则由村落团体承包,法规必须在农民联名同意的情况下才能成为村内的规范。[3] 就这样,中国地方行政的两大核心课题——刑名与钱谷,日本在近世初期就已经借助村落团体的自治能力得以实现,近世中后期的变化不过是农民团体自律性和功能性不断增强的过程。

在分析农民团体之前,先对熊本藩的行政组织框架作一概述。近世中期以来,熊本藩对其行政机构进行了整理,其中负责农村行政的是"郡方",受"郡方奉行"的管理。郡方负责的地区分为 14 个"郡",分别由武士身份的"郡代"管理。"郡"以下是 51 个大小不一的"手永","手永"设有名为"手永会所"的办公设施,"惣庄屋"等农民职员常驻于此。手永以下是"村",负责村落运营的是以"村庄屋"为首的"村役人"(村落共同体的代表)。

毋庸赘言,农业生产力的提高是农民团体得以自治以及"家"安定化的基础。近世初期,熊本藩与农民商定的生产能力"内高"是 74 万石,[4]根据天保十三年(1842)各手永调查结果的汇总,除去城市部分

---

① 藤木久志:《豊臣平和令と戦国社会》,东京大学出版会,1985 年。
② 藤木久志:《刀狩り》,岩波书店,2005 年。
③ 横田冬彦:《近世村落における法と掟》,《神户大学大学院文化学研究科 文化学年报》5,1986 年。
④ 近世日本 1 石(180L)大约相当于同时代中国的 2 倍。

的生产总量若换算成大米,则可达 200 万石之多。[1]"五町手永"留有文化五年(1808)的统计数据,两相比较,三十四年的时间里,土地面积增加 1.1 倍,米产量增加了 1.39 倍,如将农业作物全部换算成米,则总量增加了 2.01 倍。其间,农民的地租仅增加了 1.05 倍。据此可知,天保十三年时,全藩的地租换算成货币只有 4.6 万余贯,[2]而农民的可支配部分就达 15 万贯,其中肥料费高达 1.4 万余贯。商业性农业带来的生产力提高和定额地租的采用,使得熊本藩的实际地租只占生产总量的四分之一。根据中村哲的考证,从全国范围来看,明治维新时期的地租率也是 25% 左右。[3]

生产力的提高得益于下文提到的旱地水田化和水田的干田化,但肥料费占比所反映出的商业性农业的发展也起到了重要作用。从全国范围来看,近世初期日本用白银换取中国的生丝,后在近世实现了生丝自给,开埠时比中国更快地卷入国际市场。战国时期日本开始输入棉布,近世时形成了河内、尾张等生产基地,并于近世末期完成了从棉花市场到棉布市场的飞跃。[4] 熊本藩的经济作物相对较少,但也生产纸张、海苔、畳表(由蔺草编织而成的榻榻米表层)等全国性商品。[5]以畳表为例,根据上述天保年间的调查,"八代郡高田手永"生产的原料蔺草价值 55 贯余,加工成畳表后的价值高达 157 贯余。生丝、棉布

---

[1] 蓑田胜彦:《天保期熊本藩农民的经济力——生产力是二百万石以上、贡租是其四分之一——》,《熊本史学》89、90、91 合并号,2008 年。

[2] 这里的"1 贯"表示以钱为单位的藩札(藩里发行的纸币)1 贯,藩札 1 贯为"钱 1000 匁","钱 1 匁"等于钱 70 文。蓑田胜彦:《清田氏の拙稿批判について》,熊本历史学研究会《史丛》12,2007 年。

[3] 中村哲:《封建的土地所有解体の地域的特质》,《人文学报》20, 1964 年,后收入《明治维新の基础构造》(未来社,1968 年)。

[4] 中村哲:《世界资本主义と日本棉业の变革》(河野、饭沼编《世界资本主义の形成》,1967 年,后收入《明治维新の基础构造》(未来社,1968 年)。

[5] 本页注①蓑田上引文。

等物自不待言，叠表、纸张等生产也给农村带来了巨大的收益。

农业生产力的提高对家和村的安定起到作用需要具备一定的条件。如果生产力的提高被无限增长的人口和家庭数目所抵消，那么作为年贡承包主体的村落就会濒临危机。为了维持村落和"家"的稳定，抑制人口增长是十分必要的。[①]

一般来说，农业集约化就意味着需要一年里不间断地劳动和提高劳动密度。一年一熟的寒冷干燥地农业与一年多熟、精耕细作的农业相比，所需劳动量和劳动天数存在明显的差异。商业性农业同样需要投入大量的劳动力，除了农业生产本身，农民还需从事更多的农业生产以外的劳动，而这些劳动往往由女子来承担。农业生产力的提高与剩余价值的形成绝不是自然生成的，惟有依靠有限的家庭成员不断增大劳动投入方能实现，也因为如此，女性不得不减少生育，这也有助于减缓人口的增长。

但是，仅凭抑制人口增长无法维持村落的稳定。在女性无法大量生育的情况下，人们也在寻求能够维持"家"再生产的方法。日本的"家"本质上不是血缘集团，通过建立养子关系而生育的孩子，无论男女都可以继承家业。"两养子"[②]通常也是可能的。村落还保障早年丧偶的男女可以重新婚配。农民的没落意味着村承包制的危机，如后所述，村落会对这些农民予以救济。这样的结果就是附表中所呈现的熊本藩的人口动态，近世中期以后人口增长停止，且男女比例（女子/男子）接近于1。前近代为了避孕所采取的堕胎和"间引"（杀婴）并非没有，但可以肯定的是，在上述条件下，出生后选择性溺杀女婴的情况

---

① 关于这一点，从事近世日本人口动态研究的安格斯·麦迪逊（Angus Maddison）在其《经济统计で见る世界经济 2000 年史》（柏书房，2004 年，原著 2001 年）一书中有过简要的说明。

② 男女都从别"家"领养，结婚后继承"家"。

很少。"家"和"村"在相互的制约中得到了强化。

村落共同体的功能性需求促进了其执行机构的完备。在考察熊本藩手永时，久留岛浩的先行研究十分重要。他在幕府领地中发现了与手永相同的机构，由"郡中惣代（郡代表）"召开"郡中寄合（会议）"，在"郡中议定（郡的自治决定）"下运营"郡中入用（郡的自治财政）"，组织请愿活动等，"自下而上构建起村—组合村—郡中的多层级行政组织，开始将领主统治相对化"。① 而关于熊本藩的各种研究显示，作为大藩的熊本藩也有着与分散于各地的幕府领地同样的治理方式。与此同时，通过对熊本藩的研究，还加深了对一些问题的理解，如公共事务是由手永以下的农民组织在处理，以及这些组织与领主权力之间的关系等。

进入近世中期，虽因手永规模而存在差异，但平均 1 万人左右的"手永"拥有"惣庄屋"等数十名职员处理事务。"手永"之下有 20—30 个村，各村分别选出"庄屋"1 名、"头百姓"数名、负责监察的"横目"1 名，书记员"帐书"1—2 名，掌管年贡出纳的"藏府"以及山林管理者"山之口"各 1 名。

按照熊本藩的惯例，惣庄屋和庄屋是由中世以来有权势的农民世袭担任的。在其他地区，"村请制"（以村为单位的年贡等的承包制度）通常以庄屋个人向农民提供有偿借贷来维系。② 村落团体的公共职能由私人来执行，这在一定意义上可以说是领主制的残余，但以宝历时期（18 世纪中期）的改革为界，伴随能力评判的惣庄屋调动制度开始出现，其下属职员往往也是年轻时积累了实践经验，从"庄屋"或"会所役人"（"手永"的专门职员）晋升而来的。

---

① 第 513 页注②引久留岛书。
② 菅原宪二：《近世村落と村入用》，《日本史研究》199，1979 年。

有观点认为,这种随着调动制度而出现的惣庄屋群体标志着行政机构的官僚化和共同体的解体,但实际情况正好相反。村落的公共事务已经超出了以往在部分有权人家中就可以处理的范畴,如后文所述,许多公共事务及其实施都需要熟练的职员和机构来处理,专业人员已经必不可少,但这些人并不是行政官僚。为了晋升,他们必须协调农村社会的意见和利益,成功履行众多公共事务,[1]一旦失败引发骚乱,会对他们产生致命的影响,[2]有时候在庄屋们的同意下就可以换掉惣庄屋。[3] 文久元年(1861),因为修建阿苏外轮山隧道失败,郡代下属的水利负责人最终自杀以谢众人。需要注意的是,他们处理的终究是与农民相关的事务。有的农民响应藩的号召,通过献金方式获得武士身份,但他们不能领取俸禄,被称为"在御家人",担任惣庄屋等职务的人往往都是这些人,执行公务时不允许其带刀,[4]他们的公务活动终究只是农民的行为。

以能力任命和调动"会所役人""庄屋"的同时,由年长者担任"头百姓"等工作。随着家庭成员年龄结构的推移,大多数人会依次成为"村役人"参与到村落运营之中,就这样,就连一般的农民也参与到公共事务的管理中来。

共同团体有自己独立的财政,以此来处理各种公共事务。在后文

---

[1] 吉村丰雄:《近世日本における评价、褒赏システムと社会诸阶层》,《熊本藩の地域社会と行政》,思文阁出版,2009 年。以下该书表示为《熊本藩の地域社会と行政》。

[2] 即便在"一揆"较少发生的熊本藩也存在这样的情况,其中大多与村役人有关。参见蓑田胜彦著《肥后藩の百姓一揆について》(《熊本史学》49,1977 年)。

[3] 吉村丰雄:《日本近世における津波复兴の行政メカニズム》,熊本大学《文学部论丛》89,2006 年。

[4] 三泽纯:《幕末维新期熊本藩の地方役人と乡士》,平川新、谷山正道编《地域社会とリーダーたち》,吉川弘文馆,2006 年。

论述的年贡"手永请制"①的形成过程中，各手永将年贡的 2％，后来是 1.5％，作为"会所官钱"积攒起来，再加上各种运营收益，天保十四年 (1843)官钱中占比较大的米和钱全部换算成米，已经达到 52.7 万石 之多，超过了熊本藩 40 万石的年度预算。②

这些资产首先用于农业基础设施的扩充和完善。近世后期正是 熊本藩大兴土木的年代，其中大部分工程都是由手永组织完成的。著 名的通润桥工程留待下文叙述，以文化十一至十二年(1814—1815)的 "中山手永"惣庄屋为例，"事业帐"上总共记载了 43 个项目，其中大规 模的有：新开水路 7 公里余、改修 2 公里余、新开水田 13 公亩余、重新 开荒 6 公顷余，以及修建石碛 8 处(灌溉面积 56 公顷余)等。③ 大型的 农业基础建设包括有明海、八代海的填海造田事业；微观政策方面，例 如向北陆地区派遣代表引入耐寒品种及其栽培方法，实现了阿苏高寒 地区水稻的稳定生产。④ 新开耕地获得的收益大大增加了会所官钱 的积蓄。

会所官钱还保障了"家"的再生产，而这正是村落存在的基础。官 钱之中，56％的钱文和 58％的大米用于借贷，27％的钱用于购买土 地，⑤关于官钱的用途以及上述重新开荒种地等事务还有待进一步的 分析。云仙火山喷发所引起的海啸曾给周边村落带来了严重的灾害， 在资金有限的情况下，村内经协商后分出了救济对象和非救济对

---

① 本来，村落共同体是年贡的承包单位，近世以后居于村落共同体之上的手永成为年贡的
　　缴纳主体。
② 前田信孝：《乡备金の研究觉书》(《市史研究くまもと》8,1997 年)。第 515 页注①引蓑
　　田文。
③ 第 518 页注①引吉村文。
④ 吉村丰雄：《藩制下の村と在町》(一の宫町史，阿苏丛书三)，2001 年。
⑤ 第 515 页注①引蓑田文。

象。① 北关东属荒芜地区②,村落的基金用于借贷时是有选择性的,不过,该地区由个人借贷过渡到村落借贷发生在幕末,且借贷对象仅限于有救助可能性的中上阶层,③这也反映出村落共同体的安定程度和发展状况在不同地域间存在差异。

政策制定的主体是村落和手永。据永青文库"觉帐"记载,先由村落和手永在藩发给的专用纸上填写申请,这些申请书即作为计划书经"郡代"呈至"郡方奉行",由其裁决后传达给惣庄屋,这就是日本传统的决策体制禀议制。④ 值得注意的是,提出政策的是手永以下的农民组织。上文介绍的"中山手永"经手的众多事业中,上呈"郡方"的不过是以变更年贡负担土地为主的一小部分,大部分都由手永以下基层组织自行解决。更有甚者,即使郡方奉行给出了裁决,只要手永、村落不同意,就必须反复进行禀议和裁决。⑤ 虽然大型项目仍需仰仗藩的定期贷款,但政策的制定和实施主体已逐渐从领主制中独立出来。

至于村落的裁判功能,清末巴县每年的诉讼量超过数千件,而熊本藩每年上呈裁判机构"刑法方"的不过数十件,和行政决策一样,呈上来的还是村落、手永根据大量口供审议后的结果。另外,手永还设有拘留所。

农民团体属性的强化阻挡了武士对当地事务的介入。近世前半期,领主因为各种原因下到农村,除了管理公共事务,还需进行年贡检见(根据农作物的收成确定该年的年贡税率),讨论年贡减免会花费很

---

① 第 519 页注④引吉村文。

② 北关东:指关东地区的北部,包括现今的茨城县、栃木县和群马县等地。

③ 大冢英二:《村落共同体における融通机能の组织化について》,《历史学研究》560,1986 年,后收入《日本近世农村金融史の研究》(校仓书房,1996 年)。

④ 吉村丰雄:《日本前近代の地方行政の到达形态と文书管理システム》,《熊本大学平成 15 年度发足"据点研究 B"平成 16 年度报告书》,2005 年。

⑤ 第 518 页注③引吉村文。

多时间,加上招待武士的费用,不仅耽误农作物收割,甚至会对作物的复种造成影响。武士们还带着下级官吏出入藩内所有的林场,水利土木相关的事务则由"塘奉行"来管理。

当村落共同体成为政策制定和实施的主体后,领主的介入就沦为耗费财力的排场。惣庄屋和庄屋经常召开集会协商,[①]其中一个标志性事件就是明和七年(1770)藩内的惣庄屋针对宝历改革联名提出了由 151 条要求组成的"繁杂帐",[②]文化元年(1804)又建立了"请免制"。惣庄屋们在向各手永分摊年贡时,手永间因利害关系一度陷入对立。针对这一难题,各手永在商议数日后达成一致,以武士不再介入为条件,确立起以手永为单位的年贡承包制度。[③] 换言之,手永以下的基层社会治理已经从领主统治中独立出来。另外值得注意的是商议的广范性。虽然村落社会有其闭塞性和个别利益,但村落和手永成功协调了各方面的利益,最终在全藩范围内达成一致,体现出其卓越的社会治理能力。

农民团体已经发展到可以自行维持广域的社会再生产的阶段,领主团体的职能变得名存实亡。藩的业务逐渐脱离"领主阶级"所固有的属性,包括陪臣在内的 8000 人的武士,负责日常行政工作的仅占一成左右。由于藩财政的拮据,象征领主阶级身份的知行(武士俸禄)开始减少,而作为官僚承担具体工作的职员则开始领取津贴。到了幕末,就连武士阶层最后的存在理由——军事,也不得不依赖于由惣庄

---

① 三泽纯:《幕末维新期熊本藩の"在地合议体制"と政策形成》,《熊本藩の地域社会と行政》。

② 吉村丰雄:《近代への行政的起点としての宝历—安永期——熊本藩を中心に——》,熊本大学《文学部论丛》101,2010 年。

③ 西村春彦:《宝历~天明期における肥后细川藩の农政と请免制》,《熊本史学》82,2003 年。

屋提议组织起来的农村的在地武士,①他们甚至担负起洋枪制造和军事训练的工作。封建领主制产生于社会团体化的过程中,又在社会进一步的团体化中走向瓦解。

第二节　清代巴县的行政体制

首先对巴县的行政区划作一概览。据[道光 4 年巴县保甲烟户男丁女口花名总册:《巴县档案选编》下 340]载,巴县城内有 28 坊,城外有 14 厢。② 乾隆二十三年(1758)嘉陵江以北地区移交理民府后,乡镇部分分为怀石里乡、居义里乡、西城里乡三乡,一乡三里,每里一般十甲。各乡设有 22—26 个场,作为市集的场有时会横跨两个里,③但通常是在特定的里中设立的。

一、县衙的核心机构

巴县除知县、教谕、训导各一名外,还设有县丞和巡检各一名。县丞又称左堂或分主,常驻于县西的白市驿。巡检又名捕府,常驻于县东部长江沿岸的木洞镇。县城内还有道、府,以及重庆镇总兵以下的绿营机构。官员都有直属的幕友、长随等办事人员,他们构成了衙门的核心,只是被称作“内署”④的核心机构在刊行档案中并不多见。这些官员和衙门原则上是上下统属和横向分工关系,但就如下文所述,

① 木山贵满:《幕末维新期熊本藩における军制改革と惣庄屋》,《熊本藩の地域社会と行政》。
② 据同治《巴县志》卷一,为 29 坊、15 厢。
③ [嘉庆 21 年正月 29 日仁里十甲余学魁节里五甲胡回生禀状:《巴县档案选编》下 303]中,五渡河场跨了仁里和节里两里。
④ 后文论述裁判制度和差役制度时将引用道光年间知县刘衡的传记。据刘衡所撰《自治官书》记载,他在垫江县任职时,裁判时堂西的条桌上摆放着带进内署、由家丁署名呈上的卷宗,派遣差役时则由知县亲自出面,避免差役与内署家丁见面。

由于各自的职责范围模糊，他们也与社会进行个别的接触。

二、书吏、差役的结构

书吏主要承办文书行政工作，李荣忠曾利用《巴县档案》对书吏和差役进行过开拓性的研究，[1]在他之后陆续也有几本专著问世。[2] 李氏的论文可能是在整理《巴县档案》的过程中撰写的概括性介绍，虽然没有注明出处，但与刊行的档案之间并没有特别的龃龉。值得注意的是，李氏所依据的《巴县档案》是未经近代观点重新整理的，还是档案的原始状态。《乾隆汇编》保留了六房分类，是在略带近代观点的基础上整理刊行的；《巴县档案选编》更是从近代和研究的角度出发，将档案整理为农业生产、工商业、雇佣、工价、当铺、钱庄、高利贷等部类，完全脱离了原来的文书分类。以下有关书吏和差役的承办内容，很多地方依据的是李氏的研究。

根据李荣忠的研究，书吏最终由以下几部分组成，即吏、户、礼、兵、刑、工六房，收取衙门内外文书并送至各房的柬房，将文书送达县城内外府道等衙门的承房，负责仓谷检查和赈粜的仓房，以及掌管盐茶的盐房。

《福惠全书》莅任部"看须知"对各房有简要的记载：

> 吏房经管吏书官属，及本治候选官员等项。……户房经管应征解给、夏税秋粮、丁差徭役、杂课等项。……礼房经管春秋祭祀、宾兴考试、乡绅学校、庆贺旌表、先贤祠墓古迹等项。……刑房经管人命、盗逃、词讼、保甲、捕役、监仓、禁卒等项。

---

[1] 《清代巴县衙门书吏与差役》，《历史档案》1989—1。

[2] 王笛：《跨出封闭的世界——长江上游区域社会研究(1644—1911)》，中华书局，1993 年。Bradly W. Reed：*Talons and Teeth*，*County Clerks and Runners in the Qing Dynasty*，Stanford University Press，2000。周保明：《清代地方吏役制度研究》，上海书店出版社，2009 年。

六房的职能对应着中央六部,也有著述称户房掌管财政、刑房掌管诉讼,《福惠全书》中将词讼与人命、盗逃并列,确实容易引起混乱。

但司法审判的正式主体无疑是知县。在中国,审判是行政的一部分,各房的事务与相应的审判是无法分割的,刑房并不承担全部的审判事务。民国《巴县志》卷九下《刘衡传》表现的是一种理想状态,道光五年至七年(1825—1827)刘衡任巴县知县,循声卓著,他审案时的情况如下:

> (在论述书吏之弊后)矫其弊,惟官须自做四字耳。所至不设门丁,悬钲于堂,以待愬者,闻声即为审理。又设长案于堂左右,案各为吏、户、礼、兵、刑、工六楅。吏呈案,则各就左案之楅度之,而击磬以闻,即自取入核办。发出即置右案,吏以次承领。行之事无旁落。

为了防止差役中饱私囊,他的衙署甚至不用门丁。他在公堂左右两边各设长条桌案,分别设有吏、户、礼、兵、刑、工六格,书吏将诉状分类放入左边格案,知县审理后又将结果放到右边相应的格案里,再由书吏各自取办,如第 522 页注④所示,直接将文件置于右边格案的是内署中的家丁。《乾隆胶片》中常常出现"某房呈""某房承"的文字,这说明各房都在承办不同的案件,都在呈送和受领相关文件。这些文件汇总后交由各房保管,只要向相应的房申请就可查阅,李荣忠将各房的事务分为应差和办案的原因也在于此。

从各种案件来看,和审判配套的应差也即事务处理工作,与六房名称所能联想的本来的内容相比,也出现了较大的偏差。比如,牙行纳税后领取牙帖,负责发放和废止牙帖的不是负责财政的户房,而是礼房和工房;①脚夫搬运货物也由工房管理。② 乡约本来负责教化民

---

① [工房书办李星吉禀状:《巴县档案选编》上 364]。
② [道光 7 年 4 月 8 日温远发等禀状:《巴县档案选编》下 10]。

众,但管理乡约的不是礼房,而是刑房,与乡约实际上的职能相对应。[1] 李氏虽然没有注明出处,但列出了各房的具体事务,《乾隆汇编》的编纂者们大概也参与了《巴县档案》的整理工作,因此在"绪论"中给出了几乎相同的业务分工。之所以产生这样的分工,除了各房的规定和业务上的方便性,很可能还与各房的获益情况密切相关。巴县有牙帖 150 张,礼房管理其中 68 张,同时还负责监督典当和杂货商;工房除了管理 82 张牙帖外,还负责糖业、棉业、会房和庙房等的事务。

出现这一现象的原因在于社会团体的认证与承担差务是一体的。如后所述,当团体由行业中的一部分人创立,或因部分管理者运营不善出现混乱时,有无官府的认证对问题的处理具有重要的影响。虽然裁决有时也会照顾到弱势一方,但对于那些不承担差务的团体,官府是不准他们设立章程、把持行市的。纽扣制造业因为章程而陷入混乱时,知县就作了如下的裁定:

> 巴县正堂批,查渝城各帮,除有差务者,不准违规参越外,其余并无帮规之说。且百货流通,尔等敢私设章程把持行市,殊属刁健。[道光 22 年 8 月 23 日黄裕成等禀状:《巴县档案选编》上 244]

在重庆,官府只允许承担差务的同业团体制定行规,其他团体擅自制定行规,则被视为垄断流通市场的行为。

在这样的条件下,对社会团体的认证便成为特定衙门和房的职责,这也为他们带来了收益。不仅是六房,即便像州县和绿营这样的衙门,其原本的职掌、与团体的统属关系也很模糊,因为某个行业团体承担差务,才与之建立起临时的关系,最为典型的是[嘉庆 11 年 6 月

---

[1]　[乾隆 25 年 2 月 23 日刑房经书瞿良春禀:《乾隆汇编》198]:

　　情县属各里甲乡保,于本年二月初三、初八、十三告期新签更替。

20日伍文龙禀状:《巴县档案选编》上405]中的事例:

> 情本城南纪、金紫、储奇三门柴船帮,自嘉庆三年,在汛衙举
> 签廖朝臣,充当柴帮首人,承办营伍药局差务,给照办公。因朝臣
> 于今五月病故,蚁等三门柴帮协同公议,朝臣之子廖洪忠实老诚,
> 兼伊父在日,随同办差颇熟,蚁等以协恳签充。禀经汛主,当蒙批
> 准。……殊有不艺不业、赌博为生之陈世宦,钻充首人,本月十一
> 借余跃彩等之名,以恩赏给照事,签伊充当首人在案。批另录粘。
> 但柴帮止认营伍药局兵差,照系营汛赏给,恩辕无照无差。

这一资料显示,社会团体由什么行政机关进行认证,并没有明确的标
准,由团体个别提交申请,并以承充差务作为交换条件获得官府认证,
其管理机关也由此而决定。

同样地,在[嘉庆10年12月18日杨高太供状:《巴县档案选编》
上385]中,诉讼双方分别向捕府和县衙提告;案件审理本来是知县的
权责,但在[道光23年9月初7日练龙贵诉状:《巴县档案选编》上
234]中是由左堂审理,在[嘉庆15年梁续兴等告状:《巴县档案选编》
上239]中是由捕府审理。[嘉庆11年马干一等告状:《巴县档案选编》
上339]中,告状人向县衙投诉未获解决,于是转而向县衙的下级捕府
提告。此外,场头执照本应由知县签充、给发,也变成了巡检。① 六房
的业务分工虽以原本的体系为基础,但也是承办差务与团体认证这一
关系不断累积的结果。

书吏主要负责文书工作,与普通民众直接接触的是差役,其地位
比书吏更为低下,除了皂隶、快役、捕役,还有仵作、民壮、门役等各种
人员。本来皂隶是官员的随从,快役负责土地,捕役为刑吏,但他们彼

---

① [乾隆60年11月初10日节里四甲毛家场头张仕荣等签呈:《乾隆汇编》208]。

此之间的业务分工也是暧昧不清,时常会发生争执。① 差役的下级组织分布很广,怀石里乡、居义里乡和西城里乡分别设有左右两班快役,②各班又设快头、快役,他们的出动场面十分壮观:

> 若天晴十天,凿开堰头,放水不均。故曰官断如山,宜立石碑。于乾隆三十八年三月,将价得买黄麟轩、朝唧叔祖于康熙二年得插田地一分,座落地名赵家堡,于四十八年天时小干,有徐文秀见卖不遂,厥挖堰头,具控县主,出差。七、八、三甲约邻,协同快头百十余人,照契途程,趁协同快头来差过绳索所丈三百六十之远。[分水石碑记:《巴县档案选编》上 1]

巴县的年降水量约为一千毫米,堰塘蓄水非常重要。水稻种植期间,如果日照时间过长,就会有人私自截断堰塘放水,为了防止这种情况的发生,官府立有告示碑,碑上刻有知县的裁决。乾隆四十八年(1783)又因天气亢阳,为了放水救苗导致争水讼案,堰塘全长只有一公里左右,但却出动了七、八、三甲的乡约和邻人,还有一百人以上的快头,对照契约书,重新用绳索进行了丈量。就这样,一个堰塘的水被分为九股,每股放水一天一晚,并立石碑为记。

与乡村中的里对应的是城市中的坊,坊中设有坐坊捕役[嘉庆 24 年 12 月初 5 日吴一语报状:《巴县档案选编》上 390]或坊差[道光 14 年 9 月初 5 日雷德兴禀状:《巴县档案选编》上 356]、[嘉庆 9 年 12 月初 1 日唐仁和等禀状:《巴县档案选编》上 338]。在特殊场所还设有津差[乾隆 58 年 5 月智里四甲曾万德禀状:《乾隆汇编》237]、延河差役

---

① 山本进:《清代四川の地方行政》,名古屋大学《东洋史研究报告》20,1996 年,后收入《清代财政史研究》(汲古书院,2002 年)。

② [乾隆 33 年 4 月 25 日朱季圣禀:《乾隆汇编》200]、[乾隆 30 年 2 月 11 日鲁子荣等禀:《乾隆汇编》226]、[嘉庆 7 年 1 月汪应洪告状:《巴县档案选编》上 397]。

[道光14年5月24日巴县正堂特示:《巴县档案选编》上412]、巡河差役[道光元年巴县告示:《巴县档案选编》上409]。

书吏和差役的确切人数不得而知。李荣忠曾提到,管辖书吏的是典吏,典吏在《巴县档案选编》《乾隆汇编》中也时有出现,根据各房职责轻重对他们进行人员配置。经承是文稿书写的实际负责人,如果文书中出现错误或脱漏,他们会被问责[乾隆24年11月19日刑房经承刘仕斌禀:《乾隆汇编》225],其手下还有很多以学习书写为名的由典吏、经承录用的具体办事人员。李荣忠指出,仅光绪年间登录在案的书吏就超过250名。尽管有时也会对他们进行裁汰,但人数很快就会恢复。差役除了上述按地区和业务配置,和书吏一样,其内部也存在各种人员,比如仵作就有仵作、学习和跟随学习之分。① 据刘衡的传记(民国《巴县志》卷九下)记载,他上任时巴县白役多达七千余人,离任之前裁汰到百余人。从上述确认分水设施就需出动百十余名快头来看,七千余人的数字恐怕并非夸张。

众所周知,书吏和差役基本上是没有薪水的,必须通过惯例或惯例之外获取的收入来维持生计。从已经刊行的档案中可窥见其收入情况的一斑。巴县的牙帖定额为151帖,实发109帖。② 官府发给牙帖时收取的牙税约为每年一两,申请的门槛很低,但市面上合股时对牙帖的估值是205两,③靛行的"更帖使费"更是高达800两。④ 以私自顶补的方式规避正式申请和更换所需的费用,这样就形成了牙帖的市场价格。此外,书差也常常勒索费用,比如从县衙获得"告示"需要

---

① 据[乾隆31年仵作任世贤病故任学顶补文、同8月27日巴县申:《乾隆汇编》223]载,甘某和任世贤是巴县的定额作仵,世贤病死后,县衙向重庆府提出了由担任"学习"的任世学(可能是世贤的同族)升任仵作,跟随学习中的一人升为"学习"的人事调动案。

② 后引[嘉庆6年6月24日八省客长禀状:《巴县档案选编》上252]。

③ [方曰刚等拆伙约:《巴县档案选编》上341]。

④ [道光3年11月初10日谭志隆诉状:《巴县档案选编》上351]。

80 两,①诉讼时翻阅过去的卷宗须向工房书吏支付 4000 文辛资钱,书吏收钱后却置之不理,②等等。诉讼时被勒索规费而至倾家荡产之事,在官箴书中屡有记载。

三、职役户

与在衙门中任职的差役不同,乡村和城市里还有各种承役人员,清末时这些人有各种称呼,但对其中一部分或整体没有一个统称。传统上把充任衙门胥吏和基层行政人员的差役称为"职役",③这里姑且把这些人统称为"职役户",他们承担的差役又分为乡役和衙役两大类。④ 和其他职役户相比,下记 C 作为同业团体代表的性质更强,但如后所述,他们与县衙任命的应役者有着明显的共性,所以也将其归入职役户类。职役户大体可以分为以下三类:

　　　　　A 坊厢、里甲中设立的职役户

　　　　　B 商业据点"场"和渡口等特殊场所设立的职役户

　　　　　C 联系工商业、运输业团体、地域性团体和县衙的应役者

A 巴县所辖乡村九里八十四甲,每甲设立乡约和保长一至数名。乡约最初是对民众实施教化的民间组织,保长起源于维护社会治安的保甲制度,但乡约还需督办粮务,两者在实质上并无多大区别,主要负责粮务、治安、调解和教化工作。根据《乾隆汇编》第 212 页所收[乾隆 27年巴县里甲乡约保长名册]统计,除去原档案中本来就残缺的部分,平

---

① [道光 9 年 3 月初 7 日潘万顺等禀状:《巴县档案选编》上 353]。

② [道光 7 年 4 月 8 日温远发等禀状:《巴县档案选编》下 10]。

③ 曾我部静雄:《宋代初期の役法》,《宋代财政史》,生活社,1941 年。

④ 宫崎市定:《宋代州县制度の由来とその特色——特に衙前の変迁について》,《史林》36—2,1953 年,后收入《宫崎市定全集》第十卷(岩波书店,1992 年)。周藤吉之:《宋代州县の职役と胥吏の发展》,《宋代经济史研究》,东京大学出版会,1962 年。

均每甲有 3.4 名乡约和保长。业务烦琐之处,还会在他们之下设置若干小甲,小甲有时也会协助保长催办赋役,[乾隆 24 年幼子冯尚臣免充保长文、6 月 23 日梁凤羽禀:《乾隆汇编》196]中就有如下记载:

> 直七里保长梁凤羽、为遵批禀明事。情蚁承充本甲保长,已经五年。因家贫业卖,勉将仓谷办竣。……窃蚁本甲花户零星,每逢公事,督各小甲催办,未经周知。

坊厢中同样设有约坊(简称"约")、厢长或坊长等职,档案中主要出现在调解的场合。

B "场"是四川对市场的称呼,他省称为集、市集或墟等等,其设立需经州县批准。[乾隆 38 年 1 月 26 日彭正明禀、同 2 月 8 日禀:《巴县档案选编》下 201]中,彭某单独申请设场遭到了县的拒绝,后与乡保、地邻一起再次提出申请。有研究表明,实际上乡场多是自生自灭的,其存在极不稳定。① 乡场一般设在里内,甲的乡保就能对其进行管理,有些地方并未设置专门的管理人员。形式上会以差务繁多和治安为由,在收到场和里的请求后,由官府任命几位管理人,②最主要的即是场头(也称场长)和客长(也称客约)。商业地区流动性很强,外来人员众多,其中有在当地开设店铺长期停留的外来人员,也有因回收赊销货款短期逗留的客商,客长就是为了应对各种各样的外来人员而设置的。此外还有在场头、客长之外另设乡约的情况,③或是在交易繁忙的场中设置若干名小甲。④ 除了场内公共事务,⑤场的乡约、保长还

---

① 仓持德一郎:《四川の场市》,日本大学史学会《研究汇报》,1957 年。
② 第 527 页注①山本前引文。
③ [乾隆 28 年 4 月 13 日刘硕甫、王彩如签:《乾隆汇编》199]。
④ [嘉庆 5 年 7 月 12 日陈子尧等禀状:《巴县档案选编》下 301]、[嘉庆 10 年 8 月 21 日廉里九甲长生桥客长黄志清等恳赏执照禀:《巴县档案选编》下 301]。
⑤ [乾隆 34 年 3 月 29 日巴县签充场头客长执照:《巴县档案选编》下 299]。

需负责地租钱的征缴。场位于水陆要冲,差务自然繁多。

C 巴县位于长江与嘉陵江交汇处,也是连接长江中下游和四川等若干省份的交通要地,乾隆时期,不断扩大的商品流通给当地带来人口压力的同时,也孕育出众多制造、流通业者以及工商业组织。

各种各样的工商业者组织多称为帮,有时也把原意为行业种类的"行"字用作团体的名称。"行"和"帮"时常混用,[1]并用内行和外行等称呼来区分自身与他者,[2]团体制定的规章制度称为行规。当然,属于牙行经营的山货行、靛行等则另当别论。

帮通常为同业组织,如刺绣工匠组织的永生帮[道光 22 年永生帮顾绣老板师友公议条规:《巴县档案选编》上 234]、贩卖烟草的烟帮[道光 27 年 5 月杜大茂禀状:《巴县档案选编》上 376],等等。

除此以外,还有依据籍贯和营业方法而结成的帮。太平门码头的脚夫中有陕西的西帮和茶陵的南帮[嘉庆 17 年 4 月 3 日张文佳等供状:《巴县档案选编》下 4],千斯坊脚夫中的茶帮和川帮[道光 2 年 5 月 3 日王清等结状:《巴县档案选编》下 9],脚夫之中还按搬运方法分为索帮和扛帮[嘉庆 24 年 9 月 12 日索帮杠帮合同约:《巴县档案选编》下 5],彼此之间争抢着势力范围。

帮与帮之间,除了横向的并列关系,还有纵向的从属关系,船帮的事例就很典型。以重庆为中心,长江上游的大河、嘉陵江的小河、长江下游的下河分别组成三河船帮[嘉庆 9 年三河船帮差务章程清单:《巴县档案选编》上 402],其内部还有大河沿岸的嘉定帮和叙府帮等多个小帮[嘉庆 9 年 6 月 20 日大小两河各帮船首认办差事单、嘉庆 9 年八省局绅公议大河帮差务条规:《巴县档案选编》上 403]。此外,还有柴

---

[1] 比如[道光 21 年广扣帮公议章程:《巴县档案选编》上 242]中,广扣帮和广扣行指的是同一个团体。

[2] [道光 29 年渝城男工顾绣老板师友公议条规:《巴县档案选编》上 235]。

船帮等按运输商品种类而组成的船帮,①棉布也按照种类分成了若干小帮[道光20年5月初10日巴县鉴:《巴县档案选编》上346]。

在这些行帮组织的内部,还存在一种带有特殊目的名曰"会"的组织,比如②:

> 情渝城丝线帮于乾隆年间,经本省同江南、江西、湖广、贵州五省客长,议立章程,兴设葛仙会。议明开铺之家,不得自行打钱(线),以三年之内,招一学徒。[道光24年6月12日龚三福等哀状:《巴县档案选编》上348]

> 情蚁弹棉花手艺生理。渝城各铺□□□□议定,每日只准弹花十斤,同行公议立会,举蚁为首。[道光23年10月初5日周传万告状:《巴县档案选编》上241]

在前一则资料中,经过五省客长的商议,重庆的丝线帮组建了名为葛仙会的组织;而在后一则资料中,弹棉花的手艺人推举首人立会,并对每日的生产量进行了限制。但是,并不是所有的行帮都会立会,很多时候行帮本身的设立就带有某种目的性。

这些团体决定着生产量、入会费、收徒规定、使用货币、薪酬等,并从会员、入会者甚至外部人员手中收取费用,用于设庙祭祀或是为贫困的会员提供棺木坟地等。③会中设有会首,称首人或首事,有时是每年轮流担任,故名值年会首。他们除了管理会内资产,还负责对官府应差。

---

① 本章上引[嘉庆11年6月20日伍文龙禀状:《巴县档案选编》上405]。

② 除下文的例子外,[嘉庆7年11月11日曾义和等诉状:《巴县构案选编》上338]中,设立帝王会从事演剧的重庆棉花铺曾于乾隆二十九年召集同行,分离生花铺与熟花铺,生花铺另设财神会。

③ 在上引[道光22年永生帮顾绣老板师友公议条规:《巴县档案选编》上234],以及[道光29年渝城男工顾绣老板师友公议条规:《巴县档案选编》上235]中有帮规的详细记载,但同时资料也说时常会面临帮规执行困难的问题。

比较特殊的是雇佣劳动者们的团体。上引刺绣工匠的组织永生帮就严禁会员加入三皇会，而据[道光 23 年 10 月初 5 日谢凤贵等供状:《巴县档案选编》上 241]记载，三皇会是由雇工来担任会首一职的:

> 问据周老四供，小的平日学习弹花手艺，帮汪大川铺内佣工。前月十七日，小的当值年三皇会首，办会治酒去了。请这谢凤贵帮小的替工两日，每天给他工钱六十文。

以雇工为首事的三皇会曾经到雇主处按人头索要金钱，①还制定会规，筹措资金以运作会务，不满意时便发起罢工。② 永生帮之所以在"顾绣老板师友公议条规"这样的同业全体的议定事项中写入禁止参加三皇会的规定、雇工工资和徒弟的出师规定，就是因为在经营内部雇主对雇工难以管理，必须借助会规或州县的权威。

在以地域区分的同业团体中还有按省别组建的团体，他们通过共同资产的运营收益而共享着庙堂与祭祀。他们的代表被称为八省客长，与各乡场的客长不同，除了受县衙之命负责调查、调处，还发挥着更为广泛的社会功能，比如建立以八省冠名的仓储等等。

这些同业、同乡团体的形成，分为自下而上和自上而下两种。同业团体缺乏统摄全体同业者的能力，[道光 22 年永生帮顾绣老板师友公议条规:《巴县档案选编》上 234)]中载:

> 一议，永生帮有外行开铺者，出招牌银二两整。或有外行合伙者，出招牌银一两整。交真原首事，备买义冢，置造棺木，建立学堂，并保婴医馆施药等用。

永生帮制定了限制经营者和劳动者双方的行规，其中一条是允许帮外

---

① [道光 25 年 9 月吴大坤供状:《巴县档案选编》下 95]。
② [道光 10 年正月 15 日萧永泰告状:《巴县档案选编》下 88]。

之人用自己的招牌营业,前提是需向帮的财会人员交纳二两白银,如果与帮内人员合伙经营,则只需交一半也就是一两即可。可见,外部人员参与经营,以及与内部人员签订合股契约,①这些在行规中都是被允许的。正如前述那样,对以籍贯划分地盘或组建雇工团体而言,来自外部的团体形成的压力从未停息过。档案中除了成功组建帮、会者,作为不当行为而被禁止的例子也不少。自下而上所形成的团体,为了确保自己的地位需要寻求县衙的认可。

县衙也从完成差务和维持秩序的角度出发,需要对各种行业实施组织管理并选出负责人。巴县作为流通据点,且商业中心地位较高,存在着大量称为脚夫的搬运业者。虽然他们采取拉帮结派的方式,相互争夺势力范围,但如同在其他码头也能看到的那样,②凡是船只到岸,很多脚夫就会蜂拥而上,场面陷入混乱,还经常发生偷盗事件。接到这样的报告后,县衙在朝天门码头设置了两名夫头,将脚夫们登记在册,夫头担负起中间人的角色,并由县衙发给执照。③ 但从十年后的巴县告示来看,④夫头的设置并未达到有效管理脚夫的效果。脚夫们需要承应的差役,除军事行动等特殊情况⑤外,平时需在官衙中随时听候差遣,⑥还因为衙役的恣意妄为,曾经出动二三十人日夜供其驱使。⑦

嘉庆三年(1798)的白莲教起义是船户组织化的重要契机,为运输

① 后文将会述及,合股未必意味着共同经营。
② 本书第四部第二章。
③ [乾隆 36 年 4 月 10 日徐殿扬等禀状、同 4 月 19 日禀状、5 月 11 日巴县执照:《巴县档案选编》下 1—2]。
④ [乾隆 46 年 10 月 26 日巴县告示:《巴县档案选编》下 2]。
⑤ [乾隆 58 年 8 月 10 日巴县告示:《巴县档案选编》下 2]。
⑥ [道光元年 6 月 11 日何远良等供状:《巴县档案选编》下 8]。
⑦ [道光 7 年 3 月 13 日温远发等恳状:《巴县档案选编》下 9]。

包括粮食在内的军需物品,船户在道员、知府的指示下选举出首人。①
此后嘉庆一朝,根据大河、小河以及船户的据点所在地,组织起大量重
层结构的船帮,根据船的大小和距离远近,每船收取数十文到数百文
不等的差费,②对于下游来的远距离贸易船,收取的费用更多。③

第三节　行政组织的社会基础

专制国家体制下缺乏团体性,而团体性又是社会规范形成的基
础,其原因可以追溯到战国时期国家的形成,以及商周时期高度发达
的酋长制度。到了清朝后期,随着农业集约化的发展和小商品生产的
广泛展开,加之建立在土地所有基础上的货币税收的普及,此时的社
会情况又是如何呢?

一、社会成员的不确定性

日本近世中期以来的人口停滞并不意味经济增长的停滞,在定额
租的"村请制"下,家的数量增长受到抑制,维持家再生产所需的家庭
人数相对固定,这使得村内的剩余积蓄成为可能。

与日本相比,同一时期的中国出现了人口的急剧膨胀。从附表中
可知,即使过了移民最高潮的乾隆时期,和其他省份相比,四川的人口
仍在迅速增长。此时,人口已不再作为征税标准,除水稻、小麦等传统
粮食作物外,玉米、芋头等耐旱作物也支撑起中国的粮食需求,加上迅
速发展的小商品生产在农副业和工商业方面提供了就业机会,这些都
造成了人口的迅猛增长。建立在诸子均分制基础上的父系制度向社

---

① [嘉庆 15 年 10 月初 9 日巴县告示:《巴县档案选编》上 406]。
② [嘉庆 9 年三河船帮差务章程清单:《巴县档案选编》上 402]。
③ [嘉庆 9 年八省局绅公议大河帮差务条规:《巴县档案选编》上 403]。

会输送了一个又一个的家庭。在日本,"家"是家名、家业、家产以不可分割的形式传承下去的一个经营团体,而中国的家庭会不断增加和移动,从而增加了地域社会内部的流动性。

工商业的流动性则更为显著。只有在经营这一"团体"内部以及经营之间形成行为规范,才可能在经营内部以及经营之间实现分工,从而提高生产和流通效率,也只有在这样的条件下,小经营才可能转变为大经营。

正如第四部所论述的那样,明清时代的经营是分裂的,并不具备"法人"的资格,①经营内部常常嵌入半独立的经营。从第四部第一和第四章可知,巴县脚夫中还存在一种名为"管行"的脚夫,为特定的行铺搬运货物,他们一方面是行铺的被雇佣者,行主可以自行招募和解雇他们,但当牙行的经营权发生转移时,他们也主张自己拥有脚力生意的继承权和转让权。②

一般认为,合股是为了筹措资金而由多人出资的一种共同经营模式,但在许多情况下,合股并非一体化的经营。在合股的内部,合伙人私自买卖、支用的事例比比皆是。这样的分裂式经营在合股解散时表现得尤为明显,此时出资人通常会各自取回自己出资的钱物。合股的资金并未形成合伙的共同资产,所欠债务也是由合伙人个别偿还。③

而在经营内部,很多时候最终也会将责任归结于交易当事人,也即店员个人。

> 立包管字人邓文碧。自幼在黄亿顺号学习生意,承师宠信,将店中内外大小事,分务付托晚管理。因己无才,诸事荒疏,不惟

---

① 本书第四部第一章。
② 本书第四部第四章。
③ 同上。

将店中资本折尽,而且尚亏空客帐三千余金,是以停歇客帐。兼
知帐内自愧之事甚多,刻已查出二千余金。此项理应照数还出。

[邓文碧包管字约:《巴县档案选编》下 87]

邓文碧从小就在黄忆顺的店里当学徒,黄忆顺将各项事务交与他打
理。据邓文碧自己所言,由于他能力不足,不仅将店内资金亏折一空,
还拖欠客商货款三千余两,导致与客商的生意中止,欠客商的钱自己
要负很大责任,会筹措二千余两归还。同样的事例还见于[嘉庆 14 年
9 月周德文供状:《巴县档案选编》上 363]和[道光 16 年 10 月 17 日艾
锦龙告状:《巴县档案选编》下 91]。

正因为经营缺乏一元化的情况居多,所以收益权也在无限分割后
被转卖或者贷出。以前文提到的管行为例:

立出顶脚力生意文约人谭世龙。情因负债难偿,无从出备,
愿将己手所接王复兴名下正大糖行八股生意之内一股,股内老约
均作十成,原得顶五成。又己手所接弟辉葶名下八股生意之内一
股,今又均作十成,内将三成出顶。两约生意共八成,情愿出顶与
人。[谭世龙出顶约:《巴县档案选编》下 20]

糖行的脚力生意被分为八股,一股又被拆分为十份,谭世龙想将八十
份中的八份转让与他人。档案中这样的例子数不胜数,脚力生意的收
益权已经脱离了货物搬运的实质,被频繁地借贷与买卖。

除了经营具有分裂性,资本有机构成偏低也是工商业流动化的原
因之一。据[嘉庆 24 年 6 月 29 日杨耕万告状:《巴县档案选编》上
421]、[嘉庆 24 年 6 月 30 日朱万顺禀状:《巴县档案选编》上 421]载,
某人以三万五千文购入船只,又与人签订合约,以高于船价的八万一
千文之运费将米和银运往湖北,结果中途逃逸。合约中的运输费高于

船价①、船主在收到运费后弃船而逃，这样的事例还有很多。② 牙行通常被视为商业的核心要素，实则却以少量资金从事大规模交易，因而经常陷入债务危机，过不了几年就会易主。在转让管行生意时，一般都会从管行的出顶时间中扣除牙行歇业时间，可见，牙行歇业在当时是十分普遍的。③

二、"公共事务"的存在形态

过去一般认为，在以小农经营为基础的前近代社会，保障小农经济再生产的一般公共事务是由共同体或领主（或地主）来执行的，水利建设、道路整修本身就是共同体存在的证明。但是，在共同体型社会中由共同体来完成的这些公共事务，在其他社会则未必如此，它可能属于国家事务，有时也可能是私人事务，水利建设就是最典型的例子。

道光六年，巴县在布政使的指示下发布了防旱告示。巴县常年被雾笼罩，据说一年只有三天是晴天，但年降水量只有 1000 毫米左右（熊本县约为 2000 毫米），水利设施对于农业灌溉十分重要。巴县召集绅耆粮户商讨后，将所议对策呈报知府［道光 6 年 4 月巴县正堂劝谕筑堰开塘条规：《巴县档案选编》上 5］，该对策的特点是，关于何处筑堰、开塘、安设筒车，由各自分别决定。又发给绅耆粮户登记簿，嘱其将有关事项填入簿内，六月以后向县衙汇报。堰塘筒车中属于公共朋修者，则按照出资多少来决定分水之多寡，并刻碑以防止纷争。由此可见，这样的做法是得到鼓励的。

各地很快就提交了整修报告书，兹介绍其中一则如下：

① ［道光 11 年 10 月初 8 日范开科禀状：《巴县档案选编》上 379］。
② ［道光 11 年 11 月 11 日余魁顺禀状：《巴县档案选编》上 356］。
③ 本书第四部第四章。

廉里九甲,地名大谷溪,离城二十里,粮户张鲁江,补修古堰
一道,长二十三丈,高十丈,宽三尺。

廉里九甲,地名水井弯,离城二十里,粮户张鲁江,补修古堰
一道,长三十八丈,高十丈,宽三尺。

廉里九甲,地名熊家弯,离城二十里,粮户张鲁江,新修堰一
道,长二十四丈,高十丈,宽十二丈。

廉里九甲,地名胡家弯,离城三十里,粮户张鲁江,补修塘一
口,宽一丈二尺,长十二丈,深一二尺。(以下省略)[道光 6 年巴
县新修旧有堰塘登簿:《巴县档案选编》上 5]

在《巴县档案选编》上 7 所载九月十六日的禀文中也登载了同样的内
容。据两份资料可知,共计新修和补修堰二十七道、塘四十二口,两份
资料所载只是县下九里八十四甲中六里十二甲的统计,另外应该还有
很多这样的报告。

从这些报告中可知,所有的水利设施都归粮户个人所有;短时间
内各地纷纷上报完成情况,其中以自称的"补修"居多,实际上补修所
占比例应当更高。

下面就来看看这些水利设施的形状及其功能。从上引[道光 6 年
巴县新修旧有堰塘登簿]中可知,河堰中既有长一丈多的小型堰,也有
很多是长二十至六十丈、高十丈的大型堰。至于河堰的"宽度",大型
的从三尺到十二丈不等,这可能与宽度有时是指底部有时又是指最上
面的部分有关。总而言之,虽然存在大型河堰,但显然无法与采用现
代技术修建的巨大而坚固的堆石坝相比。仅从航空图片来看,这些修
建在山谷间的河堰,与其说是既能蓄水又能排水的水库,不如说它们
的功能更接近蓄水的池塘。塘的宽度长则十余丈,短则一丈左右。从
结论上来说,塘也好堰也罢,都不是拦截河流为广大地区稳定提供灌

溉用水的水利设施。

这样的水利设施形状并不是由巴县的地形决定的，它反映了修建主体的社会特质。长江、嘉陵江流经四川东部，形成深邃的峡谷，且水位的年较差很大，依靠前近代技术拦截河水灌溉农田显然是不可能的。但在巴县境内，除长江、嘉陵江外，还流淌着数条长达数十公里的河流，在这一点上巴县和熊本藩是一样的。巴县虽然缺少冲积平原，但如果能够建起一定规模的农田灌溉系统，就有可能改造出大面积可水旱轮作的农田。

这样的水利设施，在近世中后期的熊本藩，是由"手永"这一级的村落共同体组织修建的。人们在河流的上游修建引水口，引水口的位置并不高，为了调节高度，在多个地段开凿隧道或堆土，引水路线全长5公里，在河谷处用高20米、长76米的虹吸式引水高架渠相连，与山下河流之间形成几十米的高度差，这就是著名的通润桥工程。该水路网络干支线全长41公里，灌溉面积达72公顷，解决了跌宕起伏的丘陵地区的用水问题。组织和实施该项工程的是以惣庄屋为负责人的手永，所需经费从"会所官钱"以及藩的定期借款中支出，合计达711贯①余②。以同样方法建造的"井出""沟"等水利设施也散见于熊本各地，从河流的上游取水，沟渠从地势最高的耕地往下延伸，穿过村落，跨越河流深谷时就建造高架渠，这样的水利设施可以灌溉较为广阔的土地。近世中后期，广域性的村落共同体已成为水利建设的主体，它不仅协调着农民与农民、村落与村落间的利益关系，还负责政策的策划与实施。

在清代后期的巴县，前述得到整修和登记的众多小型水利设施，

---

① 此处所说的"贯"参见第 515 页注②。
② 石井清喜：《通润桥の工费 经济效果について》，《熊本史学》78、79，2002 年。

其所有权和管理主体都是土地所有者。从四月接到告示各地便纷纷上报的情况来看,这样可以为私人所有的水利权争到官方认证的机会。[道光 6 年 11 月初 1 日巴县塘堰执照:《巴县档案选编》上 8]所载巴县向开筑塘堰的地主颁发执照便是其中一例,虽然执照字面上保证的是地主对堰塘溺亡事故不承担责任,但在[道光 8 年正月 28 日生封文告状:《巴县档案选编》上 9]中,被告作为书证提出、证明自己拥有一半水权的正是先前各开堰塘时知县给发的朱照。① 在争水讼案中,拥有州县认证和实物凭证最为有利,执照便是其中之一,又或者是由"官断如山"的知县出面,在众多快头的蜂拥下进行现场查验并立碑为证,这样的例子已在前面叙述过了。

个人或家庭的再生产似乎不属于公共事务,但在近代初期以慈善救济的形式出现,后来又以社会保障的形式成为国民国家的责任,在新自由主义盛行的当下,社会和国家是否对个人和家庭的再生产负有责任,这是一个需要面对的问题。在近世日本社会,只要村落共同体还是年贡的缴纳主体,就必须抑制人口的有害增长以及由此引发的家庭数量增多,相反地,人口减少和家庭败落也是必须解决好的紧要问题。

在中国,农民家庭的再生产在某种意义上是一种公共问题。最受重视的是积谷,巴县境内就建有府仓丰裕仓,县仓常平仓与监仓,民间的社仓和义仓,知府请建的济仓,由商民调集、八省客长管理的"八省积谷"以及总督命令创建的"乡镇积谷",等等。在地方政府的直接过问下,丰裕仓、常平仓、监仓等的储粮以万石计,但由于金川叛乱、填补浙江省仓谷和救济山东等,咸丰八年(1858)调查时,八万四千余石的

---

① 水利设施所有权往往具有多重特性,它的另一表征是所有权的争夺和调整只在兄弟以及拥有共同祖先、姓氏等比较狭窄的范围内进行。参考[文天齐弟兄孝义合约:《巴县档案选编》上 2]以下三则资料、[道光 17 年 4 月初 6 日罗仁相诉状:《巴县档案选编》上 10]等。

原额仅剩下一万四千石，此时，巴县人口已从二十多万猛增到四十多万，积谷数量完全无法保证应急之需。加之各种流用、隐蔽的管理问题十分严重，最后，备受期待的八省积谷也在清末民初的动乱中化为乌有（民国《巴县志》卷四下《仓储》）。

本应由地域社会管理的社仓的存在形态就很能说明问题。巴县社仓始建于乾隆元年（1736），由巡检在木洞镇所建，乾隆十九年（1754）在知县的推广下各地纷纷设立，乾隆二十五年已有积谷九千九百石（同治《巴县志》卷二《积贮》），但其管理非常混乱。[乾隆胶片；1874]载：

> 缘甲内上下两单，共社谷百余石，系社首赵金奇收贮观音寺。因金奇搬居黔省，乡约王安常、监生张为元、李胜宗，于乾隆四十四年暮，将仓谷每石卖钱八千文，分吞置业肥家，未散济荒。禀经前宪有案。蚁等系辞退先乡约，协粮户何秀凤等清理，至今仓内升合俱无。

节里十甲的乡约、监生们趁社仓负责人社首迁居外地之时，将全部仓谷盗卖，所卖之钱据为己有，前任乡约因此来县提告。

除此之外，本应作为民间仓储的各甲社仓于嘉庆二十五年（1820）全部集中到县城、白市驿和木洞镇，失去了地方积谷的本质，到咸丰八年（1858）进行调查时社仓制度已完全解体（民国《巴县志》卷四下《仓储》）。

救贫济困活动的社会性更强。民国《巴县志》卷十七"自治"项下的"慈善"，对这方面的情况进行了概括性的描述，值得注意的是，"慈善"是继"县议参会""城镇乡会"之后重要的自治事项。在巴县，兴建了各种目的的"堂""所""院"等设施，据该书记载，民国二十四年（1935）已设有四十多个慈善团体，乡镇还建有十三处善堂。按照该书的区分,这些慈善团体,有的是士绅们自己筹划组建的,有的是官督绅办或绅办后由政府接管的,但从出资情况上看,两者之间并无明显区别。最古老的要数雍正十三年(1735)创建的孤贫粮,其次是乾隆三年(1738)和乾隆四年分别修建的养济院和体仁堂。民国以后有十五年(1926)建立的贫民收容所、二十年(1931)建立的佣工救济院等,虽然其他地方此时也出现了以职业教育为目的的善举,但在之前一直是以育婴、救济孤老和节妇作为举办宗旨,其中就有为收养女婴而建的普善堂。慈善活动的经费来自捐款的投资运营收益,如至善堂和育婴堂就分别筹集到一万八千六百两和九千一百两的捐款。

这些慈善团体具有两大特征。其一,至少在进入近代以前,其主要功能是救济贫弱的个人。与之形成对比的是,在日本近世中后期,对破落农民的救助是以重建小农经营为目的的,向农民提供资金援助,是为了让其重振经营,从而可以偿还之前的借款。对于哪些家庭可以得到救助,人们会认真讨论,有时也会用投票的方式决定,还会为被救济家庭提供重建所需的土地,因此,最贫困的阶层有时会遭到抛弃。[1] 日本的救济并不是以救济个人为目的的"慈善"事业,在年贡承包制下,这是关系到村落共同体存亡的一项重要的公共事务。

其二,是受益对象在社会全体成员中所占的比重。乾隆十二年(1747)设立的育婴堂,其主要内容分为哺乳和教育,哺乳又分为贫民自身无力抚养时给予资金援助的自乳,以及收留弃婴后交由乳母喂养的代哺,每月的支出费用分别高达六千文和一万文。在希望传宗接代且不受社会制约的人口暴增的情况下,不难想象到底有多少幸运儿可以享受这样的待遇。"道光四年巴县保甲烟户男丁女口花名总册"显示,巴县人口的男女比(女子/男子)为 0.79(见附表),该册籍中应该也

---

[1] 大冢英二:《日本近世农村金融史の研究》,校仓书房,1996 年。

记录了女孩、外来人员和佣工等的人数，[1]考虑到男子容易早夭，出生时选择性溺杀女婴的现象肯定存在，这也是创建普善堂的原因之所在。育婴是一项名副其实的"慈善"事业，它与一般的公共事务有着本质的区别。

第四节　职役户和书差

城镇和乡村的职役户正是存在于这样的基层社会之中，那么，他们和管辖他们的书差与社会又有着怎样的关系呢？

书差和职役户之间有着紧密的联系，胥吏从役衍生而来，[2]原则上是没有薪水的具体办事人员，皂隶、快班和壮班等主要差役，明代是在县衙应役的核心人员。

职役户和书差在任用方式上也很类似。乡约、保长在出现职位空缺后会向县衙举荐新人，提交新人本人的承诺书后就会发给执照承充。[3] 至于那些非必须设置的场的场头和客长，[4]以及同业组织负责人夫头[5]、船帮首人[6]，其承充手续也是一样的。

书吏和差役的任用手续也是在递交缺员补充申请后，将实际上晋升为书差的人员推荐给官府并获得批准。[7] 不过，若是书吏和差役的头目（不止一人），则需道员和总督批准，但这只是在走形式，没有谁会

---

① 第 512 页注③引栾成显文。

② 宫崎市定：《清代胥吏と幕友——特に雍正朝を中心として》，《东洋史研究》16—4，1958年，后收入《宫崎市定全集》第十四卷（岩波书店，1991年）。

③ ［乾隆 34 年 2 月初 8 日杨景全签状：《巴县档案选编》下 297］以下的认状、执照。

④ ［乾隆 34 年谢占魁认充冷水场场头文：《乾隆汇编》203］、［乾隆 42 年王仕胜承充客长文：《乾隆汇编》206］。

⑤ ［道光 10 年 2 月 3 日夏芳才禀状：《巴县档案选编》下 10］以下。

⑥ ［嘉庆 16 年 12 月 22 日罗希春等禀状：《巴县档案选编》上 407］及"认状"。

⑦ ［乾隆 31 年仵作任世贤病故任世学顶补文：《乾隆汇编》223］。

不符合"年轻力壮""诚实谙练"的要求。① 书差既是业务群体又是利益群体，其任用需要上司举荐，②从档案资料来看，还没有发现遭到否决的例子。至于下级书差的任用情况，从有人公然使用挂名当快役的权宜手段来逃避职役承充一事也可窥见一斑。③

两者之间的联系也被用作拒绝承充职役的理由。当被差充时，已经担任书差的自不待言，上述挂名当差的也会以此为借口拒绝当差，即所谓"二役难当""难充二差"，这表明至少在表面上书吏、差役和职役户都属于职役的范畴。但是，从两本资料集所收事例来看，当出现一身两役的情况时，当事人必定会以充当书差为由，申请免去职役。县衙方面的态度也站在书差一方，除承充乡约后很快又提出辞呈的一例外，其余都是下令重新选择职役户的人选。当然，进行审查的实际上就是书差群体，得出这样的结论并不奇怪，但对于州县来说，为了自己的工作也必须确保书差的数量以及办事效率。有时候不仅书差，职役户也是一项肥差，例如就有被革职的职役户借举人之名复充④以及借机巧取豪夺之事，但职役户往往也成为书差掠夺的对象。尽管从制度和历史沿革来看书差和职役户间有着密切的联系，但两者之间还是存在很大差别。

为了考察行政如何与社会对接，有必要对职役户的性质作一分析。首先，虽然采取了从推荐到任用的方式，但他们不是基于能力从成员中选出的民意代表。⑤ 如前所述，他们的选任是在前任离职后才

---

① 第 544 页注⑦中之［重庆府札］。
② ［乾隆 32—33 年刑房典吏何承先等保状三则：《乾隆汇编》224］、［乾隆 34 年 6 月 11 日捕头姚章等保举禀：《乾隆汇编》224］等。
③ ［嘉庆 21 年 2 月 22 日智里四甲冷水场铺民陈双合等禀状：《巴县档案选编》下 303］。
④ ［道光 30 年 2 月西城里粮户周以政等签状：《巴县档案选编》下 304］。
⑤ 关于这一问题，参阅《中国农村贯行调查》（岩波书店，1958 年）、蒲地典子《清季华北的"乡保"的任免——中国第一历史档案馆藏〈顺天府全宗〉宝抵县档案史料的介绍を兼ねて》（《近代中国研究センター汇报》17，1995 年）。

开始推荐的,对于推荐人也没有什么特别的要求,除革职之人借生员名义重充外,还有绅粮推荐①等多种形式,这样做直接导致了被推荐者自言无法胜任的禀状接踵而至。除了同时还要充任书差的情况,有人虽有田载册,但实际上只是佃户,却被乡约所恨推为保正;②有人把自己目不识丁的父亲推荐为乡约;③更有恶棍无赖让短期居住的外来人员充任客长,④等等,不过个中真假,还需猜详。

同业团体的代表也是承担差务的职役户,他们的职权成为可以买卖的利权。据[道光 18 年 4 月 9 日叶林富服约:《巴县档案选编》下15]载,千厮门水巷子川帮夫头叶林富因不守法纪被逐出帮外,道光十七年(1837)合计买得二分夫头职权,又进入帮中管理公事,道光十八年(1838)其侵吞公款数百两事发,被告上县衙后再次逐出帮外,但其入帮时出的二分职权价款得到了归还。另据[道光 30 年 7 月 21 日陈浩然等供状:《巴县档案选编》下 15]记载,叶林富违背自己所立服约,又混作千厮门水巷子川帮夫头挪用银钱,再次交由县衙处理,由此显示出夫头职权的利益化和帮自治能力的缺失。

同业团体的财务会计往往也很混乱。靛行与船帮同为巴县的重要行业,但[道光 9 年 3 月初 7 日潘万顺等禀状:《巴县档案选编》上353]中有如下记载:

> 蚁等以苛求病商,控卢俊容在案。前月二十七蒙讯,谕令书差算账。二十九在东岳庙清算,俊容账簿与抄粘存案之账单不符。簿内仅登收厘金银三千四百两,注银二百七十两给与控告厘金之刘长兴,又以银一百七十余两滥费浮销,又注八十两请示费

---

① [道光 29 年 4 月 20 日巴县签充乡约执照:《巴县档案选编》下 305]。
② [乾隆 36 年 10 月 24 日胡国钦诉状:《巴县档案选编》下 300]。
③ [乾隆 24 年 4 月 23 日孝里七甲陈元魁禀状:《乾隆汇编》197]。
④ [嘉庆 5 年 18(?)月合州谢振栋禀:《巴县档案选编》下 302]。

用,乃交存厘金五百一十两亦未登注簿内。其有八年演戏用任意□造,碍难核算。俊容奸露控禀在卷,批示录面。八省客长见账含混,面斥其非,亦未核算。窃此项前经刘主讯断,靛篓一包收银五厘,作庙内费用。因俊容违前断案,以厘金银两买和刘长兴,控名请示额规,每篓一包,增收四分,致山客纷控不休。又见连年所抽银两有入无出,至道光七年十月初一始请刘三美逐日经理,一年之内,共收厘金银三千余两,一切杂用仅费银二百余两,以此比较,俊容岂无侵吞之弊。

在潘万顺等人的揭发下,账簿管理人卢俊容交由书差在东岳庙进行调查,结果发现被告提交的账簿与原告的数据不符。账簿里记载了厘金收入为三千四百两,但在支出项下,只记载了付给原告的钱、滥用之经费、请示费用等一小部分,另外还有五百两厘金也未登记在册。同时卢俊容也提出上诉并获得官府的批示。八省客长虽然斥责了卢俊容的行为,但却未对账簿进行核算。这一案件在前任知县时已做过判决,其后每年征收的厘金在三千两以上,而支出总计仅为二百余两,如此不均衡的会计,这本身就反映出该团体的非自治性组织的性质。公费私用的例子还有很多,比如瓷器业会首亏空公产二千三百两,[1]千斯坊散夫彭仕龙等将七百五十余千两厘金中的四百八十余千据为己有。[2]

　　一般认为,八省客长的地位很高,确实在各种事件中他们要向县衙提出处理意见,但从上述资料中可知,他们并未充分发挥其作用,即便是巴县主要行业的商人,也不在他们的掌控之中。嘉庆六年(1801),八省客长奉知府之命对县内的牙行及其营业内容进行了调

---

① ［嘉庆6年章景昌禀状:《巴县档案选编》上251］。
② ［道光19年叶正顺告状:《巴县档案选编》下12］。

查,他们只汇报了牙行名和持帖者姓名。不需八省客长亲自调查,只要花钱打点礼房、工房就可以很快做出这样一份报告,但当涉及牙行的营业内容时,八省客长回避了问题的要害:

> 唯家道殷实与否、可免将来亏空客本者,内有几省人数众多,民等虽属同省,俱系别府别县之人,大半素不相识,未能详晰周知。即如宪谕所云,有以些小资本、装饰齐整行面者,如此行户亦属不少,但目前并无哄骗实据,未便指其一定亏空客本之人。[嘉庆 6 年 6 月 24 日八省客长禀状:《巴县档案选编》上 252]

有时八省客长也会因调解对象而胆小却步。前述[道光 9 年 3 月初 7 日潘万顺等禀状:《巴县档案选编》上 353]以及[道光 9 年 4 月 12 日池才顺等禀状:《巴县档案选编》上 35]中,知县再三要求八省客长进行调查和报告,结果却是"惟客长傅载文,虽秉公正,畏缩不前"。

在这样的情况下,前述千斯坊散夫彭仕龙私吞厘金案便有了如下的进展:

> 去四月水巷子集丰栈改开花栈,被帮内散夫彭仕龙、陈廷贵,将此栈堆花生意私卖李相高等,蚁等控前张主审讯。札委八省客长查双方告示,均无堆码字样,议明自后新开行栈,各归各街堆码,禀覆给示定案。蚁等因讼费累及,挪借多金,应归公项填还。讵遭仕龙、廷贵将帮内厘金公柜,抬至伊家霸管,不还挪借公项,害蚁等受累。又贿乡约康正光,朦签陈浩然、刘兴朗、李兴顺、陈双和承充夫头,狼狈相依,恣意侵吞。蚁等查明账簿,自去四月起,至今六月止,共入厘金钱七百五十余千。除分给散夫钱二百七十余千,侵吞钱四百八十余千。向伊清算吐还,胆仗康正光之势,逞凶辱骂。投明七门夫头理论,均畏恶等猖獗,签称未奉恩委,不敢言公。[道光 19 年叶正顺告状:《巴县档案选编》下 12]

此处值得注意的是所谓"康正光之势"。他的势力并非来自其乡约的身份,据笔者所见,康正光是《巴县档案选编》中至少出现过九次的权势人物。[1] 无论是以乡约的身份在公共场所进行交涉和签订合约,还是私下进行金钱交易时做保证人,他都在各个方面发挥着影响力。乡约康正光之所以拥有如此的权势,不是因为他是基层社会选出来的代表,也不是县衙赋予他的权威,而是来源于其个人的社会影响力,在同样是有官府撑腰的七门夫头面前,康正光的威慑力也不小。

在[道光 26 年 5 月 21 日巴县告示:《巴县档案选编》上 418]中,知县在提及巴县乃水路要冲之后,又说道:

> 必得老成明白、年轻力壮之人,承充船帮首事,方是以资办理。本县到任后,调查归(旧)案,先年原分大河、下河、小河三起帮口,支应招呼来往差徭,历来以来,办理尚未遗误。惟积久弊生,今查得,各帮口有多年已革已故之人,而别首名顶充者。有以一人兼充二三役,把持码头者。有虚悬帮名,竟无人支应者。

道光二十六年(1846)赴任知县的是李世彬,他曾于道光二十一年(1841)至二十二年(1842)担任过巴县知县,四年后的他眼见船帮、首事体制解体,连忙重新保举船首,发给执照。

如上所述,由于社会的流动性以及团体的不稳定性,加之职役户本身并不是通过选举产生的地方民意代表,县衙赋予其的权威也有限,他们所能承担的社会职能因此也受到诸多限制。

明初的里甲制规定,一里 110 户的职役每年由 11 户轮流应役,这

---

[1] 相关的资料还有:[康正光等作成约:《巴县档案选编》上 358]、[谭春和立招挂平约:《巴县档案选编》上 359]、[嘉庆 24 年 11 月 28 日三帮合同约:《巴县档案选编》下 6]、[嘉庆 25 年 5 月 8 日南帮夫头声明:《巴县档案选编》下 6]、[道光 18 年 4 月 9 日叶林富服约:《巴县档案选编》下 15]、[李益陵允让约:《巴县档案选编》下 22]、[韩瑞龙抵借银约:《巴县档案选编》下 22]、[龚何氏卖铺面文约:《巴县档案选编》下 34]。

就极大地消减了以乡书手为首的书吏的职能,赋役黄册的攒造、税粮的征收与输送等业务成为所有拥有土地人户的普遍义务,一般的纷争调停也交由村落处理,县衙的杂役也分摊给了里甲制内的编户。文书工作由里长下面的里书负责,有资料显示,即使到了明末大造之时,他们仍是从里那里支取报酬的实际办事人员。①

在清朝后期的巴县,②职役户的地位以及个人承担的业务数量都大幅降低。根据上引"道光四年保甲烟户男丁女口花名总册"记载,县城设有28坊和14厢,平均每坊居住1970人,每厢724人,由约坊、坊长统一管辖。县城外有84甲,居住着大约32万人,每甲约为3900人,由3名以上的约保管理,他们既不是居民选出来的代表,且资产情况不明。约保有时会被同时更换,③它没有明初里甲制那样的十年任期,免除职务时需要个别申请,除此之外,还需缴纳一定的"使费"。

前文简要叙述了建立在发达的农民自治基础上的近世日本的行政组织,平均1万人左右的"手永",拥有"惣庄屋"等职员数十名,一个手永管辖20到30个村落,每村选出以"庄屋"为首的村役人十名左右,村内许多阶层的人都参与到村落的运营管理之中。单从职员的占比来看,日本近世后期的行政组织体系与明初的里甲制基本上处于相同的水平。此外,这些职员还是团体的代表,且受过专门的职业训练。

职役户的社会基础薄弱制约着其功能的发挥。如前所述,数千名书差深入社会基层,介入各地的各种事务。从职役户的功能来看,坊厢之长主要负责调解,同业团体的首人则负责衙门里的差务和物资供应(包括货币化的部分),也就是承担所谓的衙役。至于乡村的乡约和

---

① 栾成显:《明代黄册研究》,中国社会科学出版社,1998年,第103页。
② 本章所说的职役户、书差体制在宗族制度比较发达、社会相对稳定的地区是否适用是一个问题,本章是以巴县为例所做的研究。
③ 上引[乾隆25年2月23日刑房经书瞿良春禀:《乾隆汇编》198]。

保长,除了管教化、治安等大义,还参与税粮的征收工作。但从人员的质和量来看,要完成从推收、过割到税粮缴纳等一系列业务是不可能的。李荣忠的研究显示,推收、过割是户房的职责,征税则是由乡下的快役负责,这是一个油水颇多的肥差,遗憾的是,关于这些业务的具体执行情况,在刊行的资料集和日本贩卖的司法胶片中却没有记载。

不过,有关乡村职役户在征税过程中的职责范围,资料中有一些反映。例如,对于从场镇商人那里收取的地租,官府就命令乡约按四季分别催缴:

> 据此,合行给牌。为此牌给该乡约曹正祥收执。嗣后经收较场地租银钱,务须四季催纳齐全,按季如数呈缴。[道光20年9月21日巴县牌:《巴县档案选编》下305]

[乾隆27年廉里七甲徐朝柱枉报黄成泰等七户不联门牌案:《乾隆汇编》209]所载五份禀状、告状,反映了职役户与保甲册之间的关系。综合刑房经承和快役的报告可知,烟户册是以牌保的提册为依据制成的,底册交由内署保管,在此基础上由乡约发给花户门牌,但是,资料中既无资产又无居所的乡保与书吏勾结,将花户门牌发给了烟户册上无登载之人,由此可见乡保的职掌内容及其局限性。

有资料显示乡保参与了附加税的征收。在[乾隆46年4月8日邓廷献禀:《乾隆汇编》207]中,乡约在任期结束时称"仓谷去年九月如数完纳";[乾隆33年6月初10日谏思贤签呈:《乾隆汇编》201]载,"夫马仓谷俱已办交清楚";[乾隆38年10月初7日张继远条禀:《乾隆汇编》206]则揭发了自己所属的甲的乡约没有交纳"照粮该派军需钱一千三百文"。

关于正税部分,据[道光 29 年 4 月 20 日巴县签充乡约执照:《巴县档案选编》下 305]载,任命乡约时,官府指示该甲的花户数、原额正粮银须与典吏的数目一致;而在[乾隆 17 年 3 月 26 日巴县执照:《乾隆汇编》193]、[乾隆 33 年 2 月 16 日巴县正堂执照:《乾隆汇编》199]中,任用保长时让其"催督粮务";另外,资料中还有征期来临需要补充乡约和保长的记载,但并无乡约、保长独自进行税粮征缴的记录。快役负责征收,并从每次的完税奖励以及代纳时的利息中获取收益,李荣忠的这一认识似乎并没有推翻的必要。

结　语

从世界史的角度来看,明治维新恐怕是最和平且最纯粹的近代转型了。新政府采取"秩禄处分"(废除武士俸禄)和"地租改正"(地租改革)政策,完全废除了领主的土地所有,之前由幕府和藩分别收取的地租变为近代国家统一征收。[①] 面对农民起义以及与农民起义相对立的一部分士族的叛乱,明治政府最终将地租下调至地价的 2.5%,由此与农民达成了妥协,建立起大型的租税国家。以"地租改正"为代表的明治初期的各项政策,是在与村落到县一级的各种有组织的农民的对抗与协商中制定的。[②] 地方议会在紧张的氛围中诞生,而在议会和地方行政组织中任职的正是原来村落共同体的代表们,[③]在日本近世末期的社会中,已经培育出近代转型所需的土壤。

---

① 也有人从秩禄有偿购买的角度出发认为明治维新并不彻底,但幕府和藩囊括了中下级领主所有,在不到十年的时间里全面收购成功,这在世界史上也属罕见。

② 原口清:《明治前期地方政治史研究》,塙书房,1972 年。

③ 今村直树:《明治九年熊本县民会考》,《熊本历史学研究汇报》55,2004 年,同《近世地方役人从近代区町村吏へ——地方行政スタッフの明治维新》,《熊本藩の地域社会と行政》。

农民获得剩余价值和共同体组织的存在是近代经济形成的基础。连接门司到三角的九州最早的公司"九州铁道会社"的成立就很具代表性。熊本县于 1886 年 11 月 5 日成立了"全县铁道相谈会",紧接着又召开了郡区和町村的协商会议,意见汇总后于 12 月 4 日就确定了各郡的持股数,"郡备金"和旧"会所官钱"等都成了主要股东。① 传统产业的自我革新引领了近代轻工业的大发展,以输入棉丝为原料、使用"高机"(传统高性能织布机)生产的棉布替代了进口;许多生丝生产合作社模仿冈谷制丝厂,采用廉价的日本式缫丝机,极大地降低了缫丝成本,②而中国的工业化是从引进近代的大工业开始的,两者在方法上存在很大的区别。

如本书第二部所述,在小农经营发展的基础上,中国的小商品生产也得到了普遍的发展。但是,正如本章第三、四节所述,村落并未向团体化的方向发展,也未形成建立在团体规范基础上的公共事务管理体制和税收体制。此外,又如本书第四部以及本章第三节所述,由于在经营这一"团体"的内部,以及经营相互之间也未形成团体规范,因此,小经营很难转化为大经营,流通的系统化和组织化也很难实现。随着小商品生产的发展,中国结束了人丁地亩的双重征税标准,实现了赋役的一元化与货币化,完成了向租税国家的转变。但是,受流动化社会的影响,担任基层行政工作的社会团体缺乏组织化和稳定性,明初实行的专制国家的强制性社会统合逐渐松弛,使得权限来源、职责范围、收益归属不明确的大量书差群体进入社会基层。

---

① 中村尚史:《第一次企业勃兴期における干线铁道会社创立资金の调达过程》,《日本史研究》375,1993 年。

② 中村哲:《明治维新》,《日本の历史》,集英社,1992 年,第六章"在来产业の革新と发展"。

随着国际银价的下跌以及国内生产力的提高,中国的国家税收占比持续下降。明治政府将农业生产总值的三成左右作为自己的财政收入,而中国农民税负的官方数字只有 3％ 左右,如果加上书差等征收的地方经费和不法费用等,估计是多一倍的 6％ 左右。而在明朝初年,国家从不到一千万户的农民手中征收了五千万石左右的税粮、屯田粮,这一数字还不包括运送税粮在内的无偿劳动,由此可知,中国的税收提取能力已大幅降低。在向近代转型时专制国家所面临的困难,与其说是税收的汲取能力问题,不如说是社会的组织形态问题。

附表　中国四川及巴县与日本熊本藩人口对照表

巴县人口 （女/男）	四川省人口	中国年号 （元年）	西历	日本年号 （元年）	熊本藩农民人口 （女/男）
		天启	1621		
			1624	宽永	十六年　218 707
		崇祯	1628		0.76
		顺治	1644		
		康熙	1662		
			1688	元禄	
			1711	正德	
			1716	享保	十九年　531 248
		雍正	1723		0.86
		乾隆	1736		
	二十二年　268 万		1751	宝历	
	三十二年　296 万		1764	明和	
			1772	安永	

巴县人口（女/男）	四川省人口	中国年号（元年）	西历	日本年号（元年）	熊本藩农民人口（女/男）
			1781	天明	
	五十一至五十六年　888万		1789	宽政	十年　535 543
元年218079		嘉庆	1796		0.92
			1804	文化	五年　512 575
	十七年　2144万		1818	文政	
四年386478 0.79		道光	1821		
	十至十一年3495万		1830	天保	十三年　566 011
			1844	弘化	0.96
	元年　4475万	咸丰	1851		
			1854	安政	五年　622 817
		同治	1862		0.98

资料来源：

梁方仲编著《中国历代户口、田地、田赋统计》第262页（上海人民出版社，1980年）。

松本雅明编《肥后读史总览》第1836页"人口的变迁"（鹤屋百货店，1983年）。

民国《巴县志》卷四《赋役》。

中文版后记

本书能译成中文出版，不胜欣喜。

本书批判性继承与发展了日本中国史研究的成果，同时，还特别从一个日本历史学者的视角对中日两国的历史发展进行了结构性比较。当然，这种比较研究必然带有强烈的个人色彩。我希望中国读者能够阅读此书并提出宝贵意见，这对增进中日两国在历史和社会方面的相互理解定会有所裨益。

名古屋大学名誉教授森正夫先生认识到此书译成中文出版的意义并予以推荐，南京大学历史学院的范金民先生肯定了本书的价值并推荐给江苏人民出版社。

熊本大学大学院人文社会科学研究部附属国际人文社会科学研究中心"新资料学与历史理论领域"将本书的翻译出版纳入其工作计划之一，并由该中心特聘讲师杨缨进行了细致的翻译。

汲古书院的三井久人社长欣然同意该书译成中文出版，并与江苏人民出版社签订出版合同。江苏人民出版社的康海源、洪扬二位不辞辛劳,担任了此书的编辑工作。

在此,谨向出版过程中给予此书帮助的各位表示衷心的感谢!

足立启二

2024 年 2 月 28 日

"海外中国研究丛书"书目